2

Politik & Co.

Gemeinschaftskunde und Wirtschaft (GWG) für das Gymnasium

Baden-Württemberg

herausgegeben
von Hartwig Riedel

Band 2
für die Jahrgangsstufen 9 und 10

bearbeitet von
Erik Müller
Stephan Podes
Hartwig Riedel
Martina Tschirner

C.C.Buchner Bamberg

Politik & Co. 2

Gemeinschaftskunde und Wirtschaft (GWG) für das Gymnasium Baden-Württemberg
herausgegeben von Hartwig Riedel

Bearbeiter: Erik Müller (Kapitel 4, 5, 9)
Stephan Podes (Kapitel 3, 6)
Hartwig Riedel (Kapitel 8, 10)
Martina Tschirner (Kapitel 1, 2, 7)

Redaktion: Andreas Gerster

1. Auflage [5 4 3 2] 2016 2015 2014 2013
Die letzte Zahl bedeutet das Jahr dieses Druckes.
Alle Drucke dieser Auflage sind, weil untereinander unverändert, nebeneinander benutzbar.
Dieses Werk folgt der reformierten Rechtschreibung und Zeichensetzung.

www.ccbuchner.de

Grafische Gestaltung und Herstellung: Wildner + Designer GmbH, Fürth, www.wildner-designer.de
Druck- und Bindearbeiten: creo Druck & Medienservice GmbH, Bamberg

ISBN 978-3-7661-**6802**-3

Zur Arbeit mit dem Buch

Der Bildungsplan Gemeinschaftskunde und Wirtschaft (GWG) stellt mit der Kompetenzorientierung die Ergebnisse von Lernprozessen in den Mittelpunkt. Wie können Schülerinnen und Schüler mit nachhaltigen Sachkompetenzen, Methodenkompetenzen, Urteilskompetenzen und Handlungskompetenzen so ausgestattet werden, dass sie „politische und wirtschaftliche Mündigkeit“ erlangen?

Das Schulbuch Politik & Co. wurde dafür neu gestaltet. Die Konzeption des Unterrichtswerks ermöglicht es Schülerinnen und Schülern, die zentralen Kompetenzen des Faches Gemeinschaftskunde und Wirtschaft zu erwerben. Für Lehrerinnen und Lehrer ist das Buch eine Hilfe, um einen modernen Unterricht zu verwirklichen.

Zum Aufbau des Buches

Die **Auftaktseiten** jedes Kapitels sind als ansprechende Bildcollage gestaltet. Die Aufgabenstellungen dazu dienen der **Lernstandserhebung** und der Annäherung an das Thema. Zu erwerbende **Kompetenzen werden für jedes Kapitel ausformuliert** und machen den Schülerinnen und Schülern transparent, über welches Wissen und Können sie am Ende des Kapitels verfügen sollten.

Durch die Arbeit mit dem **Materialienteil** können die Schülerinnen und Schüler die Sach-, Methoden-, Urteils- und Handlungskompetenzen schrittweise erwerben und sinnvoll miteinander verknüpfen. Die authentischen Quellen (Zeitungsartikel, Bilder, Karikaturen, Grafiken ...) wurden sorgfältig ausgewählt und um verständliche Autorentexte ergänzt.

Die **differenzierten Aufgabenstellungen** ermöglichen ein selbständiges Erschließen der auf **Doppelseiten** übersichtlich präsentierten Themen. Sie beziehen sich häufig auf konkrete Problemlösungen oder Entscheidungssituationen und fördern so die Nachhaltigkeit des Lernens. **Angebote zur Binnendifferenzierung** ermöglichen es der Lehrkraft, auch heterogenen Lerngruppen gerecht zu werden. Zusatzaufgaben sind mit einem ⊕ gekennzeichnet. Hilfen mit einem ⊘.

Da fachspezifische Methodenkompetenzen unabdingbar für die Erschließung des Sachwissens sind, werden sie auf deutlich hervorgehobenen **Methodenseiten** ausführlich erklärt. Sie sind immer auf konkrete Inhalte bezogen.

Die Rubrik **„Was wir wissen – was wir können“** dient der Sicherung der Kompetenzen. Das grundlegende Sachwissen des Kapitels wird auf der Seite „Was wir wissen“ für Schülerinnen und Schüler übersichtlich und verständlich zusammengefasst.
Die Seite „Was wir können“ beinhaltet Angebote zur Überprüfung des Sachwissens. Darüber hinaus sollen Schülerinnen und Schüler zeigen, ob Sach-, Methoden-, Urteils- und Handlungskompetenzen in einer konkreten Entscheidungssituation sinnvoll angewendet werden können.

Ein **Glossar** zum Nachschlagen wichtiger Grundbegriffe und ein **Register** zum Auffinden von Querverweisen sind wichtige Hilfsmittel und erleichtern das selbständige Arbeiten mit dem Buch.

Hinweis: Materialien ohne Quellenangaben sind von den Autoren verfasst.

Inhalt

Methoden

Deutschunterricht
Modalverben
könnten (können)
müssten (müssen)

1

Zuwanderung und Integration

Mittlerweile hat jeder fünfte Einwohner Deutschlands ausländische Wurzeln. Deutschland wird deshalb auch als Einwanderungsland bezeichnet. Die Zuwanderung hat das Zusammenleben der Menschen in Deutschland deutlich verändert. Warum verlassen Menschen immer wieder ihre Heimat, um in der Fremde zu leben? Wie kann das Zusammenleben von Menschen unterschiedlicher Herkunft in unserem Land dauerhaft gelingen?

Kompetenzen

Am Ende dieses Kapitels solltest du Folgendes können:

- Die Ursachen und Folgen von Zuwanderung nach Europa und Deutschland beschreiben
- Maßnahmen zur Integration erklären
- Chancen und Probleme der Integration beurteilen

Was weißt du schon?
Vervollständige den Satz: Mit Menschen unterschiedlicher Herkunft, Hautfarbe und Religion zusammenzuleben bedeutet für mich …

1.1 Migration – Ursachen und Motive

Migration nach Europa

M 1 Menschen auf der Flucht nach Europa

Wie diese Menschen vor der italienischen Insel Lampedusa fliehen jährlich Tausende vor Kriegen und Bürgerkriegen, Hungersnöten und Klimakatastrophen aus Afrika nach Europa. Viele Hunderte bezahlen ihre Flucht mit dem Leben und sterben vor den Toren Europas.

M 2 Flüchtlingsrouten nach Europa

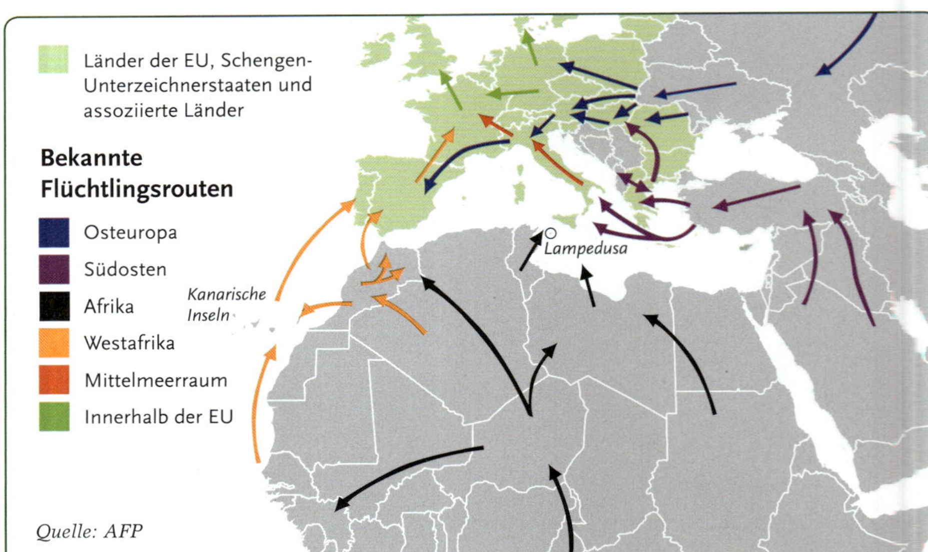

Migration
Der Begriff bezeichnet die Wanderschaft (lat. migrare = wandern) von kleineren oder auch größeren Gruppen von Menschen oder auch ganzen Völkern. Migration gilt als Normalfall der Geschichte und der menschlichen Existenz. Dabei können die Ursachen ganz unterschiedlich sein.

M 3 Trauriger Flüchtlingsrekord

Mindestens 18.500 Flüchtlinge sollen seit 1988 an Europas Außengrenzen umgekommen sein, die meisten ertranken im Mittelmeer, schätzen Menschenrechtsorganisationen wie Borderline Europe. Die tatsächliche Zahl dürfte weit höher liegen. Allein im vergangenen Jahr waren es ihren Recherchen zufolge über 2.300, auch die UNO geht von mindestens 1.500 ertrunkenen Bootsflüchtlingen aus – ein neuer trauriger Rekord. „Das Jahr 2011 war das bisher tödlichste im Mittelmeer", zu diesem Schluss kam das Flüchtlingshochkommisariat der UNO (UNHCR), das erst seit dem Jahr 2006 überhaupt damit begonnen hat, eine Todeszahl zu ermitteln. Fast 70.000 Menschen haben im vergangenen Jahr von Nordafrika aus versucht, Europa auf dem Seeweg zu erreichen, deutlich mehr als im bisherigen Rekordjahr 2008. Auslöser war der Arabische Frühling. [...]

Insgesamt lebten Ende 2011 in der Bundesrepublik nahezu 572.000 Menschen, die vor bewaffneten Konflikten oder Verfolgung in ihren Heimatländern geflohen sind. Das waren zwar rund 22.000 Menschen weniger als noch Anfang 2011, jedoch ist Deutschland immer noch Gastland für weit mehr als doppelt so viele Flüchtlinge wie zum Beispiel Frankreich, Großbritannien oder selbst die USA.

Die weitaus meisten der insgesamt mehr als 15 Millionen internationalen Flüchtlinge leben aber nicht im reichen Westen, sondern in armen Ländern, wo sie auf Hilfe internationaler Organisationen angewiesen sind. An der Spitze steht Pakistan mit rund 1,7 Millionen Menschen, die zumeist vor dem Krieg in Afghanistan in das Nachbarland geflohen sind.

Die insgesamt rund 800.000 Menschen, die sich allein 2011 gezwungen sahen, aus ihrer Heimat zu fliehen, sorgten damit für den stärksten Zuwachs an neuen Flüchtlingen innerhalb von zwölf Monaten seit dem Jahr 2000. Ursache waren vor allem die Konflikte in Ländern wie Libyen, Syrien, Somalia, dem Sudan oder der Elfenbeinküste. [...] Weltweit waren im zurückliegenden Jahr laut UNHCR rund 42,5 Millionen Menschen in der einen oder anderen Form auf der Flucht: 15,42 Millionen Flüchtlinge, die ihr Heimatland verlassen haben, 26,4 Millionen Binnenvertriebene und 895.000 Asylsuchende. [...]

Die meisten Flüchtlinge weltweit kamen aus Afghanistan (2,7 Millionen Menschen), gefolgt vom Irak (1,4 Millionen) Somalia (1,1 Millionen) und der Demokratischen Republik Kongo (491.000). Vier von fünf Flüchtlingen bleiben in Nachbarländern.

nach: die tageszeitung, 18.6.2012

Vor allem im 19. und 20. Jahrhundert wanderten viele Deutsche nach Amerika aus. Schildert die Motive der Auswanderer. Informationen findet ihr z. B. unter *www.dah-bremerhaven.de* oder *www.exil-club.de*.

Aufgaben

1. Betrachtet das Bild in M 1 und sammelt gemeinsam die verschiedenen Aspekte, die ihr mit dem Thema „Flucht" verbindet.
2. Beschreibe die wichtigsten Routen der Flüchtlinge (M 2).
3. Stelle die Fakten aus M 3 übersichtlich auf einem Plakat dar.

Warum verlassen Menschen ihre Heimat?

M 4 Roknudin – Flucht aus Afghanistan

Der 13-jährige Roknudin schlug sich allein von Afghanistan nach Deutschland durch. Er hat Glück: Vorübergehend darf er bleiben.

Das neue Zuhause von Roknudin ist klein und nicht sehr gemütlich: drei schmale Betten, ein Schrank, ein kleiner Tisch. Keine Spielzeuge, keine Kuscheltiere, keine Bettwäsche von Bayern München und auch keine Poster an den Wänden. Mit zwei Jungs teilt er sich das Zimmer. Und doch ist Roknudin froh, hier zu sein, in einem Haus für Kinderflüchtlinge in Bayern. […]

„Geh nach Europa, und komm nicht zurück", hatte seine Mutter beim Abschied gesagt. Sie umarmten sich, beide weinten. Man spürt, dass Roknudin nicht gern davon erzählt. Er muss sich dann immer sehr zusammenreißen, um nicht zu weinen.

Bis zum letzten Sommer lebte der Junge in Baghlan, einer Gegend im Norden Afghanistans. Er spielte mit den anderen Jungen aus dem Dorf, sie ließen gemeinsam Drachen steigen, rote und grüne, mit langem Schwanz. Aber wenn die anderen Fußball spielen wollten, musste Roknudin am Rand stehen: Er geht auf Krücken, das linke Bein ist verkrüppelt und steif. Roknudin leidet an einer seltenen Blutkrankheit, Hämophilie. […] „Wenn ich in Afghanistan geblieben wäre, dann hätten die Ärzte mir mein Bein abnehmen müssen", erzählt Roknudin. […]

Wie Roknudin es schaffte, möchte er nicht erzählen. Er hat Angst, dass er etwas Falsches sagt und die Deutschen ihn dann zurückschicken. Fest steht, dass Roknudin mit einem Auto ins Nachbarland Pakistan gebracht wurde. Von dort kam er mit dem Flugzeug nach Ungarn. […]

Als er dort ankam, hatte Roknudin Angst, alles war fremd, er konnte die Sprache nicht. „In Europa können sie mich heilen", sagte er sich tapfer. Die Grenzbeamten brachten ihn in ein Krankenhaus, er wurde versorgt, aber nach ein paar Tagen kam ein Dolmetscher und sagte ihm, er müsse Ungarn wieder verlassen. „Wir können für deine Medikamente nicht bezahlen. Geh zurück nach Afghanistan."

Da beschloss Roknudin, noch einmal zu flüchten. In der Hosentasche trug er einen Zettel mit der Adresse eines Onkels in München, also verließ er mit seinen Krücken das Krankenhaus, humpelte zum Bahnhof, stieg in einen Zug nach München und versteckte sich vor den Schaffnern.

Erst in Deutschland, kurz vor München, fiel auf, dass der Junge keinen Fahrschein und keine Einreiseerlaubnis hatte. Die Polizei nahm ihn fest und brachte ihn in ein Heim für Kinderflüchtlinge. Das ist jetzt sein neues Zuhause.

Eigentlich müsste Roknudin zurück nach Afghanistan. Doch er hat Glück: Weil er so krank ist, bekam er vor ein paar Wochen eine Ausnahmegenehmigung. Für ein Jahr darf er bleiben, vielleicht sogar für länger. Und seine Krankheit wird auch behandelt.

Boris Breyer, Dein Spiegel 7/2010, 15.6.2010

M 5 Flucht aus Griechenland

„Ich habe Angst, dass die Krise auch Deutschland erreicht“, sagt Kalliopi Kollia. Die junge Griechin sitzt in einem gut besuchten Kreuzberger Café und rührt in ihrem Cappuccino. [...] Seit einem Jahr lebt die 30-Jährige in Berlin. Sie hat in Athen Umwelttechnik studiert und an der Universität im Labor gearbeitet. „Sie konnten mich nicht mehr bezahlen“, sagt sie. „Die Unis leiden sehr stark unter der Krise, sie haben kein Geld mehr für die Forschung.“ Jetzt jobbt Kalliopi, die von ihren Freunden „Popi“ genannt wird, in einem Restaurant, wohnt bei einer deutsch-griechischen Familie, lernt Deutsch – und hofft, eines Tages wieder in ihrem Beruf arbeiten zu können.

Daniel Brax, die tageszeitung, 4.10.2012

M 6 Abwanderung aus Deutschland

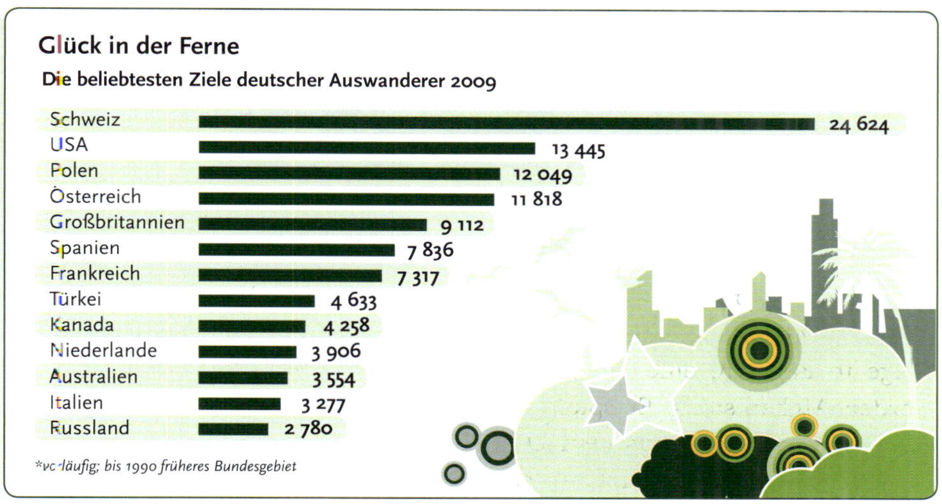

Globus-Grafik 3557; Quelle: Statistisches Bundesamt

Aufgaben

1. Vergleiche die beiden Berichte und arbeite heraus, warum die Menschen ihre Heimat verließen. Unterscheide dabei Faktoren, die vom Heimatland ausgehen (Pushfaktoren), und Faktoren, die vom Zielland ausgehen (Pullfaktoren). Ergänze weitere Faktoren (M 4, M 5).
2. Analysiert die Grafik in M 6 und überlegt, welche Motive wohl jeweils hinter den Zahlen stehen könnten.
3. Erläutere, welche Folgen die Migration für die Heimat- und Zielländer haben kann.

Festung Europa?

M 7 Europa – eine Festung?

Asyl = Das Wort Asyl kommt aus dem Griechischen und bedeutet so viel wie Zufluchtsstätte oder Heim.

M 8 Farah S. aus Afghanistan findet keinen Schutz

Farah S. verlässt Afghanistan, nachdem sein Dorf nach kriegerischen Auseinandersetzungen fast völlig zerstört wurde. Die Taliban suchen ihn, deshalb entschließt er sich zur Flucht nach Europa und landet schließlich in Griechenland.

„Mal lebte ich auf der Straße, mal wurde ich inhaftiert. Immer kämpfte ich um das nackte Überleben", erinnert er sich an die Zeit in Griechenland. Dank vieler Gelegenheitsjobs hat er nach einem Jahr etwas Geld gespart, sodass er es sich leisten kann, weiter zu fliehen – über Mazedonien und Serbien nach Ungarn.

In Ungarn wird er verhaftet und in einen fensterlosen Raum gesteckt. Nach etwa drei oder vier Tagen wird er in einem vergitterten Wagen in ein Gefängnis gebracht. Dort findet seine Anhörung zum Asylantrag statt – in einer ihm nicht verständlichen Sprache.

Nach drei Monaten erhält er die Ablehnung seines Asylantrages. In all diesen Monaten befand er sich im Gefängnis. Im September 2010 wird er plötzlich freigelassen und in ein Lager geschickt, in dem Menschen auf dreckigen Matratzen auf dem Boden schlafen müssen.

Farah S. flieht nach Deutschland. Er wird festgenommen und in das Abschiebungsgefängnis Ingelheim gesperrt. Trotz intensiver Bemühungen seines Rechtsanwaltes wird er Ende April 2011 nach Ungarn abgeschoben. Danach ist der Kontakt zu ihm abgerissen.

nach: http://www.flucht-ist-kein-verbrechen.de/typo3temp/pics/F_7ebdf23f86.jpg (12.8.2012)

⊕ Sowohl die Punkband „Die Toten Hosen" („Europa") als auch die Gruppe „Brockdorff Klang Labor" („Festung Europa") haben sich mit Flüchtlingsproblematik in aktuellen Songs auseinandergesetzt. Die Videos findet ihr im Internet. Wählt einen Song aus und stellt den Inhalt vor.

Lese-Tipp

Robert Klement: 70 Meilen zum Paradies. Wien[3] 2011, 143 Seiten

Ortwin Ramadan: Der Schrei des Löwen. Hamburg 2011. 288 Seiten

M 9 Asyl in Europa

Alle Länder, die den Vereinten Nationen (UNO) angehören, haben sich verpflichtet, Flüchtlingen Asyl zu gewähren und ihre Grundversorgung zu sichern. Dazu müssen die Flüchtlinge beim Betreten der Europäischen Union einen Asylantrag stellen und nachweisen, dass ihr Leben in der Heimat bedroht ist. Die Außengrenzen der EU werden mittlerweile sehr gut überwacht, da die EU nach innen grenzenlos ist. Dafür hat die EU eine spezielle Sicherheitsagentur mit dem Namen Frontex gegründet, weil viele Flüchtlinge auch ohne einen Asylantrag illegal nach Europa einreisen. Häufig sind sie dabei den kriminellen Machenschaften von Schlepperorganisationen ausgesetzt. Die Flüchtlinge, die es dennoch schaffen, fallen unter die Dublin-II-Verordnung der EU. Diese gibt vor, dass derjenige Mitgliedsstaat, in welchem ein Flüchtling erstmals europäisches Territorium betritt, für das weitere Asylverfahren zuständig ist. Die meisten Flüchtlinge, die nach Europa kommen, gelangen über den Seeweg nach Spanien, Italien, Malta oder Griechenland. Auch über die neuen Mitgliedsstaaten an den östlichen Außengrenzen erreichen Flüchtlinge Europa. Wenn ein Flüchtling ein innereuropäisches Land über einen sicheren Drittstaat, in dem die Einhaltung der Genfer Flüchtlingskonvention und der Menschenrechtskonvention sichergestellt ist, erreicht, darf er in diesen Drittstaat (Norwegen und die Schweiz) abgeschoben werden.
In Deutschland entscheidet das Bundesamt für Migration und Flüchtlinge, ob überhaupt ein Asylverfahren durchgeführt wird. Wenn das BAMF eine inhaltliche Asylprüfung durchführt, hat es verschiedene Möglichkeiten zu entscheiden: Anerkennung als Asylberechtigte nach Artikel 16 a Grundgesetz oder Anerkennung als Konventionsflüchtlinge, auch „GFK-Flüchtlinge" genannt. Dies sind Flüchtlinge im Sinne der Genfer Konvention von 1951. Sie haben diesen Status bereits im Ausland oder durch eine entsprechende Entscheidung eines Asylverfahrens erhalten und können sich auf die Schutzrechte der Genfer Flüchtlingskonvention berufen.

Flüchtlinge
sind nach der Genfer Flüchtlingskonvention der Vereinten Nationen (UNO) Personen, die sich außerhalb ihres Heimatstaates aufhalten, weil ihnen dort aufgrund ihrer Hautfarbe, Religion, Nationalität, politischen Überzeugung oder Zugehörigkeit zu einer bestimmten sozialen Gruppe Verfolgung droht. Die Staaten, die der Flüchtlingskonvention beigetreten sind, sichern Flüchtlingen eine Grundversorgung zu. Auch dürfen die Flüchtlinge nicht in ein Land zurückgeschickt werden, in dem ihnen Verfolgung droht. Allerdings wenden die Länder verschiedene Regelungen hierbei an.

M 10 Das Schengener Abkommen

Als Schengener Abkommen wird eine 1985 im Grenzort Schengen (Luxemburg) geschlossene Vereinbarung der Staaten über den Abbau von Personenkontrollen an den Binnengrenzen der EU bezeichnet. Im Gegenzug haben Schengen-Staaten eine verstärkte Kontrolle der Außengrenzen und eine engere Zusammenarbeit ihrer Polizei- und Justizbehörden vereinbart. Während die EU-Mitglieder Irland und Großbritannien nicht am Schengen-System teilnehmen, wenden Norwegen, die Schweiz und Island als Nicht-EU-Mitglieder das Abkommen an. Zypern, Bulgarien und Rumänien planen die Anwendung der Regelungen.

M 11 Die Lage der Flüchtlinge – ein Beispiel

Bericht der SPD-Bundestagsabgeordneten Daniela Kolbe über die Besichtigung eines griechischen Flüchtlingslagers im Deutschen Bundestag am 15.12.2011:

Illegale Flüchtlinge in einem Internierungslager in Griechenland.

Damit Sie eine Vorstellung davon bekommen, was wir dort gesehen haben, möchte ich Ihnen ein wenig beschreiben, wie es in Tychero zugeht. Es handelt sich um eine Polizeistation, in der Menschen, die die türkisch-griechische Grenze übertreten haben – zum Teil sind das Asylsuchende, zum Teil sind es sogenannte illegale Migrantinnen und Migranten –, bis zu sechs Monate festgehalten werden. Wir haben dort einen Zellenraum gesehen und auch betreten können. In Deutschland würde man ihn als einen 100 Quadratmeter großen dunklen Kellerraum beschreiben. In diesem waren etwa 40 Männer unterschiedlichen Alters und unterschiedlicher Herkunft. Geschlafen haben sie auf Matratzenfetzen, die unangenehm rochen. Die sanitären Anlagen waren in einem unbeschreiblichen Zustand. Man konnte fast froh sein, dass in dem Raum kein elektrisches Licht war. Es gab kein Warmwasser, es gab keine Heizung, es gab keine Fensterscheiben. Die Menschen klagten über schlechte medizinische Versorgung und schlechtes Essen. Am schlimmsten war aus unserer Sicht diese unglaubliche Enge und die fehlende Möglichkeit, diese Zelle auch nur einmal am Tag irgendwie zu verlassen. Das heißt, die Menschen waren dort unter diesen schlimmen Bedingungen rund um die Uhr eingesperrt, und zwar bis zu sechs Monate. Ich kann mich an einen gebildeten Mann aus dem Iran oder aus Syrien erinnern, der, als er mit uns gesprochen hat, mit der Genfer Flüchtlingskonvention auf Englisch vor uns herumwedelte und darauf hinwies, dass ihm als Flüchtling doch auch Rechte zustünden. Ich kann mich noch gut erinnern, wie hilflos ich mich gefühlt habe, als ich ihm bloß sagen konnte: Wir werden uns um Verbesserungen bemühen. Wir werden beim Minister insistieren (darauf drängen). Wir werden versuchen, irgendetwas zu tun, damit diese Zustände abgestellt werden.

http://www.daniela-kolbe.de/berlin (20.7.2012)

M 12 „Europa fehlt ein einheitliches Asylrecht“

Die bayrische FDP-Politikerin Nadja Hirsch, 34, sitzt seit drei Jahren im Europaparlament. Dort setzt sie sich unter anderem für einen europäischen Verteilungsschlüssel für Asylsuchende ein.

Frau Hirsch, die Revolution in der arabischen Welt hat im vergangenen Jahr die Zahl der Flüchtlinge in der EU steigen lassen. [...] Hat Europa aus seinen Fehlern im vergangenen Jahr gelernt?
Nur bedingt. Europa fehlt weiter ein einheitliches europäisches Asylrecht

mit einem europaweit gültigen Verfahren und europaweit geltenden Standards. Die katastrophale Lage in vielen Flüchtlingslagern im Süden Europas belegt da nur die Defizite, die bestehen.

Das Europaparlament hat sich jetzt fraktionsübergreifend dafür ausgesprochen, Flüchtlinge und Asylbewerber nach einem europäischen Verteilungsschlüssel über alle Mitgliedstaaten der EU zu verteilen.

Seit 2003 gilt in der EU die sogenannte Dublin-II-Verordnung. Das heißt, ein Asylbewerber muss einen Antrag in dem EU-Land stellen, das er als erstes in Europa erreicht. Und dort muss er auch bleiben. Ganz egal, in welchem Land zum Beispiel andere Familienmitglieder leben. Wir fordern deshalb eine Reform des Asylrechts und einen gemeinsamen europäischen Verteilungsschlüssel. Dieser könnte sich nach der Wirtschaftskraft eines Landes richten oder nach der Bevölkerungszahl, ein Land muss die Asylbewerber ja auch sinnvoll integrieren können.

Welchen Vorteil sehen Sie in einer Reform dieses Systems?

Zunächst einmal geht es uns um die Menschen. Es handelt sich bei Asyl ja um ein Recht und nicht um eine Gnade. Wir müssen aber auch sehen, angesichts der Flüchtlingsbewegungen im Norden Afrikas kommen viele Flüchtlinge über das Mittelmeer und landen in Zypern, Malta oder Griechenland. Dort müssen sie nach geltendem Recht aber auch bleiben. Neben dieser besonderen Belastung für den Süden gilt allgemein: Derzeit nehmen in der EU zehn Mitgliedstaaten, darunter übrigens auch Deutschland, mehr als 90 Prozent der Asylsuchenden auf. Die restlichen 17 Länder stehlen sich aus der Verantwortung, indem sie ihr Asylrecht so uneinladend wie möglich gestalten. Ein europäischer Verteilungsschlüssel würde einen fairen Ausgleich schaffen. Für Deutschland würde die Änderung wenig bedeuten, andere Länder wie Polen oder Portugal stünden aber weit mehr in der Pflicht.

Interview: Peter Riesbeck, Frankfurter Rundschau, 24.9.2012

Aufgaben

1. Fülle in deinem Heft die Sprechblase der Zeichnung in M 7. Vergleicht eure Ergebnisse.
2. Beschreibe den Fluchtweg von Farah S. (M 8).
3. Erläutere, wie Flüchtlinge in Europa bzw. Deutschland Asyl erhalten können (M 9).
4. Stelle dar, vor welchen Problemen die europäische Asylpolitik steht (M 11, M 12).

Was wir wissen

Migration
M 2 – M 3

Migration, also der Wohnortwechsel von Personen und Gruppen innerhalb von Staatsgrenzen oder über Staatsgrenzen hinweg, gibt es schon so lange, wie es Menschen gibt. Schätzungsweise befinden sich jährlich ca. 15 Millionen Menschen auf der Flucht.

Ursachen für Migration
M 4, M 5

Wanderungsmotive werden allgemein in Push- (abstoßen) und Pull-Faktoren (anziehen) unterteilt. Zu den Push-Faktoren zählen Kriege und Bürgerkriege, religiöse, politische Verfolgung und Verfolgung aufgrund des Geschlechts und der Hautfarbe, Armut, Hunger, Umweltkatastrophen. Zu den Pull-Faktoren gehören allgemein die Aussicht auf bessere Lebensbedingungen im Zielland, Sicherheit, Familienzusammenführung oder auch die gezielte Anwerbung von Arbeitskräften. Darüber hinaus fordert die zunehmende Globalisierung von den Menschen eine immer größere Bereitschaft, den Arbeits- und damit zumeist auch den Wohnort zu wechseln.

Migration nach Europa
M 9, M 10, M 12

Seit einigen Jahren versuchen immer mehr Menschen aus Afrika und dem Nahen und dem Fernen Osten nach Europa zu migrieren. Viele von ihnen riskieren auf der Flucht ihr Leben oder gelangen nur illegal in die EU. Zahlreiche Flüchtlinge werden auch Opfer von kriminellen Schlepperorganisationen. Nur wenigen gelingt es, als Flüchtlinge anerkannt zu werden und dauerhaft in Europa leben zu können.

Da in Europa aufgrund des Schengener Abkommens die Grenzkontrollen zwischen den EU-Staaten abgeschafft wurden, haben sich die Länder der Europäischen Union darauf verständigt, die Außengrenzen zu den Nicht-EU-Staaten besser zu überwachen. Dazu haben sie die Organisation Frontex gegründet, die verhindern soll, dass Flüchtlinge illegal nach Europa einreisen.

Um in Europa bleiben zu können, müssen die Flüchtlinge einen Asylantrag stellen oder als Flüchtlinge anerkannt werden. Dazu müssen sie nachweisen, dass ihr Leben im Heimatland aufgrund von Verfolgung in Gefahr ist. Den Nachweis der Verfolgung zu erbringen, ist meistens sehr schwierig. Deshalb werden viele Asylsuchende nicht anerkannt oder nur befristet geduldet und dann wieder abgeschoben. Deshalb spricht man häufig auch von der „Festung Europa", in die zu gelangen sehr schwer ist.

Die Menschen, die in die EU gelangen, leiden oft unter den teilweise schlechten Bedingungen, unter denen sie dann leben müssen. Noch fehlt in Europa ein einheitliches Recht, wonach die Asylbewerber in allen Ländern gleich behandelt werden. Die Staaten der Europäischen Union haben sich nach der Genfer Flüchtlingskonvention verpflichtet, Verfolgten Asyl zu gewähren und ihnen eine Grundversorgung zu sichern.

Seit dem Ausbruch der Wirtschafts- und Finanzkrise (Eurokrise) in Europa wandern verstärkt auch gut ausgebildete Menschen innerhalb der Grenzen der Europäischen Union, da sie ihren Arbeits- und Wohnort innerhalb der EU frei wählen können. In den Aufnahmeländern tragen sie dazu bei, den Fachkräftemangel zu beheben, in ihren Heimatländern fehlen sie hingegen.

Sie geben uns nur einen Satz Kleidung

Malta ist der kleinste Mitgliedsstaat der EU, trotzdem nimmt er mehr Asylsuchende pro Einwohner auf als jedes andere europäische Land. Allein in der ersten Hälfte des Jahres 2012 landeten 900 Menschen an den Küsten der Insel. Die meisten von ihnen waren in Booten auf dem Weg von Nordafrika zum europäischen Festland. Bis zu 60 Prozent von ihnen sind nachweislich auf internationalen Schutz angewiesen. Die maltesische Regierung hat große Auffanglanger eingerichtet, um die Einwanderer unterzubringen. Eines davon, die Safi Barracks, besteht aus zwei großen Lagerhallen und ist hinter Maltas größtem Flughafen versteckt. Die Luft im Lager ist heiß und stickig – bis zu 200 Menschen schlafen in Etagenbetten in einem großen Raum. Die Lüftung ist kaputt, und die Hitze ist kaum auszuhalten. Einer der Männer behauptet, er müsse sich bis zu drei Stunden anstellen um Essen zu bekommen.
Einige, vor allem Flüchtlinge aus Westafrika, müssen monatelang auf ein Urteil über ihre Anträge warten. Mohammed ist seit fünf Monaten im Lager. „Sie geben uns nur einen Satz Kleidung", berichtet er im Gespräch mit der Deutschen Welle. „Danach geben sie uns noch einen weiteren, aber dann nichts mehr. Ich musste lange Zeit mit zwei Unterhosen auskommen, ein Jahr lang ... Wir sind alle krank. Es ist einfach zu heiß."

Laurens Cerulus, Deutsche Welle, 13.7.2012

Aufgabe

1. Erläutere am Beispiel Maltas die Probleme der Europäischen Asylpolitik.
2. Nenne drei Punkte, die aus deiner Sicht verändert werden müssten, um einen verbesserten Schutz der Flüchtlinge zu ermöglichen. Tausche das Blatt mit deinem Tischnachbarn und nimm Stellung zu einem seiner Punkte.

1.2 Zusammenleben in Deutschland

Deutschland – ein Einwanderungsland?

M 1 Die Deutsche Nationalmannschaft

Die deutsche Fußball-Nationalmannschaft ist längst zu einem Spiegelbild der deutschen Gesellschaft geworden. Im Kader von Bundestrainer Joachim Löw für die EM 2012 standen Spieler mit Migrationshintergrund aus verschiedenen Ländern.

M 2 Gerald Asamoah: Hier zu Hause und trotzdem fremd?!

Mein Name ist Asamoah – Gerald Asamoah. Ich wurde [1978] in Ghana, im Westen des afrikanischen Kontinents, geboren und habe einen deutschen Pass. Mein Beruf ist Fußballprofi [...]. Ich war der erste gebürtige Schwarzafrikaner, der in der Fußball-Nationalmannschaft spielte – 43-mal habe ich bisher für Deutschland gekickt. Vor einiger Zeit hat eine Neonazi-Organisation Poster und Hemden mit meinem Bild verbreitet, darunter stand: „Nein Gerald, du bist nicht Deutschland!" Das hat mich sehr verletzt. Denn ich bin auch Deutschland. Hier fühle ich mich zu Hause. [...]

Am 11. November 1990 bin ich in die Bundesrepublik gekommen. Meine Eltern lebten bereits in Hannover und da war es klar, dass ich ebenfalls nach Deutschland kommen würde. Ich war gerade zwölf Jahre alt und weiß heute noch, wie unglaublich kalt mir war und wie sehr ich gefroren habe. Und auch sonst war die Zeit der Eingewöhnung nicht einfach, aber über den Fußball habe ich dann schnell Freunde gefunden. [...]

Zweimal war ich im Weltmeisterschaftsaufgebot – 2002 [...] sowie 2006 bei der unvergesslichen Weltmeisterschaft hier in Deutschland. [...] Spielen für Deutschland ist für mich mehr als nur ein Job. Obwohl es mir nicht immer leicht gemacht wurde. Anfangs wurde ich mit Bananen beworfen und mit Affenschreien empfangen, das war schlimm, es hat mich tief getroffen und sehr gekränkt. Aber ich habe den Eindruck, dass es generell in deutschen Stadien besser geworden ist, bis auf ein paar wenige Idioten auf der Tribüne. Umso mehr geht es mir dann unter die Haut, wenn es doch wieder zu solchen Vorfällen kommt [...]. Inzwischen habe ich in Deutschland einen Promi-Bonus, man erkennt mich. Bei mir traut sich so schnell keiner, mich in der Öffentlichkeit anzupöbeln. Ich habe Freunde, die sich hier nicht besonders wohl fühlen und auf der Straße beleidigt werden. Meine Frau beispielsweise wollte neulich an einer Kirmesbude Lose kaufen, da wurde ihr gesagt: „Ihr Neger könnt euch das doch gar nicht leisten." Ich bin jetzt Familienvater und habe einen Sohn und eine Tochter. Mir ist es ganz wichtig, dass meine Kinder weder jetzt noch als Erwachsene wegen ihrer Hautfarbe angefeindet werden.

Gerald Asamoah: Vorwort, in: Elke Reichart: Deutschland, gefühlte Heimat, München³ 2009, S. 15ff.

M 3 Einwanderung nach Deutschland – eine Chronologie

1955: Die Bundesrepublik schließt mit Italien das erste Anwerbeabkommen für Arbeitskräfte. Wegen des Wirtschaftswunders herrscht ein Arbeitskräftemangel. Nach und nach kommen rund 100.000 italienische „Gastarbeiter", wie man die Migranten damals nennt.

1960 bis 1968: weitere Abkommen: 1960 mit Spanien und Griechenland, 1961 mit der Türkei. Es folgen Abkommen mit Marokko (1963), Portugal (1964), Tunesien (1965) und Jugoslawien (1968). [...]

1973: Die Bundesregierung verfügt einen Anwerbestopp für ausländische Arbeiter, nachdem sich eine Wirtschaftskrise mit steigender Arbeitslosigkeit abzeichnet. In den folgenden Jahren holen immer mehr Gastarbeiter, die alleine nach Deutschland kamen, die Familien nach.

1983: Gesetz zur Förderung der „Rückkehrbereitschaft": Es beinhaltet finanzielle Hilfen und eine Rentenregelung für Gastarbeiter, die in ihre Heimatländer zurückkehrten. Die Wirkung des Gesetzes ist gering.

2000: Reform des Staatsangehörigkeitsrechts. Neben dem bisherigen Abstammungs- wird nun das Geburtsortsprinzip eingeführt. Damit können in Deutschland geborene Kinder ausländischer Eltern leichter die deutsche Staatsangehörigkeit erhalten.

2000: Start der „Green-Card-Initiative". Mit der Green-Card-Regelung sollen 20.000 ausländische IT-Spezialisten eine fünfjährige Arbeitserlaubnis erhalten. Der erwartete Ansturm bleibt aus. Im Gegenteil: Immer mehr Deutsche gehen auf der Suche nach Arbeit ins Ausland. 2004 verlassen rund 150.000 Menschen Deutschland. Beliebteste Ziele: Kanada und USA.

2005: Die Green-Card-Regelung wird durch ein neues Zuwanderungsgesetz abgelöst. Es regelt seitdem die

Sonderbriefmarke der Deutschen Post

Stelle dar, welche Absicht wohl mit der Herausgabe der Briefmarke erzielt werden sollte.

Zuwanderung in den Arbeitsmarkt und soll die Integration verbessern. Vor allem hoch qualifizierten Fachkräften öffnet das Gesetz den deutschen Arbeitsmarkt. Es verlangt aber auch die Teilnahme an Sprach- und Integrationskursen.

2011: Im Zuge der Eurokrise steigt die Zahl der Einwanderer aus Griechenland, Spanien, Italien und Portugal stark an.

nach: Jan Pfaff, die tageszeitung, 20.12.2005

Personen mit Migrationshintergrund
So bezeichnet man alle seit 1950 in das Gebiet der heutigen Bundesrepublik zugewanderten Menschen, alle in Deutschland geborenen Ausländer und alle in Deutschland als Deutsche Geborenen mit zumindest einem nach 1949 zugewanderten oder als Ausländer in Deutschland geborenen Elternteil. Mittlerweile leben mehr als 16 Mio. Personen mit Migrationshintergrund in Deutschland.

M 4 Migrationshintergrund

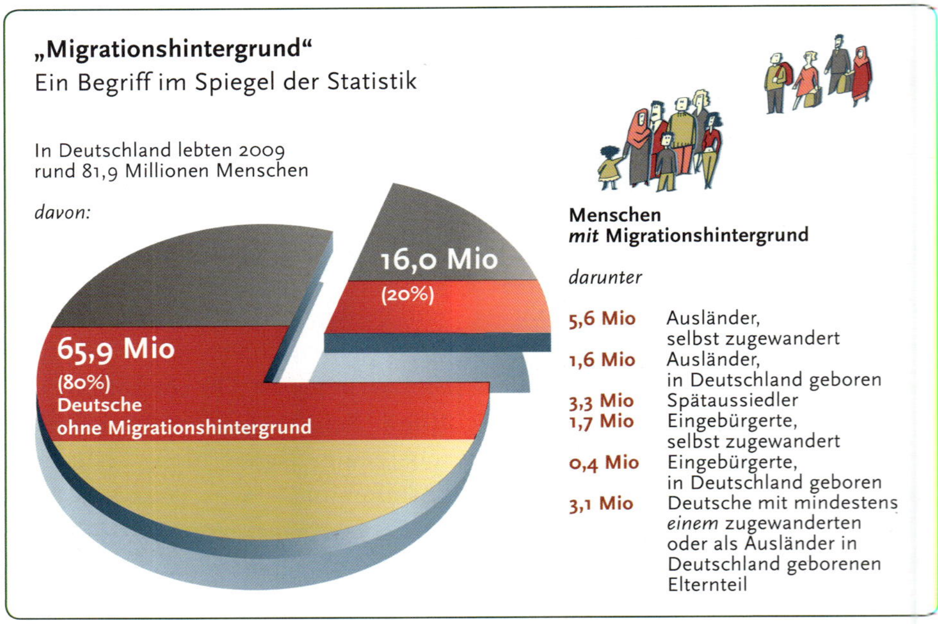

Quelle: Destatis, Mikrozensus 2009, Bergmoser + Höller Verlag AG, Zahlenbilder 35 225

M 5 Die Krise treibt sie nach Deutschland

In den hippen Stadtvierteln Berlins, in Kreuzberg, Friedrichshain, in Mitte oder in Prenzlauer Berg, in den Cafés und Bars fällt der Trend besonders auf: Man spricht spanisch. Junge Leute aus Madrid, aus Barcelona, aus Sevilla kommen in Scharen nach Deutschland, weil sie sich hier eine bessere Zukunft erhoffen, und besonders gerne kommen sie in die Hauptstadt.

Spanien steckt mitten in einer Wirtschaftskrise: Mit 45,8 Prozent ist die Jugendarbeitslosenquote hier höher als in jedem anderen Land in Europa. Viele gut ausgebildete Fachkräfte sehen deshalb ihre einzige Chance darin, die Heimat zu verlassen und im Ausland nach Arbeit zu suchen. Deutschland, wo Fachkräfte gesucht werden, ist das bevorzugte Ziel. [...]

Griechenland und Spanien, das sind die beiden Länder, die von der Wirtschafts- und Eurokrise am stärksten betroffen sind und wo sich die Krise besonders dramatisch auf den Arbeitsmarkt ausgewirkt hat. 18 Prozent beträgt die Arbeitslosenquote in Griechenland, in Spanien sind es auf alle Arbeitnehmer bezogen sogar 23 Prozent. Ob die neuen Einwanderer hierzulande erwerbstätig sind, ergibt sich aus der Statistik allerdings nicht. Klaus J. Bade, Migrationsforscher [...], führt den verstärkten Zustrom aus den beiden südeuropäischen Ländern auf die Wirtschaftskrise zurück: „Es gibt eindeutige Belege für eine Konjunktur- und Krisenwanderung. Der entscheidende Push-Faktor ist die miserable Situation in Griechenland und Spanien." [...]

Auch aus den osteuropäischen Ländern, die 2004 der EU beigetreten waren, stieg die Zahl der Einwanderer überdurchschnittlich an, nämlich um 30 Prozent. Für diese Staaten – Polen, Ungarn, die Slowakei, Bulgarien und Rumänien – waren im Mai die letzten Beschränkungen für den freien Zugang zum Arbeitsmarkt aufgehoben worden.

Wanderungen zwischen Deutschland und dem Ausland

Jahr	Zuzüge	Fortzüge	Saldo
1999	874.023	672.048	+201.975
2000	841.158	674.038	+167.115
2001	879.217	606.494	+272.723
2002	842.543	623.255	+219.288
2003	768.975	626.330	+142.645
2004	780.175	697.632	+82.543
2005	707.352	628.399	+78.953
2006	661.855	639.064	+22.791
2007	680.766	636.854	+43.912
2008	682.146	737.889	-55.743
2009	721.014	733.796	-12.782
2010	798.282	671.605	+127.677
2011	958.299	678.969	+279.630
2012*	1.080.936	711.992	+368.944

**Zahlen vorläufig*

Oliver Klasen, Süddeutsche Zeitung, 22.12.2011, Tabelle: Statistisches Bundesamt (www.destatis.de)

Aufgaben

1. Benenne die Spieler der Deutschen Nationalmannschaft mit Migrationshintergrund (M 1). Aus welchen Ländern stammen sie?
2. Arbeite aus M 2 heraus, warum sich der Fußballspieler Asamoah in Deutschland zugleich zu Hause und doch fremd fühlt.
3. Seit einigen Jahren hat sich im deutschen Sprachgebrauch die etwas sperrige Bezeichnung „Personen mit Migrationshintergrund" eingebürgert. Früher hat man einfach „Ausländer" gesagt. Erläutere, wie sich die Begriffe unterscheiden, und beurteile ihre Angemessenheit (M 4).
4. Setze die Tabelle in ein Diagramm um und überlege, welche Ursachen der Verlauf der Migrationssalden haben könnte (M 5).
5. Angesichts sinkender Bevölkerungszahlen fordern einige Politiker mehr Zuwanderung. Diskutiert diese Forderung in der Klasse (M 5).

Wie wird man Deutscher?

Staatsangehörigkeit
Als Staatsbürger besitzt man bestimmte Rechte und Pflichten in dem jeweiligen Land. So darf man wählen oder gewählt werden, muss aber auch Steuern bezahlen oder als Mann z. B. Wehr- oder Zivildienst leisten. Die Staatsangehörigkeit regeln die Staaten ganz unterschiedlich.

M 6 Was meinen Sie? ...

Thomas Plaßmann, Baaske Cartoons, Müllheim

M 7 Wege zur deutschen Staatsbürgerschaft

Staatsangehörigkeit: DEUTSCH
Die deutsche Staatsangehörigkeit wird erworben durch ...

Abstammung von deutschen Eltern

Ein Kind, bei dem mindestens ein Elternteil deutscher Staatsbürger ist, erhält mit der Geburt die deutsche Staatsangehörigkeit

Geburt in Deutschland

Ein Kind ausländischer Eltern, die dauerhaft in Deutschland leben, erhält mit der Geburt die deutsche Staatsangehörigkeit und außerdem meist die Staatsangehörigkeit der Eltern (doppelte Staatsbürgerschaft)

Zwischen dem 18. und dem 23. Geburtstag muss es sich für eine der beiden Staatsbürgerschaften entscheiden

Einbürgerung

Nachträglicher Erwerb der deutschen Staatsbürgerschaft auf Antrag. Voraussetzungen dafür sind unter anderem:

mindestens 8 Jahre Aufenthalt in Deutschland, Bekenntnis zum Grundgesetz, gesicherter Familienunterhalt, ausreichende Deutschkenntnisse, Straflosigkeit, Aufgabe der bisherigen Staatsangehörigkeit, Kenntnisse über die deutsche Rechts- und Gesellschaftsordnung (Einbürgerungstest)

Unter: *http://oet.bamf.de/pls/oetut/f?p=512:1:5438503916283347* findet ihr einen Mustertest des Bundesamtes für Migration und Flüchtlinge. Der Einbürgerungstest ist seit seiner Einführung im Jahr 2008 politisch sehr umstritten. Stelle die Gründe, die für und gegen diesen Test sprechen, gegenüber.

M 8 Warum ich Deutscher geworden bin

Davut C., 21 Jahre, Student: Ich bin Düsseldorfer. Hier bin ich geboren und ich fühle mich nicht als Türke, Deutscher oder Deutschtürke. Die deutsche Staatsangehörigkeit habe ich angenommen, weil ich hier schon immer lebe. Hätte ich mich für die türkische Staatsangehörigkeit entschieden, dann hätte ich den Wehrdienst in der Türkei ableisten müssen. Das wollte ich nicht, denn dort gibt es keinen Zivildienst.

Acelya D., 20 Jahre, Studentin: Meine Mutter ist Griechin, mein Vater Türke und ich bin Deutsche. So einfach ist das. Ich bin in Offenbach am Main geboren und lebe dort sehr gerne. Außerdem studiere ich für das Lehramt an Haupt- und Realschulen und möchte Beamtin werden. Das geht nur mit der deutschen Staatsangehörigkeit.

Suna A., 35 Jahre, Lehrerin: Geboren bin ich an der türkischen Schwarzmeerküste und im Alter von 3 Jahren mit meiner Mutter zu meinem Vater nach Bielefeld gezogen. Für mich gab es keine Frage, ob ich Deutsche werde oder nicht. Ich lebe hier und möchte auch politisch entscheiden können. Außerdem möchte ich Vorbild für meine Schülerinnen und Schüler sein.

Cyrus P., 19 Jahre, Auszubildender bei einer Bank: Ich bin mit meinen Eltern vor zehn Jahren aus dem Iran geflohen. Wir wurden als politische Flüchtlinge anerkannt. Gefühlsmäßig ist es nicht leicht, die deutsche Staatsangehörigkeit anzunehmen. Aber die Vorteile liegen klar auf der Hand: gesicherter Aufenthaltsstatus, Wahlrecht.

Aufgaben

1. Der Amerikaner Derek und Caroline aus Bonn haben sich 2006 in Austin (Texas) kennen gelernt, als Caroline ein Auslandssemester absolvierte. Derek studierte dort Deutsch. Mittlerweile sind die beiden verheiratet, leben seit 2008 in Bonn, 2010 wurde ihr Sohn David geboren. Welche Staatsangehörigkeit hat David? Wie könnte Derek die deutsche Staatsangehörigkeit erhalten (M 7)?
2. Beschreibe, was die deutsche Staatsangehörigkeit für die jeweiligen Personen bedeutet (M 8).
3. Im Falle einer doppelten Staatsbürgerschaft muss man sich zwischen dem 18. und 23. Lebensjahr für eine entscheiden. Wie beurteilst du diesen Zwang zur Entscheidung?

Was bedeutet Integration?

Integration
Das Wort Integration kommt aus dem Lateinischen und bedeutet die „Herstellung eines Ganzen“. Im allgemeinen Sprachgebrauch verstehen wir darunter „Eingliederung“ oder „Einbindung“ eines Einzelnen oder einer Minderheit in eine größere Gruppe.

M 9 Wann ist man integriert?

Eine Person ist in die Gesellschaft integriert, ...		
	Zustimmung	Ablehnung
wenn sie einen Schulabschluss hat		
wenn sie gut deutsch spricht		
wenn sie eine Berufsausbildung hat		
wenn sie die Gesetze des Landes anerkennt und befolgt		
wenn sie überwiegend deutsche Freunde hat		
wenn sie Alkohol trinkt		
wenn sie von deutschen Nachbarn zum Kaffee eingeladen wird		
wenn sie sich politisch engagiert		
wenn sie die deutsche Staatsbürgerschaft besitzt		
wenn ihre Kinder gut deutsch sprechen		
wenn ihre Kinder in den Kindergarten gehen		
wenn sie Weihnachten und Ostern feiert		
...		

nach: Wochenschau Nr. 6/2006, S. 211

M 10 Wie angepasst muss man sein?

Sorgfältig rückt sie ihr Kopftuch zurecht, steckt eine lange Haarsträhne unter den weichen Stoff aus Seide und Kaschmir. Ein Blick in den Spiegel, dann macht sie sich auf ihren Schulweg. Yagmur ist 15 Jahre alt, Mädchen wie sie gibt es viele in Deutschland. Hunderttausende, die sich täglich zwischen zwei Kulturen zurechtfinden müssen. Sie müssen Balance halten zwischen zwei Welten, zwischen Vorstellung und Realität, Hass und Liebe. Je länger Mädchen wie Yagmur in der Kultur ihrer Heimat aufgewachsen sind, desto größer ist ihr innerer Zwiespalt, ihr Wunsch nach Zugehörigkeit und dem Wissen um die wahre Herkunft. Doch längst nicht alle wollen dazugehören. Es gibt eine große Kluft zwischen Eingliederung und Provokation, zwischen Dazugehörigkeit und Ausgrenzung. Oftmals werden schon im Elternhaus die Weichen für eine Richtung gestellt. Dies fängt bei der Wahl des Wohnortes an und setzt sich fort bei der Sprache und dem Umgang der Eltern mit der deutschen Kultur. „Scheißtürkin!“ rufen sie auf dem Schulweg in der Kleinstadt hinterher. Yagmur überhört es, versucht es zu verdrängen, hält den Blick gesenkt und geht stumm weiter. Sätze wie dieser versetzen ihr einen Stich. Sie wird erkannt, als Türkin, als Fremde. Sie versteht das nicht. Seit zwölf Jahren lebt sie in Deutschland. Sie will dazugehören. Anerkennung und Respekt. Sie geht zur Schule, verhält sich wie die anderen, und doch wird sie nie ganz gleich sein. Ihr Name, ihre Aussprache, ihr Aussehen, das alles stempelt sie immer wieder als „die Muslima" ab. Und wenn sie doch ihr Kopftuch ablegt? Nein. Sie ist stolz auf ihre Herkunft, auf ihre Religion und ihre Kultur. Für sie gehört das morgendliche Binden des Kopftuchs dazu.

Sophie Megerle, Lena Reutter, Stuttgarter Zeitung, 27.8.2010

M 11 Ein Land – zwei Welten

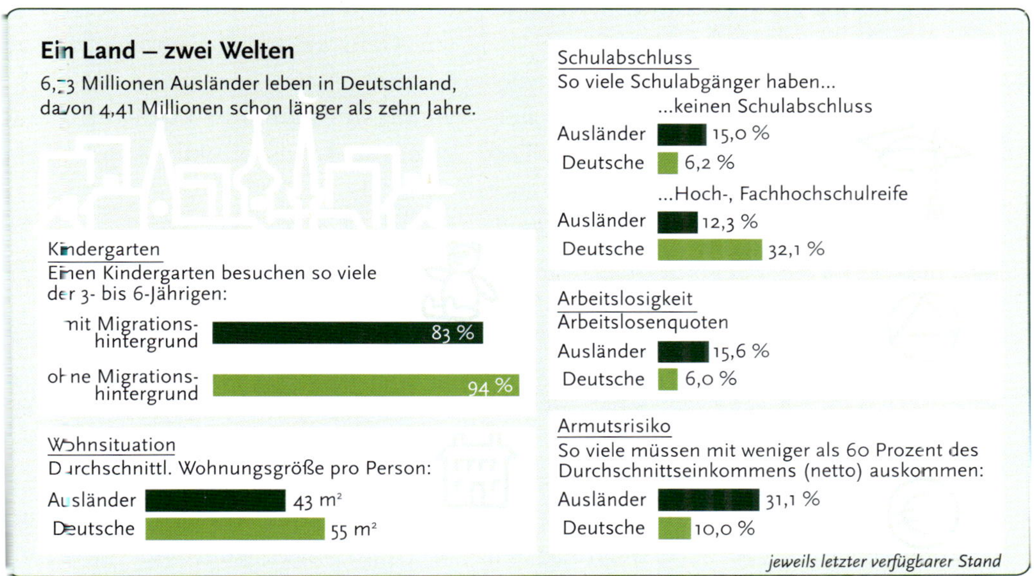

Quellen: Stat. Bundesamt, Bertelsmann Stiftung; Globus-Grafik 3116

M 12 Es gibt keine Integrationsmisere in Deutschland

Sind Muslime wirklich schlechter integriert als andere Migranten? Der ehemalige Finanzsenator Berlins, Thilo Sarrazin, löste im Jahr 2010 mit seiner Kritik an muslimischen Migranten eine Welle der Empörung aus. Die Diskussion läuft völlig falsch, sagt Forscher Klaus Bade.

SPIEGEL ONLINE: Sarrazin behauptet auch, die verschiedenen Migrantengruppen integrierten sich unterschiedlich in die deutsche Gesellschaft. Lässt sich das tatsächlich beobachten?

Bade: Migrantengruppen als solche gibt es nicht. Vielmehr lassen sich innerhalb der verschiedenen Herkunftsgruppen Milieus ausmachen, die ebenfalls bei der Bevölkerung ohne Migrationshintergrund zu finden sind. Türkische Zuwanderer schneiden in ihren schulischen Leistungen zwar im Schnitt schlechter ab als Schüler ohne Migrationshintergrund. Das gilt aber auch für andere Herkunftsgruppen wie zum Beispiel Italiener, die in der Bildungsstatistik sogar noch schlechter dastehen. Andererseits finden sich auch unter Zuwanderern Personen mit besonders stark ausgeprägter Aufstiegsorientierung, gerade auch bei Menschen mit türkischem Migrationshintergrund.

SPIEGEL ONLINE: Taugen die Erfolgsgeschichten hochqualifizierter Migranten als Vorbild für ihre Landsleute?

Bade: Natürlich. Im Bereich der schulischen Bildung machen wir hervorragende Erfahrungen damit. Das gilt zum Beispiel für Studenten mit Migrationshintergrund, die Jüngere gezielt auf ihrem Weg durch die Schullaufbahn begleiten und unterstützen. Warum sollte dies in der Berufswelt anders sein? Wir reden nur zu wenig über diese erfolgreichen Einwanderer.

SPIEGEL ONLINE: Laut Integrationsbericht der Regierung steht einer kleinen Elite von hoch qualifizierten Migranten eine wachsende Zahl jugendlicher Zuwanderer gegenüber, die kaum Chancen auf dem Arbeitsmarkt haben. Was kann man tun, um diesen Trend zu stoppen? [...]

Bade: Unser Bildungssystem muss sich besser auf die interkulturellen Rahmenbedingungen einstellen. Hochqualifizierte können nämlich nicht nur zuwandern, man kann sie durch zureichende Förderung auch im eigenen Land gewinnen. Im internationalen Vergleich verlangt das deutsche Schulsystem den Eltern besonders viel ab. Es geht von Voraussetzungen aus, die zugewanderte Eltern häufig nur bedingt erfüllen. Ganztagsschulen und ganztägige frühkindliche Förderung können, wenn sie qualitativ hochwertig angelegt sind, hier effektiv Abhilfe leisten. [...]

SPIEGEL ONLINE: Wer trägt Ihrer Meinung nach die Schuld an der Integrationsmisere?

Bade: Ich sehe keine Integrationsmisere in Deutschland. Wie der Sachverständigenrat deutscher Stiftungen für Integration und Migration in seinem aktuellen Jahresgutachten gezeigt hat, verläuft Integration in Deutschland sehr viel erfolgreicher, als es die Desintegrationspublizistik glauben machen will, auch im internationalen Vergleich. Ausnahmen bestätigen die Regel. In den letzten zehn Jahren ist in Sachen Integrationspolitik mehr geschehen als in den vier Jahrzehnten zuvor. Die in Deutschland geborene Zuwandererbevölkerung der zweiten und dritten Generation erzielt in fast allen Bereichen, sei es Bildung oder Arbeitsmarkt, deutlich bessere Ergebnisse als ihre Eltern und Großeltern. Dieser Effekt lässt sich für nahezu alle Herkunftsgruppen beobachten.

Michael Kröger, Der Spiegel, 7.12.2010

Aufgaben

1. Übertrage den Fragebogen aus M 9 in dein Heft und fülle ihn aus. Diskutiert auf der Grundlage eurer Ergebnisse, ab wann jemand als integriert gelten kann.
2. Yagmur (M 10) überlegt, ob sie ihr Kopftuch nicht mehr tragen soll. Schreibe ihr einen Brief, in der du ihr einen freundschaftlichen Rat gibst.
3. Erläutere, welche Faktoren Integration begünstigen bzw. behindern können (M 9 – M 12).

Methode

M 13 Ein Experteninterview führen

In fast jeder Kommune gibt es einen kommunalen Integrationsbeauftragten oder einen Migrations- oder Integrationsrat. Vereinbart ein Expertengespräch mit einem Vertreter / einer Vertreterin. Schwerpunkte der Befragung können sein:

- Statistische Daten
- Integrationsprobleme (z. B. bestimmte Stadtteile, Schulen etc.)
- Laufende Maßnahmen und Projekte
- Bewertung verschiedener Maßnahmen (erfolgreiche / erfolglose Projekte)

So bereitet ihr ein Expertengespräch vor:

1. Kontaktaufnahme

Namen und Kontaktdaten erfahrt ihr über die Homepage eurer Gemeinde oder die Homepage des Landesintegrationsrates. Vereinbart mit dem Experten / der Expertin einen Termin und den Ort des Gesprächs. Vielleicht kommt er oder sie auch in die Schule? Teilt vorab schon einmal kurz mit, worüber ihr sprechen wollt.

2. Vorbereitung in der Klasse

Jeder Schüler formuliert im Vorfeld eine oder mehrere Fragen an den Experten. Diese werden zusammengetragen und sortiert.
Macht vorher aus, wer die Fragen an den Experten stellt.
Bereitet den Ablauf der Befragung vor: Wo und in welcher Sitzordnung wird die Befragung durchgeführt? Wie wird sie aufgezeichnet (per Video, Tonband oder Mitschrift)? ...

3. Durchführung / Gesprächsverlauf

Begrüßt zunächst euren Gesprächspartner, erläutert Ziele und Ablauf des Gesprächs und stellt die Gesprächsteilnehmer kurz vor.
Nach den eröffnenden Fragen („Wir interessieren uns für ...", „Können Sie uns sagen ...?") ist es wichtig, weitere zum Überblick über das Thema (wer, wo, was, wann, wie, wie viel ...?) und zu genaueren Informationen („Können Sie das noch weiter ausführen?") zu stellen.
Weitere Frageformen sind sogenannte offene Fragen („Warum / wie / wozu haben Sie das gemacht?"), Einschätzungen betreffende („Was halten Sie von ...", „Welche Erfahrungen haben Sie damit gemacht?") und Bewertungen („Wie beurteilen Sie ...?").
Denkt am Ende der Befragung daran, euch beim jeweiligen Gast für sein Kommen zu bedanken. Wenn es euch sehr gut gefallen hat, könnt ihr ein kleines Präsent überreichen oder einen Dankesbrief zukommen lassen.

4. Auswertung

Die Ergebnisse müssen zusammengefasst und bewertet werden. Hierbei helfen u. a. folgende Fragen:
Welche Informationen wurden gegeben? Gibt es neue Erkenntnisse?
Worüber wurde aus welchen Gründen nicht gesprochen?
Bleiben Informationslücken und können diese geschlossen werden?
Wie war der Aussagewert des Gesprächs, welche Interessen vertrat der Experte? Sind auch noch andere Interessen anzuhören?

Migranten werden Schwaben

M 14 Der Stuttgarter Weg – Vielfalt als Chance

Präsentation eines vom ehemaligen Stuttgarter Oberbürgermeister Wolfgang Schuster zusammen mit dem Bundestagsabgeordneten Cem Özdemir veröffentlichten Buchs zum Thema Integration. In Stuttgart leben Zuwanderer aus 180 Nationen, die über 120 Sprachen sprechen. Knapp 40 Prozent aller Einwohner und über 50 Prozent aller Kinder und Jugendlichen haben einen Migrationshintergrund.

nach: www.stuttgart.de, (12.1.2013)

M 15 Stuttgart – Musterstädtle der Integration?

Migranten in Großstädten

Großstadt	Anteil 2011 in %
Berlin	25 %
Hamburg	27 %
München	36 %
Köln	31 %
Frankfurt/M.	43 %
Stuttgart	38 %
Düsseldorf	32 %
Dortmund	29 %
Essen	23 %
Bremen	29 %
Dresden	7 %
Leipzig	8 %
Nürnberg	37 %

http://www.bpb.de/gesellschaft/migration/dossier-migration/

Wen man in Stuttgart auch fragt, egal welche Nationalität oder Partei – das Integrationsmodell wird von allen begrüßt. […] Schräg gegenüber vom Rathaus steht ein kleines Redaktionsgebäude. Hier wird die Interkultur herausgegeben, eine monatliche Zeitschrift, die über Vereine und Feste der verschiedenen Migrantengruppen informiert. Eine Säule des Stuttgarter Konzeptes ist, das kulturelle Engagement der Communitys sichtbar und für andere zugänglich zu machen. „Orientalischer Tanztreff", „griechischer Seniorennachmittag" oder „Frauentreff in persischer Sprache". Alles klingt exotisch und gleichzeitig schwäbisch. Svetlana Acevic, ist Redakteurin der Interkultur. Sie ist in Belgrad aufgewachsen. Dass Jugoslawien auseinander gefallen ist, habe sie „richtig durchgeschüttelt", sagt sie. Deshalb wolle sie mit ihrer Arbeit demonstrieren, dass „die Kultur kein Grund ist, an dem das Zusammenleben scheitern sollte". […]

Die zweite Säule des Stuttgarter Modells sind Bildungsinvestitionen. 600 Stunden kostenlosen Sprachkurs darf und muss jeder Neu-Stuttgarter absolvieren. In der Klasse sitzen gerade acht Schüler, alle sind unterschiedlicher Herkunft. Sie pauken Plusquamperfekt. Max Schiller, ein russischer Spätaussiedler, der Physik studiert sagt: Hier lerne er neben der Sprache auch nette Leute kennen. […]

Die dritte Säule des Stuttgarter Modells ist präventive (vorbeugende) Sozialarbeit. Georg Ceschan, ein gebürtiger Rumäne, ist Experte für berufliche Qualifizierung von Jugendlichen. In allen Stadtteilen gibt es Mentoren, die ihren Kiez kennen, und sich um Jugendliche kümmern. Mit Erfolg: Laut Kriminalitätsstatistik ist Stuttgart die sicherste deutsche Metropole. Es gibt keine Ghettos, in der nur eine Nation lebt. Grundlage für das friedliche Miteinander sei aber nicht seine Sozialpolitik, sagt Ceschan nüchtern. Sondern die gute Wirtschaftslage der Gegend. Ceschan wünscht sich, dass sich mehr Migranten politisch beteiligen. Dazu müsse es aber mehr Politiker mit Migrationshintergrund geben, sagt Ceschan. Wie die ausländischen Polizisten und Lehrer, nach denen die Stadt sucht, könnten sie eine wichtige Vorbildfunktion einnehmen.

Michael Schlieben, Zeit online, 5.9.2009

M 16 Das Modell der Bildungspaten

In Stuttgart sind 1500 ehrenamtliche Bildungspaten aktiv. Sie nennen sich auch „Mentoren" – nach einer Figur in der griechischen Odyssee, wo Mentor ein Berater war.

Frau Hoffmann, was hat Sie vor sechs Jahren bewogen, Bildungspatin zu werden?

Hoffmann: Mein Leben war spannend. Aber mir fehlte etwas. Statt ein neues Hobby zu beginnen, suchte ich ein lebendiges Gegenüber. Ich wollte Mentorin werden. [...]

Empfinden Sie es als Glück, dass Frau Hoffmann Ihre Mentorin ist?

Sagiroglu: Ja, weil die Chemie zwischen Ina und mir von Anfang an stimmte. Die Ziele, die ich inzwischen erreiche und erreicht habe, stärken mich fürs Leben.

Hoffmann: Wir haben ja beide etwas davon. Durch Ali lernte ich die Erlebniswelt eines Jugendlichen kennen. Das ist oft spannend, auch wegen seiner kurdischen Kultur.

http://www.stuttgart.de/item/show/453019, (12.1.2013)

Eine zeitgemäße Mentorin ist Ina Hoffmann. Sie begleitet Ali Sagiroglu – einen jungen Kurden – seit nunmehr sechs Jahren und hat ihm manche Irrfahrt erspart. Ali macht inzwischen eine Ausbildung.

Aufgaben

1. Erläutere die drei Säulen des Stuttgarter Integrationsmodells (M 14). Welche Säule hältst du für besonders wichtig für eine gelingende Integration?
2. Stelle in einer Tabelle dar, worin der „Gewinn" des Bildungspaten-Modells für beide Seiten bestehen könnte (M 15).
3. Informiert euch über weitere Integrationsprojekte der Stadt Stuttgart und stellt ein aus eurer Sicht besonders gelungenes Projekt im Kurs vor.

Was wir wissen

Deutschland als Einwanderungsland
M 3 – M 5

Seit Bestehen der Bundesrepublik lassen sich verschiedene Phasen in der Zuwanderungsgeschichte unterscheiden. In den 50er und 60er-Jahren des vergangenen Jahrhunderts wurden zahlreiche Ausländer als „Gastarbeiter" von Unternehmen und Behörden angeworben.
Viele weitere Menschen kamen bis Mitte der 90er Jahre des vergangenen Jahrhunderts durch Familiennachzüge der hier lebenden Ausländer, als Aussiedler oder durch die Beantragung von Asyl hinzu. Heute leben in der Bundesrepublik Deutschland deshalb rund 16 Mio. Menschen mit Migrationshintergrund. Das entspricht rund einem Fünftel der Bevölkerung.

Wie wird man Deutscher?
M 7

Die deutsche Staatsbürgerschaft erhält man durch Abstammung (mindestens ein Elternteil ist Deutscher), durch Geburt in Deutschland oder durch Einbürgerung. Ausländer haben demnach einen Anspruch auf den Erwerb der deutschen Staatsbürgerschaft, wenn sie sich länger als acht Jahre rechtmäßig in Deutschland aufhalten, ihren Lebensunterhalt selbst finanzieren und Kenntnisse der Sprache, Recht- und Gesellschaftsordnung nachweisen können.

Zuwanderung und Integration

Erst nach der Jahrtausendwende hat man damit begonnen, die Steuerung der Zuwanderung und die Integration der hier lebenden Bevölkerung mit Migrationshintergrund als umfassende Aufgabe der Politik zu begreifen. Seit 2005 hat Deutschland ein Zuwanderungsgesetz, seit 2007 gibt es einen nationalen Integrationsplan. Doch bleibt politisch umstritten, wie viel und welche Form der Zuwanderung Deutschland angesichts einer schrumpfenden Bevölkerung braucht und wie eine erfolgreiche Integration der hier lebenden Menschen mit Migrationshintergrund gelingen kann.

Integrationsprobleme
M 10 – M 12

Als Haupthindernisse für eine erfolgreiche Integration gelten in erster Linie mangelnde Deutschkenntnisse und fehlende Bildungsabschlüsse. Es ist deshalb weitgehend unumstritten, dass Maßnahmen zur Verbesserung von Sprachkenntnissen und zur Förderung von (höheren) Bildungsabschlüssen die Integration erleichtern. Keine Einigkeit besteht darüber, wie weit sich Menschen mit Migrationshintergrund an die Mehrheitsgesellschaft anpassen sollen.

Vorbild Stuttgart
M 15, M 16

Die baden-württembergische Landeshauptstadt Stuttgart hat mit den höchsten Migrantenanteil aller deutschen Großstädte. Dennoch gilt sie deutschland- und europaweit als Vorreiter in Sachen Integration. In der Landeshauptstadt wird Integration als eine Hauptaufgabe für alle städtischen Behörden und als ein Kernthema der Kommunalpolitik gesehen. Offenheit für andere Kulturen, verpflichtende Sprachkurse und vorbeugende Sozialarbeit sind die tragenden Säulen des Stuttgarter Integrationsmodells.

Wie viel Integration muss sein?

1. Bildet in der Klasse zwei Gruppen, „Zuwanderer“ und „Einheimische“, die zunächst unabhängig voneinander arbeiten. Formuliert als „Einheimische“ eure Erwartungen an die „Zuwanderer“ – z. B. Voraussetzungen, die sie mitbringen, oder Regeln, die sie akzeptieren sollten. Als „Zuwanderer“ vertretet ihr entsprechend die Haltung der hier lebenden Bürger mit Migrationshintergrund oder Asylsuchenden. Berücksichtigt möglichst viele Bereiche wie Sprache und Kultur, Bildung und Religion, Beruf und Arbeit, Politik und Gesellschaft.

Einheimischer (Deutscher):	Zuwanderer:
Ich erwarte von den Zuwanderern, dass ...	Ich erwarte von Deutschland und den Deutschen, dass ...
....	....
....	....
....	....
Einwanderer aus fremden Kulturen verändern auch die heimische Lebensweise. Ich bin bereit, Folgendes mitzutragen:	Ich bin bereit, mich folgendermaßen zu ändern und (an die deutsche Lebensweise) anzupassen:
....	....
....	....
Nicht tolerieren kann ich:	Nicht aufgeben kann/möchte ich:
....	....

2. Vergleicht die Erwartungen der Einheimischen mit der Anpassungsbereitschaft der Zuwanderer und die Erwartungen der Zuwanderer mit der Aufnahmebereitschaft bzw. Abwehrhaltung der einheimischen Bevölkerung. Reichen die Übereinstimmungen für eine insgesamt erfolgreiche Integration aus? Wo bestehen konfliktträchtige Unterschiede? Gibt es unüberbrückbare Gegensätze?
3. Gibt es ein Leitbild „des“ Deutschen, an dem der Integrationserfolg zu messen wäre? Einigt euch in der Klasse auf einen Minimalkatalog (rechtlich) verbindlicher Regeln für das Zusammenleben in einer multikulturellen Gesellschaft.

aus: Bruno Zandonella, Themenblätter im Unterricht 32/2003, Bundeszentrale für politische Bildung, S. B

„Ein gutes soziales Sicherungssystem ist nur für die Schwächsten der Gesellschaft wichtig.“

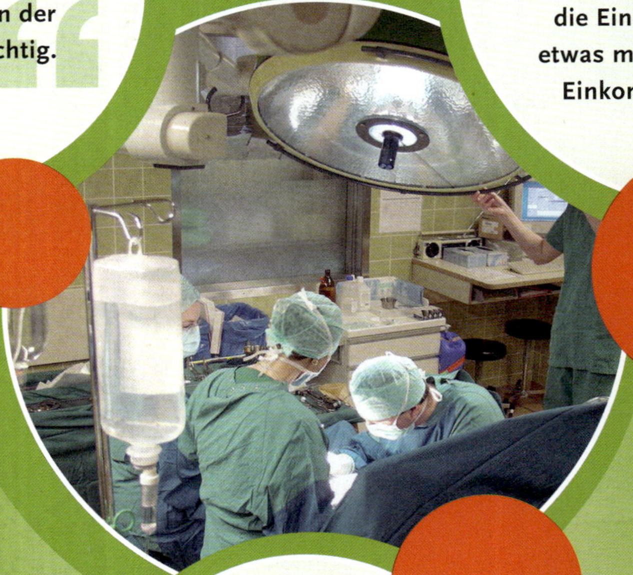

„Das soziale Sicherungssystem soll dafür sorgen, dass alle am Wohlstand teilhaben können. Dafür müssen die Einkommensstärkeren etwas mehr beitragen als die Einkommensschwachen.“

„Das gegenwärtige soziale Sicherungssystem wird in der Zukunft nicht mehr finanzierbar sein.“

„Ein großes Problem der gesetzlichen Sozialversicherung in Deutschland ist, dass sie von einer bestimmten Alterszusammensetzung der Bevölkerung abhängig ist, die es in Zukunft so nicht mehr geben wird.“

2

Auftrag und Probleme des Sozialstaates

Wir genießen in Deutschland noch immer einen hohen Schutz gegen Lebensrisiken wie Armut, Krankheit, Pflegebedürftigkeit und Alter. Doch stellt sich die Frage, welches Maß an sozialer Sicherheit angesichts einer alternden Gesellschaft und klammer Haushaltskassen als angemessen und zukunftsfähig erscheint. Dabei muss beachtet werden, dass Reformen der sozialen Sicherungssysteme immer auch Fragen nach der Gerechtigkeit zwischen den Generationen aufwerfen.

Kompetenzen

Am Ende dieses Kapitels solltest du Folgendes können:

- die Grundlagen des Sozialstaats und der sozialen Sicherung darstellen
- Aspekte der Armut und der Armutsdefinition kennen
- die verschiedenen Säulen der sozialen Sicherung erläutern
- Reformmöglichkeiten am Beispiel der Rentenversicherung aus unterschiedlichen Perspektiven beurteilen

Was weißt du schon?
Wählt diejenige Aussage aus, der ihr am ehesten zustimmt oder die ihr für besonders wichtig haltet. Begründet eure Auswahl. Diskutiert zunächst innerhalb der Gruppen über eure Begründungen. Stellt sie anschließend der Klasse vor.

2.1 Grundlagen des Sozialstaats

Worauf baut das soziale Sicherungssystem?

M 1 Niemand muss im Regen stehen ...

Karikatur: Aurel

M 2 Das Sozialstaatsgebot im Grundgesetz

Im Grundgesetz, der deutschen Verfassung, werden den Bürgerinnen und Bürgern ihre Grundrechte garantiert und die Organisation des Staates festgelegt. Artikel 20 fasst die wichtigsten Staatsprinzipien zusammen. Das darin enthaltene „Sozialstaatsgebot" verpflichtet den Staat dazu, das Ziel eines sozialen Ausgleichs bei allen staatlichen Maßnahmen zu berücksichtigen. In Verbindung mit dem Grundrecht auf ein menschenwürdiges Leben ergibt sich daraus ein Anspruch des Einzelnen gegen den Staat, für ihn im Falle seiner – verschuldeten oder unverschuldeten – Bedürftigkeit so zu sorgen, dass sein Existenzminimum gesichert ist. Wer zum Beispiel durch Krankheit oder Alter in eine Notlage geraten ist, muss durch die Unterstützung staatlich organisierter Sozialsysteme eine angemessene Behandlung und ausreichende Hilfe bei der Existenzsicherung erhalten. Der Staat ist auch dazu verpflichtet, „Daseinsvorsorge" zugunsten der Bürgerinnen und Bürger zu betreiben, d.h. die Versorgung mit Gas, Wasser, Strom und Schulen, öffentlichen Verkehrsmitteln u. a. sicherzustellen. Er muss dies allerdings nicht immer kostenlos tun, sondern kann dafür eine zumutbare Gegenleistung in Geld fordern.

Art 1,1 GG
„Die Würde des Menschen ist unantastbar. Sie zu achten und zu schützen ist Verpflichtung aller staatlichen Gewalt."

Art 20,1 GG
„Die Bundesrepublik Deutschland ist ein demokratischer und sozialer Bundesstaat."

M 3 Die Säulen der sozialen Sicherung

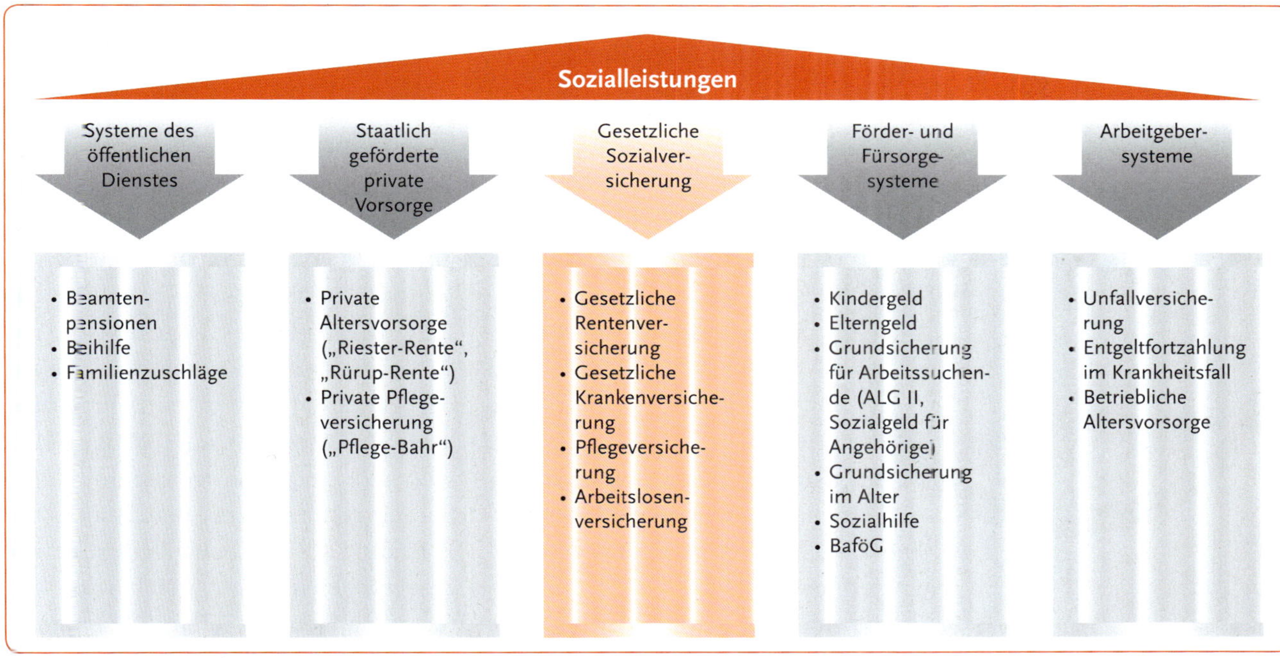

M 4 Das soziale Sicherungssystem in Deutschland

Das Kernstück des Sozialstaats in Deutschland ist die gesetzliche Sozialversicherung. Sie ist im Sozialgesetzbuch geregelt und schreibt verpflichtend vor, dass jeder Mensch, der in einem regulären Beschäftigungsverhältnis (sozialversicherungspflichtige Vollzeit- und Teilzeittätigkeiten) steht, gegen bestimmte Grundrisiken des Lebens versichert sein muss. Arbeitgeber und Arbeitnehmer beteiligen sich je zur Hälfte an der Finanzierung der Versicherungen. Auf diese Weise ist ein Arbeitnehmer versichert bei Arbeitslosigkeit, bei Krankheit, bei Pflegebedürftigkeit, im Alter, wenn er nicht mehr berufstätig sein kann, und bei Unfällen. Diejenigen, die aus den gesetzlichen Sozialversicherungen keine oder keine ausreichenden Leistungen beziehen können, erhalten im Falle ihrer Bedürftigkeit eine Grundsicherung, die aus allgemeinen Steuermitteln finanziert wird.

Darüber hinaus leistet der Sozialstaat auch in besonderen Lebenslagen Unterstützung, z. B. für Familien, Kinder oder die Ausbildung. Der Sozialstaat wird von dem Grundgedanken der „Solidarität“ getragen, d.h. dem Prinzip gegenseitiger Hilfe. Im Bedarfsfall tritt die Gemeinschaft mit ihren Mitteln für den Hilfebedürftigen ein.

Aufgaben

1. Ordne die in der Abbildung (M 1) dargestellten Situationen bzw. Risiken den Säulen des sozialen Sicherungssystems zu (M 3).
2. Erläutere, welche Verpflichtungen sich aus den Sozialstaatsgebot für den Staat ergeben (M 2, M 4).

Die Bausteine der gesetzlichen Sozialversicherung

M 5 Die gesetzliche Rentenversicherung und die „Riester-Rente"

Die gesetzliche Rentenversicherung ist für Arbeitnehmer in der Bundesrepublik verpflichtend. Sie ist nach dem Prinzip des Umlageverfahrens konstruiert. Danach werden die Beiträge der Arbeitnehmer und Arbeitgeber, die in die gesetzlichen Rentenkassen eingezahlt werden, sofort zur Finanzierung der Renten verwendet. Die heutigen Einzahler finanzieren also die Renten der jetzigen Altersgeneration. Das bedeutet, dass die Kinder und Enkel der jetzigen Einzahler einmal deren Renten aufbringen müssen. Dieses Prinzip wird auch **Generationenvertrag** genannt. Die Beiträge (18,9 % vom Bruttoarbeitseinkommen im Jahr 2013) teilen sich Arbeitgeber und Arbeitnehmer „paritätisch", d. h. zu gleichen Anteilen. Das Bruttoeinkommen wird jedoch nur bis zu einer „Beitragsbemessungsgrenze" (2013: 5.800 € West/4.900 € Ost monatlich) zu Grunde gelegt. Der darüber liegende Teil des Einkommens ist beitragsfrei. Der Staat zahlt einen Zuschuss aus allgemeinen Steuermitteln. Die Höhe der Altersrente richtet sich zum einen nach der Einzahlungsdauer und nach der Höhe der eingezahlten Beiträge (also nach der Höhe des Gehalts) über die gesamte Versicherungszeit hinweg. Noch beginnt das Renteneintrittsalter bei 65 Jahren, ab dem Jahre 2012 soll das Renteneintrittsalter schrittweise auf 67 Jahre angehoben werden. Neben der Altersrente erwerben Beitragszahler u. a. Ansprüche auf Witwen/Witwerrente und eine (geringere) Rente bei eingeschränkter Berufsfähigkeit, z. B. durch Krankheit. Zusätzlich zur gesetzlichen Rentenversicherung bieten viele Betriebe eine Altersvorsorge an und schließlich kann jeder sich auch freiwillig privat versichern. Der Staat fördert solche privaten Versicherungsabschlüsse, indem er Zulagen finanziert, wenn das Versicherungsangebot bestimmte Bedingungen erfüllt. Diese private Zusatzversicherung mit staatlicher Förderung wurde nach ihrem „politischen Vater", dem ehemaligen Arbeitsminister Walter Riester, „Riester-Rente" genannt. Selbständige können der gesetzlichen Rentenversicherung beitreten, müssen es aber nicht. Beamte werden später vom Staat durch Pensionen aus Steuermitteln versorgt, können aber auch eine „Riester-Rente" abschließen.

M 6 Die Arbeitslosenversicherung und die Grundsicherung

Für Arbeitnehmer ist die Beteiligung an der gesetzlichen Arbeitslosenversicherung verpflichtend. Im Falle von Arbeitslosigkeit erhält ein Arbeitnehmer die Leistungen der Arbeitslosenversicherung, das Arbeitslosengeld I, wenn er oder sie vorher mindestens 6 Monate sozialversicherungspflichtig beschäftigt gewesen ist. Die Höhe der Zahlung ist abhängig von seinem letzten Nettoentgelt und beträgt ca. 60 % davon. Finanziert werden die Leistungen durch die Beiträge der Arbeitnehmer und Arbeitgeber (3,0 % vom Bruttoentgelt). Hat jemand nach Ablauf der Bezugsdauer (in der Regel 1 Jahr) keine neue Beschäftigung gefunden und kann auch nicht von seinem Partner unterstützt werden, wird Arbeitslosengeld II, die Grundsicherung für Arbeitssuchende, gezahlt. Es ist am Existenzminimum orientiert und beträgt für einen Alleinstehenden 382 Euro (2013). Außerdem werden die Kosten für eine (angemessene) Unterkunft übernommen. Das Arbeitslosengeld II ist Bestandteil des Systems der Grundsicherung. Die Grundsicherung dient als letztes Auffangnetz für diejenigen, die sich vorübergehend oder dauerhaft nicht mehr aus eigener Kraft selbst helfen können und bei denen die Familieneinkommen und Sozialversicherungsleistungen nicht ausreichen oder wegfallen. Sie zielt auf Absicherung eines menschenwürdigen Lebens. Die Leistungen der Grundsicherung werden erst nach einer Bedürftigkeitsprüfung gezahlt. Nicht arbeitsfähige Bedürftige erhalten Sozialhilfe, für alte Menschen gibt es die „Grundsicherung im Alter". Alle Leistungen aus dem Grundsicherungssystem haben eine einheitliche Höhe und werden aus allgemeinen Steuermitteln finanziert.

Karikatur: Barbara Henniger

M 7 Die gesetzliche Krankenversicherung und die Pflegeversicherung

Die gesetzliche Krankenversicherung (GKV) ist eine Pflichtversicherung für Arbeitnehmer, Studenten und Landwirte. Beamte, Richter und Selbständige unterliegen nicht der Versicherungspflicht. Jedem Versicherten wird eine dem aktuellen medizinischen Wissensstand entsprechende Versorgung mit Gesundheitsleistungen (Heilbehandlungen, Arzneimittel, Zahnbehandlungen) garantiert. Nicht erwerbstätige Ehepartner und Kinder eines Beitragszahlers sind ohne Zuzahlung mitversichert. Die Finanzierung der Leistungen erfolgt aus den Beiträgen der Versicherten und ihrer Arbeitgeber (insgesamt 15,5 % des Bruttoentgelts, davon tragen 8,2 % die Arbeitnehmer und 7,3 % die Arbeitgeber). Die Krankenkassen können außerdem Zusatzbeiträge von den Arbeitnehmern erheben. Auch hier gilt eine Beitragsbemessungsgrenze (2013: 3937,50). Seit 2009 fließen die Gelder in einen sogenannten „Gesundheitsfonds", aus dem die einzelnen Krankenkassen für jeden Versicherten Geld erhalten. Die GKV tritt auch ein, wenn ein Arbeitnehmer länger als sechs Wochen wegen Krankheit arbeitsunfähig ist. Dann wird das Krankengeld in Höhe von 70 % des Nettolohns ausgezahlt.

Seit 1994 gibt es auch eine gesetzliche Pflegeversicherung. Sie ist sowohl für gesetzlich Krankenversicherte als auch für privat Krankenversicherte verpflichtend. Träger der Pflegeversicherung sind die Krankenkassen. Die pflegerischen Leistungen (ambulante Dienste, Geldleistungen) können nur von pflegebedürftigen Personen in Anspruch genommen werden, die dauerhaft wegen einer körperlichen oder geistigen Krankheit oder Behinderung auf erhebliche Hilfe bei der täglichen Lebensführung angewiesen sind. Die gesetzliche Pflegeversicherung wird über Beiträge finanziert (2,05 % des Bruttoentgelts, je zur Hälfte von Arbeitnehmer und Arbeitgeber aufgebracht). Kinderlose Mitglieder, die älter als 22 Jahre sind, zahlen einen Zuschlag (0,25 %).

M 8 Unfallversicherung und Lohnfortzahlung im Krankheitsfall

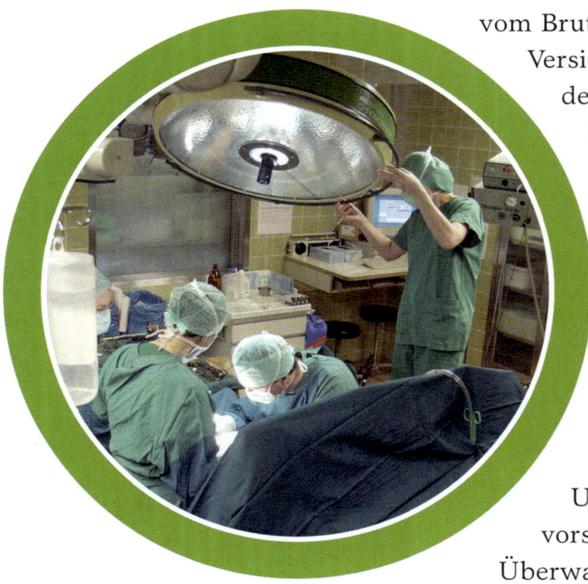

Die verpflichtende Gesetzliche Unfallversicherung wird vollständig von den Arbeitgebern finanziert. Sie zahlen die Beiträge (abhängig vom Bruttoeinkommen des Versicherten und von der Gefahrensituation im Betrieb) an die Berufsgenossenschaften. Eine wichtige Aufgabe der Unfallversicherung ist die Unfallverhütung durch den Erlass von Unfallverhütungsvorschriften und die Überwachung ihrer Einhaltung. Bei Arbeitsunfällen oder Unfällen auf dem Weg zur oder von der Arbeit zahlt die Unfallversicherung die Behandlungskosten beim Arzt oder im Krankenhaus. Das gilt auch für den Weg zur Schule oder Universität sowie für Unfälle, die in der Schule oder Universität passieren. Auch mögliche Kosten für die Wiedereinfindung in den Beruf übernimmt die Unfallversicherung. Bei bleibenden Schäden zahlt sie eine Unfallrente an den Betroffenen. Versichert sind alle Arbeitnehmer, teilweise Arbeitgeber, Schüler und Studenten sowie Hilfeleistende bei Unglücksfällen.

Wird ein Arbeitnehmer, dessen Arbeitsverhältnis mindestens vier Wochen ununterbrochen besteht, krank, sodass er vom Arzt vorübergehend für arbeitsunfähig erklärt wird, so hat er Anspruch auf eine einhundertprozentige Lohnfortzahlung durch den Arbeitgeber. Die Lohnfortzahlung endet nach 6 Wochen, dann wird das Krankengeld durch die Krankenversicherung bezahlt.

Die Kosten für die Sozialleistungen erhöhen für die Arbeitgeber den Grundlohn und werden auch Lohnnebenkosten genannt.

M 9 Zwei zentrale Prinzipien des Sozialstaats

„Solidarität" kommt aus dem Lateinisch-Französischen und heißt genau das: „Zusammengehörigkeit". Es können auch mehrere Personen oder auch Gruppen sein, die sich gegenseitig helfen und unterstützen, zum Beispiel Nachbarschaftshilfe leisten und so zeigen, dass sie „solidarisch" sind. In der christlichen Religion heißt die Solidarität mit den Armen „Nächstenliebe". Politisch hat sich dieses solidarische Handeln im 19. Jahrhundert entwickelt, als sich die Menschen in der sogenannten Arbeiterbewegung für bessere Lebens- und Arbeitsbedingungen einsetzten. Solidarität kann also auch ausgeübt werden, wenn man sich persönlich gar nicht kennt. Man fühlt sich dann solidarisch, weil jemand anderes die gleiche politische Überzeugung wie man selbst hat oder weil es ihm schlecht geht und er Not leidet.

Das aus dem Lateinischen kommende Wort **„Subsidiarität"** bedeutet sinngemäß „zurücktreten" oder „nachrangig sein". Der Staat – und das ist das Prinzip der Subsidiarität – tritt dann zurück von einer Aufgabe, wenn diese Aufgabe auch von einer „untergeordneten" Organisation erfüllt werden kann. Um es verständlicher zu machen, ein Beispiel: In Deutschland bekommen viele Menschen Sozialhilfe. Wer aber zahlt diese Sozialhilfe aus? Ein Ministerium, also eine hohe Bundesbehörde, könnte das möglicherweise machen, tut es aber nicht. Das Ministerium sagt vielmehr, dies ist die Aufgabe der Gemeinde oder der Stadt, in der die Menschen wohnen. Das Sozialamt der Stadt kann diese Aufgabe viel besser wahrnehmen als das Ministerium, es ist „näher" an den Menschen, kann diese Aufgabe besser erfüllen. Aber auch das Sozialamt selbst muss nach dem Subsidiaritätsprinzip handeln. Es wird deshalb schauen, ob nicht vielleicht die Familie, Verwandte ersten Grades, zunächst einmal helfen müssen. Mit dem Prinzip der Subsidiarität soll die Eigenleistung der einzelnen Bürger und Bürgerinnen wie auch der Gemeinschaften, in denen die Bürger leben (Familie, Gemeinde), gefördert werden. Besonders in der Sozialpolitik, aber auch in der Bildungspolitik spielt Subsidiarität eine wichtige Rolle. Denn sonst müsste der Staat jede Kleinigkeit von oben mit großem Aufwand bestimmen, regeln und verwalten.

Gerd Schneider, Christiane Toyka-Seid, www.hanisauland.de/lexikon.html (12.1.2013)

Aufgaben

1. Teilt die Expertentexte (M 5 – M 8) einzelnen Gruppen zu. Jede Gruppe füllt dann für ihren „Baustein" der gesetzlichen Sozialversicherungen in Deutschland die einzelnen Rubriken der Tabelle aus. Gemeinsam wird dann die folgende Übersichtstabelle erstellt (M 5 – M 8):

Name der Versicherung	Versichertes Risiko	Finanzierung	Leistungen der Versicherung	Anspruchs-berechtigte	Passendes Symbol

2. Erkläre, warum „Solidarität" und „Subsidiarität" wichtige Prinzipien der Sozialpolitik sind (M 9).

Was bedeutet Armut?

M 10 Gesichter der Armut

M 11 Armut sieht man nicht immer

Den Unterschied zwischen meinen Mitschülern und mir sieht man erst auf den zweiten Blick. Im Gegensatz zu mir haben sie ein iPhone oder benutzen im Unterricht ihr iPad. Bei uns an der Schule rennen schon 14-Jährige mit Gucci-Taschen herum. Viele fahren mit ihrem Roller oder sogar einem eigenen Auto zur Schule. Ich selbst bin anderthalb Stunden mit dem Zug unterwegs. Meine Mutter, meine Schwester und ich wohnen in einem Vorort von Frankfurt, weil dort die Mieten billiger sind.

Meine Schule liegt in einer wohlhabenden Gegend, dem Westend in Frankfurt. Dort mache ich nächstes Jahr mein Abitur. [...]

Armut bedeutet für mich, dass wir uns über alle Anschaffungen Gedanken machen müssen. Und nie Geld da ist, wenn es für mich drauf ankommt: für Austauschfahrten, Studienreisen oder bestimmte Ausflüge zum Beispiel. [...] Ich habe Freunde die bereits viermal in Marokko waren. Das wird mir nicht passieren. Ich kann nur an den obligatorischen Klassenfahrten teilnehmen, weil die vom Amt übernommen werden. Ich muss dann jedes Mal einen so genannten Beihilfebogen ausfüllen und ihn vom Lehrer unterschreiben lassen. Das ist unangenehm, weil es die anderen oft mitkriegen. Manchmal vergleiche ich mich schon mit meinen Freunden, die mehr Geld haben, und bin dann traurig, weil mir so viel entgeht – eigene Bücher, Theaterbesuche, Filme auf DVD.

Hadija Haruna, fluter, Bundeszentrale für politische Bildung, Ausgabe 45, Winter 2012-2013, S. 14

M 12 Ab wann ist jemand arm?

Armut wird entweder als absolute oder als relative Armut berechnet. [..] Die Festlegung nationaler Armutsgrenzen wird jedoch von den verschiedenen Regierungen ganz unterschiedlich gehandhabt. Eine einheitliche Regelung gibt es nicht.

Durchschnittseinkommen

Das Durchschnittseinkommen für einen Haushalt (oder eine Einzelperson) wird berechnet, indem das Gesamteinkommen der Deutschen durch die Anzahl der Haushalte (oder der Einzelpersonen) dividiert wird. Das Durchschnittseinkommen ist also das arithmetische Mittel der Einkünfte.
In der Regel bezieht sich das Durchschnittseinkommen nicht auf das Bruttoeinkommen, sondern auf das Nettoeinkommen, also dasjenige Einkommen, das nach Abzug von Steuern und (Sozial-)Abgaben übrig bleibt. [...]

Medianeinkommen

Das deutsche Medianeinkommen – auch als mittleres Einkommen bezeichnet – ist im Unterschied zum Durchschnittseinkommen das Einkommen derjenigen Person, die genau in der Mitte stünde, wenn sich alle Personen in Deutschland mit ihren Einkommen in einer Reihe aufstellen würden. Personen zur Rechten dieser mittleren Person würden mehr als das Medianeinkommen dieser Person verdienen; Personen zur Linken würden weniger als das Medianeinkommen dieser Person verdienen.
Der Vorteil des Medianeinkommens gegenüber dem Durchschnittseinkommen ist, dass extrem hohe und extrem niedrige Einkommen nicht verzerrend wirken, wie das beim Durchschnittseinkommen der Fall ist. Mit anderen Worten: Der Medianwert ist im Vergleich zum Durchschnittswert sehr viel robuster gegenüber Ausreißern (extrem abweichenden Werten). So würde etwa eine Verdoppelung des Einkommens der reichsten Person zwar das Durchschnittseinkommen erhöhen, nicht aber das Medianeinkommen.

http://www.armut.de/armut-in-deutschland_berechnung-der-armut.php (11.6.2013)

Folgende Armutsbegriffe werden unterschieden:

Absolute oder extreme Armut
Lebenssituationen, in denen Menschen (längerfristig) nicht über Mittel zum physischen Überleben verfügen (in Deutschland etwa Straßenkinder, Obdachlose)

Armutsgrenze
In Europa und in Deutschland werden die nationalen Armutsgrenzen durch einen Prozentsatz des Medianeinkommens errechnet. 60% des nationalen Medianeinkommens gilt als die Armutsrisikogrenze. 50% des nationalen Medianeinkommens gilt als die Armutsgrenze. Liegt das Medianeinkommen bei 1.500 Euro im Monat, so liegt die Armutsrisikogrenze bei 900 Euro und die Armutsgrenze bei 750 Euro.

Aufgaben

1. Ergänze den Satz: „Jemand ist arm, wenn ...“. Die Bilder können dir Gedankenanstöße geben (M 10).
2. Lies den Fall der Abiturientin (M 11) und entscheide, ob sie und ihre Familienmitglieder in Armut leben (M 11).
3. Angenommen, die drei Bewohner Entenhausens Tick, Trick und Track würden einen, zwei und drei Euro verdienen. Wie viele Bewohner würden nach den unterschiedlichen Berechnungsmethoden (M 12) als relativ arm gelten?

Track macht eine nützliche Erfindung. Sein Einkommen steigt dadurch auf fünf Euro. Entscheide, welche/r der Bewohner nun als relativ arm zu gelten hätte/n, und zeige am Beispiel der unterschiedlichen Berechnungsmethoden die Problematik des relativen Armutsbegriffes auf (M 12).

Was passiert, wenn das Erwerbseinkommen ausfällt?

M 13 Arbeitslosigkeit kann jeden treffen

Simon Wagner (44) ist seit 12 Jahren verheiratet. Er und seine Frau Karina (35) haben 3 Kinder im Alter von 14, 10 und 5 Jahren. Simon ist ausgebildeter Elektroinstallateur und verdient ein monatliches Nettogehalt von 2.400 €. Für ihre drei Kinder erhalten sie monatlich 558 € Kindergeld. Seine Frau Karina hat eine Ausbildung als Floristin gemacht, ist aber nicht in ihrem Beruf tätig, sondern kümmert sich um die Kinder. Sie wohnen in einer 85qm-Wohnung in einer Kleinstadt und zahlen 680 € Miete inkl. Heizkosten. Simon war in den letzten Jahren häufig krank. Seit Jahresbeginn war im Betrieb immer wieder die Rede von Entlassungen, aber Simon hätte nie gedacht, dass es ihn auch treffen könnte. Heute muss er mit der Nachricht nach Hause kommen.

M 14 Finanzleistungen bei Arbeitslosigkeit

Wird jemand arbeitslos, dann kann er oder sie zunächst Arbeitslosengeld I beziehen. Der Betreffende muss jedoch mindestens sechs Monate lang sozialversicherungspflichtig beschäftigt gewesen sein und sich bei der Bundesagentur für Arbeit persönlich arbeitslos gemeldet haben. Wenn diese Voraussetzungen erfüllt sind, dann hat er auch entsprechende Beiträge (3 % seines monatlichen Bruttogehalts) in die Arbeitslosenversicherung eingezahlt und erhält nun eine „Versicherungsleistung". Die Höhe des Arbeitslosengeldes beträgt ca. 60 % des letzten Nettogehalts. Hat der Arbeitslose Kinder, dann erhöht sich der Satz auf 67 %. Die Bezugsdauer hängt von der Dauer des vorausgehenden Beschäftigungsverhältnisses und dem Lebensalter ab. Das ALG I wird durch die Beiträge der Arbeitnehmer und Arbeitgeber zur Arbeitslosenversicherung finanziert.

Diejenigen, die die Voraussetzungen für das Arbeitslosengeld I nicht oder nicht mehr erfüllen, aber arbeitsfähig sind, erhalten die Grundsicherung für Arbeitssuchende (Arbeitslosengeld II, ALG II). Die Höhe des ALG II ist pauschal (d. h. für jeden gleich) festgelegt und soll das Existenzminimum garantieren. Es entspricht der Höhe der Sozialhilfe. Ein alleinstehender Arbeitsloser erhält 382 € monatlich (Stand 2013); zusätzlich werden die „angemessene" Kaltmiete sowie die Heizkosten übernommen. Wer ALG II erhält, ist verpflichtet, daran mitzuwirken, eine zumutbare Arbeit zu finden. Lehnt er oder sie eine zumutbare Arbeit ab, kann das ALG II gekürzt werden. Nur wer als „bedürftig" gilt, erhält ALG II. Dazu wird geprüft, ob nicht etwa die Lebenspartner genug verdienen oder das eigene Vermögen so groß ist, dass es zunächst aufgebraucht werden muss. Eine Ei-

Arbeitslosengeld II

Das ALG II heißt korrekt „Grundsicherung für Arbeitssuchende". Es wurde im Jahre 2005 eingeführt als „Viertes Gesetz für moderne Dienstleistungen am Arbeitsmarkt" („Hartz IV"). Eine Kommission unter der Leitung von Peter Hartz hatte den Vorschlag zuvor erarbeitet.

genturnswohnung oder ein kleineres Sparvermögen müssen jedoch in der Regel nicht verwendet werden. Haben die Familienmitglieder auch kein eigenes Einkommen, so erhalten auch sie – wenn sie arbeitsfähig sind – ALG II, wenn nicht, erhalten sie „Sozialgeld“: Partner bekommen 345 €, Kinder bis 6 Jahre 224 €, Kinder zwischen 6 und 13 Jahren 255 € und Kinder ab 14 Jahren 289 €. (Bezieher von ALG II erhalten kein Kindergeld, weil das Existenzminimum durch die Kinderregelsätze gewährleistet werden soll.) Ergänzend zu den Regelleistungen bekommen Kinder und Jugendliche ein „Bildungspaket“ als Sachleistung. Auf diese Weise wird der „Bedarf“ ermittelt: Summe der Regelsätze + Miete und Heizkosten. Das ALG II und das Sozialgeld werden aus allgemeinen Steuermitteln finanziert.

Bezugsdauer des Arbeitslosengeldes I

sozialversicherungspflichtige Beschäftigung in Monaten	Lebensalter der Bertoffenen in Jahren	Anspruch auf ALG I in Monaten
6		3
8		4
10		5
12		6
16		8
20		10
24		12
30	ab 50	15
36	ab 55	18
48	ab 58	24

M 15 Das Existenzminimum wird nicht unterschritten

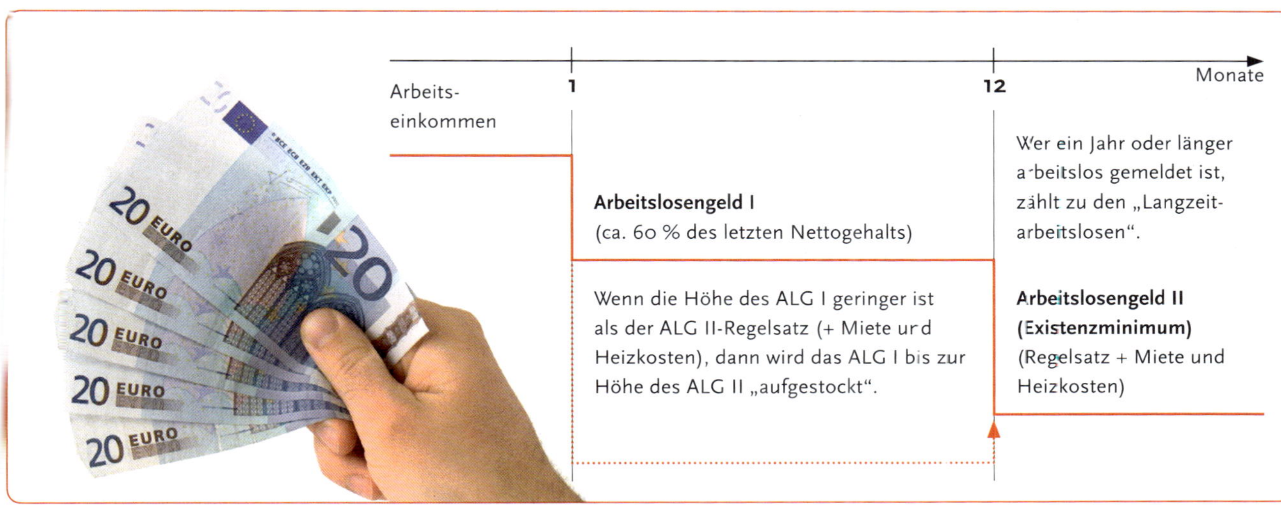

Aufgaben

1. Lies den Fall der Familie Wagner und ermittle zunächst, ob und in welcher Höhe ein Anspruch auf Arbeitslosengeld besteht (M 13, M 14).
2. Nach Ablauf des Arbeitslosengeldes I erhält die Familie Wagner den Hartz-IV-Regelsatz (Arbeitslosengeld II). Berechne, wie viel Einkommen der Familie Wagner nun zur Verfügung steht. Miete und Heizkosten werden übernommen. Hältst du die Regelungen für gerecht (M 14, M 15)?

Was wir wissen

Sozialstaat in Deutschland
M 2 – M 4

Im Grundgesetz (Art. 20 GG) ist festgelegt, dass Deutschland ein Sozialstaat ist. Aus dem „Sozialstaatsgebot" leitet sich die Pflicht des Staates ab, seine Bürgerinnen und Bürger nicht im Stich zu lassen, wenn sie – verschuldet oder unverschuldet – in soziale Not geraten. Darüber hinaus muss sich der Staat bei der Gestaltung politischer Maßnahmen am Ziel des sozialen Ausgleichs und der Gerechtigkeit orientieren.

Soziales Sicherungs-system
M 5 – M 9

Ein wichtiges Fundament des Sozialstaats ist das System der gesetzlichen Sozialversicherung in Deutschland. Für jeden Arbeiter oder Angestellten ist es Pflicht, in die gesetzliche Kranken-, Arbeitslosen-, Renten- und Pflegeversicherung einzuzahlen. Finanziert werden diese Versicherungen durch Beiträge, die zur Hälfte von den Arbeitnehmern und den Arbeitgebern entrichtet werden (paritätische Finanzierung). Teilweise kommen auch Zuschüsse aus Steuermitteln hinzu. Für jeden Zweig wird ein bestimmter Prozentsatz des Bruttolohns einbezahlt. Eine Ausnahme ist die Unfallversicherung. Sie wird nur von den Arbeitgebern finanziert. Durch die Beitragszahlungen erwerben die Versicherten einen Anspruch auf Leistungen im Bedarfsfall. Beamte sind nach einem besonderen Versorgungsrecht aus Steuern abgesichert, Selbstständige sind darauf angewiesen, private Kranken- und Rentenversicherungen abzuschließen.
Zentrale Prinzipien des Sozialstaats sind das Solidarprinzip und das Subsidiaritätsprinzip.

Armut
M 12

„Armut" wird nach den wichtigsten Definitionen als eine Gesamtsituation betrachtet, die beispielsweise den Gesundheitszustand, das Ausmaß sozialer Kontakte, die Wohnverhältnisse und vor allem die Einkommenssituation einbezieht. Besondere Beachtung findet die „Einkommensarmut", die für Deutschland (und andere Industrieländer) als eine „relative" Armut definiert wird (weniger als 60 % des Durchschnittsnettoeinkommens). Arbeitslosigkeit ist eine der Hauptursachen für Armut.

Arbeitslosigkeit
M 14, M 15

Im Fall von Arbeitslosigkeit wird der oder die Betroffene sowie seine Familie nach dem Solidarprinzip durch staatliche Sozialleistungen finanziert. Wenn der Arbeitslose vor Eintritt der Arbeitslosigkeit erwerbstätig war und damit in die Arbeitslosenversicherung eingezahlt hat, so erhält er in der Regel für längstens ein Jahr Arbeitslosengeld I (ca. 60 % des vorherigen Nettoeinkommens, mit Kindern 67 %) als Versicherungsleistung. Bei längerer Arbeitslosigkeit wird das Arbeitslosengeld II bezahlt, eine steuerfinanzierte pauschale Fürsorgeleistung, die nur denen gewährt wird, die nachweislich „bedürftig" sind. Nicht arbeitsfähige Personen erhalten Sozialgeld.

Tafeln und Sozialkaufhäuser – Sieht so der Sozialstaat der Zukunft aus?

In Deutschland werden täglich viele Tonnen Lebensmittel vernichtet, obwohl sie noch verzehrfähig sind. Gleichzeitig gibt es auch hierzulande Millionen Menschen, die nicht ausreichend zu essen haben. Die Tafeln schaffen eine Brücke zwischen Überfluss und Mangel: Sie sammeln qualitativ einwandfreie Lebensmittel, die sonst im Müll landen würden, und verteilen diese an sozial und wirtschaftlich Benachteiligte – kostenlos oder zu einem symbolischen Betrag.

Die Deutschen Tafeln, das sind
... über 900 Tafeln mit mehr als 3.000 Tafel-Läden und Ausgabestellen bundesweit (Gründung der ersten Tafel 1993 in Berlin); ca. 50.000 ehrenamtliche Helferinnen und Helfer

Die Deutschen Tafeln unterstützen regelmäßig ca. 1,5 Millionen bedürftige Personen, davon
... 30 % Kinder und Jugendliche, 53 % Erwachsene im erwerbsfähigen Alter (v.a. ALG-II- bzw. Sozialgeld-Empfänger, Spätaussiedler und Migranten), 17 % Rentner.

Zu den auffälligsten aktuellen Entwicklungen zählen, dass
... die Zahl der Tafeln und der versorgten Personen in den letzten Jahren stetig gestiegen ist, die Menge der gespendeten Lebensmittel tendenziell steigt, die Nachfrage steigt, die Anzahl der bedürftigen Kinder und Jugendlichen steigt.

nach: http://www.tafel.de/die-tafeln.html (18.01.2013)

Aufgaben

1. Stellt die Arbeitsweise der Tafeln dar.
2. Diskutiert die Vorteile der Tafeln für den einzelnen, von Not betroffenen Menschen, die Gesellschaft, den Sozialstaat und die Umwelt.
3. Das stete Anwachsen der Tafeln sehen viele Sozialexperten mit Sorge. So ist mittlerweile von der „Vertafelung der Gesellschaft“, von der „Suppentafelrepublik“ die Rede. Manche fordern gar ihre Abschaffung. Nimm zu dieser Forderung Stellung.
4. Diskutiert die Frage, ob Einrichtungen wie die Tafeln oder Sozialkaufhäuser, die nach einem ähnlichen Prinzip arbeiten, den Sozialstaat auf lange Sicht ersetzen können oder sollen.

2.2 Der Sozialstaat in der Finanzierungsfalle

Wie wird die Rente finanziert?

M 1 Deutschlands Zukunft?

M 2 Die Finanzierung des Rentenversicherungssystems

Der Generationenvertrag

Der Begriff entstand mit dem sogenannten Umlageverfahren in der Rentenversicherung, eingeführt 1957 durch die Rentenreform unter Konrad Adenauer. Er beruht auf folgendem Prinzip:

... sorgen durch ihre Beiträge zur Rentenversicherung zur Finanzierung des Lebensunterhalts der Rentner.

↑

Die sozialversicherungspflichtig Erwerbstätigen ...

↓

... sorgen für die nachfolgende Generation durch Unterhalt, Erziehung, Ausbildung.

Die Finanzierung der gesetzlichen Renten erfolgt in Deutschland nach dem sogenannten **Umlageverfahren**. Die jeweils aktuell Erwerbstätigen zahlen Pflichtbeiträge von ihrem Einkommen, die direkt an die aufgrund ihres Alters nicht mehr Erwerbstätigen (Rentner) ausgezahlt werden. Durch die Entrichtung der Pflichtbeiträge erwerben die Erwerbstätigen selbst Ansprüche auf Rentenzahlung durch die nachfolgende Generation. Hinzu kommen allerdings auch noch erhebliche Zuschüsse des Staates aus Steuermitteln. Die Höhe der Rentenansprüche, die man im Laufe seines Arbeitslebens erwirbt, ist im Wesentlichen abhängig von der Dauer der eigenen beitragspflichtigen Erwerbstätigkeit, der Höhe des durchschnittlich erzielten Einkommens und der Entwicklung des Verhältnisses von Beitragszahlern und Rentnern. Dieses System gilt für alle abhängig Beschäftigten, ausgenommen sind Selbständige und Beamte. Selbständige müssen für ihre Rente privat vorsorgen, Beamte erhalten Pensionen aus Steuermitteln.

Darüber hinaus gibt es für abhängig Beschäftigte und Beamte die Möglichkeit, eine staatlich geförderte private Altersvorsorge zu betreiben (Riesterrente). Diese basiert genauso wie die ebenfalls vom Staat begünstigte betriebliche Altersvorsorge auf dem **Kapitaldeckungsverfahren**. Dabei zahlt der Versicherte monatlich Beträge in einen Versicherungsvertrag ein, den man sich wie einen Sparvertrag vorstellen kann. Zum vereinbarten Zeitpunkt erhält der Anspruchsberechtigte dann das eingezahlte Kapital plus Zinsen als einmalige oder als lebenslange monatliche Rente ausbezahlt. Die staatliche Förderung beinhaltet bei der Riesterrente direkte finanzielle Zuschüsse, im Fall der betrieblichen Altersvorsorge steuerliche Vergünstigungen. Da das eingezahlte Kapital von den privaten Versicherungen oft auch in Aktien, Immobilien oder Fonds angelegt wird, ist der Wertzuwachs abhängig von den Entwicklungen des Kapitalmarktes.

M 3 Die Säulen der Rentenversicherung im Überblick

	Gesetzliche Rentenversicherung	Betriebliche Altersvorsorge	Private Altersvorsorge
Versicherte	abhängig Beschäftigte	abhängig Beschäftigte in der Privatwirtschaft und im öffentlichen Dienst	abhängig Beschäftigte, Beamte
Höhe der Rente ergibt sich aus	Dauer der Erwerbstätigkeit, Höhe des durchschnittlichen Einkommens, Zahl der Beitragszahler / Rentner	Höhe der eingezahlten Beiträge, Zinsentwicklung	Höhe der eingezahlten Beiträge, Zinsentwicklung
staatliche Förderung?	Pflichtversicherung	Steuererleichterungen	finanzielle Zuschüsse
Leistungen	gesetzliche Rente, Erwerbsminderungsrente, Hinterbliebenenrente, Rehabilitation nach Krankheit	angespartes Kapital (inkl. Wertzuwachs) oder monatl. Rente	angespartes Kapital (inkl. Wertzuwachs) oder monatl. Rente
Finanzierungsverfahren	Umlageverfahren	Kapitaldeckung	Kapitaldeckung

Aufgaben

1. Erläutere, wie die Alterssicherung in Deutschland finanziert wird (M 1 – M 3).
2. Stelle in einer Übersicht die Vor- und Nachteile des Umlage- und des Kapitaldeckungsverfahrens zusammen (M 2, M 3).

Der demografische Wandel als Problem

M 4 Bevölkerung wächst bei sinkender Geburtenrate

Thomas Plaßmann, Baaske Cartoons, Müllheim

Die Zahl der Geburten in Deutschland ist auf den niedrigsten Stand in der Geschichte der Bundesrepublik gesunken. Im vergangenen Jahr kamen 663.000 Kinder lebend zur Welt, 15.000 oder 2,2 Prozent weniger als 2010. Das waren noch nicht einmal halb so viele wie 1964. Damals wurden knapp 1,4 Millionen Babys in Deutschland geboren, es war das Jahr mit den meisten Geburten seit 1946. Wie das Statistische Bundesamt in Wiesbaden [...] mitteilte, starben im vergangenen Jahr (2011) 852.000 Menschen, ein leichter Rückgang um 0,7 Prozent. [...] Schon seit 40 Jahren sterben in Deutschland mehr Menschen als Kinder geboren werden. 2011 ist die Einwohnerzahl in Deutschland aber trotzdem gestiegen, denn es kamen deutlich mehr Zuwanderer ins Land. Es zogen insgesamt rund 279.000 mehr Menschen nach Deutschland als abwanderten. Das ist die höchste Zahl seit zehn Jahren. Deshalb sei 2011 ein Einwohnerplus von fast 100.000 zu verzeichnen, sagte Destatis-Experte Reinhold Zahn.

Langfristig ist der Bevölkerungsrückgang aber nach Angaben der Statistiker nicht aufzuhalten. Weniger Geburten bedeuteten nämlich auch – in einigen Jahrzehnten – weniger Mütter. Sind die jetzt geborenen Mädchen erwachsen und haben wie die Frauen heute ebenfalls durchschnittlich weniger als 2,1 Kinder, wird die Zahl der Babys zwangsläufig weiter sinken.

Gießener Anzeiger, 2.7.2012

M 5 Warum es in Deutschland immer weniger Kinder gibt

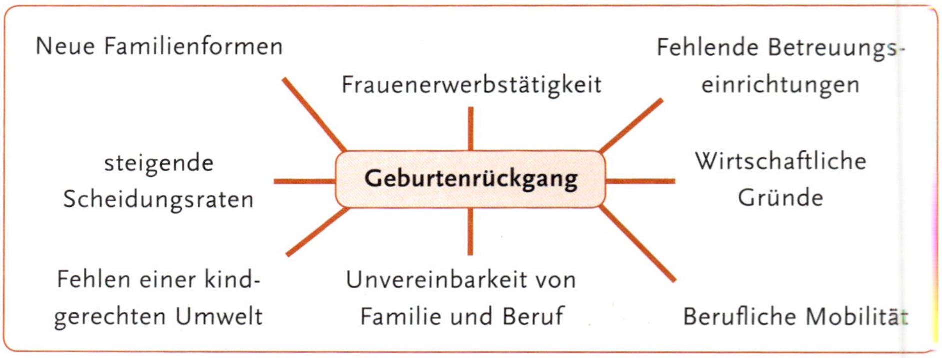

M 6 Bevölkerungsentwicklung und Altersstruktur

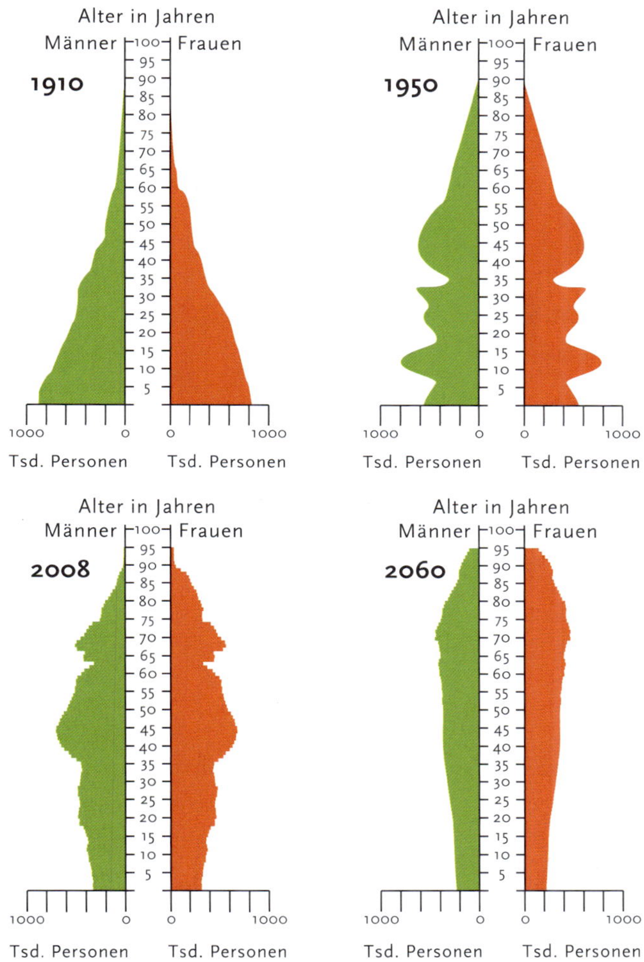

Erklärung zur Lesart der Alterspyramide: X-Achse: Anzahl oder Anteil Menschen zu einem Jahrgang (Lebensalter); Y-Achse: Lebensalter der Menschen; Durch die Anordnung der Y-Achse in der Mitte der X-Achse werden in die eine Richtung der X-Achse die Anteile der Frauen (rechts) und in die andere Richtung der X-Achse die Anteile der Männer (links) dargestellt.

Statistisches Bundesamt, Wiesbaden 2010

Demografie
Demografie bedeutet die wissenschaftliche Erfassung und Analyse der Zusammensetzung und der Entwicklung der Bevölkerung. Oft wird der Begriff mit Bevölkerungsentwicklung gleichgesetzt. Für die Zukunft eines Staates ist z. B. ganz wichtig, ob die Bevölkerung schrumpft oder wächst, ob der Altersdurchschnitt der Bevölkerung steigt oder sinkt, ob ausreichend Erwerbstätige da sind, um Steuern zu zahlen oder die Sozialversicherungssysteme zu finanzieren.

Demografischer Wandel
In Deutschland werden immer weniger Kinder geboren und gleichzeitig werden die Menschen immer älter und sterben später. Bald werden deshalb mehr alte als junge Menschen in Deutschland leben. Diese Veränderung der Bevölkerung wird als „demografischer Wandel“ bezeichnet.

Aufgaben

1 Interpretiere die Karikatur M 4 vor dem Hintergrund der statistischen Angaben.

2 Zeichne die Mindmap ab und ergänze sie um weitere Äste und Zweige (M 5).

3 Beschreibe den Wandel des Bevölkerungsaufbaus in den dargestellten Jahren. Zeichne den Bevölkerungsaufbau im Jahr 2100 (M 6).

Recherchiere die Bevölkerungsentwicklung in deiner Gemeinde / Stadt und vergleiche sie mit der Entwicklung im Bundesgebiet.

Soziale Sicherung in der alternden Gesellschaft

M 7 Deutschlandtrend ...

Thomas Plaßmann, Baaske Cartoons, Müllheim

M 8 Generationenvertrag in Gefahr

Im Rahmen der demografischen Verschiebungen ist mit einem wachsenden Bedarf an Gesundheitsleistungen zu rechnen, da die gesundheitlichen Risiken mit dem Alter wachsen. Besonders relevant zur Abschätzung des künftigen Pflegebedarfs ist der abzusehende Anstieg der Anzahl an Hochbetagten (80 Jahre und älter), welche ein überdurchschnittliches Pflegerisiko aufweisen.

Ein wichtiger Aspekt in der Renten-, Kranken- und Pflegeversicherung ist die Umverteilung der finanziellen Mittel von Jung zu Alt. [...] Der Generationenvertrag sei am Beispiel der Gesetzlichen Krankenversicherung erklärt. In den höheren Altersstufen werden im Durchschnitt mehr und kostenintensivere Leistungen in Anspruch genommen. In der Regel sind jedoch ihre Einnahmen aus den sozialversicherungspflichtigen Renteneinkommen deutlich niedriger als die Ausgaben. Hier herrscht eine „Unterdeckung" der verursachten Ausgaben vor. Bei den jüngeren Erwerbstätigen ist umgekehrt eine „Überdeckung" zu beobachten. Die Überschüsse in den jungen Altersgruppen werden zur intergenerativen Umverteilung verwendet. Kommen die Erwerbstätigen selbst in den Ruhestand, können sie erwarten, dass die nachrückende Generation sie in gleicher Weise unterstützt. Doch wie ist der Generationenvertrag einzuhalten, wenn immer weniger junge Beitragszahler für die (voraussichtlich steigenden) Ansprüche ihrer Vorgängergeneration aufkommen müssen? Die Finanzierung der sozialen Leistungen kann unter den genannten demografischen Bedingungen – weniger potenzielle Beitragszahler bei gleichzeitig mehr Leistungsempfängern – unter Druck geraten. Hier gilt es, Arbeitslosigkeit abzubauen und die Potenziale in der Erwerbsbevölkerung auszuschöpfen, um einen möglichst hohen Beschäftigungsgrad in sozialversicherungspflichtigen Arbeitsverhältnissen zu erreichen.

Bundesinstitut für Bevölkerungsforschung und Statistisches Bundesamt, Daten, Fakten, Trends zum demographischen Wandel in Deutschland, Wiesbaden 2008, S. 68 ff.

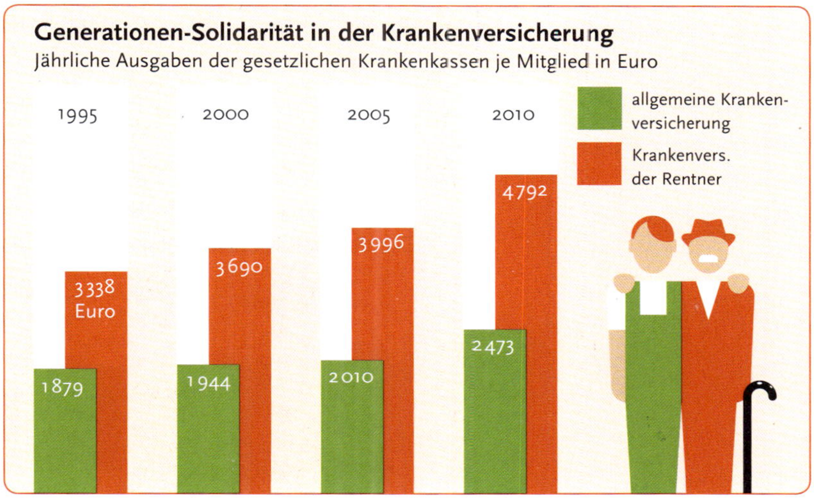

Globus-Grafik 4747; Quelle: BMG

M 9 Rosige Zukunftsaussichten?

Interview mit dem Professor für Statistik Gerd Bosbach:

DIE WELT: Werden die Jungen im Jahre 2050 […] unter der Last der Alten zusammenbrechen?

Bosbach: Bleiben wir dabei, dass alles so eintritt, wie von den Demografen prognostiziert. Selbst dann muss die wachsende Zahl der Alten nicht zwangsläufig zur Last werden. Ältere Menschen können noch sehr produktiv sein, wenn sie nur die Möglichkeit dazu bekommen. Wenn dann zum Beispiel das Renteneintrittsalter nur um wenige Jahre erhöht wird, sieht auch im Jahr 2050 das Verhältnis zwischen Erwerbstätigen und Ruheständlern schon viel entspannter aus. […]

DIE WELT: Das sind ja geradezu rosige Zukunftsaussichten. Sehen Sie denn gar keine Schattenseiten?

Bosbach: In den vergangenen Jahrzehnten ist es gelungen, die rasante Alterung der Gesellschaft durch höhere Produktivität zu kompensieren (auszugleichen). Immer weniger Junge können so immer mehr Alte versorgen. Da sehe ich auch in Zukunft keine Probleme. Voraussetzung ist allerdings, dass es der Gesellschaft gelingt, die Arbeitslosigkeit in den Griff zu bekommen. […]

DIE WELT: Müssen wir das magische Ersatzniveau von 2,1 Kindern pro Frau unbedingt erreichen?

Bosbach: […] Die Berechnungen für das Jahr 2050 basieren auf einer Geburtenrate von 1,4 Kindern pro Frau. Dann gibt es in Deutschland rund sieben Millionen Menschen weniger als heute. Ich sehe darin kein ökonomisches Problem. Deutschland ist ein attraktives Land und wird auch in Zukunft bei Bedarf genügend Arbeitskräfte anziehen.

Interview: Claudia Ehrenstein, Die Welt, 3.6.2004

Aufgaben

1. Erarbeite aus dem Text M 8 die möglichen Folgen der demografischen Entwicklung für die sozialen Sicherungssysteme.
2. Stimmst du der Einschätzung von Gerd Bosbach zu? Nimm Stellung (M 9).

Wie soll eine zukünftige Rentenversicherung gestaltet werden?

M 10 Die Probleme der Rentenversicherung

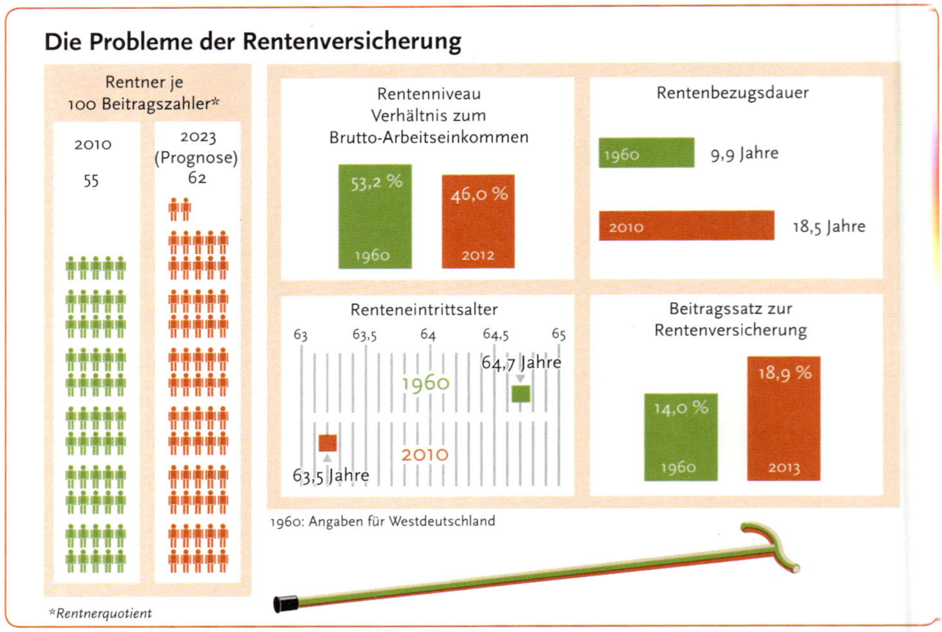

Globus-Grafik 3697; Quelle: Deutsche Rentenversicherung

M 11 Wie reagiert die Bundesregierung? Was bisher geschah ...

Die Bundesregierungen haben bereits einige Schritte unternommen, um das Rentensystem zu stabilisieren:

- Die Höhe der durchschnittlichen gesetzlichen Rente wird sinken. Laut Rentenbericht der Bundesregierung erhält ein Rentner, der 45 Jahre in die Rentenkasse eingezahlt hat, im Jahr 2009 noch 52 Prozent seines durchschnittlichen Nettomonatseinkommens. Dieses sogenannte „Rentenniveau" wird laut Modellrechnung auf ca. 38 Prozent im Jahr 2030 sinken.
- Freiwillige kapitalgedeckte private Eigenvorsorge wird staatlich gefördert.
- Der demografische Wandel wird bei der Rentenberechnung einbezogen. Sinken die Beitragszahler, steigt die Rente nicht mehr mit den Löhnen. Die 2009 beschlossene „Rentengarantie" soll aber gewährleisten, dass die Renten auch im Falle sinkender Löhne nicht sinken, sondern höchstens nicht steigen.
- Ab dem Jahr 2012 wird das Renteneintrittsalter schrittweise erhöht von derzeit 65 auf 67 Jahre. So wird länger in die Rentenkasse eingezahlt und die Rentenzahlungen werden später fällig.

M 12 Maßnahmen zur Stabilisierung der Rentenversicherung

- Beitragssatz zur Rentenversicherung erhöhen
- Beitragssatz abhängig von der Kinderzahl machen
- Maßnahmen zur Erhöhung der Geburtenzahlen ergreifen
- Rentenalter weiter erhöhen
- Steuern erhöhen
- Zusätzlich private Vorsorge verpflichtend machen und verstärken
- Zahl der Beitragszahler erweitern um Selbständige, Beamte
- Betriebliche Altersvorsorge stärken
- Renten kürzen
- ...

M 13 Wie geht es weiter mit Rentenversicherung und Sozialstaat?

Die Gesellschaft der Bundesrepublik hat sich in den vergangenen Jahrzehnten deutlich verändert. Mit diesen Veränderungen sind die Rentenversicherung und auch der Sozialstaat deutlich unter Druck geraten. Der demografische Wandel und die Alterung der Gesellschaft führen zu einer Belastung des Sozialstaates, weil die Einnahmen der Sozialversicherungen zurückgehen und die Ausgaben gleichzeitig steigen. Der Generationenvertrag ist brüchig geworden, weil immer weniger jüngere Menschen die Rente für immer mehr ältere aufbringen müssen. Die Veränderungen in den Familien und der Wandel der Lebensformen wird langfristig dazu führen, dass die Pflege der älteren Menschen nicht mehr in der Familie möglich sein wird. Immer mehr ältere und pflegebedürftige Menschen werden in Heimen leben müssen.

Die Politik hat auf diese Veränderungen in einigen Bereichen reagiert. Noch herrscht aber keine Einigkeit darüber, wie sich der Sozialstaat weiter entwickeln wird. Wird der Einzelne künftig noch mehr zur Absicherung seiner Lebensrisiken beitragen müssen? Wird so die Eigenverantwortung gestärkt? Wird sich der Staat immer mehr aus der sozialstaatlichen Leistungserbringung zurückziehen müssen? Was bedeutet dies für den Zusammenhalt der Gesellschaft?

⊕ Ergänze weitere mögliche Maßnahmen zu M 12.

Aufgaben

1. Stelle dar, wie die Entwicklungen in M 10 die Einnahmen und Ausgaben des Rentensystems beeinflussen.
2. a) Fasse zusammen, welche Maßnahmen zur Stabilisierung der Renten bereits ergriffen wurden (M 11).
   b) Entscheide, ob die Vorschläge bei der Einnahmen- oder Ausgabenseite der Rentenkasse ansetzen (M 12).
3. Versetze dich wahlweise in einen Rentner oder einen jungen Erwerbstätigen. Wähle dann aus dem Maßnahmenpool eine Maßnahme (oder eine Kombination von Maßnahmen) aus, um die Finanzierung des Rentensystems zu stabilisieren. Beachte dabei auch, welche Folgen deine Maßnahme haben könnte. Arbeite dann eine kurze Rede zu deinem Reformvorschlag aus (M 12, M 13).

Was wir wissen

Finanzierung des Rentensystems
M 2, M 3

Das Rentenversicherungssystem in Deutschland basiert auf dem Generationenvertrag. Die Erwerbstätigen bezahlen direkt die Renten der aus dem Erwerbsleben Ausgeschiedenen und erwerben so Ansprüche auf eine eigene Rente (Umlageverfahren). Die Höhe der Rente bestimmt sich durch die Dauer der Beschäftigung, die Höhe des Einkommens und das Verhältnis von Beitragszahlern und Rentnern. Ergänzend fördert der Staat die private Vorsorge in Form von Riester-Renten oder betrieblicher Altersvorsorge. Diese ergänzenden Systeme beruhen auf dem Kapitaldeckungsverfahren.

Demografischer Wandel
M 4 – M 6

Fehlender Nachwuchs und eine steigende Lebenserwartung führen zu einer nachhaltigen Veränderung des Bevölkerungsaufbaus in der Bundesrepublik Deutschland. Aufgrund des seit den sechziger Jahren beobachtbaren Geburtendefizits, bei dem die Elterngeneration nicht mehr voll ersetzt wird, wandelt sich die „Bevölkerungspyramide“ zu einer „Urne“ und schließlich zu einem „Pilz“. Dies bedeutet einen steigenden Altersdurchschnitt bei gleichzeitig schrumpfender Gesamtbevölkerung.
Im Ergebnis wird der Anteil der über 65-Jährigen von 20 Prozent im Jahr 2008 auf 30 Prozent im Jahr 2060 ansteigen. Zudem wird die Gruppe der Hochbetagten über 80 Jahren in den kommenden Jahrzehnten zahlenmäßig überproportional wachsen.
Dieser sogenannte demografische Wandel der Bevölkerung in Deutschland erweist sich wegen seiner Folgen als eine der größten gesellschaftlichen Herausforderungen in den kommenden Jahren.

Soziale Sicherung
M 8 – M 13

Alle Sozialversicherungszweige sind von einem ausgeglichenen Verhältnis von Beitragszahlern und Beitragsempfängern abhängig, da sie auf dem Generationenvertrag beruhen. Durch den demografischen Wandel entsteht hier ein immer größer werdendes Missverhältnis, da die Beitragszahler weniger werden und die Leistungsempfänger immer mehr. Gleichzeitig werden die Leistungen auch länger beansprucht. Die Situation verschärft sich dadurch, dass die Gesundheitskosten durch mehr ältere und damit krankheitsanfällige Menschen steigen werden. Ebenso wird ein vermehrter Pflegebedarf durch die wachsende Zahl der Hochbetagten entstehen. Lösungen zielen auf eine Stärkung der privaten Vorsorge, Senkung des Rentenniveaus und einer Verlängerung der Lebensarbeitszeit.

Karikatur: Rudolf Schoepper

Karikatur: Thomas Plaßmann, Baaske Cartoons, Müllheim

Aufgabe

Wähle eine der beiden Karikaturen aus und setze sie in Bezug zu den Auswirkungen des demografischen Wandels auf die soziale Sicherung.

Taxiordnung Stuttgart – *§ 3 Ordnung auf den Taxistandplätzen*

(1) Unbesetzte Taxen sind in der Reihenfolge ihrer Ankunft auf den Standplätzen aufzustellen; das erste Fahrzeug in Höhe der vorderen Begrenzung des Platzes. Jede Lücke ist unverzüglich durch Nachrücken des nächsten Taxis aufzufüllen. An Taxistandplätzen dürfen Fahrgäste nur abgesetzt werden, wenn freien Taxen ungehindert Aufstellung gewährleistet ist. Unbesetzten Taxen ist der Vortritt zu gewähren.

Gesetz zum Schutz der Kulturdenkmale (Denkmalschutzgesetz – DSchG) Baden-Württemberg: *§ 6 Erhaltungspflicht*

Eigentümer und Besitzer von Kulturdenkmalen haben diese im Rahmen des Zumutbaren zu erhalten und pfleglich zu behandeln. Das Land trägt hierzu durch Zuschüsse nach Maßgabe der zur Verfügung stehenden Haushaltsmittel bei.

Sparkassengesetz für Baden-Württemberg (SpG): *§ 6 Unternehmenszweck, öffentlicher Auftrag*

(1) Die Sparkassen sind selbstständige Wirtschaftsunternehmen in kommunaler Trägerschaft mit der Aufgabe, auf der Grundlage der Markt- und Wettbewerbserfordernisse vorrangig in ihrem Geschäftsgebiet den Wettbewerb zu stärken und die angemessene und ausreichende Versorgung aller Bevölkerungskreise, der Wirtschaft, insbesondere des Mittelstands, und der öffentlichen Hand mit geld- und kreditwirtschaftlichen Leistungen auch in der Fläche sicherzustellen.

Straßenverkehrs-Zulassungs-Ordnung (StVZO) *§ 67 Lichttechnische Einrichtungen an Fahrrädern*

(1) Fahrräder müssen für den Betrieb des Scheinwerfers und der Schlussleuchte mit einer Lichtmaschine ausgerüstet sein, deren Nennleistung mindestens 3 W und deren Nennspannung 6 V beträgt (Fahrbeleuchtung). Für den Betrieb von Scheinwerfer und Schlussleuchte darf zusätzlich eine Batterie mit einer Nennspannung von 6 V verwendet werden (Batterie-Dauerbeleuchtung). Die beiden Betriebsarten dürfen sich gegenseitig nicht beeinflussen.

Straßenverkehrs-Ordnung (StVO)
§ 8 Vorfahrt
(1) An Kreuzungen und Einmündungen hat die Vorfahrt, wer von rechts kommt. Das gilt nicht, wenn die Vorfahrt durch Verkehrszeichen besonders geregelt ist (Zeichen 205, 206, 301, 306) oder für Fahrzeuge, die aus einem Feld- oder Waldweg auf eine andere Straße kommen.

Grundgesetz Art. 1
(1) Die Würde des Menschen ist unantastbar. Sie zu achten und zu schützen ist Verpflichtung aller staatlichen Gewalt.

3 Recht und Rechtsprechung in Deutschland

Überall, wo Menschen zusammen leben, geben sie sich eine Ordnung. In modernen Demokratien ist diese Ordnung überwiegend in Form von Gesetzen niedergelegt. Diese enthalten Vorschriften darüber, wie Menschen sich in bestimmten Situationen verhalten müssen, wie sie ihr Gemeinwesen organisieren oder wirtschaftlich zusammenarbeiten. Jugendliche haben eine besondere Stellung innerhalb der Rechtsordnung, da sie besonders schutzbedürftig sind.

Kompetenzen

Am Ende dieses Kapitels solltest du Folgendes können:

- Erscheinungsformen und Ursachen von Jugendkriminalität analysieren
- Angemessenheit und Sinn von Strafen beurteilen
- einen Gerichtsbesuch vorbereiten und auswerten
- Aufgaben des Rechts erläutern
- Altersbezogenheit von ausgewählten Rechtsregeln darstellen
- Grundlagen und Aufbau unserer Rechtsordnung beschreiben

Was weißt du schon?

- Überlegt, welchen Zweck die einzelnen Regelungen erfüllen sollen.
- Diskutiert anschließend, ob ihr die Gesetze für notwendig erachtet.

3.1 Jugendliche vor dem Gesetz

Eine Tat – viele Folgen

M 1 Rico B. rastet aus

Am vergangenen Mittwoch fuhr Rico B. (16) mit seinem Freund Mark S. im Regionalexpress 1187 von Rottenburg nach Tübingen. Da Mark S. keinen gültigen Fahrausweis gelöst hatte, steckte Rico Mark, nachdem er selbst kontrolliert worden war, seine Monatskarte zu. Der kontrollierende Zugbegleiter Hartmut M. erkannte jedoch, dass es sich bei dem Ausweis nicht um das Eigentum Marks handelte und stellte Rico zur Rede. Rico begann indes, den Zugbegleiter übel zu beschimpfen. Hartmut M. rief daraufhin die zuständige Bahnpolizei und übergab Rico B. an der nächsten Haltestelle den wartenden Beamten, die ihn in Gewahrsam nahmen.

Aus dem Strafgesetzbuch (StGB)

§ 185 Beleidigung
Die Beleidigung wird mit Freiheitsstrafe bis zu einem Jahr oder mit Geldstrafe und, wenn die Beleidigung mittels einer Tätlichkeit begangen wird, mit Freiheitsstrafe bis zu zwei Jahren oder mit Geldstrafe bestraft.

§ 263 Betrug
(1) Wer in der Absicht, sich oder einem Dritten einen rechtswidrigen Vermögensvorteil zu verschaffen, das Vermögen eines anderen dadurch beschädigt, dass er durch Vorspiegelung falscher oder durch Entstellung oder Unterdrückung wahrer Tatsachen einen Irrtum erregt oder unterhält, wird mit Freiheitsstrafe bis zu fünf Jahren oder mit Geldstrafe bestraft.
(2) Der Versuch ist strafbar.

Jugendgerichtsgesetz (JGG)
§ 1 Persönlicher und sachlicher Anwendungsbereich
(1) Dieses Gesetz gilt, wenn ein Jugendlicher oder ein Heranwachsender eine Verfehlung begeht, die nach den allgemeinen Vorschriften mit Strafe bedroht ist.
(2) Jugendlicher ist, wer zur Zeit der Tat vierzehn, aber noch nicht achtzehn, Heranwachsender, wer zur Zeit der Tat achtzehn, aber noch nicht einundzwanzig Jahre alt ist.
§ 3 Verantwortlichkeit
Ein Jugendlicher ist strafrechtlich verantwortlich, wenn er zur Zeit der Tat nach seiner sittlichen und geistigen Entwicklung reif genug ist, das Unrecht der Tat einzusehen und nach dieser Einsicht zu handeln. [...]

M 2 Das Gerichtsverfahren – der Weg bis zur Verurteilung

Der Angeklagte durchlief in den ersten beiden Lebensjahren mehrere „Pflegestellen“ und wurde dann adoptiert. Seit Beginn der Pubertät zeigte er ein problematisches Sozialverhalten, das zu einem Dauerclinch mit den Eltern führte, aber auch mit seinen Lehrern und Rektoren der von ihm bisher besuchten Schulen. Eine Unterbringung in einer Wohngruppe konnte nicht realisiert werden, da er weder zur Schule ging, noch eine Arbeit hatte. Strafrechtlich war der Angeklagte bereits viermal in teilweise nicht unerheblicher Art und Weise in Erscheinung getreten. An einem Sommertag gegen 12:16 Uhr wurden der Angeklagte sowie sein Freund im Zug 1187 von Rottenburg nach Tübingen von dem Prüfbeamten kontrolliert. Da der Freund keinen gültigen Fahrausweis bei sich hatte, steckte ihm der Angeklagte, nachdem er selbst kontrolliert worden war, seine Schülermonatskarte zu, damit sein Freund gegenüber dem Beamten den Eindruck erwecken konnte, er sei ebenfalls im Besitz eines Fahrausweises. Die Täuschungshandlung wurde jedoch bemerkt. Hierauf beleidigte der Angeklagte den Beamten mit den Worten: „Leck mich am Arsch“. Wenig später rief er ihm das Wort „Hurensohn“ zu. Am Bahnhof in Tübingen wurde er der ❶ übergeben. Die Staatsanwältin beantragte beim ❷ keine Untersuchungshaft – es bestand keine Fluchtgefahr. Außerdem war die Verhältnismäßigkeit nicht gegeben. Sie erhob beim zuständigen Gericht ❸. Nun musste sich auch der hinzugezogene ❹ mit dieser Angelegenheit befassen. Er konnte wegen der früheren Verurteilungen des Angeklagten, da der Angeklagte 16 Jahre und 10 Monate alt war und da an seiner strafrechtlichen Verantwortlichkeit keinerlei Zweifel bestanden, keine ❺ bewirken, wie es der Angeklagte gerne gehabt hätte. Das Gericht prüfte die Anklageschrift und eröffnete das Hauptverfahren. In der ❻ wurde der Bahnbeamte als Zeuge vernommen. In den Plädoyers forderte die Staatsanwältin eine ❼. Sein Rechtsanwalt forderte eine ❽. Der Angeklagte verzichtete auf sein Schlusswort. Die ❾ verkündete dann das ❿. Für das Gericht lag es nahe, gegen den Angeklagten einen Dauerarrest von 2 Wochen zu verhängen, da die in der Vergangenheit überlegten und verhängten Sanktionen den Angeklagten nicht so beeindruckt hätten, dass er sich von der Begehung weiterer Straftaten hätte abhalten lassen. Andererseits sah das Gericht die schwierige persönliche Situation des Angeklagten. Da die Problembereiche nach Auffassung des Gerichts durch das Herausgehen aus der Familie und die Hilfestellung durch andere im Rahmen des „betreuten Jugendwohnens“ aufgefangen und begleitet werden könnten, hat das Gericht dem Angeklagten eine entsprechende Weisung erteilt. Der Verteidiger verzichtete darauf, ⓫ einzulegen.

zu Aufgabe 2
Sammle mögliche Argumente eines Plädoyers und schreibe diese jeweils auf ein Kärtchen. Bringe nun die Argumente in eine überzeugende Reihenfolge, indem du die Kärtchen ordnest.

Aufgaben

1. Ordne die Begriffe aus M 3 den entsprechenden Leerstellen in M 2 zu.
2. Entwirf ein kurzes Plädoyer aus der Sicht der Staatsanwältin (M 2).
3. Hältst du das Urteil in M 2 für gerecht? Diskutiert den Fall in der Klasse.

M 3 Wichtige Begriffe aus dem Gerichtsverfahren

Polizei
die Polizei nimmt den Straftäter fest

Staatsanwalt
Der Staatsanwalt erhebt beim zuständigen Gericht Anklage gegen einen Beschuldigten. In der Gerichtsverhandlung vertritt der Staatsanwalt die Anklageseite.

Ermittlungsrichter
Der Ermittlungsrichter kann z.B. bei Fluchtgefahr oder Wiederholungsgefahr Untersuchungshaft anordnen.

Verteidiger
In einem Gerichtsverfahren hat jeder Angeklagte das Recht, sich durch einen Rechtsanwalt verteidigen zu lassen. Der Verteidiger hat eine Schweigepflicht und ist außerdem verpflichtet, die Interessen des Angeklagten zu vertreten.

Bewährungsstrafe
Bei Bewährung wird der Verurteilte von der Vollstreckung der Strafe verschont. In der Bewährungszeit steht er unter der Aufsicht eines Bewährungshelfers, der die Aufgabe hat, Beratung und Hilfe anzubieten.

Beweisaufnahme
In der Beweisaufnahme werden Zeugen vernommen und die Indizien geprüft.

Richter/Urteil
Der Richter spricht das Urteil. Er entscheidet damit, ob eine Strafe verhängt wird (und über die Höhe des Strafmaßes) oder ob ein Freispruch erfolgen kann.

Verfahrenseinstellung
Eine Einstellung des Verfahrens muss erfolgen, wenn dem Angeklagten keine Schuld nachgewiesen werden kann.

Rechtsmittel
Nachdem ein Urteil gesprochen wurde, können bei der nächst höheren Instanz eingelegt werden:
- *Berufung* (inhaltliche Überprüfung eines Urteils), wenn der Angeklagte oder der Staatsanwalt das Urteil als nicht angemessen betrachten;
- *Revision* (formale Überprüfung eines Urteils), wenn eine Verletzung von Rechtsvorschriften vorliegt.

Jugendstrafe
Die Jugendstrafe ist ein Freiheitsentzug in einer Jugendstrafanstalt mit einer Dauer von mindestens sechs Monaten und höchstens fünf Jahren. Bei außergewöhnlich schweren Straftaten sind zehn Jahre möglich.

Anklage
Die Anklage beim zuständigen Gericht leitet das Gerichtsverfahren ein.

M 4 Instanzen eines Jugendstrafprozesses

Jugendrichter
Jugendrichter sind Richter mit besonderer Ausbildung. Die Öffentlichkeit ist von Verfahren gegen Jugendliche grundsätzlich ausgeschlossen, die Eltern können teilnehmen. Bei Verhandlungen gegen Heranwachsende (18-21 Jahre) kann die Öffentlichkeit auf Antrag ausgeschlossen werden.

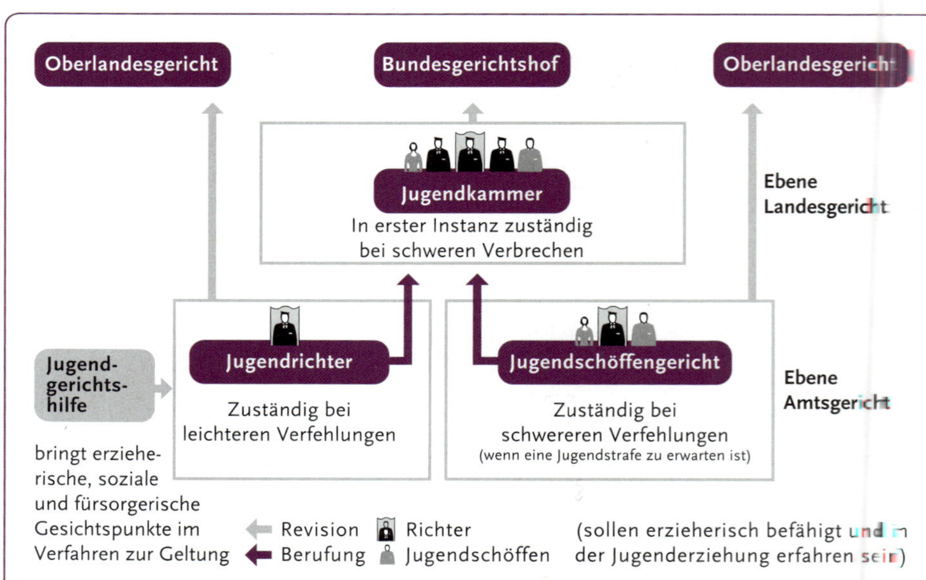

Bergmoser + Höller Verlag 129520

Methode

M 5 Vorbereitung und Auswertung eines Gerichtsbesuchs

Vorbereitung eines Gerichtsbesuchs

Gerichtsverhandlungen sind in der Regel öffentlich, so dass sie auch von Schulklassen besucht werden können. Bei einem solchen Besuch kann man einen guten Eindruck davon gewinnen, wie ein Strafprozess abläuft und wie sich die einzelnen Beteiligten vor Gericht verhalten. Bei der Auswahl der Gerichtsverhandlung solltet ihr allerdings darauf achten, dass die Verhandlung auch für einen Besuch geeignet ist. Sucht euch am besten eine Verhandlung vor dem Jugendgericht aus. Bei einer günstigen Terminwahl ist der Jugendrichter sicher bereit, nach der Verhandlung auf eure Fragen zu antworten. Termin deshalb frühzeitig absprechen! Fragt auch beim Jugendrichter, wie lange die Verhandlung voraussichtlich dauern wird und ob mit einem Urteilsspruch zu rechnen ist. Überlegt, welche Punkte euch bei dem Besuch besonders interessieren. Der folgende Beobachtungsbogen kann euch dabei helfen.

Beobachtungsbogen für einen Gerichtsbesuch

1. Aufruf der Sache durch den Vorsitzenden, dem die Verfahrensleitung obliegt.
Worum geht es bei der Verhandlung?

2. Befragung des Angeklagten zu seinen Personalien
Ergebnisse der Befragung notieren

3. Verlesung des Anklagesatzes durch den Staatsanwalt
Was wird dem Angeklagten zur Last gelegt?
Auf welche Vorschriften beruft sich der Staatsanwalt?

4. Vernehmung des Angeklagten zur Person und zur Sache
Worüber wird der Angeklagte vom Vorsitzenden belehrt?

5. Die Beweisaufnahme
Mit welchen Hinweisen eröffnet der Vorsitzende die Beweisaufnahme?
Wie verläuft die Vernehmung der Zeugen ab?
Welche Fragen stellen andere Verfahrensbeteiligte?
Was sagen die Zeugen und Sachverständigen zur Sache aus?

6. Plädoyer des Staatsanwalts oder Klägers (und ggf. des Nebenklägers)
Wie argumentiert dieser?

7. Plädoyer des Verteidigers
Wie argumentiert der Verteidiger?
Was spricht seines Erachtens zu Gunsten des Angeklagten?

8. Letztes Wort hat der Angeklagte
Was sagt der Angeklagte?

9. Urteilsberatung
Wie lange dauert diese?

10. Verkündung des Urteils
Wie fällt das Urteil aus?
Wie wird es begründet?

11. Abschließende persönliche Stellungnahme des Beobachters
Dauer der gesamten Verhandlung
Wie führt der Vorsitzende die Verhandlung?
Eindrücke und offene Fragen

Ursachen für Jugendkriminalität

M 6 Jugendkriminalität in den Schlagzeilen

Betrunkener 15-Jähriger fährt Auto zu Schrott

Er verlor die Kontrolle über das zuvor gestohlene Fahrzeug, das mit Totalschaden im Straßengraben landete.

Zwei Personen leicht verletzt

15-Jähriger beschießt Passanten mit Soft-Air-Gewehr

Gegen ihn wird nun wegen gefährlicher Körperverletzung und Verstoßes gegen das Waffengesetz ermittelt.

Straftaten gefilmt

Die Kriminalpolizei ermittelt derzeit gegen zwölf Jugendliche im Alter von 14 bis 17 Jahren. Die jungen Täter dokumentierten ihre Straftaten zum Teil mit ihren Fotohandys.

16-Jähriger ging mit Messer auf Mitschüler los

Bei einem Streit mit seinem Mitschüler geriet ein 16-Jähriger derart in Wut, dass er mit einem Messer auf seinen zwei Jahre jüngeren Mitschüler losging.

Junge Sprayer verunstalten Gebäude

Ende März haben Unbekannte in Flensburg mehrere Gebäude mit Graffiti verunstaltet. Die jugendlichen Täter konnten inzwischen ermittelt werden. Sie wurden angezeigt.

Jugendliche Einbrecherbande gestellt

In Elmshorn hat die Polizei vier jugendliche Einbrecher festgenommen. Sie sind zwischen 14 und 16 Jahre alt und stehen im Verdacht, zweimal in ein Einfamilienhaus eingebrochen zu sein.

M 7 Jung und straffällig

Rechtskräftig Verurteilte in Baden-Württemberg 2011					
Strafbare Handlungen	Von den Abgeurteilten waren Verurteilte davon				
	zusammen	Erwachsene	Heranwachsende: allgemeinem Strafrecht	Heranwachsende: Jugend-Strafrecht	Jugendliche
Straftaten insgesamt	108.180	90.254	5.287	5.411	7.228
davon					
1. Gegen den Staat, die öffentliche Ordnung und im Amt, außer im Straßenverkehr	2.996	2.427	177	210	182
2. Straftaten gegen die sexuelle Selbstbestimmung	883	749	20	40	74
3. Andere Straftaten gegen die Person, außer im Straßenverkehr	15.967	11.883	557	1.597	1.930
4. Diebstahl und Unterschlagung	17.465	13.369	496	1.150	2.450
5. Raub und Erpressung, räub. Angriff auf Kraftfahrer	1.117	467	12	264	374
6. Andere Vermögens- und Eigentumsdelikte; Urkundendelikte	29.581	25.981	1.461	1.127	1.012
7. Gemeingefährliche einschl. Umwelt-Strafttaten, außer im Straßenverkehr	787	700	11	39	37
8. Straftaten im Straßenverkehr	26.072	22.999	1.933	408	732
9. Straftaten nach anderen Bundes- und Landesgesetzen (außer StGB und StVG)	13.312	11.679	620	576	437
dagegen Straftaten insgesamt 2010	110.187	91.050	5.548	5.864	7.725

Statistisches Landesamt Baden-Württemberg, Stuttgart 2012

M 8 Jugendkriminalität: Gewalt kommt nicht von ungefähr

Ist Gewalt ein Teil der jugendlichen Entwicklung?

Ja, sehr häufig, vor allem bei jungen Männern. Dabei geht es meist darum, bewusst Normen der Erwachsenen zu brechen, sich abzugrenzen, zu emanzipieren; aber auch darum, erwachsenes Verhalten zu antizipieren, wie Psychologen sagen. Jugendliche wollen erwachsen wirken, wozu auch gehören kann, ein Auto zu fahren, wenn man erst 16 ist und es einem nicht gehört. Umfragen zeigen, dass 90 Prozent aller männlichen Jugendlichen mindestens eine Straftat begangen haben. Die Phase beginnt im Alter von zehn bis vierzehn Jahren, erreicht den Höhepunkt bei 17- bis 18-Jährigen und nimmt ab 20 wieder ab. Allerdings kann sie länger dauern, zum Beispiel wenn die Betroffenen kein festes soziales Umfeld und keine Perspektive haben wie einen Ausbildungs- oder Arbeitsplatz, und/oder wenn sie viel trinken. [...]

Werden Kinder, die von ihren Eltern geschlagen werden, selbst zu Schlägern?

Die Gefahr ist groß. Dabei zählt nicht nur, ob die Kinder selbst Prügel bekommen, sondern auch, ob sie sehen, dass die Eltern ihre Konflikte auf diese Art austragen. Sie sind einerseits Opfer, die sich als ohnmächtig erleben. Andererseits lernen sie modellhaft, Probleme ebenso gewaltsam zu lösen. Sie entwickeln dadurch grundsätzlich eine höhere Akzeptanz für Gewalt. Viele Studien belegen, dass Kinder, die Gewalt erfahren, selbst aggressiver sind. Außerdem machen sie früh die Erfahrung, dass sich mit Gewalt Forderungen durchsetzen lassen, dass sie also erfolgreich ist. Und sie verschafft ihnen Anerkennung – wenn auch in Form von Angst bei ihren Opfern. Der Wunsch, zu erniedrigen, ist bei jugendlichen Intensivtätern oft zu beobachten.

Gibt es Erziehungsstile, die Gewalt fördern?

Leider. In der Wissenschaft heißt diese Erziehung „inkonsistent", das meint: ohne klare Normen. Heute darf das Kind fernsehen, morgen nicht, übermorgen bekommt es sogar Prügel, wenn es fernsehen will. Für Kinder ist nicht erkennbar, was richtig und was falsch ist, da die Eltern jedes Mal anders reagieren. Studien zeigen, dass dies einer der wichtigsten Faktoren für spätere Gewalttätigkeit ist. Wer keine Normen verinnerlicht, kann sie bei anderen Menschen nicht erkennen und das Verhalten anderer nicht vorausahnen und „sozial korrekt" reagieren. Solche Kinder werden deswegen auch von Gleichaltrigen ausgegrenzt oder gar geschlagen. Außerdem können sie nicht das Gefühl entwickeln, Kontrolle über ihr Leben zu haben.

Kai Biermann, Die Zeit, 23.9.2009

Harmlose Prügelei oder Vorstufe einer kriminellen Karriere? Die Ursachen für Jugendkriminalität sind vielfältig.

emanzipieren = aus Abhängigkeit / Bevormundung befreien

antizipieren = vorwegnehmen

Aufgaben

1. Ordne die in den Zeitungsmeldungen genannten Fälle den einzelnen Straftatengruppen zu (M 6, M 7).
2. Vergleiche die Zahlen in der Tabelle. Nenne eine Zahl, die du bemerkenswert findest und versuche, eine Erklärung dafür zu geben (M 7).
3. Welche der in M 8 genannten Ursachen für Jugendkriminalität hältst du für besonders überzeugend. Begründe!

Welchen Sinn hat Strafe?

M 9 Warum muss Strafe sein?

A: „Ich denke v. a. an ganz junge Straftäter, 14- und 15-Jährige, die von zu Hause nicht gerade das Beste mitbekommen haben. Wenn man diesen noch unfertigen Menschen lediglich die Härte des Gesetzes zeigte, würden sie nichts lernen. Mit einer Strafe sollte eine Einsicht vermittelt werden. Gerade Jugendliche sollte man v. a. auch erziehen, damit sie sich bessern können."

B: „Stellen Sie sich einfach mal vor, dass Ihrem Kind ein großes Unrecht angetan wurde, dass Sie tatenlos zusehen mussten, wie Ihr Kind unter der Tat litt. Glauben Sie wirklich, dass Sie in diesem Moment an den Täter oder die Gesellschaft denken können?
Ich für meinen Teil wäre nur noch an der Verurteilung des Täters interessiert."

C: „Ich sehe einen anderen Punkt als besonders wichtig an. Wir leben ja schließlich nicht für uns alleine, sondern in einer Gesellschaft. Bei der Bestrafung von Menschen wirkt dies auf andere und zeigt ihnen, dass der Staat über wirksame Mechanismen verfügt und man sich auf eine angemessene Strafe einstellen muss."

Christian Hallas, Jugend und Kriminalität – Probleme und Lösungsansätze, in: RAAbits Sozialkunde Politik, I/E2, Reihe 3, Stuttgart 2007, S. 16

M 10 Unterschiedliche Strafzwecke

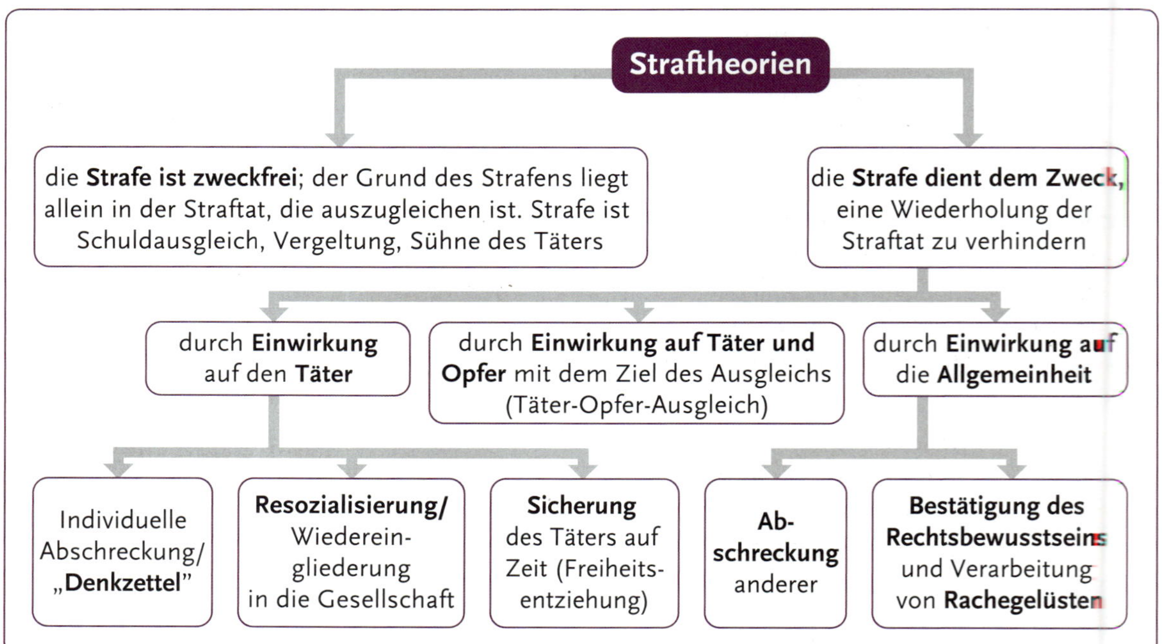

M 11 Rechtsfolgen von Jugendstraftaten

Maßnahmen	Art der Durchführung oder Wirkung	Gründe der Rechtsfolgeanordnung
A. Erziehungsmaßregeln (§ 9 JGG) 1. Weisungen 2. Heilerzieherische Behandlung 3. Fürsorgeerziehung	• Gelten nicht als Strafen, kein Eintrag ins Strafregister • Gebote und Verbote zur Regelung der Lebensführung, z. B. Arbeitsstelle annehmen, in einem Heim wohnen u. a.; durch gerichtlich bestellte Erziehungsbeistände, z. B. Helfer des Jugendamts, Verwandte, Lehrer u. a. • In Erziehungsheimen oder in fremden Familien	• Einmalige Straftaten, die durch Umstände der Lebensführung wesentlich mitverursacht wurden • Wenn mangelnde elterliche Erziehungsmöglichkeit als Tätermerkmal festgestellt wird • Wenn bei einer 17-Jährigen die Familie eine drohende Verwahrlosung nicht aufhalten kann
B. Zuchtmittel (§ 13 JGG) 1. Verwarnung 2. Auflagen 3. Jugendarrest	• Gelten nicht als Strafen • Förmliche Zurechtweisung des Täters aufgrund eines Jugendstrafprozesses • Verpflichtungen, die dem Jugendlichen das Unrecht eindringlich in Erinnerung rufen, z. B. Dienst in gemeinnützigen Einrichtungen • Freizeitarrest bis zu 5 Freizeiten • Kurzarrest bis 6 Tage, Dauerarrest bis 4 Wochen	• Einmalige Straftaten, für die der Jugendliche in seiner Person selbst verantwortlich ist • Schäden aus Übermut – Wiedergutmachung und persönliche Entschuldigung • Delikte aus mangelnder Selbstkontrolle bei besonderer Gelegenheit, z. B. leichter Diebstahl, Körperverletzung u. a.
C. Jugendstrafe (§ 17, 18 JGG) 1. Freiheitsentzug von bestimmter Dauer	• Bei „schädlicher Neigung", d. h. wenn Erziehungsmaßregeln und Zuchtmittel nicht ausreichen • Mind. 6 Monate, höchstens 10 Jahre, Strafaussetzung und vorzeitige Entlassung möglich zur Bewährung	• Schwere Straftaten mit hohem Schuldgehalt • Insbesondere bei Heranwachsenden und Feststellung „schädlicher Neigung" z. B. bei Wiederholungstätern
D. Maßregeln der Besserung und Sicherung (§ 7 JGG)	• Meist begleitend zu den Maßnahmen A bis C, z. B. Entziehungskur bei Drogen, Führungsaufsicht, Entziehung der Fahrerlaubnis	• Im Zusammenhang mit bestimmten Straftaten

nach: Horst Becker, Stundenblätter Recht, Stuttgart 1990, Arbeitsblatt 10

M 12 Aus dem Polizeibericht

+ + + Die sechzehnjährige Schülerin A. zerkratzte in leicht alkoholisiertem Zustand nach einer Party die Tür eines parkenden Mercedes. In der Befragung gab sie an, sie könne „solche Leute" nicht leiden. Die Polizei schätzt den Schaden auf 2.500 €. + + +

+ + + Beim Klauen erwischt wurde der 14-jährige M., der in einem Kaufhaus die CD der Gruppe „Tokio-Hotel" in seiner Jacke versteckt hatte und sich damit an der Kasse vorbeischleichen wollte. + + +

+ + + Der Jugendliche S. (17 Jahre) schlug einen gleichaltrigen Jungen so zusammen, dass das Opfer mit Verletzungen ins Krankenhaus eingeliefert werden musste. + + +

+ + + Die 15-jährige B. warf „zum Spaß" einen großen Stein von einer Autobahnbrücke. Dabei starb eine Mutter von drei Kindern. + + +

+ + + Der drogenabhängige D. (18) bedrohte einen Passanten mit einem Messer, um diesen zur Herausgabe seines Smartphones zu zwingen. + + +

M 13 Strafe ist erst die letzte Stufe

Etwa 5.000 Jugendliche im Alter von 14 bis 20 Jahren verbringen einen Teil ihrer Jugendzeit als Strafgefangene im Knast. Die Rückfallquote, d. h. die Wahrscheinlichkeit, wieder straffällig zu werden, liegt für inhaftierte Jugendliche bei 78 Prozent.

Extrakt = Auszug, Zusammenfassung

Er sei „in Rottenburg bekannt wie ein bunter Hund", sagt Wieczorek. Zum Jahresende geht er in Pension. Er hofft, dass seine Stelle dann auch wieder besetzt wird. Denn die Arbeit der Jugendgerichtshilfe sei für manche Jugendliche, denen das Erwachsenwerden und Hineinwachsen in die Gesellschaft schwer fällt, fast unverzichtbar.

Das Jugendgerichtsgesetz, das es seit 1923 gibt, ist Basis für die Arbeit der Jugendgerichtshilfe. Es sorgt dafür, dass Jugendliche, die gegen Recht und Ordnung verstoßen haben, bei der Sanktionierung oder Bestrafung nicht gleich behandelt werden wie Erwachsene. Oberstes Ziel sei der Erziehungsgedanke, sagt Wieczorek. Deshalb lade die Jugendgerichtshilfe junge Menschen zum Gespräch, wenn sie polizeiauffällig werden. Als Straftaten zählen bereits Ordnungswidrigkeiten wie Schule schwänzen oder ohne Licht Fahrrad fahren. […]

Jugendgerichte und Jugendgerichtshilfe verfügen über einen Katalog von Sanktionen: Erziehungsmaßregeln, Zuchtmittel und als strengste die Jugendstrafe mit maximal zehn Jahren. Erzieherisch kann einem Jugendlichen ein Anti-Gewalt-Training verordnet werden, das Bemühen um den Täter-Opfer-Ausgleich oder die Annahme einer Ausbildungsstelle. Zuchtmittel sind Geldauflagen, auch unentgeltlich zu leistende Arbeit („Sozialstunden"), die das Gericht anordnet, oder als schärfstes der Jugendarrest bis maximal vier Wochen am Stück.

Polizei, Staatsanwaltschaft, Jugendgericht und Jugendgerichtshilfe arbeiten eng zusammen. Die Jugendgerichtshilfe hat eine Mittlerfunktion, durchaus im pädagogischen Sinn. Wieczorek ist nicht Jurist, sondern Diplom-Pädagoge. Er wohnt in Tübingen, hat vier Kinder und vier Enkel, ist begeisterter Fahrradfahrer, und fast noch lieber wandert er.

Bei seiner Arbeit ergründet er die Lebensverhältnisse seiner Klientel, die Tatgründe, er versucht, den Jugendlichen ihr Fehlverhalten einsichtig zu machen, diskutiert, wie sie sich in den Griff bekommen und Schäden wieder gutmachen können. In seinem Bericht kann Wieczorek Sanktionen vorschlagen, die er für gut und ausreichend hält. Ein Hardliner ist er nicht, aber objektiv muss er sein. Konsequenz, das ist Extrakt aus 30 Jahren Berufserfahrung, Konsequenz sei das Wichtigste in allen Stufen von Erziehung. […]

78 Prozent der jungen Männer, die in Adelsheim im Jugendknast waren, wurden rückfällig. Wieczorek bezeichnet dies als „Herausforderung für alle Pädagogen und für uns, das Umfeld, in das die Entlassenen kommen, anders zu gestalten". Nicht einfach sei das, weil diese Jugendlichen „meist schon alle Möglichkeiten sozialer Hilfe ausgekostet haben".

Gert Fleischer, Rottenburger Post, 7.9.2010, S. 23

M 14 Schüler als Richter

Die Straftaten, mit denen sich die „Schülerrichter" befassen müssen, sind zu 90 Prozent Ladendiebstähle – vom Lippenstift bis zum MP3-Player Aber auch Schwarzfahren, Fahren ohne Führerschein, Sachbeschädigung, Missbrauch von Notrufen oder Körperverletzung gehören zu den Delikten. Die Staatsanwaltschaft kann solche „leichten Fälle" den Teen Courts aus jeweils drei Schülern zuweisen. Wenn die Beschuldigten die vom Schülergremium vorgeschlagene Maßnahme erfolgreich hinter sich bringen, wird das Verfahren im Regelfall ohne Erhebung einer Anklage eingestellt.

Grundidee des „kriminalpädagogischen Jugendprojekts" ist, dass sich jugendliche Täter im Gespräch mit Gleichaltrigen eher vom Unrecht ihrer Tat überzeugen lassen. „Am Anfang ist es ihnen meist peinlich, aber dann ist das Eis meist schnell gebrochen", sagt Nucklies. Viele seien sogar froh, dass ihnen endlich jemand einmal richtig zuhöre und ihnen Hilfestellung zur Bewältigung ihrer Probleme anbiete. Der Diplomsportler Nucklies hält sich bei den meist 40- bis 60-minütigen „Verhandlungen" im Hintergrund. Da er im Gegensatz zu den Schülern die Akte des „Angeklagten" kennt, kann er bei Bedarf eingreifen: „Wenn ich merke, dass geschwindelt wird, kann ich ihnen sagen: Fasst doch da nochmal nach!"

Bei den Sanktionen sind die bisher tätigen 24 „Schülerrichter" in Hessen sehr kreativ. So musste ein Ladendieb, der Schreiner werden wollte, die Ahndung von Diebstählen im Mittelalter recherchieren – und einen Handpranger bauen. Ein Jugendlicher, der mit seinem frisierten Mofa zu schnell gefahren war, musste den Bremsweg mit 45 Stundenkilometern berechnen und bei der Versicherung nachfragen, welcher Schaden bei einem Unfall übernommen worden wäre. Andere Delinquenten mussten auf ein T-Shirt einen Spruch gegen Diebstahl sticken oder malen. Zum Strafenkatalog gehören auch das Einkassieren des Handys, das Ablegen eines Sportabzeichens oder die Arbeit im Altenheim.

dpa, www.main-netz.de, 20.5.2008

Aufgaben

1. Ordne die Aussagen der Personen den Strafzwecken zu (M 9, M 10).
2. Als Richter sollt ihr Maßnahmen nach dem Jugendstrafrecht in den im Polizeibericht geschilderten Fällen verhängen. Begründet eure Maßnahme mit Hilfe der Straftheorien (M 11 – M 13).
3. Beschreibe Ziele und Arbeitsweise der Jugendgerichtshilfe (M 13).
4. Es wird diskutiert, an deinem Schulstandort ein Schülergericht einzuführen. Verfasse einen kurzen Leserbrief für eine angesehene Tageszeitung, in dem du für bzw. gegen dieses Vorhaben plädierst (M 14).

Informiere dich über die Einrichtung des „Täter-Opfer-Ausgleichs".

Wirkt Strafe?

M 15 Jugendliche als Täter: Schulschwänzen

Dem Phänomen des Schulschwänzens wird in der Öffentlichkeit und in der Wissenschaft zunehmend Aufmerksamkeit geschenkt, da insbesondere intensive Formen des Schulschwänzens (langfristig) Bildungschancen von Jugendlichen beeinträchtigen können. Darüber hinaus gilt Schulschwänzen als Indikator abweichenden Verhaltens. Wer die Schule schwänzt, so die Ergebnisse vergangener Schülerbefragungen, hat ein höheres Risiko, auch andere delinquente Verhaltensweisen zu begehen. [...]

Zur Erfassung des Schulschwänzens wurden die Jugendlichen gebeten anzugeben, wie viele ganze Schultage bzw. wie viele einzelne Schulstunden sie im zurückliegenden Schulhalbjahr der Schule unerlaubt ferngeblieben sind; die Antwortkategorien reichten jeweils von 0 Tagen bzw. Stunden bis 25 und mehr Tage bzw. Stunden. Die Stunden wurden durch fünf (Anzahl an Schultagen) geteilt und zu den geschwänzten Tagen hinzuaddiert. Mindestens einmal geschwänzt (Schwänzprävalenz) haben im letzen Schulhalbjahr 44,3 % der Befragten, als Mehrfachschwänzer (fünf und mehr Tage) muss etwas jeder achte Jugendliche bezeichnet werden (12,1 %).

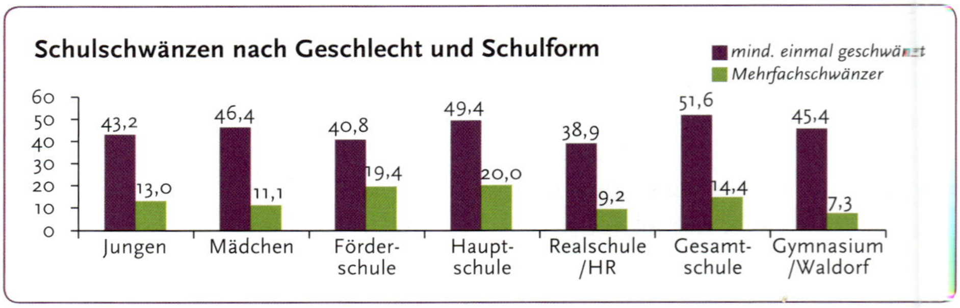

Christian Pfeiffer u. a., Jugendliche in Deutschland als Opfer und Täter von Gewalt, Hannover 2009, S. 75 f.

M 16 Schulschwänzen und kriminelles Verhalten

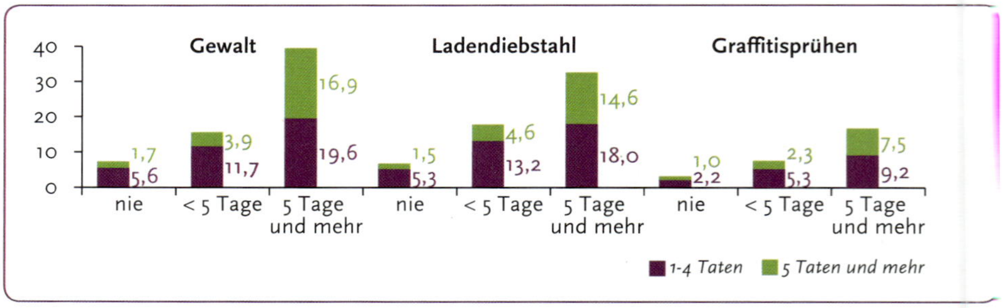

Christian Pfeiffer u. a., Jugendliche in Deutschland als Opfer und Täter von Gewalt, Hannover 2009, S. 79

Lesehilfe:
Von allen Jugendlichen, die 5 Tage und mehr die Schule geschwänzt hatten, begingen 19,6 % 1 – 4 Gewaltdelikte.

M 17 Wer nicht lernen will, muss zahlen

Jährlich schwänzen rund 500.000 Kinder und Jugendliche in Deutschland die Schule.

Mit zunehmend härteren Methoden gehen Länder und Kommunen gegen die notorischen Blaumacher vor. Vor allem Nordrhein-Westfalen greift durch. In dem bevölkerungsreichsten Bundesland mit 2,8 Millionen Schülern bleiben rund 100.000 gelegentlich oder sogar regelmäßig dem Unterricht fern. Werden diese Schüler morgens beim Bummeln durch die Einkaufszone erwischt, werden sie von der Polizei oder dem Ordnungsamt zurück in die Schule gebracht. Auch wer unentschuldigt fehlt, muss damit rechnen, dass die Schulen aktiv werden. „Zuerst müssen schulische Maßnahmen angewandt werden", sagt Jennifer Spitzner von der Bezirksregierung Düsseldorf. Meist folgen dann Gespräche mit den Eltern und klassische Erziehungsmaßnahmen wie Nachsitzen. Hilft das alles nicht, kann die Schule die Schüler offiziell den Behörden melden – dann wird ein Bußgeld fällig.

In Düsseldorf müssen Kinder ab dem 14. Lebensjahr die Schwänzerstrafe selbst zahlen. 10 Euro werden pro Fehltag fällig. Berufsschüler zahlen bis zu 20 Euro. Dazu kommt eine Verwaltungsgebühr von 19 Euro. Wiederholungstäter werden mit bis zu 125 Euro zur Kasse gebeten. Das wirkt: Der Betrag tut den Jugendlichen offenbar mehr weh als Nachsitzen – inzwischen wird weniger die Schule geschwänzt, die Bußgeldverfahren sind rückläufig. „Das ärgert die Jugendlichen schon, wenn sie für einen freien Tag bezahlen müssen", sagt Rainer Gebhard, Leiter des Schulverwaltungsamts in Essen. „Das Bußgeld kann in einzelnen Fällen so hoch sein, dass die Gelder von den Jugendlichen nicht bezahlt werden können", sagt Spitzner. Reicht das Taschengeld nicht, wird das Bußgeld in Sozialstunden umgewandelt. „Das schreckt die Jugendlichen noch mehr ab als eine Geldstrafe", sagt Spitzner.

2006 wurden noch 1.343 Bußgeldverfahren im Bezirk Düsseldorf gegen Schüler eingeleitet. 2009 waren es nur noch 1.091. „Dieses Jahr sind es bisher 622 Verfahren", so Spitzner. Das macht rund 41.000 Euro. „Das Geld kann für alle anfallenden Ausgaben verwendet werden", sagt Spitzner.

[...] Aber auch Eltern müssen zahlen, wenn sie etwa kurz vor oder nach dem Ferienstart ihren Nachwuchs aus der Schule nehmen, um Staus auf den Autobahnen zu vermeiden oder günstigere Flugangebote zu nutzen. „Die Zahl der Fehltage um die Ferienzeit herum ist angestiegen", sagt Spitzner. Eine Praxis, die man sich in Essen nicht mehr bieten lässt: 100 Euro müssen Eltern für jeden Fehltag ihrer Kinder ohne Attest zahlen.

Katharina Grimm, Financial Times Deutschland, 4.6.2010

zu Aufgabe 1
Überlegt genau, um welche Art von Zusammenhang (Ursache – Wirkung) es sich beim Schulschwänzen und der Neigung zu kriminellem Verhalten handelt.

Aufgaben

1. Analysiere die Tabellen aus M 15 und M 16 und fasse deine Ergebnisse thesenhaft zusammen.
2. Bildet kleine Gruppen und einigt euch auf einen Strafkatalog für das Schulschwänzen. Vergleicht euren Katalog anschließend mit den Maßnahmen aus M 17.

Was wir wissen

Jugendliche vor Gericht
M 3, M 4

Wird eine Straftat angezeigt, so kommt es zu einem Strafverfahren und gegebenenfalls zur Verurteilung durch ein Gericht. Dabei gelten bestimmte Verfahrensregeln, die von den Gerichten beachtet werden müssen. Fälle von Jugendkriminalität werden vor speziellen Jugendgerichten verhandelt. Für den Täter bedeutet eine Verurteilung den Verlust von Freiheit und Ehre. Die Kosten für einen Strafprozess, Haftunterbringung und eventuelle Folgekosten durch Arbeitslosigkeit usw. müssen vom Staat und damit letztlich von der Gesellschaft getragen werden. Das Opfer einer Straftat leidet unter Umständen lebenslang unter der Rechtsverletzung.

Jugendkriminalität
M 7, M 8

Unter Jugendkriminalität versteht man die strafbaren Handlungen, die von Jugendlichen und Heranwachsenden begangen werden. Die Ursachen von Jugendkriminalität sind vielfältig. Instabile soziale und familiäre Verhältnisse, Gruppenzwang, Konsumdruck und die spezifischen Probleme von Heranwachsenden führen dazu, dass Jugendliche häufiger als Erwachsene gegen Gesetze verstoßen. Bei der überwiegenden Zahl junger Menschen ist die Jugendkriminalität aber eine vorübergehende Erscheinung im Verlauf ihres Entwicklungs- und Reifungsprozesses.

Strafzwecke
M 10

Grundsätzlich gibt es drei verschiedene Strafzwecke:
- *Vergeltung*, welche die Strafe in Bezug zur Schwere der Tat setzt und dem Opfer bzw. der Gesellschaft einen Ausgleich für erlittenes Unrecht verschafft,
- *allgemeine Prävention*, nach der durch die Bestrafung des Täters eine abschreckende Wirkung auf die Gesellschaft erzielt werden soll,
- *individuelle Prävention*, welche beim Täter Reue bewirken soll und ihn durch Stärkung seines Verantwortungsbewusstseins von weiteren Straftaten abhält.

Jugendstrafrecht
M 11

Jugendlichen (14 – 18 Jahre) begegnet der Staat bei einer Bestrafung mit größerer Nachsicht. Für sie muss, für Heranwachsende (18 – 21 Jahre) kann das Jugendstrafrecht (Jugendgerichtsgesetz, JGG) angewendet werden. Das Jugendstrafrecht misst der Erziehung zentrale Bedeutung bei und weist daher ein breiteres Spektrum an Strafmöglichkeiten auf als das Erwachsenenstrafrecht. Hauptzweck ist, den jugendlichen Straftäter wieder in die Gesellschaft einzugliedern (Resozialisierung). Bei besonders schweren Straftaten, die von Jugendlichen unter 14 Jahren begangen werden, wird gelegentlich die Frage nach einer Senkung des Strafmündigkeitsalters aufgeworfen.
Schülergerichte sind eine Form alternativer Strafmethoden, mit denen die Hoffnung verbunden wird, dass ein „Denkzettel", ausgestellt von Gleichaltrigen, nachhaltigere Wirkung bei den jugendlichen Tätern zeigt.

Jugendliche misshandeln Rentnerin

Nach der stundenlangen Misshandlung einer 83-jährigen Rentnerin durch zwei 13-Jährige im März 2010 in München wird in den Medien wieder über die zunehmende Brutalität strafunmündiger Jugendlicher diskutiert. Politiker fordern einmal mehr die Absenkung des Strafmündigkeitsalters. Für die Junge Union Bayerns sagt der stellvertretende Landesvorsitzende und Leiter des Fachbereichs Innere Sicherheit Karlheinz Roth: Wer im Stande sei, „ein derartiges Verbrechen zu begehen, der soll sich nicht hinter dem Schutzschild der altersbedingten Unmündigkeit verstecken können."

Aufgabe

Lest zunächst die Zeitungsmeldung. Führt dann eine amerikanische Debatte zu der Frage: „Soll das Strafmündigkeitsalter auf zwölf Jahre gesenkt werden?"

Amerikanische Debatte

Vorbereitung

- Teilt eure Klasse in zwei Gruppen: eine Pro-Gruppe und eine Kontra-Gruppe. Bestimmt zudem einen Spielleiter und mehrere Beobachter.
- Bestimmt das Thema der Debatte.
- Setzt euch dann in euren Gruppen zusammen und sammelt Argumente. Legt fest, in welcher Reihenfolge ihr eure Argumente vorbringen wollt.

Debatte

- Die beiden Gruppen setzen sich einander gegenüber. Der Spielleiter gibt einer Seite das Wort. Ihr habt nun maximal eine Minute Zeit, um euer erstes Argument vorzutragen, dann hat die andere Seite das Wort.
- Die Debatte verläuft nach diesem „Ping-Pong-Prinzip", bis alle Argumente genannt wurden.

Auswertung

- Die Beobachter fassen die Debatte zusammen. Sie bewerten die Argumente (Gehalt, Glaubwürdigkeit, Überzeugungskraft ...) und den Verlauf (Diskussionsklima, Tonfall, ...).
- Abschließend könnt ihr die Frage zur freien Abstimmung bringen.

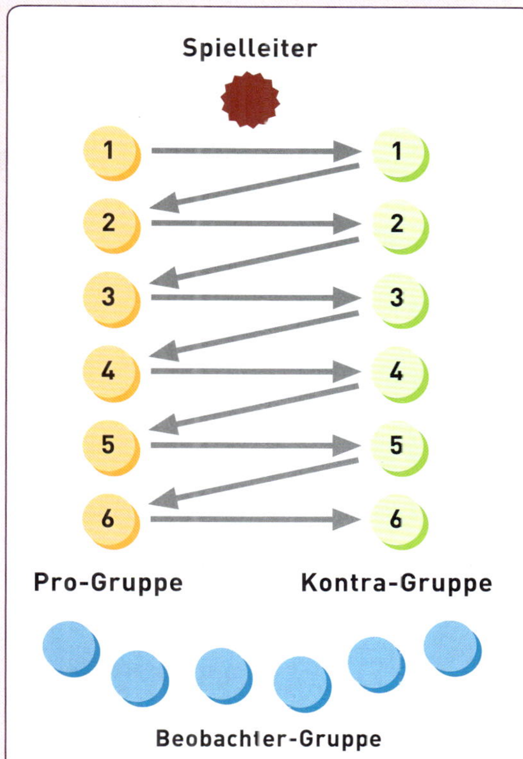

3.2 Unsere Rechtsordnung

Aufgaben des Rechts

M 1 Wozu brauchen wir Regeln?

Fall 1: Mützen und Kappen während des Unterrichts

Während der letzten Monate werden vor allem in den Jahrgangsstufen 8 und 9 regelmäßig Mützen und Kappen im Unterricht aufbehalten. Lehrer bemängeln das unpassende Erscheinungsbild im Unterricht. Sie empfinden es auch als Missachtung ihrer Person, wenn junge Menschen vor ihnen die Kopfbedeckung aufbehalten.

Fall 2: Ball zerstört zentralen Schulcomputer

Schon zum zweiten Mal ist ein hart aufgepumpter Lederball durch das geöffnete Fenster der Schulleiterin geflogen und hat den Rechner samt Monitor umgestoßen und größere Teile der Festplatte zerstört. Das häufige Ballspielen auf den Pausenhöfen und um das Schulgebäude herum hat bereits mehrere Glasscheiben zerstört und auch anderen Sachschaden verursacht.

Fall 3: Streit um den Ausflug ins Erlebnisbad

Die Planung des nächsten Wandertages hat in der Klasse 8a für viel Ärger gesorgt. Die Mehrheit möchte gerne in ein Erlebnisbad fahren, in dem es eine Riesen-Wasserrutsche und andere Attraktionen gibt. Zwei Schülerinnen haben bereits gesagt, dass ihre Eltern da aus religiösen Gründen bestimmt nicht mitspielen werden, drei weitere Schüler haben sich wegen des hohen Eintrittspreises beschwert.

M 2 Was sind Gesetze?

Wenn wir von Rechtsregeln sprechen, so meinen wir meist Gesetze. Gesetze werden in einem vorgeschriebenen Verfahren von den Parlamenten, zum Beispiel dem Bundestag, beschlossen. Gesetze sind allgemeinverbindliche Handlungsanweisungen und müssen von allen Betroffenen eingehalten werden. Aufgeschrieben sind die Gesetze zu allen möglichen Lebensbereichen in Gesetzbüchern (Grundgesetz, Bürgerliches Gesetzbuch, Strafgesetzbuch, Sozialgesetzbuch, ...). Ende 2009 umfassten allein die Bundesgesetze 1.924 Gesetze mit insgesamt 76.382 Artikeln und Paragrafen. Hinzu kommen die Gesetze und Rechtsverordnungen der 16 Bundesländer und auch das Recht der Gemeinden (Satzungen). Die Gesamtheit aller gültigen Gesetze bezeichnet man als Rechtsordnung. Nicht alle Gesetze sind gleich wichtig. Das wichtigste Gesetz in Deutschland ist das Grundgesetz. In ihm stehen nämlich die wichtigsten Spielregeln für das Zusammenleben der Menschen und den Aufbau des Staates in Deutschland. Alle Gesetze, die in Deutschland erlassen werden, müssen mit dem Grundgesetz vereinbar sein.

M 3 Recht und Freiheit

Die wichtigste Aufgabe des Rechts ist die verbindliche Ordnung des Zusammenlebens der Menschen. Wenn es Konflikte zwischen den Menschen gibt, so hilft das Recht, diese zu lösen. Deshalb gibt es zum Beispiel viele Regeln, die das Verhältnis von Vermietern und Mietern betreffen, denn zwischen diesen Parteien gibt es häufig Streit. Auch im Straßenverkehr muss jeder Teilnehmer wissen, was erlaubt ist und was nicht, sonst bräche schnell Chaos auf den Straßen aus. So sichert das Recht Frieden und Sicherheit in einer Gesellschaft. Wie wichtig diese Aufgabe ist, wird erst deutlich, wenn man sich eine Gesellschaft vorstellt, in der es kein Recht bzw. niemanden gibt, der für die Einhaltung des Rechts sorgt. Sehr schnell würden sich manche Menschen rücksichtslos verhalten oder gar Streit mit Gewalt austragen. Es würden das Recht des Stärkeren, Willkür und Unsicherheit herrschen. Auch wenn es zunächst widersinnig klingt: Das Recht sichert so auch unsere Freiheit, denn die Freiheit beginnt erst da, wo das Recht dafür sorgt, dass uns andere Menschen nicht willkürlich Schaden zufügen können. Damit das Recht eingehalten wird, muss es durchgesetzt werden. Allein der Staat, vertreten durch die Staatsanwaltschaft, durch Polizei und Gerichte, stellt sicher, dass sich die Menschen auch an die Gesetze halten. Deshalb spricht man auch vom Gewaltmonopol des Staates. In einer rechtsstaatlichen Demokratie müssen sich dabei Behörden, Polizei und Gerichte selbst auch an das geltende Recht halten. Mit Hilfe der unabhängigen Gerichte kann jeder Einzelne überprüfen lassen, ob der Staat auch im Einklang mit den Gesetzen handelt.

zu Aufgabe 3
Sammle Beispiele, wie das Recht dazu beiträgt, dass die Menschen friedlich zusammenleben können.

Aufgaben

1. Bildet Gruppen und setzt euch mit den in M 1 geschilderten Fällen auseinander. Entscheidet, ob das Problem durch a) eine allgemein geltende Regel oder b) individuelle Vereinbarung der Betroffenen gelöst werden soll. Solltet ihr euch für den Lösungsweg a) entscheiden – formuliert die allgemeine Regel schriftlich. Begründet und vergleicht eure Ergebnisse.
2. In Aufgabe 1 habt ihr selbst allgemeine Regeln formuliert. Nennt nun die Gemeinsamkeiten und Unterschiede zwischen euren Regeln und echten Gesetzen (M 1, M 2).
3. Stelle zusammen, welche Aufgaben (man spricht auch von Funktionen) das Recht erfüllt (M 3).

Das Jugendschutzgesetz

M 4 Was dürfen Jugendliche?

Kennt ihr euch aus im Jugendschutz? Geht davon aus, dass die abgebildeten Personen 16 Jahre alt sind. Entscheidet dann für jedes Bild: „erlaubt" oder „nicht erlaubt". Überprüft anschließend eure Antworten mit Hilfe von M 6.

M 5 Der Sinn des Jugendschutzes

Pflege und Erziehung der Kinder und Jugendlichen gehören zu den wichtigsten Aufgaben und Pflichten der Eltern oder erziehungsberechtigten Personen. Gesetzliche Bestimmungen zum Jugendschutz machen den Auftrag des Staates und der Gesellschaft deutlich, Eltern und Erzieher in der Erfüllung ihrer Aufgaben zu unterstützen und das Anrecht des Kindes auf Erziehung zu sichern. Kinder und Jugendliche sind vor finanzieller Ausbeutung, seelischen Zwängen und Gefährdungen durch Abhängigkeiten zu schützen. Bestimmungen zum Jugendschutz sind keine Strafinstrumente gegen junge Menschen, sondern wenden sich zunächst an den Erwachsenen, um ihn anzuhalten, nachteilige Einflüsse auf die Entwicklung der Kinder und Jugendlichen abzuwenden. Dabei müssen die Gesetzgeber zwei Erziehungsziele gegeneinander abwägen. Einerseits hat jeder Mensch auch schon früh ein Recht auf freie Entfaltung seiner Persönlichkeit. Andererseits sind die Eltern und letztlich auch der Staat verpflichtet, Schaden von Kindern und Jugendlichen abzuwenden.

nach: http://www.pg-muenster.de/kzpt/kzpt-juschu. html (12.6.2011)

M 6 Bestimmungen zum Schutz Jugendlicher

Übersichtliche Darstellung der Vorschriften des Jugendschutzgesetzes vom 23.07.2002 (gültig ab 01.09.2007)
Auszug: Abschnitt 2: Jugendschutz in der Öffentlichkeit, Abschnitt 3: Jugendschutz im Bereich der Medien

Geschützte Altersgruppen		**Kinder**		**Jugendliche**				**Kinder:** Personen unter 14 Jahren
		unter 14 Jahre		ab 14 Jahre		ab 16 Jahre		**Jugendliche:** Personen unter 18 Jahren
Gefährdungsbereiche		**ohne** Begleitung einer erziehungsbeauftragten Person	**in** Begleitung einer erziehungsbeauftragten Person	**ohne** Begleitung einer erziehungsbeauftragten Person	**in** Begleitung einer erziehungsbeauftragten Person	**ohne** Begleitung einer erziehungsbeauftragten Person	**in** Begleitung einer erziehungsbeauftragten Person	**Ausnahmsweise erlaubt**
§ 4 Abs. 1 + 2	**Aufenthalt in Gaststätten**	☹ nicht erlaubt	☺ erlaubt	☹	☺	☺ bis 24 Uhr	☺	In der Zeit zwischen 5 und 23 Uhr, um eine Mahlzeit oder ein Getränk einzunehmen (§ 4 Abs. 1). Ausnahmen kann die zuständige Behörde genehmigen (§4 Abs. 4).
§ 4 Abs. 3	**Aufenthalt in Nachtbars und Nachtclubs**	☹	☹	☹	☹	☹	☹	
§ 5 Abs. 1	**Anwesenheit bei öffentlichen Tanzveranstaltungen** z. B. Disco	☹	☺	☹	☺	☺ bis 24 Uhr	☺	Ausnahmen kann die zuständige Behörde genehmigen (§5 Abs. 3).
§ 5 Abs. 2	**Tanzveranstaltungen anerkannter Träger der Jugendhilfe** oder bei künstl. Betätigung oder zur Brauchtumspflege	☺ bis 22 Uhr	☺	☺ bis 24 Uhr	☺	☺ bis 24 Uhr	☺	
§ 6	**Anwesenheit in Spielhallen Teilnahme an Glücksspielen**	☹	☹	☹	☹	☹	☹	Bei Volks- und Schützenfesten, Jahrmärkten u. ä., sofern Gewinne nur in Waren von geringerem Wert bestehen (§6 Abs. 2).
§ 9 Abs. 1.1	**Abgabe und Verzehr branntweinhaltiger Getränke** (auch alkoh. Mixgetränke o. überwiegend branntweinhaltige Lebensmittel)	☹	☹	☹	☹	☹	☹	
§ 9 Abs. 1.2	**Abgabe und Verzehr anderer alkoholischer Getränke** z. B. Bier, Wein u. ä.	☹	☹	☹	☺ *)	☺	☺	*) **Nur** in Begleitung einer personensorgeberechtigten Person (Eltern/Vormund) (§9 Abs. 2).
§ 10	**Abgabe und Konsum von Tabakwaren**	☹	☹	☹	☹	☹	☹	
§ 11	**Besuch öffentlicher Filmveranstaltungen** nur nach Freigabekennzeichnung: ohne Altersbeschränkung ab 6 / 12 / 16 J.	☺ ab 6 J. bis 20 Uhr	☺	☺ bis 22 Uhr	☺	☺ bis 24 Uhr	☺	Filme, die mit „Info- oder Lehrprogramm" gekennzeichnet sind (§11 Abs. 1); bei Filmen „ab 12 J." Anwesenheit für über 6-Jährige möglich in Begleitung einer personensorgeberechtigten Person (Eltern/Vormund) (§11 Abs. 2).
§ 12	**Abgabe von Datenträgern mit Filmen oder Spielen** nur nach Freigabekennzeichnung: ohne Altersbeschränkung ab 6 / 12 / 16 J.	☺	☺	☺	☺	☺	☺	Datenträger, die mit „Info- oder Lehrprogramm" gekennzeichnet sind (§12 Abs. 1).
§ 13	**Spielen an elektronischen Bildschirmspielgeräten ohne Gewinnmöglichkeit** nur nach Freigabekennzeichnung: ohne Altersbeschränkung ab 6 / 12 / 16 J.	☺	☺	☺	☺	☺	☺	Bildschirmspielgeräte, die mit „Info- oder Lehrprogramm" gekennzeichnet sind (§13 Abs. 1).

Öffentlichkeit: Alle Orte, die jedermann ohne weiteres zugänglich sind und der Teilnehmerkreis, auch der eingeschränkte, untereinander nicht in rechtlicher oder sonstiger Bedeutsamkeit steht.
Personensorgeberechtigte Person sind Vater, Mutter (also Eltern) oder der Vormund.
Erziehungsbeauftragte Person nimmt Erziehungsaufgaben nach Vereinbarung mit den Eltern wahr, z. B. die Begleitung des Jugendlichen in eine Disco. Das kann jede Person über 18 Jahre sein, die in der Lage ist, die vereinbarten Erziehungsaufgaben zu erfüllen.

Aufgaben

1. Erkläre, welche Ziele mit dem Jugendschutz in der Bundesrepublik Deutschland verfolgt werden (M 5).
2. Diskutiert, welche Bestimmungen des Jugendschutzgesetzes ihr lockern oder verschärfen würdet. Begründet eure Entscheidung mit den grundsätzlichen Zielen des Jugendschutzes (M 6).

Für viele Lebensbereiche gibt es rechtliche Regelungen.

Wie ist unsere Rechtsordnung aufgebaut?

M 7 Der Aufbau unserer Rechtsordnung

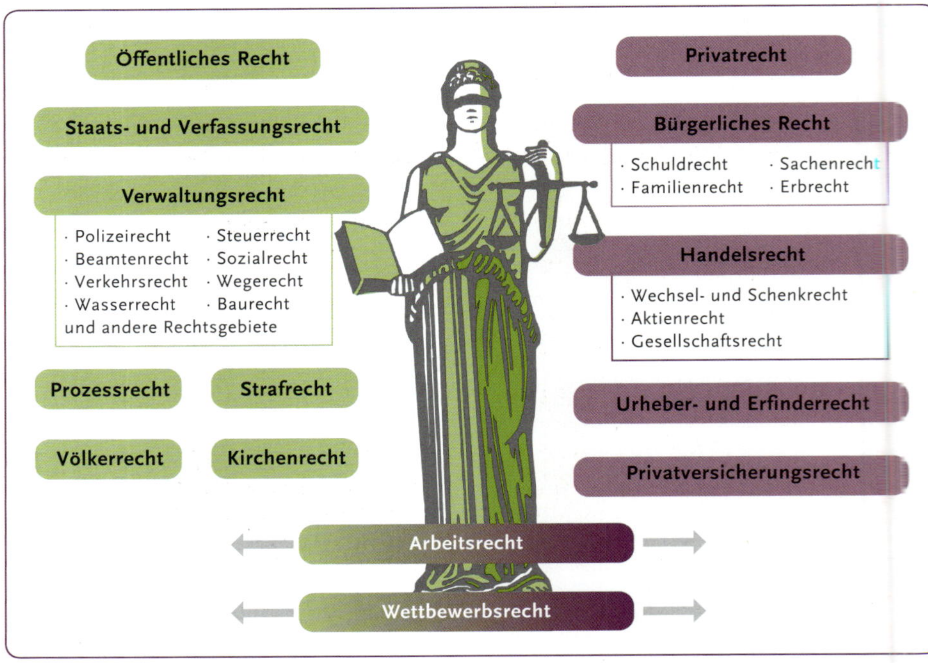

Bergmoser + Höller Verlag, 128020

Das in Deutschland geltende Recht wird allgemein eingeteilt in die beiden großen Rechtsgebiete Privatrecht und öffentliches Recht. Das Privatrecht (oder Zivilrecht) regelt die Rechtsbeziehungen der einzelnen Bürger untereinander. Bei der Gestaltung ihrer Rechtsbeziehungen sind die Bürger frei und gleichberechtigt (Privatautonomie). Kern des Privatrechts ist das bürgerliche Recht, das im Bürgerlichen Gesetzbuch niedergelegt ist. Es enthält Regelungen für den bürgerlichen Alltag, z. B. Kauf und Verkauf, Verträge, Leihe und Schenkung, Eheschließung und Scheidung usw. Das öffentliche Recht regelt die Beziehungen des Einzelnen zur öffentlichen Gewalt (Verwaltung, Polizei, Gerichte) und die Beziehungen der öffentlichen Gewalten zueinander, z. B. zwischen Bund und Land. Der öffentlichen Gewalt gegenüber ist der einzelne Bürger untergeordnet (z. B. müssen Steuern entrichtet werden). Doch kann der Einzelne gegen eine Maßnahme der öffentlichen Gewalt klagen, wenn er sich ungerecht behandelt fühlt.

M 8 Das Gerichtswesen in Deutschland

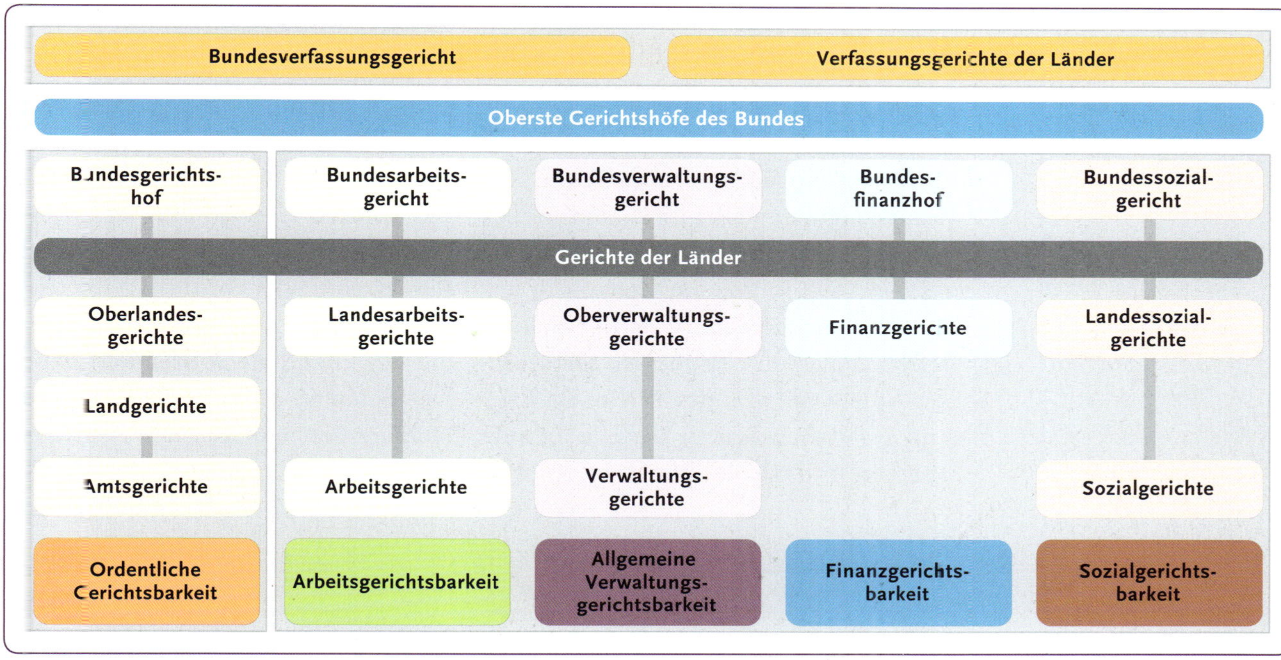

Bergmoser + Höller Verlag, 128010

Das Gerichtswesen in Deutschland ist in mehrere Zweige gegliedert. Neben der Verfassungsgerichtsbarkeit sind das die ordentliche Gerichtsbarkeit, die Verwaltungs-, Arbeits-, Sozial- und Finanzgerichtsbarkeit. Da Deutschland ein Bundesstaat ist, sind die Gerichte zwischen Bund und Ländern aufgeteilt. Die Gerichte des Bundes sind dabei übergeordnet. Das Bundesverfassungsgericht und die Verfassungsgerichte der Länder entscheiden über die Auslegung der Verfassung (Grundgesetz) und über die Vereinbarkeit von normalen Gesetzen mit der Verfassung. Straf- und Zivilverfahren werden bei denen ordentlichen Gerichten geführt. Alle anderen Verfahren bei den besonderen Gerichten.

Aufgaben

1. Entwickelt in Partnerarbeit ein Tafelbild, das die Unterschiede zwischen Privatrecht und öffentlichem Recht anschaulich darstellt (M 7).
2. Entscheide, welcher Gerichtszweig für die Verhandlung folgender Streitfälle zuständig wäre (M 8):
   - Herr Heinzeler klagt gegen die fehlerhafte Berechnung seines Hartz-IV-Bescheides.
   - Frau Ziller wird wegen Diebstahls angeklagt.
   - Der Bundesrat ist der Ansicht, dass er am Gesetzgebungsverfahren zum Atomausstieg beteiligt werden muss, der Bundestag bestreitet dies.
   - Herr Müller möchte sich gegen eine fällige Steuernachzahlung wehren.
   - Frau Tumb möchte einklagen, dass sie die Äpfel vom Baum des Nachbarn behalten darf, wenn sie auf ihr Grundstück fallen.
   - Herr Barnetta möchte gegen seine fristlose Entlassung klagen.
3. Erkundet, welche Gerichte sich in eurer Stadt befinden bzw. wo die nächsthöheren Gerichte zu finden sind.

Zivil- und strafrechtliche Verantwortlichkeit

M 9 Vandalismus an der Schule

Heiko (15) und Bruno (13) kennen sich schon aus dem Kindergarten und sind ein eingeschworenes Team. Als die Zeugnisse fällig sind und Heiko entsetzt ein „wird nicht versetzt nach Klasse 10" in seinem Zeugnis lesen muss, entscheidet er, es der Schule „heimzuzahlen". Bruno ist selbstverständlich mit von der Partie. Da Bruno auf seinen Bruder Charlie (6) aufpassen muss, beschließt er, diesen einfach mitzunehmen. Gegen 22:00 Uhr ziehen sie los. Da sie es nicht schaffen, in die Schule einzudringen, werfen sie aus Frust sechs Fensterscheiben ein und besprühen die Eingangstür mit Graffiti. Dabei werden sie von Passanten beobachtet, die umgehend die Polizei alarmieren. Der Schaden beläuft sich nach vorläufigen Schätzungen der Polizei auf circa 5.000 €.

M 10 Was sagt das Gesetz?

Strafgesetzbuch (StGB)
§ 303
Sachbeschädigung
(1) Wer rechtswidrig eine fremde Sache beschädigt oder zerstört, wird mit Freiheitsstrafe bis zu zwei Jahren oder mit Geldstrafe bestraft.

Bürgerliches Gesetzbuch (BGB)
§ 823
Schadensersatzpflicht
(1) Wer vorsätzlich oder fahrlässig das Leben, den Körper, die Gesundheit, die Freiheit, das Eigentum oder ein sonstiges Recht eines anderen widerrechtlich verletzt, ist dem anderen zum Ersatz des daraus entstehenden Schadens verpflichtet.
§ 828
Minderjährige
(1) Wer nicht das siebente Lebensjahr vollendet hat, ist für einen Schaden, den er einem anderen zufügt, nicht verantwortlich.
(2) Wer das siebente, aber nicht das zehnte Lebensjahr vollendet hat, ist für den Schaden, den er bei einem Unfall mit einem Kraftfahrzeug, einer Schienenbahn oder einer Schwebebahn einem anderen zufügt, nicht verantwortlich. Dies gilt nicht, wenn er die Verletzung vorsätzlich herbeigeführt hat.
(3) Wer das 18. Lebensjahr noch nicht vollendet hat, ist, sofern seine Verantwortlichkeit nicht nach Absatz 1 oder 2 ausgeschlossen ist, für den Schaden, den er einem anderen zufügt, nicht verantwortlich, wenn er bei der Begehung der schädigenden Handlung nicht die zur Erkenntnis der Verantwortlichkeit erforderliche Einsicht hat.

Jugendgerichtsgesetz (JGG)
§ 1
Persönlicher und sachlicher Anwendungsbereich
(1) Dieses Gesetz gilt, wenn ein Jugendlicher oder ein Heranwachsender eine Verfehlung begeht, die nach den allgemeinen Vorschriften mit Strafe bedroht ist.
(2) Jugendlicher ist, wer zur Zeit der Tat vierzehn, aber noch nicht achtzehn, Heranwachsender, wer zur Zeit der Tat achtzehn, aber noch nicht einundzwanzig Jahre alt ist.
§ 3
Verantwortlichkeit
Ein Jugendlicher ist strafrechtlich verantwortlich, wenn er zur Zeit der Tat nach seiner sittlichen und geistigen Entwicklung reif genug ist, das Unrecht der Tat einzusehen und nach dieser Einsicht zu handeln. [...]

M 11 Stufen der Deliktsfähigkeit

Deliktsfähigkeit

Deliktsfähigkeit ist die Fähigkeit einer Person, wegen einer unerlaubten Handlung, bei der ein Schaden entstanden ist, haftbar (Pflicht zum Schadensersatz) gemacht werden zu können.

Deliktsunfähig	Beschränkt deliktsfähig	Voll deliktsfähig
Minderjährige unter sieben Jahren und Personen, deren freie Willensbetätigung krankheitsbedingt ausgeschlossen ist.	Minderjährige zwischen 7 und 18 Jahren (Spezialfall zwischen 7 und 10: Minderjährigenhaftung bei vorsätzlich verursachtem Verkehrsunfall) und Taubstumme.	Volljährige (ab 18 Jahren)

M 12 Stufen der Strafmündigkeit

Strafmündigkeit

Die alters- und geistesbedingte Fähigkeit, für das Unrecht einer strafbaren Handlung einzustehen.

Strafunmündig	Strafmündig nach Jugendgerichtsgesetz (JGG)	Strafmündig
Personen unter 14 Jahren sind strafrechtlich nicht verantwortlich.	Personen mit Vollendung des 14. Lebensjahres sind bedingt verantwortlich, nämlich falls die „Strafreife“ vorhanden ist, also „die Fähigkeit, das Unrecht der Tat einzusehen und nach dieser Einsicht zu handeln“ (§ 3 JGG).	Erwachsene sind voll strafmündig, doch wird bei Heranwachsenden (18 – 21 Jahre) in der Regel das Jugendstrafrecht angewendet. Ab dem 21. Geburtstag muss das Erwachsenenstrafrecht angewendet werden.

Wegen der Schwere der strafrechtlichen Sanktionen liegt die Altersgrenze für die Verantwortlichkeit im Strafrecht im Vergleich zur Deliktsfähigkeit im Zivilrecht höher.

Aufgaben

1. Schreibe für jede der an der Tat (M 9) beteiligten Personen ein kurzes Urteil, in dem du darauf eingehst, welche Rechtsfolgen für die Personen jeweils möglicherweise zu erwarten sind. Unterscheide dabei zivil- und strafrechtliche Folgen (M 9 – M 12).
2. Erkläre, warum eine Tat zivil- und strafrechtliche Folgen haben kann (M 10).

Zivil- und Strafprozess im Vergleich

M 13 Wie unterscheiden sich Zivil- und Strafprozess?

Auch im Prozessrecht werden die Unterschiede zwischen Zivilrecht und Strafrecht, das zum öffentlichen Recht gehört, deutlich.

Bei einer Verletzung des Rechts droht im Rechtsstaat die Verfolgung durch die staatlichen Vollzugsorgane. Sitzung des Jugendgerichts im Prozess gegen zwei jugendliche Straftäter (Landgericht Kiel). Aus Gründen des Persönlichkeitsschutzes sind die Gesichter der Angeklagten (links im Bild) nicht zu sehen.

Der **Zivilprozess** dient der Feststellung, Durchsetzung und Sicherung privater Ansprüche (z. B. Einhaltung vertraglicher Pflichten). Er findet vor den Zivilgerichten (Amtsgericht, Landgericht, Oberlandesgericht, Bundesgerichtshof) statt, die zur ordentlichen Gerichtsbarkeit gehören. Der Zivilprozess unterscheidet sich grundsätzlich von anderen Prozessarten, etwa dem Strafprozess. Der Zivilprozess wird durch die Parteien selbst in Gang gesetzt, nämlich durch Erhebung der Klage (z. B. durch Brunos Schule, die den Schaden an dem Gebäude ersetzt haben möchte). Die Wahrheit wird nicht von Amts wegen ermittelt, sondern das Gericht entscheidet aufgrund der Tatsachen, die die streitenden Parteien dem Gericht unterbreiten. Nur wenn die Parteien sich uneins sind, erhebt das Gericht (auf Antrag) Beweis. Das Gericht ist an die Anträge der Parteien gebunden. Sie bestimmen im Wesentlichen den Gang und Ablauf des Verfahrens. Es ist deutlich, dass im Zivilprozess die Gerichte eher die Rolle eines Vermittlers oder Schiedsrichters übernehmen. Das Urteil soll einen gerechten Ausgleich zwischen den Parteien herbeiführen.

Sinn und Zweck des **Strafprozesses** ist es, Schuld oder Unschuld des Angeklagten festzustellen und gegebenenfalls den Verurteilten einer der Schwere der Tat entsprechenden Strafe zuzuführen. Das Verfahren folgt einem festgelegten Ablauf. Herr des Ermittlungsverfahrens ist die Staatsanwaltschaft, doch übernimmt meist die Polizei die Aufgabe der Ermittlung des Tathergangs. Die Strafverfolgungsbehörden (Polizei, Gerichte, Staatsanwaltschaft) sind von Amts wegen verpflichtet, die Strafverfolgung einzuleiten, wenn ein strafrechtlich relevanter Sachverhalt bekannt wird, bspw. wenn die Polizei einen Einbruch beobachtet. Viele Straftaten werden aber auch von Privatpersonen zur Anzeige gebracht, z. B. weil sie Opfer oder Zeuge einer Straftat geworden sind. Gibt es einen hinreichenden Tatverdacht, so erhebt die Staatsanwaltschaft Anklage und es folgt ein gerichtliches Strafverfahren im Rahmen der ordentlichen Gerichtsbarkeit. Die Polizei muss nunmehr alle be- und entlastenden Tatsachen zusammentragen, die es nachher dem Gericht ermöglichen zu entscheiden, ob eine Straftat vorgelegen hat oder nicht. Erst im gerichtlichen Verfahren wird die Schuld des Täters festgestellt und das Strafmaß festgelegt.

M 14 Ablauf eines Zivil- und eines Strafprozesses

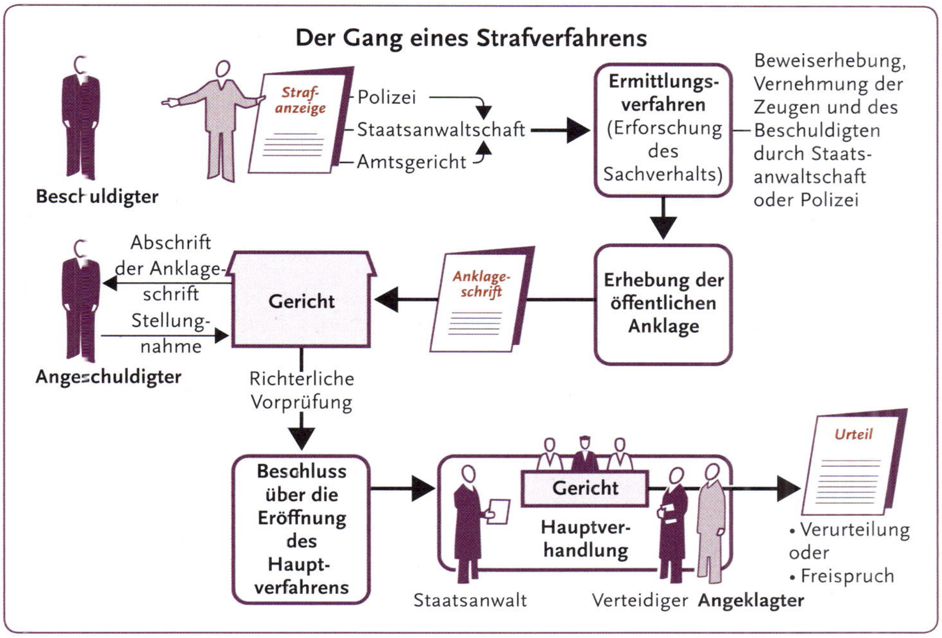

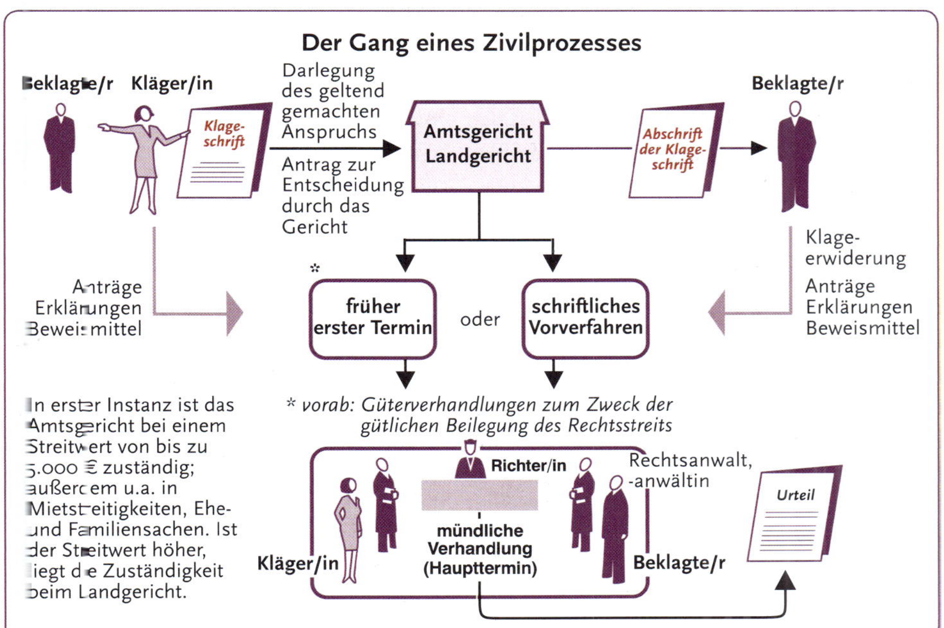

© Bergmoser + Höller Verlag AG, Zahlenbilder 129520 und 129810

Aufgabe

Vergleiche Straf- und Zivilprozess und nenne die Gemeinsamkeiten und Unterschiede (M 12, M 13). Erkläre die Unterschiede auch mit Hilfe deines Wissens über den Aufbau unserer Rechtsordnung.

Arbeite zunächst wahlweise nur mit den Grafiken oder nur mit dem Text.

Was wir wissen

Recht
M 2

Das Zusammenleben der Menschen in einem Gemeinwesen (Staat) erfordert verbindliche Verhaltensregeln für jeden Einzelnen. Ein Großteil dieser Regeln sind Gesetze, die von den Parlamenten erlassen werden und deren Einhaltung mit Hilfe von Staatsanwaltschaft, Polizei und Gerichten erzwungen werden kann (staatliches Gewaltmonopol). Die Gesamtheit der in Deutschland gültigen Gesetze und Rechtsregeln bezeichnet man als Rechtsordnung. Das wichtigste Gesetz unserer Rechtsordnung ist unsere Verfassung, das Grundgesetz. Alle anderen Gesetze müssen mit dem Grundgesetz vereinbar sein.

Aufgaben des Rechts
M 3

Die Vielzahl der Gesetze, die unser Handeln beeinflussen, erfüllen wichtige Aufgaben. Ganz allgemein ordnet das Recht das menschliche Zusammenleben (z. B. im Straßenverkehr). Da das Recht sagt, was erlaubt ist und was nicht, werden Konflikte vermieden oder lassen sich in einem geordneten Verfahren lösen, notfalls mit Hilfe der Gerichte. So trägt das Recht zur Sicherung des Friedens in der Gesellschaft bei. Es verbietet Vergeltung und Faustrecht und gewährleistet so die Freiheit jedes Einzelnen. Auch hilft es, Gerechtigkeit in einer Gesellschaft zu verwirklichen, denn vor dem Gesetz müssen alle Menschen gleich behandelt werden.

Jugendschutz
M 5, M 6

Das Jugendschutzgesetz (JuSchG) schützt Minderjährige vor gesundheitlichen und sittlichen Gefahren in der Öffentlichkeit und den Medien. So sind der Aufenthalt in Gaststätten und Diskotheken, das Rauchen oder der Genuss von Alkohol abhängig vom Alter beschränkt oder verboten.

Rechtsgebiete
M 7

Man unterscheidet das öffentliche Recht vom Privatrecht. Das öffentliche Recht regelt das Verhältnis des Staates zum Einzelnen und das Verhältnis staatlicher Organe untereinander, wobei in Bezug zu den Bürgern ein Über- bzw. Unterordnungsverhältnis gilt. Im Privatrecht (oder Zivilrecht), das die Beziehungen der Menschen zueinander regelt, sind die einzelnen Bürgerinnen und Bürger gleichberechtigt.

Gerichtswesen
M 8

Das Gerichtswesen umfasst die Verfassungsgerichtsbarkeit (z. B. Bundesverfassungsgericht), ordentliche Gerichtsbarkeit (Zivil- und Strafgerichtsbarkeit) und besondere Gerichtsbarkeit (z. B. Finanz- oder Verwaltungsgerichtsbarkeit).

Deliktsfähigkeit
M 10, M 11

Die Verantwortlichkeit Jugendlicher ist bis zur Vollendung des 18. Lebensjahres eingeschränkt. So können Kinder unter sieben Jahren nicht zur Rechenschaft gezogen werden, wenn sie durch eine unerlaubte Handlung einen Schaden verursacht haben. Sie sind nicht deliktsfähig. Von der Vollendung des siebenten bis zur Vollendung des 18. Lebensjahres sind Jugendliche beschränkt deliktsfähig und können nur für ihr Handeln verantwortlich gemacht werden, wenn sie die erforderliche Reife und Einsicht besaßen, ihre Verantwortlichkeit zu erkennen.

Was wir können

Strafmündigkeit
M 10, M 12

Im Strafrecht, mit dessen Hilfe der Staat wichtige Rechtsgüter (Leben, Gesundheit, Eigentum) schützt, sind Jugendliche bis zur Vollendung des 14. Lebensjahres nicht schuldfähig und daher strafunmündig. Ab dem 14. Lebensjahr gilt die eingeschränkte Strafmündigkeit. Jugendliche können dann nur für eine Tat verantwortlich gemacht werden, wenn sie die erforderliche Reife besitzen, um das Unrecht ihrer Tat zu erkennen. Die volle Strafmündigkeit gilt ab dem 18. Lebensjahr, doch wird das Jugendstrafrecht meist auch noch auf Heranwachsende bis zur Vollendung des 21. Lebensjahres angewendet.

Zivil- und Strafprozess
M 13, M 14

Auch im Gerichtsverfahren wird der Unterschied zwischen Privatrecht und öffentlichem Recht deutlich. So ist der Ablauf eines Strafprozesses streng geregelt. Um den Rechtsfrieden aufrechtzuerhalten, muss der Staat Straftaten verfolgen und die Täter zur Rechenschaft ziehen. Im Zivilprozess haben die streitenden Parteien einen großen Einfluss auf den Ablauf des Verfahrens. Aufgabe des Gerichts ist es hier, einen verbindlichen und gerechten Ausgleich zwischen den Parteien herbeizuführen.

Totale Freiheit?

Bei einer Familienfeier schwärmt dein älterer Cousin Jakob davon, dass er einer Studentengruppe beigetreten sei, die für absolute Freiheit und Anarchie eintritt. In einem Politiklexikon liest du zu Hause zum Stichwort „Anarchie" folgenden Eintrag:

Anarchie LEXIKON

Das griechische Wort „anarchos" bedeutet übersetzt so viel wie „Herrschaftslosigkeit" oder „Gesetzlosigkeit". Eine Gesellschaft, in der Anarchie herrscht, ist eine Gesellschaft, in der niemand das Sagen hat. Hier gibt es keine staatliche Gewalt, keine gewählten Volksvertreter in einem Parlament, keine Monarchie oder irgendeine sonstige Herrschaftsform. Diejenigen, die eine Anarchie wollen (man nennt sie Anarchisten), treten für die totale Freiheit des Menschen ein. Es soll keine Regeln geben, keiner soll über den anderen herrschen und man soll nicht nach Gesetzen leben, die von anderen Menschen oder einer Regierung gemacht werden.

Gerd Schneider, Christiane Toyka-Seid, Das junge Politiklexikon, 3. Aufl., Bonn 2008, S. 14

Aufgabe
Du bist beunruhigt über die Aktivitäten deines Cousins. Verfasse eine E-Mail an Jakob, in der du ihm die Vorteile einer funktionierenden Rechtsordnung erläuterst.

Stellt euch folgende Situation vor: Ihr seid Bürger einer neu gegründeten Siedlung. Die Schiffe, die euch in das neue Land gebracht haben, sind wieder zurückgefahren und ihr seid auf euch alleine gestellt. Die Unterkünfte sind errichtet und auch für das tägliche Leben ist vorerst gesorgt. Jetzt stellt sich die Frage, wie ihr eure Siedlung politisch organisieren wollt.

Welche sozialen und politischen Probleme könnten sich in eurer Siedlung ergeben?

Wie sollen diese Probleme gelöst werden?

Wie werden politische Entscheidungen getroffen?

Welche politischen Rechte sollten die Bewohner eurer Siedlung haben?

4

Politische Willensbildung

„Demokratie heißt, sich in seine eigenen Angelegenheiten einzumischen", so umschrieb es der Schriftsteller Max Frisch einst knapp und treffend. Doch wie soll die Demokratie organisiert sein und welche Möglichkeiten der Mitbestimmung bieten sich?

Kompetenzen

Am Ende dieses Kapitels solltest du Folgendes können:

- die unterschiedlichen Formen, wie Herrschaft in einer Demokratie begründet werden kann, beschreiben
- Dimensionen der Politik unterscheiden
- verschiedene Formen der politischen Beteiligung unterscheiden
- die Bedeutung von Wahlen erläutern
- verschiedene Wahlsysteme nach unterschiedlichen Kriterien beurteilen
- die Funktion von Parteien beschreiben
- Bedeutung von Interessenverbänden einschätzen
- die Rolle und Bedeutung der Medien in der Demokratie beurteilen

Was weißt du schon?

Setzt euch in Gruppen zusammen und diskutiert die angegebenen Fragen. Entwerft dazu eine Verfassung und präsentiert sie auf einem Plakat.

4.1 Politik betrifft uns

Wie kann politische Herrschaft begründet werden?

M 1 Formen politischer Herrschaft

Eine **Monarchie** ist eine Staatsform, in der eine einzelne Person, der Monarch oder die Monarchin, die politische Herrschaft ausübt. Das Recht zu regieren wird meist in der Familie weiter vererbt. Früher hatten die Monarchen die Alleinherrschaft über das Volk. Heute gibt es auch Monarchien, in denen der Monarch eine eher repräsentative Stellung hat – vergleichbar mit dem Bundespräsidenten in Deutschland.

Kaiser Wilhelm II., Deutscher Kaiser und König von Preußen 1888-1918

Demokratie bedeutet Herrschaft des Volkes. Alle Bürger haben in einer Demokratie die gleichen Rechte. Über sie herrscht kein Kaiser oder König und auch kein Diktator. Die Bürger bestimmen in freien Wahlen, von wem sie regiert werden wollen. Auch der Staat muss sich an die geltenden Regeln halten, die in einer Verfassung niedergeschrieben sind.

Abstimmung im Deutschen Bundestag

Der **Diktator** ist in der Regel nicht frei gewählt, sondern hat sich selbst mit Gewalt an die Macht gebracht. Dies geschieht häufig mithilfe des Militärs. Man spricht dann von einer Militärdiktatur. In Diktaturen wird das Volk von der politischen Mitbestimmung ausgegrenzt und mit Gewalt unterdrückt.

Saddam Hussein (1979-2003), früherer Diktator im Irak

M 2 Was leistet die Demokratie in Deutschland?

Die Demokratie ist teuer, umständlich, kompliziert, langweilig, nicht effektiv, nicht attraktiv. Es ist nicht schwer, weitere negative Eigenschaften über unsere Demokratie zusammenzutragen. Die Demokratie macht es den Kritikern recht leicht.

Und an der Kritik ist ja auch etwas dran. Demokratie ist tatsächlich eine recht teure Angelegenheit: So gibt es in Deutschland zum Beispiel den Bundestag und dazu noch 16 Parlamente in den Bundesländern. In diesen Parlamenten sitzen insgesamt etwa 2.500 Abgeordnete, die alle Diäten erhalten. Damit diese Parlamente arbeiten können, braucht man etliche Gebäude und Verwaltungen mit vielen Beschäftigten.

Dazu kommen dann noch die kostspieligen Regierungen im Bund und in den Ländern mit ihren Ministerien und riesigen Verwaltungsapparaten. So könnte man noch lange fortfahren, um den Beweis zu führen, dass Demokratie eine teure Sache ist.

Auch andere Mängel sind nicht leicht von der Hand zu weisen. Wenn die

Diäten = Aufwandsentschädigung (Gehalt) eines Politikers in einem Parlament

Regierung etwa eine gute Idee hat, um das Gesundheitswesen zu reformieren, kann sie nicht einfach Beschlüsse fassen, die dann in ganz Deutschland sofort umgesetzt werden. Sie muss vielmehr den schwierigen und langwierigen Weg durchs Parlament gehen, wo das Gesetzesvorhaben dreimal beraten und verabschiedet werden muss, und ... und ... und. Überall Vorschriften und Hindernisse, die sich einem beherzten Eingreifen in den Weg stellen.

Und so kommt es auch, dass viele Menschen die ganzen politischen Abläufe für umständlich und kompliziert halten. Sie schütteln darüber den Kopf, weshalb alles so lange dauert und oftmals trotzdem keine guten Ergebnisse bringt.

Wie soll Demokratie attraktiv sein, wenn sie soviel Geld kostet, wenn sie umständlich arbeitet und wenn die Ergebnisse zuweilen recht mager und oft auch unverständlich sind?

Werfen wir doch einen Blick auf eine Alternative: Eine Diktatur kann auf den ersten Blick viel einfacher und kostengünstiger sein. Ein Diktator braucht keine Parlamente, er kann sehr rasch entscheiden, in kurzer Zeit können viele Reformen umgesetzt werden. Ist das nicht attraktiver [...]? Diese positive Betrachtungsweise kann sich schnell ändern, wenn Entscheidungen getroffen werden, die einem nicht passen, und man aus Angst vor dem Machthaber noch nicht einmal schimpfen darf. Oder wenn man zusammenzählt, was die Überwachungsgremien kosten, die sicherstellen sollen, dass keine abweichenden, unerwünschten Meinungen vertreten werden. Von der Misshandlung von Minderheiten und drohender Kriegsgefahr gar nicht zu reden. Haben nicht gerade die Deutschen schlimme Erfahrungen in ihrer Geschichte machen müssen? [...] Die Demokratie erfüllt trotz der genannten negativen Eigenschaften einen großen Zweck: Sie sichert die Freiheit der Bürgerinnen und Bürger. Abgeordnete aus unterschiedlichen Parteien in den verschiedenen Parlamenten sorgen dafür, dass neue Gesetze gründlich unter die Lupe genommen werden, ehe sie verabschiedet werden können. In einer Demokratie gibt es eine Opposition, damit alle Vorgänge im Land ausreichend geprüft, kritisiert und kontrolliert werden. [...] Selbst wenn die Demokratie in unseren Augen manche Schwäche hat, so gibt es nach aller Erfahrung nichts [...], was die Freiheit der Menschen ähnlich wirkungsvoll garantiert und den Missbrauch von Macht verhindert.

Siegfried Schiele/Gotthard Breit, Vorsicht Politik, Schwalbach/Ts. 2008, S. 78 ff.

Staatsform versus Herrschaftsform

In der Politikwissenschaft unterscheidet man Staatsformen von Herrschaftsformen. Staatsformen beschreiben die äußere politische Organisationsform eines Staates.
Es gibt zwei unterschiedliche Typen von Staatsformen: Republik und Monarchie. Das Unterscheidungskriterium ist das Staatsoberhaupt: Während eine Monarchie über ein gekröntes oder fürstliches Staatsoberhaupt verfügt, sind alle Staaten ohne Kaiser, König oder Fürsten Republiken.
Bei den Herrschaftsformen wird danach unterschieden, von wem die Staatsgewalt ausgeht. Die bekanntesten Herrschaftsformen sind: Demokratie und Diktatur.

Aufgaben

1. Vergleicht die Formen der politischen Herrschaft (M 1) mit der Verfassung, die ihr eurer Siedlung gegeben habt.
2. Jahrzehntelang haben die Menschen für die Einführung der Demokratie gekämpft. Erläutere, was die Demokratie als Herrschaftsform für die Menschen leistet (M 2).

Welche Formen der Demokratie gibt es?

M 3 Zwei Formen der Demokratie

Direkte Demokratie unter freiem Himmel: Volksabstimmung im Schweizer Kanton Appenzell-Innerrhoden

Es gibt unterschiedliche Formen der Demokratie. Eine Form ist die **direkte Demokratie**, bei der das Volk (z.B. in Gestalt einer Volksversammlung) die Staatsgewalt unmittelbar (das heißt direkt) ausübt. Es entscheidet mit Volksabstimmungen („Plebiszit") über alle politisch wichtigen Anliegen, einschließlich der Wahl und Abwahl wichtiger Amtsträger in Staat und Gesellschaft.

Im Gegensatz zur direkten Demokratie wird die Herrschaft in der **repräsentativen Demokratie** mittelbar (das heißt indirekt) über vom Volk gewählte „Abgeordnete" ausgeübt. Diese sind „Repräsentanten" des Volkes und sollen für dieses in eigener Verantwortung zeitlich befristet handeln, wobei ihr Auftrag sich in regelmäßig stattfindenden Wahlen bewähren muss und erneuert werden kann.

M 4 Mehrheit der Baden-Württemberger lehnt Gesetzesvorlage ab

Im Deutschen Bundestag stimmen die Abgeordneten über ein Gesetz ab.

Baden-Württemberg hat abgestimmt und sich deutlich für den Tiefbahnhof Stuttgart 21 entschieden. Rund 7,6 Millionen Stimmberechtigte waren aufgerufen, über das S21-Kündigungsgesetz abzustimmen. Bei der Volksabstimmung am 27. November 2011 haben sich 58,9 Prozent der Abstimmenden gegen den Ausstieg des Landes aus der Projektfinanzierung von S21 ausgesprochen, 41,1 Prozent stimmten für den Ausstieg. Die Projektgegner verfehlten zudem das Quorum von einem Drittel der Stimmberechtigten um eine Million Stimmen. Damit ist das S21-Kündigungsgesetz der Landesregierung gescheitert. Die Abstimmungsbeteiligung war überraschend hoch und lag mit 3,68 Millionen abgegebenen Stimmen bei 48,3 Prozent (Landtagswahl 2011: 66,3 Prozent). Es wurden 1.507.961 (41,1 Prozent) Ja-Stimmen und 2.160.411 (58,9 Prozent) Nein-Stimmen abgegeben.

In den beiden vom Bahnprojekt Stuttgart-Ulm direkt betroffenen Städten Stuttgart und Ulm wurden mehr Nein-, in Freiburg, Heidelberg, Mannheim und Karlsruhe wurden hingegen mehr Ja-Stimmen gezählt. Ministerpräsident Winfried Kretschmann (Grüne) versicherte nach der Abstimmung: „Wir werden dieses Votum akzeptieren; das wird die ganze Landesregierung machen." Die Bahn habe das Baurecht und das müsse gewährleistet werden. „Selbstverständlich akzeptieren wir das Votum gegen das S21-Kündigungsgesetz ohne Wenn und Aber. Denn in der Demokratie ist die Entscheidung der Bürgerinnen und Bürger das Maß aller Dinge." Der Konflikt um Stuttgart 21 lähmte die Landespolitik und spaltete die Gesellschaft länger, als das für Baden-Württemberg gut war.

http://www.lpb-bw.de/volksabstimmung_stuttgart21.html (12.11.2012)

M 5 Kontrovers diskutiert: direkte Demokratie

a) Bloß nicht!

Volksentscheide sind eine der gefährlichsten Mittel, die auch eine Demokratie, die ja vom Volke ausgeht, zugrunde richten kann.
Wir leben in einer Republik, und diese ist auch dadurch definiert, dass wir bestimmte Personen wählen, von denen wir glauben, dass sie uns am besten vertreten. Nun, wo liegt der Unterschied, ob ich nun selbst meine Meinung kundtue, indem ich zum Volksentscheid gehe, oder ob ich jemanden beauftrage, für mich zu reden und abzustimmen (im kleineren Kreis)? Der Unterschied liegt schlicht und ergreifend darin, dass Politiker [...] Politikwesen in der Regel studiert haben, es ihr Beruf ist, sich ständig mit der Politik auseinanderzusetzen, und Schlüsse aus der Vergangenheit zu ziehen. Als Normalbürger hat man diese Zeit schon gar nicht! Fehlentscheidungen, die auf unwissenschaftlicher Basis, Emotionalität, Unwissenheit und Populismus basieren, [...] sind die Folge. Lassen Sie mich ein Beispiel nennen: Würden wir abstimmen, ob Kinderschänder, Terroristen oder sonstige in vielerlei Augen „Unpersonen" misshandelt, gefoltert oder mit der Todesstrafe bestraft werden sollten, so wären die Ergebnisse mehr als bedenklich [...].

Lucas Müller, Kennzeichen Digital, Das Blog, 18.7.2010 15:09

b) Politisierung tut dem Land gut!

Gerne wird ins Feld geführt, komplizierte Sachfragen eigneten sich nicht, sie den Bürgern zu überlassen. Das stimmt, aber darum geht es ja auch gar nicht, denn komplizierte Sachfragen stehen in Volksabstimmungen nicht zur Debatte. Aber warum sollten Berufspolitiker qualifizierter über ein Rauchverbot oder die Zukunft der Schule urteilen als die, die sie vertreten? [...]
Es rüttelt nicht an den Pfeilern der parlamentarischen Demokratie, wenn in Einzelfragen das Volk direkt entscheidet. Im Gegenteil: Die wachsende Entfremdung zwischen politischer Klasse und Volk könnte durchbrochen werden. Mag auch nicht jede Abstimmung die Massen mobilisieren, die letzten Volksentscheide sind dennoch hoffnungsvoller Beleg für eine Politisierung, die unserem Land [...] guttut.

Stefan Leifert [zdf], Kennzeichen Digital, Das Blog, 18.7.2010 14:07

Populismus = eine Politik, die durch Übertreibung und starke Vereinfachung versucht, die Unterstützung breiter Massen zu erlangen

mobilisieren = Menschen dazu bewegen, an etwas teilzunehmen

Volksabstimmung in Baden-Württemberg
Um ein Volksbegehren auf den Weg zu bringen, muss zunächst ein durch 10.000 Unterschriften unterstützter Zulassungsantrag beim Innenministerium eingereicht werden. Dem Volksbegehren muss ein ausgearbeiteter und mit Gründen versehener Gesetzentwurf zugrunde liegen. Das Volksbegehren ist zustande gekommen, wenn es von mindestens einem Sechstel der Wahlberechtigten gestellt wird. Eine durch Volksbegehren eingebrachte Gesetzesvorlage ist zur Volksabstimmung zu bringen, wenn der Landtag der Gesetzesvorlage nicht unverändert zustimmt. In diesem Fall kann der Landtag dem Volk einen eigenen Gesetzentwurf zur Entscheidung mitvorlegen. Bei der Volksabstimmung entscheidet die Mehrheit der abgegebenen gültigen Stimmen. Das Gesetz ist erst beschlossen, wenn mindestens ein Drittel der Stimmberechtigten zustimmt.

Aufgaben

1. Untersucht, ob ihr Elemente direkter oder repräsentativer Demokratie in der Verfassung eurer Siedlung verankert habt (M 3).
2. Brauchen wir mehr direkte Demokratie in Deutschland? Stelle die Argumente für und wider mehr direkte Demokratie in einer Tabelle gegenüber und entscheide dich für einen Standpunkt (M 4, M 5).

Was ist politische Beteiligung?

M 6 Wie sich Jugendliche engagieren

Bianca (17) ist der Greenpeace Jugend beigetreten und hat schon an einigen Aktionen – z. B. zum Schutz des Klimas – teilgenommen.

Maike (17) engagiert sich in einer Schülergruppe, die regelmäßig Menschen im Altersheim besucht.

Markus (16) organisiert Internetkampagnen für Amnesty International. Er tritt v. a. für eine Verbesserung der Menschenrechtslage in Myanmar ein.

Olaf (17) hat bereits an vielen Demonstrationen gegen Krieg teilgenommen.

Jonas (16) engagiert sich seit drei Jahren in seinem Radsportverein als Jugendtrainer.

Maja (17) ist seit wenigen Monaten Mitglied der Jungen Union.

M 7 „Ein Hocker, der auf zwei Beinen steht, fällt um“

Herr Keupp ist Professor für Sozial- und Gemeindepsychologie und forscht viel zur Bedeutung von sozialen Netzwerken und freiwilligem Engagement.

fluter: Herr Keupp, was genau ist Partizipation?
Teilhabe und Teilnahme an den Prozessen, die die Gesellschaft beeinflussen und verändern. Man kann das auch bürgerschaftliches Engagement nennen.

fluter: Ich bin Mitglied bei Bayern München. Bin ich damit schon engagiert?
Natürlich nehmen Sie an etwas teil, aber das ist nicht das, was man unter Partizipation versteht. Sie interessieren sich für die Mannschaft, gehen ins Stadion, feuern sie an, aber Sie spüren dabei sicher auch die Ohn-

macht. Sie können ja nichts verändern. Etwas anderes wäre es, wenn Sie selbst zum Beispiel ein Jugendfußballteam betreuen oder sich zum Kassenwart wählen lassen. Das wäre dann Teilnahme und Teilhabe im Sinne einer Partizipation. Teilhaben kann man aber natürlich auch außerhalb von Vereinen, zum Beispiel bei einer Schülerzeitung, in der Schülermitverwaltung, in seiner Kommune, im Jugendzentrum. Und natürlich durch etwas, woran man bei Partizipation oft zuerst denkt: indem man wählen geht, sich politisch engagiert.

fluter: Gerade beim politischen Engagement wird Jugendlichen oft mangelndes Interesse vorgeworfen.

Ja, das hört man manchmal. Es herrscht aber gar kein Mangel an politischer Interessiertheit. Das Interesse ist allgemein möglicherweise nicht mehr so groß, wie es zur Zeit der Studentenproteste in den 60er Jahren war, aber von einem Mangel kann man nicht sprechen. […]

fluter: Und wofür engagieren [die Jugendlichen] sich dann?

Es muss mit ihrer eigenen Lebenswelt zu tun haben, es muss greifbar sein, losgelöst von einem abstrakten Zusammenhang. Es muss ihren Alltag betreffen, ihre eigenen Wünsche. […]

fluter: Was würde der Gesellschaft passieren, ohne Engagement?

Sie wäre langweilig, vieles, was uns Freude macht, würde nicht mehr stattfinden, ob das Sommerfeste sind oder gemeinsame Wochenendausflüge. Es gäbe keine neuen Ideen mehr, die Institutionen würden endgültig in ihrem eigenen Saft eintrocknen. Aber das wäre noch nicht alles.

fluter: Was denn noch?

Nach dem amerikanischen Wirtschaftswissenschaftler Jeremy Rifkin steht jede Gesellschaft auf drei Beinen, vergleichbar einem dreibeinigen Hocker: der Wirtschaft, dem öffentlichen Sektor, also Verwaltung, Institutionen und so etwas, und dem, was wir Zivilgesellschaft nennen. Diese Zivilgesellschaft ist all das, was unter Teilhabe, Teilnahme, bürgerlichem Engagement zu verstehen ist. Große Teile der Gesellschaft funktionieren nur und leben von dem oft gar nicht erkannten Teil der Beteiligung der Bürger. Ohne dieses Engagement hätte eine Gesellschaft gar keine echte Lebenskraft.

Interview: Dirk Schönlebe / Julia Landvogt, fluter Nr. 11, Juni 2004, S. 7 ff.

Ehrenamt
Das Ehrenamt ist eine meist freiwillige, am Gemeinwohl orientierte, unbezahlte Tätigkeit für die Gesellschaft. Ehrenämter kann man in Vereinen, sozialen Diensten oder auch in der Gemeinde übernehmen.

Aufgaben

1. Betrachte die Beispiele in M 6 und entscheide, ob es sich deiner Auffassung nach um politisches Engagement oder eine andere Form des Engagements handelt. Begründe deine Entscheidung, indem du Kriterien formulierst, die politisches Engagement auszeichnen.
2. „Jede Gesellschaft steht auf drei Beinen …“. Erläutere, was mit diesem Vergleich gemeint ist (M 7). Belege deine Ausführungen mit Beispielen.
3. „Demokratie heißt, sich in die eigenen Angelegenheiten einzumischen.“ (Max Frisch). Erläutere diese Aussage an einem selbst gewählten Beispiel.

Erstellt eine Liste von Möglichkeiten, wie man sich in der Schule engagieren kann. Diskutiert dann, ob es sich um politisches Engagement handelt.

Methode

M 8 Dimensionen des Politischen unterscheiden

Politik aus unterschiedlichen Blickwinkeln

Was ist Politik? Um zu ordnen, was man alles unter Politik verstehen kann, haben Wissenschaftler sich der englischen Sprache bedient, denn dort gibt es drei verschiedene Bezeichnungen für das Wort „Politik“: polity, policy und politics. Alle Begriffe werden im Deutschen mit „Politik“ übersetzt, doch meinen sie jeweils verschiedene Aspekte von Politik.

Policy steht für die **Inhalte** von Politik. Der Begriff policy beschreibt, was eine Partei oder Regierung erreichen oder tun will, es geht um das Programm. Dazu gehören politische Themenfelder wie Familien-, Hochschul- oder auch Außenpolitik. In der Wissenschaft werden diese Bereiche als Politikfelder bezeichnet. Untersucht man ein bestimmtes Politikfeld, z. B. die Wirtschaftspolitik, dann spricht man von policy-Analyse.
Wenn die Bürger von guter oder schlechter Politik sprechen, dann meinen sie meist die policy-Dimension der Politik. Sie loben oder kritisieren z. B. die Schulpolitik der Landesregierung.

Den **Prozess der Meinungs- und Entscheidungsfindung** bezeichnet man als **politics**. Er ist durch unterschiedliche Interessen und Akteure geprägt. Wer sich in diesem Prozess durchsetzen kann, entscheidet über die inhaltliche Ausgestaltung der Politik, bestimmt also die policy-Dimension der Politik. Der Prozess der Meinungs- und Entscheidungsfindung umfasst sowohl die Auseinandersetzung in den Medien und in der Öffentlichkeit als auch die Debatte und das Ringen in den Parlamenten. Es geht um Mehrheiten und Kompromisse und auch um die Macht, seine Meinung durchsetzen zu können. Politics bezeichnet demnach den Prozess, wie eine Entscheidung ausgehandelt wird und zustande kommt.

Der **Rahmen**, in dem dieser Prozess der Entscheidungsfindung stattfindet, wird als **polity** bezeichnet. Politische Entscheidungen werden in Institutionen getroffen, die nach bestimmten Regeln arbeiten. So beschließt der Bundestag als Institution die Gesetze. Die Art und Weise, wie Gesetze entstehen – der Gang der Gesetzgebung – ist wiederum genau festgelegt. Zur polity-Dimension gehören also auch die Grenzen, die der Politik gesetzt sind. Im Grundgesetz werden die Menschen- und Bürgerrechte garantiert. Diese Rechte dürfen durch politische Entscheidungen nicht beschränkt werden. So bildet Art. 1 des Grundgesetzes, die Garantie der Menschenwürde, einen übergeordneten Rahmen für die Politik. Auch muss sich die Politik an geltende Gesetze halten. Es geht also um Gesetze, Regeln, Werte und Verfahren. Der Gestaltungsspielraum der Politik ist deshalb nicht unbegrenzt.

Übersicht

Bezeichnung	Erscheinungsform	Merkmale	Ziel	Dimension
Policy	Programme, Inhalte, Politikfelder	Verwirklichung von Politikzielen, Inhalte von Gesetzen, Problemlösen	Gestaltung des öffentlichen Lebens	Inhalt
Politics	Interessen, Konflikte	Macht, Aushandlung, Beteiligung, Entscheidung	Durchsetzung der eigenen Interessen	Prozess
Polity	Verfassung, Gesetze, Institutionen	Entscheidungsverfahren, Regeln	Ordnung, Sicherung von Grundrechten	Rahmen

Politikdimensionen-Rallye

Rallye-Regeln:

1. Die Klasse wird in drei gleich große Gruppen aufgeteilt. Jede Gruppe erhält eine Kennfarbe, z.B. rot, gelb, grün und startet an einer von drei vorbereiteten Stationen. An jeder Station befindet sich jeweils ein Auslagetisch für Präsentationskarten (oder eine magnetische Tafel oder ein Flipchart). Je eine Station steht dabei für „polity", „politics" und „policy".
2. Jede Gruppe wird mit den inhaltlich gleichen 13 Kärtchen von rechts ausgestattet, aber jede Gruppe erhält die Karten in ihrer jeweils eigenen Farbe.
3. Nachdem sich jede Gruppe an einer Station platziert hat, berät sie für fünf Minuten, welche ihrer Karten sie an der gerade aufgesuchten Station mit der Schrift nach unten liegen lassen soll, um die Politikbeispiele der jeweiligen Politikdimension richtig zuzuordnen. Nach fünf Minuten muss die Entscheidung per Gruppendiskussion gefallen sein, denn dann wird (gegen den Uhrzeigersinn) zur nächsten Station aufgerückt, wo sich der Vorgang wiederholt, bevor jede Gruppe dann nach weiteren fünf Minuten ihre verbleibenden Karten an der dritten Station ablegt.
4. Schließlich wird ausgewertet: Jede Gruppe bekommt pro richtig gelegtes Kärtchen einen Punkt. Diskutiert in der Klasse, welche Kärtchen welcher Farbe nicht richtig abgelegt wurden und sammelt die Punkte.

nach: http://wiki.zum.de, Stichwort: Lernspiele im Sprachunterricht, Abruf am 24.4.2011 und http://www.sn.schule.de, Abruf am 24.4.2011

1. Infostand einer politischen Partei
2. Maßnahmen zum Neckar-Hochwasserschutz
3. Debatte im baden-württembergischen Landtag
4. Schüler-Demonstration vor dem Landtag in Stuttgart
5. Baufertigstellung der Umgehungsstraße
6. parteiinterne Diskussionen zur Bildungsreform
7. Grundgesetz
8. Durchführung einer Bildungsreform
9. Kindergeld
10. Streik
11. Bundestagswahl
12. Urheberrechtsgesetz
13. Kandidaten-Rededuell im Fernsehen („TV-Duell")

Was wir wissen

Formen politischer Herrschaft M 1	Politische Herrschaft kann auf unterschiedliche Weise ausgeübt werden. In der Staatsform Monarchie herrscht meist eine Person, der Monarch oder die Monarchin, über das Volk. Gibt es kein politisches Gegengewicht, dann kann der Monarch alleine bestimmen. Diktatoren haben sich meist mit militärischer Gewalt an die Spitze eines Staates gesetzt. Oft herrschen sie mit brutaler Gewalt und unterdrücken ihr Volk. Politische Freiheiten und Rechte sind in diesen Staaten nicht verwirklicht.
Demokratie M 2	Demokratie ist eine Herrschaftsform, die von Freiheit, Gleichheit und Menschenwürde ausgeht und versucht, den Anspruch der „Regierung des Volkes durch das Volk und für das Volk" (Abraham Lincoln) nicht nur im staatlichen Bereich, sondern in allen gesellschaftlichen Bereichen zu verwirklichen.
Volkssouveränität	Zentrales Wesensmerkmal der Demokratie ist die Volkssouveränität. Das bedeutet, dass alle politische Herrschaft vom Volk ausgeht. Zur Ausübung der Volkssouveränität ist die Partizipation, d.h. die Teilnahme der Bürger am politischen Leben, notwendig. Nur so ist garantiert, dass Herrschaft zum Wohle der Allgemeinheit ausgeübt wird und nicht im Interesse einzelner Gruppen.
Direkte Demokratie M 3, M 4	Durch direkte Bürgerbeteiligung – z. B. in den Gemeinden – kann unmittelbar auf die politischen Entscheidungsprozesse Einfluss genommen werden. In Deutschland sind die Möglichkeiten direkter Demokratie auf Bundesebene allerdings äußerst begrenzt. Deshalb wird immer wieder gefordert, auch hier direktdemokratische Elemente einzuführen.
Repräsentative Demokratie M 3	Im Gegensatz zur direkten oder plebiszitären Demokratie werden in der repräsentativen Demokratie die politischen Entscheidungen nicht direkt von den Bürgern, sondern von gewählten Politikern, den Repräsentanten, im Parlament getroffen. Die Abgeordneten werden in freien Wahlen bestimmt und können bei der nächsten Wahl auch wieder abgewählt werden.
Politische Beteiligung M 7	Die Bürgerinnen und Bürger der Bundesrepublik Deutschland können sich auf vielfältige Weise politisch engagieren. Der informierte Bürger kann sich an der öffentlichen Debatte beteiligen (Leserbriefe, Internetforen, Podiumsdiskussionen etc.), Vereine und Bürgerinitiativen gründen oder ihnen beitreten und sich in Parteien engagieren. Die wichtigste Beteiligungsform bleibt jedoch die Teilnahme an Wahlen. Darüber hinaus stellt jedes zivilgesellschaftliche Engagement politische Beteiligung dar. Darunter fallen z.B. die Betreuung von Jugendgruppen oder das ehrenamtliche Engagement für alte Menschen.

Schweizer stimmen gegen Minarett-Bau

Überraschendes Votum für ein Minarettverbot: Die Eidgenossen haben in einer Volksabstimmung gegen den Bau von Gebetstürmen auf Moscheen votiert. Zwei rechtspopulistische Parteien hatten die Initiative auf den Weg gebracht.

Bern – Die Schweizer haben die Volksinitiative „Gegen den Bau von Minaretten" angenommen: Nach dem am Sonntag veröffentlichten Endergebnis stimmten mehr als 57 Prozent für die Initiative zweier rechtspopulistischer Parteien. Umfragen vor der Abstimmung hatten noch eine Niederlage der Minarettgegner erwarten lassen. Daher ist das Ergebnis eine Überraschung.
Die Wahlbeteiligung betrug rund 54 Prozent.
Die von Anhängern der rechtskonservativen Schweizerischen Volkspartei (SVP) und der rechtsnationalen Kleinpartei Eidgenössische Demokratische Union (EDU) lancierte Volksinitiative konnte damit offenbar nach einem zum Teil scharf geführten Abstimmungswahlkampf zuletzt Boden gutmachen. Bislang gibt es in der Schweiz lediglich vier Moscheen mit Minaretten. [...]
Mit Ausnahme der SVP haben sich sämtliche etablierte Parteien der Schweiz gegen das Minarettverbot ausgesprochen. Die Regierung in Bern hatte den Stimmberechtigten empfohlen, mit Nein zu votieren. Sie befürchtet, ein Minarettverbot werde „im Ausland auf Unverständnis stoßen und dem Ansehen der Schweiz schaden".

http://www.spiegel.de/politik/ausland/0,1518,664104,00.html (29.11.2009)

Plakat der Initiative für ein Minarettverbot

Aufgaben

1. Erstellt mit folgenden Begriffen ein Tabu-Spiel: Monarchie, Diktatur, Demokratie, Volkssouveränität, politische Beteiligung, direkte Demokratie, repräsentative Demokratie. Dazu werden die Begriffe auf Karten geschrieben. Für jeden Begriff werden die „Tabu-Wörter" festgelegt, die bei der Umschreibung nicht genannt werden dürfen.
2. Obwohl sich fast alle etablierten Parteien gegen ein Minarettverbot aussprachen, stimmten die schweizer Bürgerinnen und Bürger für das umstrittene Minarettverbot. Erörtere ausgehend von diesem Beispiel allgemeine Vor- und Nachteile der direkten Demokratie und nimm dazu Stellung.
3. Bestimme für das Beispiel die policy, politics und polity-Dimension.

4.2 Wahlen – Parteien – Interessenverbände

Wählen – warum eigentlich?

M 1 Die Wahlbeteiligung in der Bundesrepublik Deutschland

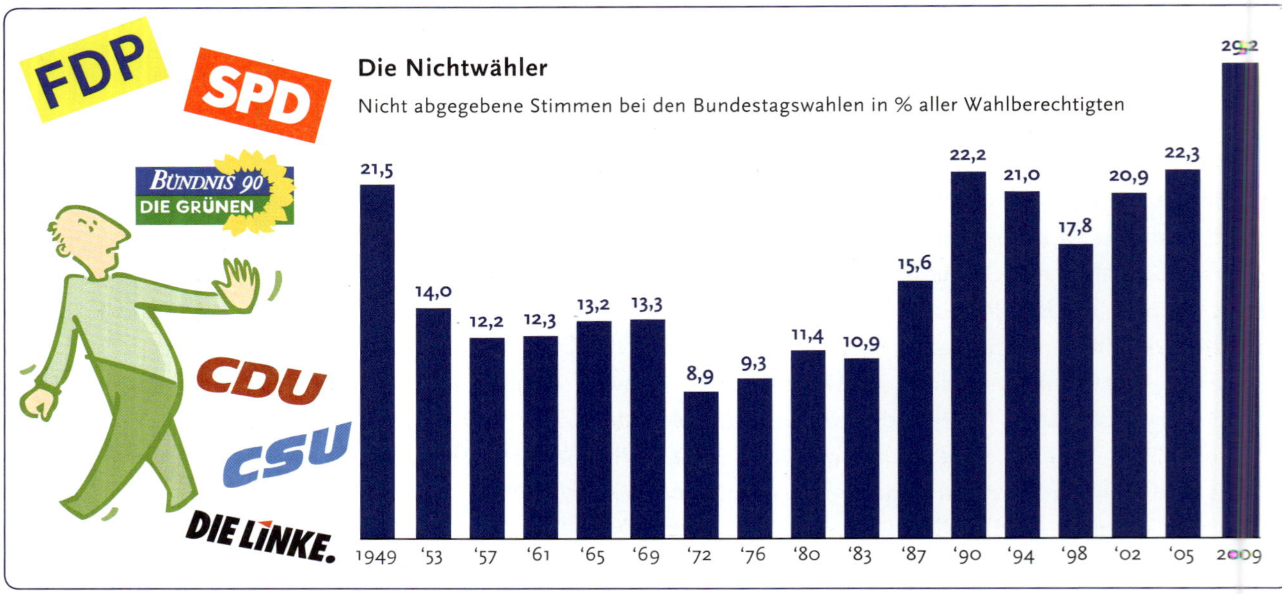

Bergmoser + Höller Verlag AG, Zahlenbilder 88607

M 2 Das Phänomen Nichtwähler

Das Superwahljahr 2009 begann mit einem Rekordtief. Jeder vierte wahlberechtigte Bürger nahm nicht an der Landtagswahl in Hessen teil, so wenige waren es dort noch nie. Auch bei der Europawahl erreichte man mit einer Wahlbeteiligung von 43 Prozent einen Tiefpunkt. [...] Die Gründe der mangelnden Wahlbeteiligung sind vielfältig. [...] Glaubte man den gängigen Erklärungen der Parteienforscher noch vor einigen Jahren, dass es sich bei Nichtwählern um desinteressierte Demokratiebefürworter oder ungebildete Bürger der untersten Sozialschichten handelt, ist heute jedoch längst bekannt, dass diese Annahmen überholt sind. Nach einer Studie im Nachgang zur Hamburger Bürgerschaftswahl im letzten Jahr stammen Nichtwähler aus allen politischen Lagern. Auch Oskar Niedermayer, Politologe und Leiter des Otto-Stammer-Zentrums an der Freien Universität Berlin, erkennt unterschiedliche Typen von Nichtwählern. Er unterscheidet zwischen vier Gruppen: die politisch desinteressierten Nichtwähler, die keinerlei Verbindung zur Politik haben, die rational abwägenden Nichtwähler, die zu wechselhaftem Wahlverhalten tendieren und sich je nach Bedeutung der Wahl kurzfristig gegen eine Wahlbeteiligung entscheiden, die unzufriedenen Protestwähler, welche dem herrschenden politischen System kritisch gegenüberstehen und sich bewusst gegen eine Wahlbeteiligung entscheiden und schließlich die geringe Gruppe der technischen Nichtwähler, unter denen sich kürzlich verstorbene Bürger sowie jene befinden, die wegen Urlaub oder Krankheit kurzfristig verhindert sind, aber gerne wählen würden.

Diana Kinnert, Die Welt, 17.9.2009

M 3 Kontrovers diskutiert: Wählen gehen?

Mirjam (28) hat noch nie eine Wahl verpasst. Warum denn?

„In einer Gesellschaft wie der unsrigen müssen sich alle Menschen an die geltenden Gesetze halten. Gesetze bestimmen unser Leben, geben uns Freiheiten, schränken uns aber auch ein. Die Abgeordneten im Parlament machen diese Gesetze und deshalb möchte ich die Menschen, die im Parlament sitzen, und die Politik, die sie vertreten, mitbestimmen. Das tue ich, indem ich zur Wahl gehe. Die Politiker sind dann zwar auf vier Jahre gewählt, aber wenn es mir nicht gefällt, was sie tun, dann wähle ich sie nach vier Jahren wieder ab und gebe meine Stimme einer anderen Partei oder einem anderen Kandidaten. Und weil wir Wähler alle so denken, richten sich die Politiker nach uns. Ginge ich nicht mehr zur Wahl, dann wäre mein Einfluss auf die Politik dahin."

Klaus (34) hat sich die letzten vier Jahre an keiner Wahl beteiligt.

„Früher bin ich auch immer zum Wählen gegangen, aber irgendwann hatte ich den Eindruck, dass sich die Politiker und die Parteien immer ähnlicher werden. Es gibt nur noch geringe inhaltliche Unterschiede und jeder kann mit jedem zusammenarbeiten. Ich bin nicht unzufrieden mit unserer Gesellschaft und unserem Staat. Auch wehre ich mich gegen Vorwürfe, ich wäre nicht politisch. Ich engagiere mich durchaus für unsere Gesellschaft und arbeite als Jugendtrainer auch ehrenamtlich. Es ist nicht so, dass politisches Engagement sich nur auf das Wählen bezieht. Ich würde auch gerne über politische Streitfragen direkt abstimmen, so wie die Schweizer Bürger das dürfen. Könnte ich das, dann ginge ich auch wieder ins Wahllokal."

Bei Klassensprecherwahlen ist es selbstverständlich, dass sich alle Schülerinnen und Schüler an der Wahl beteiligen. Überlege, was es für das Amt bedeuten würde, wenn sich beispielsweise nur 50 % einer Klasse an der Wahl beteiligen.

zu Aufgabe 2
Mirjam: „Ich gehe immer wählen und verstehe nicht, dass du freiwillig darauf verzichtest, auf wichtige politische Entscheidungen Einfluss zu nehmen."
Klaus: „Das sehe ich anders, denn du verstehst unter Politik nur ..."

Aufgaben

1. Formuliert zuerst Hypothesen, weshalb wahlberechtigte Bürger nicht mehr wählen gehen. So könnt ihr beginnen: „Menschen bleiben der Wahl fern, weil ..." Überprüft dann eure Hypothesen mit Hilfe von M 2.
2. Mirjam und Klaus vertreten zwei völlig unterschiedliche Meinungen zur Frage, ob man an Wahlen teilnehmen soll. Simuliert ein Streitgespräch zwischen den beiden. Ergänzt dabei eigene Argumente und nehmt abschließend persönlich Stellung (M 3).

Hypothesen = Vermutungen über Zusammenhänge werden in der Wissenschaft als Hypothesen bezeichnet. Eine Hypothese ist also eine unbewiesene Annahme, die erst noch überprüft werden muss.

Welches Wahlsystem soll es sein?

Art. 38, 1 GG
Die Abgeordneten des Deutschen Bundestages werden in allgemeiner, unmittelbarer, freier, gleicher und geheimer Wahl gewählt.

Sperrklausel oder 5 %-Hürde
Die Parteien müssen 5 % der abgegebenen Zweitstimmen erhalten oder drei Direktmandate erreichen, um in den Deutschen Bundestag einziehen zu können.

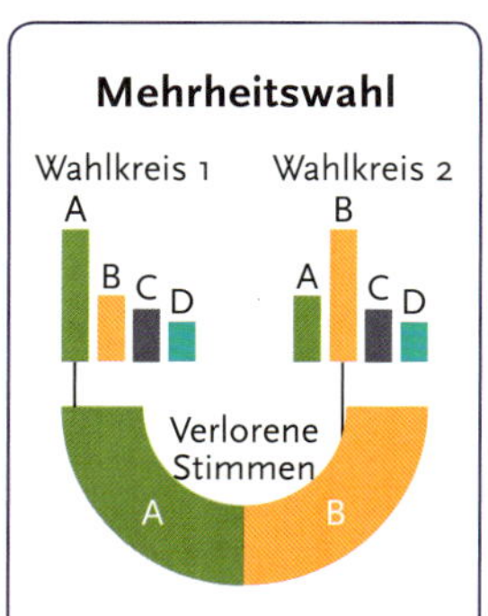

M 4 Wahlsysteme im Vergleich

Wenn wie in Deutschland ca. 60 Millionen Menschen wählen dürfen, dann muss es ein Verfahren geben, aus dem hervorgeht, wie die einzelnen Stimmen in Parlamentssitze umgewandelt werden. Dieses Verfahren wird als Wahlsystem bezeichnet.

Die Stimmen der Wählerinnen und Wähler müssen in Parlamentsmandate umgerechnet werden. Hierfür gibt es unterschiedliche Methoden mit Vor- und Nachteilen. Bei der Entscheidung für ein Verfahren gilt es abzuwägen: Das Wahlergebnis soll den politischen Willen der gesamten Wählerschaft im Parlament möglichst korrekt abbilden – es soll aber gleichzeitig eine regierungsfähige Mehrheit hervorbringen. Hier gibt es einen Zielkonflikt, denn beides ist nicht gleichzeitig in idealer Weise zu erreichen. Die meisten Wahlsysteme streben deshalb einen Kompromiss an.

Mehrheitswahl
Zu klaren Mehrheiten führt es meistens, wenn alle Abgeordneten direkt in den Wahlkreisen gewählt werden. Hier spricht man von einem Mehrheitswahlsystem. Wer im Wahlkreis die meisten Stimmen auf sich vereinigen konnte, ist gewählt. Parteilisten gibt es nicht. Die Stimmen für alle nicht gewählten Kandidaten verfallen – sie wirken sich nicht auf die Zusammensetzung des Parlaments aus.
Die Mehrheitswahl begünstigt, wie das Beispiel Großbritannien zeigt, immer die großen Parteien. Kleinere politische Strömungen haben kaum eine Chance, ihre Ideen in die parlamentarische Debatte einzubringen. Die Folge ist, dass sich große Gruppen der Bevölkerung mit ihren Überzeugungen politisch überhaupt nicht vertreten fühlen. Der Vorteil für das politische System: Eine klare absolute Mehrheit für eine Partei ist die Regel. Die Regierungsbildung ist meist kein Problem.
Ein Mehrheitswahlsystem bringt auch ganz andere Parteien hervor. Die Parteien sind weniger mächtig und die Abgeordneten spielen in ihnen eine wichtige Rolle. Diese sind sehr unabhängig und die Parteizentralen können ihnen kaum etwas vorschreiben.

Verhältniswahl
Das Verhältniswahlsystem dagegen kennt überhaupt keine direkt gewählten Wahlkreiskandidaten. Die Stimmberechtigten entscheiden sich für die Kandidatenlisten einer Partei. Jede Partei schickt so viele Abgeordnete ins Parlament, wie es ihrem Anteil an den abgegebenen Wahlstimmen entspricht. Im reinen Verhältniswahlsystem sind deshalb auch sehr kleine Parteien vertreten. Wenn es keine Sperrklausel gibt, entspricht die Zusammensetzung des Parlaments genau der Verteilung der Stimmen auf die Listen, die zur Wahl standen.
Ein reines Verhältniswahlsystem führt – wie es die Geschichte der We-

marer Republik gezeigt hat – leicht zur Zersplitterung der Parteienlandschaft. Ein in viele Fraktionen zerfallendes Parlament bringt schwache, wenig stabile Regierungen hervor, die sich auf Mehrparteienkoalitionen stützen müssen. Die Parteiapparate sind in einem solchen System übermächtig, denn die gewählten Abgeordneten sind von ihnen abhängig. Bei der nächsten Wahl wollen sie wieder auf einem aussichtsreichen Listenplatz aufgestellt werden.

Personalisierte Verhältniswahl

Der Bundestag wird auf vier Jahre gewählt, und zwar nach dem Verfahren der sogenannten personalisierten Verhältniswahl. Danach wird die Hälfte der Abgeordneten in einem Wahlkreis direkt gewählt, während die andere Hälfte über die Landeslisten der Parteien in den Bundestag einzieht. Jeder Wähler und jede Wählerin kann zu diesem Zweck zwei Stimmen vergeben. Die Erststimme ist der „personalisierte" Teil des Wahlsystems. Mit ihr wird der oder die Wahlkreisabgeordnete nach dem Prinzip der relativen Mehrheitswahl gewählt. Das bedeutet: Gewählt ist, wer die meisten Stimmen auf sich vereint.

Wichard Woyke, Informationen zur politischen Bildung aktuell, Bundestagswahlen 2002, Bonn 2002, S. 3 f.

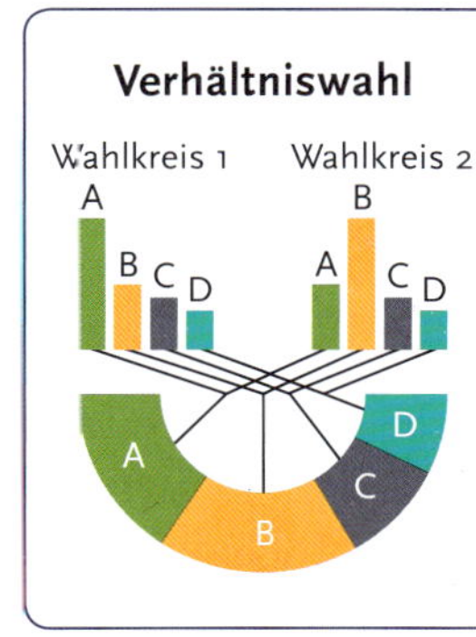

M 5 Projektion: Mehrheitswahl – Verhältniswahl

a) Sitzverteilung im Bundestag nach der Bundestagswahl 2009

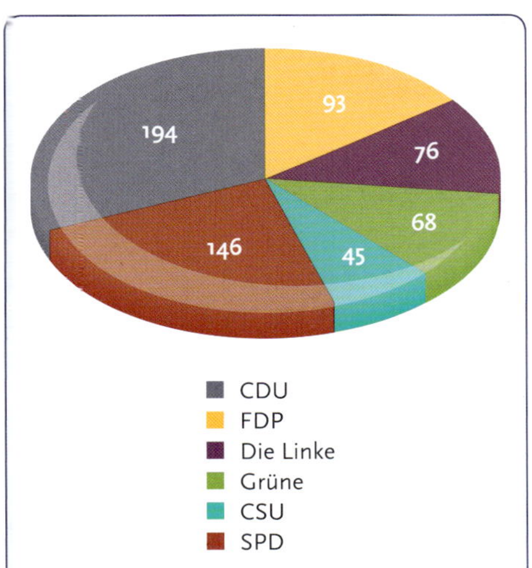

b) Simulation (2009): Mehrheitswahl in Einer-Wahlkreisen

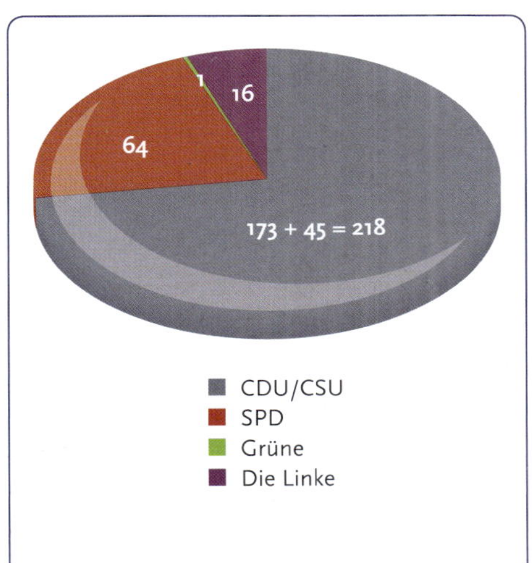

Um die Auswirkungen des Mehrheitswahlrechts auf die Zusammensetzung des Deutschen Bundestags zu simulieren, wird einfach angenommen, dass lediglich die in den 299 Wahlkreisen nach der relativen Mehrheitswahl direkt gewählten Abgeordneten einen Sitz im Parlament erhalten. Unberücksichtigt bleiben muss, dass auch das Wahlsystem die Wahlentscheidung der Wähler beeinflusst.

Methode

M 6 Ein politisches Urteil fällen

In einem Land, in dem sehr viele Menschen wählen dürfen, muss es ein Verfahren geben, das bestimmt, wie die abgegebenen Stimmen der Wähler in Parlamentssitze umgewandelt werden. Dafür stehen unterschiedliche Wahlsysteme zur Verfügung, z. B. die Mehrheitswahl und die Verhältniswahl (vgl. M 4). Die Wahlsysteme haben natürlich jeweils ihre Stärken und Schwächen. Wie kann man nun die Stärken und Schwächen eines Wahlsystems beurteilen?
Wahlsysteme müssen u. a. zwei wesentliche Dinge leisten: Zum einen müssen sie für stabile Mehrheiten im Parlament sorgen, damit eine stabile Regierung gewählt werden kann. Zum anderen wünschen sich die Menschen, dass die abgegebenen Stimmen zu einer gerechten Verteilung der Sitze im Parlament führen.
Das Problem besteht nun darin, dass nicht immer beide Ziele erreicht werden können. Ein politisches Urteil fällen bedeutet nun abzuwägen und dann zu entscheiden, welches Ziel wichtiger ist und vornehmlich erreicht werden soll.
Experten haben für dieses Problem Fachbegriffe geprägt, um die verschiedenen Wege, zu einem Urteil zu kommen, zu verdeutlichen:

Sachurteil	**Werturteil**
Sachurteile fragen, ob politische Entscheidungen zur Lösung eines Problems beitragen. Man untersucht, ob eine politische Maßnahme effizient ist. *Frage: Gelingt es, eine stabile Regierungsmehrheit zu schaffen?*	Werturteile beurteilen politische Entscheidungen nach moralischen Maßstäben. Dabei ist entscheidend, welche Werte (z. B. Freiheit, Gleichheit, Gerechtigkeit, ...) die Menschen vertreten. *Frage: Sind die Wähler in einem gerechten Verhältnis im Parlament repräsentiert?*

Man berücksichtigt bei einem politischen Urteil beide Dimensionen und deshalb enthält ein Urteil immer Sach- und Wertaspekte – allerdings in unterschiedlicher Gewichtung. Häufig besteht zwischen den beiden Aspekten eines Urteils ein Spannungsverhältnis.

Aufgaben

1. Bewerte die unterschiedlichen Wahlsysteme. Berücksichtige dabei die Projektion in M 5 und begründe dein Urteil. Nenne die Werte, die für dein Urteil entscheidend sind (M 4 – M 6).
2. Nimm an: Bei der nächsten Bundestagswahl liegt folgendes Wahlergebnis in Mio. Zweitstimmen vor: SPD 18,5; CDU/CSU 19,7; Grüne: 3,8; FDP: 2,9; Die Linke: 1,5.
   a) Berechne die Verteilung der Stimmen in Prozent und die Verteilung der Sitze nach dem Sainte-Laguë/Schepers-Verfahren, wenn 598 Sitze zu vergeben sind (M 7).
   b) Ermittle, welche Parteien (zusammen) eine absolute Mehrheit der Sitze erringen könnten (M 7).
   c) Erläutere, unter welchen Bedingungen die Parteien Überhangmandate bekommen würden (M 7).

M 7 Das Wahlsystem zum Deutschen Bundestag

Die Erststimme und ihre Bedeutung

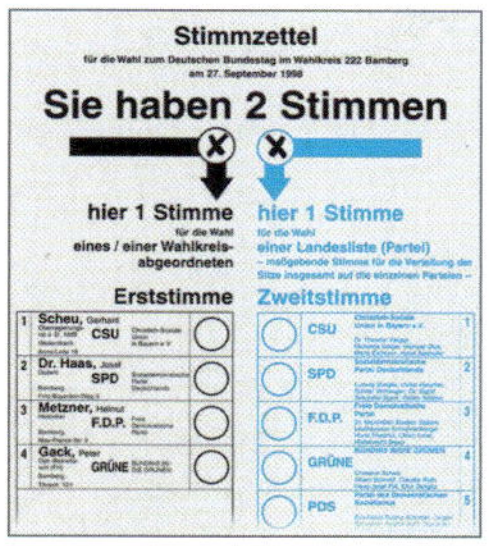

Das Gebiet der Bundesrepublik ist in 299 Wahlkreise eingeteilt. Jeder Wähler entscheidet sich für einen Kandidaten seines Wahlkreises. Gewählt ist, wer mindestens eine Stimme mehr hat als jeder andere Bewerber (*relative Mehrheitswahl*). Ein gewählter Direktkandidat kommt auf jeden Fall ins Parlament, auch wenn seine Partei die 5 %-Hürde nicht schafft.

Die Zweitstimme und ihre Bedeutung

Nach der Gesamtzahl der Zweitstimmen, die für eine Partei bei der Wahl abgegeben werden, richtet sich die Anzahl der Sitze, die diese Partei im Bundestag erhält (*Verhältniswahl*). Die Wähler geben ihre Stimme dabei der Landesliste einer Partei in ihrem Bundesland. 299 Abgeordnete ziehen bei der Sitzverteilung über diese Listen in den Bundestag ein.

Überhangmandate

Hat eine Partei in einem Bundesland mehr Direktmandate errungen als ihr – den Zweitstimmen nach – zustehen, erhält Sie Überhangmandate.
Beispiel: Die Partei B hat im Bundesland Y 28 Direktmandate gewonnen. Nach Zweitstimmen stehen ihr nur 26 Mandate zu. Die zwei fehlenden Sitze erhält die Partei als Überhangmandate. Für die Überhangmandate einer Partei erhalten die anderen Parteien entsprechend der Mehrheitsverhältnisse Ausgleichsmandate. Die Gesamtzahl der Sitze nimmt zu.

• = Listenmandat
• = Direktmandat
• = Überhangmandat

Bundesland Y

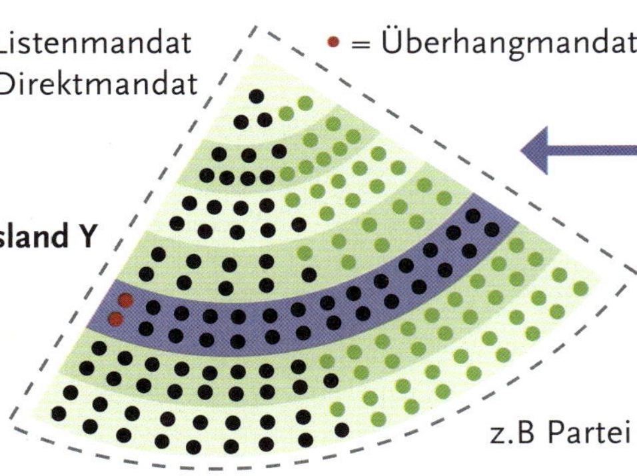

z.B Partei B

Verteilung der Sitze auf die Parteien

Bei der Vergabe der Sitze werden nur Parteien berücksichtigt, die bundesweit mindestens 5% der Zweitstimmen oder drei Direktmandate errungen haben (*Sperrklausel*).
Wie viele Abgeordnetensitze den Parteien zustehen, wird mithilfe der *Divisormethode mit Standardrundung* (Sainte-Laguë/Schepers) berechnet. Die Stimmen der Parteien, die an der Stimmvergabe teilnehmen, werden dazu durch einen Divisor geteilt. Als Divisor eignet sich die Zahl der durchschnittlich auf einen Sitz entfallenen Stimmen.
Die Ergebnisse der Division werden anschließend mit Standardrundung zu ganzen Zahlen auf- oder abgerundet. Die ganzen Zahlen entsprechen der Sitzverteilung. Ist die Summe der Sitze größer/kleiner als die zu vergebenden Sitze, so wird das Verfahren mit einem größeren/kleineren Divisor wiederholt. Beispielrechnung:

Partei	Zweitstimmen	Divisor	Ergebnis	Sitze
A	3.700.000	18.896	195,80	196
B	5.500.000	18.896	291,06	291
C	2.100.000	18.896	111,13	111
598 Sitze zu vergeben	gesamt: 11.300.000	Gesamtstimmenzahl / Gesamtzahl der Sitze	Stimmen für Partei X / Divisor	nach Standardrundung

Die Sitzverteilung nach Zweitstimmen

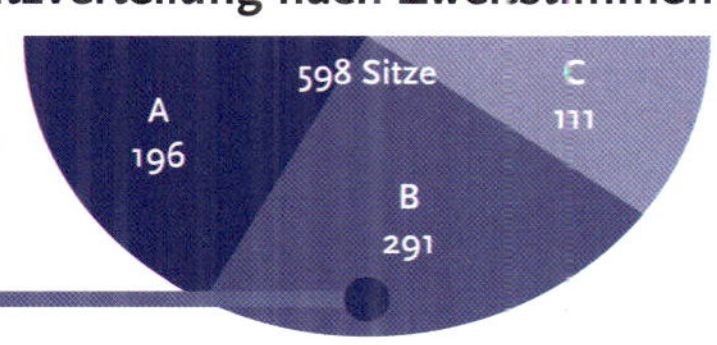

Verteilung der Sitze auf die Landeslisten der Parteien

Der Landesverband einer Partei erhält die Anzahl an Sitzen, die dem Anteil an Zweitstimmen entspricht, der auf seine Landesliste entfiel.

Partei	Sitze insgesamt	Zweitstimmen im Bundesland Y	Gesamtzahl der Zweitstimmen der Partei B		Sitze im Bundesland Y
B	291	x 500.000	: 5.500.000	= 26,45	26

Die Anzahl der errungenen Bundestagssitze wird dann zunächst mit den in dem Bundesland direkt gewählten Wahlkreiskandidaten dieser Partei besetzt (*Direktmandate*), die verbleibenden Sitze mit Kandidaten der Landesliste (*Listenmandate*).

Warum gibt es überhaupt Parteien?

M 8 Parteien – unbeliebt aber notwendig?

Gerhard Mester, Baaske Cartoons, Müllheim

Volkspartei
Als Volkspartei bezeichnet man eine Partei, die aufgrund ihres Programms für Wähler und Mitglieder aller gesellschaftlichen Schichten und unterschiedlicher Weltanschauungen offen ist.

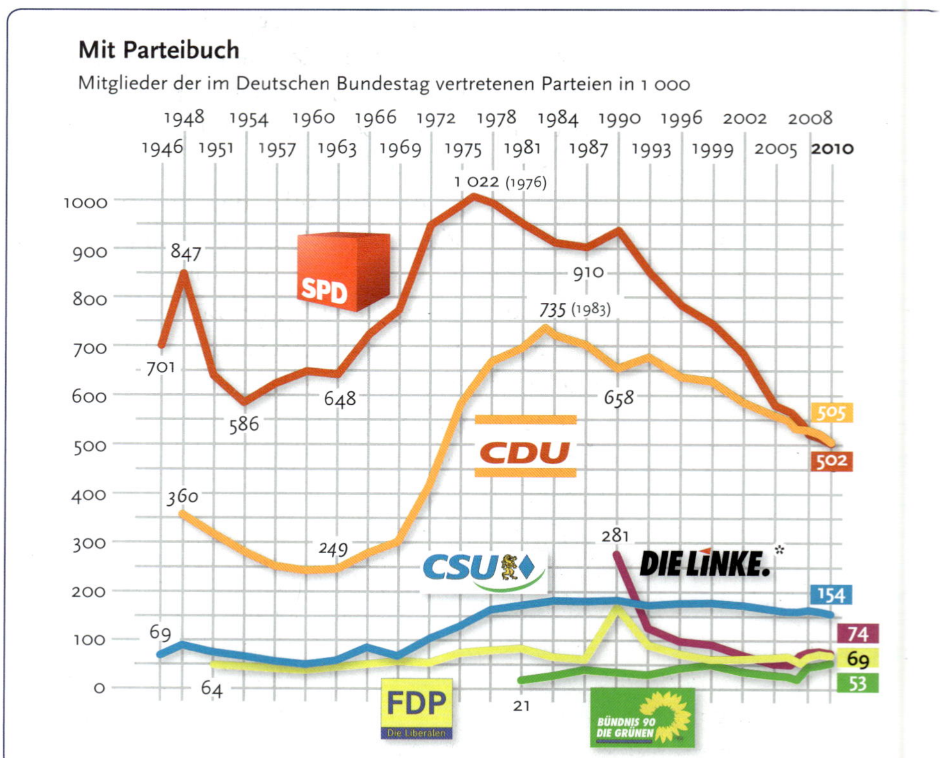

*Globus-Grafik 4178; Quelle: bpb, Parteien; *2007: Zusammenschluss von Linkspartei.PDS und WASG*

M 9 Die Demokratie – eine Dampfmaschine?

Stellt man sich die deutsche Demokratie als Dampfmaschine vor, dann sind Parteien der Keilriemen: Sie sorgen dafür, dass Bewegung von einem Teil der Maschine in den anderen kommt – und zurück. Parteien werden deshalb oft auch als demokratisches Bindeglied zwischen Staat und Gesellschaft bezeichnet. Es gibt kaum politische Entscheidungen in Deutschland, an denen sie nicht beteiligt sind. Fast alle Abgeordneten in den Parlamenten gehören einer Partei an – obwohl es die Möglichkeit gibt, direkt für ein Amt zu kandidieren. Die Bundesrepublik Deutschland wird daher häufig als Parteiendemokratie bezeichnet. [...]

Wozu gibt es Parteien?

Parteien sollen der Demokratie beim Funktionieren helfen: Sie sollen sicherstellen, dass die unterschiedlichen Interessen der Bevölkerung in politische Entscheidungen umgesetzt werden und dass umgekehrt die Ideen der Politiker bei den Bürgern ankommen. Zentrale Aufgabe der Parteien ist es, an Wahlen teilzunehmen, politische Ideen und Forderungen in Parteiprogrammen zu bündeln und Personal für politische Ämter bereitzustellen, wie etwa Bundestagsabgeordnete oder Stadträte. Außerdem sollen sie in der Gesellschaft für Akzeptanz der Politiker-Entscheidungen sorgen, die Menschen für Politik interessieren und zum Wählen bewegen. Im Wahlkampf werden Parteien daher besonders aktiv und betonen ihre inhaltlichen und personellen Unterschiede.

Sind Parteien nur gut?

Ob die Parteien diesen Aufgaben gerecht werden, ist umstritten. Derzeit wenden sich viele Menschen frustriert von der Politik ab: Es herrscht „Politikverdrossenheit". Andere kritisieren, dass Parteien auch dort Macht haben und ausüben, wo sie es gar nicht sollen. So reden Parteien bei der Besetzung von Posten mit, deren Vergabe gar nicht durch eine öffentliche Wahl entschieden wird. Das ist zum Beispiel bei Chefredakteuren im öffentlich-rechtlichen Fernsehen oder wichtigen Posten in Ministerien häufig der Fall.

Wie funktionieren Parteien?

Im Inneren sind Parteien Zusammenschlüsse von politisch interessierten Menschen, die nach demokratischen Grundsätzen organisiert sind – so schreibt es das deutsche Parteiengesetz vor. In Parteien wird laufend gewählt: Bevor ein politisches Amt zur öffentlichen Wahl steht, wurde schon parteiintern über die Bewerber abgestimmt. Auch die Parteiführung wird in demokratischen Parteien grundsätzlich gewählt. Jeder Bürger kann Mitglied einer Partei werden, aber er muss sich für eine Partei entscheiden: Mehrfachmitgliedschaften sind in den Parteisatzungen in der Regel untersagt.

Art. 21, 1 Grundgesetz
„Die Parteien wirken bei der politischen Willensbildung des Volkes mit. Ihre Gründung ist frei. Ihre innere Ordnung muss demokratischen Grundsätzen entsprechen. Sie müssen über die Herkunft und Verwendung ihrer Mittel sowie über ihr Vermögen öffentlich Rechenschaft geben."

Parteien in den Nachrichten

Die Parteien erweitern ihre Informationsangebote im Internet

Bundestagsabgeordneter diskutiert mit Schülern über Afghanistan-Einsatz der Bundeswehr

Eine Umfrage alarmiert die Regierung. 2/3 der Befragten sind mit Steuererhöhungen unzufrieden

Politiker aller Parteien diskutieren in Talkshow über Atomkraft

Besuchergruppe im Deutschen Bundestag wird von ihrem Wahlkreisabgeordneten empfangen

Bürgersprechstunde des Landtagsabgeordneten am Freitag von 14-16 Uhr

Bürger wählen Abgeordnete in den Bundestag

Der Parteivorsitzende wirbt mit einer Rede auf dem Parteitag für die Arbeit der Regierung

Insgesamt sind in Deutschland etwa 2,5 Millionen Menschen Mitglied einer Partei. Das sind etwa vier Prozent der Wahlberechtigten. Eine Gruppe von politisch interessierten Menschen gilt nach dem Grundgesetz und Parteiengesetz jedoch nur dann als Partei, wenn sie laufend und dauerhaft Politik machen und in ein Parlament auf Bundes- oder Landesebene gewählt werden will. Dies unterscheidet Parteien von Bürgerinitiativen oder Lobbyverbänden. Parteien werden vom Staat mit Steuergeldern unterstützt und finanzieren sich außerdem durch Mitgliedsbeiträge und Spenden. Die staatliche Teilfinanzierung richtet sich nach der Summe der Mitgliedsbeiträge und Spenden sowie der Anzahl der Wählerstimmen, die für eine Partei abgegeben wurden. 133 Millionen Euro Steuergelder werden so pro Jahr unter den Parteien verteilt. Ohne Parteien liefe in der deutschen Demokratie also gar nichts und aus der Politik-Dampfmaschine käme nur heiße Luft.

Sebastian Gievert, www.bpb.de, 28.8.2009

M 10 Parteien in der Krise?

Auszug aus einem Interview der Zeitung „Neues Deutschland" mit Beatrice von Weizsäcker.

ND: Wie erklären Sie sich die nach wie vor zu geringe Wahlbeteiligung und den Stimmenschwund der sogenannten Volksparteien?

von Weizsäcker: Dies ist die Folge davon, dass sich die großen Volksparteien über die Jahre vom Volk zunehmend abgekoppelt haben. Da ist es kein Wunder, dass sich das Volk von ihnen abwendet.

ND: Und politikverdrossen ist.

von Weizsäcker: Nein, die Bürger sind nicht politikverdrossen, sondern parteienverdrossen. Das ist ein großer Unterschied. Die Menschen sind sehr an Politik interessiert. Schauen Sie ins Internet oder hören Sie die Gespräche im Café – wie oft wird da über Politik geredet, ja gestritten. Die Leute engagieren sich auch viel mehr, als man glaubt. Sie gründen Initiativen, helfen sich gegenseitig im kleinen Kreis, sammeln Unterschriften für oder gegen etwas.

Karlen Vesper (nd), Neues Deutschland, 8.9.2009

Aufgaben

1. Beschreibe und interpretiere die beiden Materialien aus M 8. Welches politische Problem wird hier dargestellt?
2. „Wenn die Demokratie eine Dampfmaschine ist, dann sind die Parteien der Keilriemen." Übertrage das Bild vom „Keilriemen" in dein Heft, gib dem Keilriemen eine Laufrichtung und ordne die Überschriften der Randspalte der jeweils passenden Laufrichtung zu (M 9).
3. Stelle begründete Vermutungen darüber an, was passiert, wenn die Parteien als Keilriemen der Demokratie geschwächt werden (M 9, M 10).

zu Aufgabe 2
Die Rede des Parteivorsitzenden müsste der Laufrichtung Institutionen → Bürger zugeordnet werden, da er für sein Programm / seine Position wirbt.

M 11 Parteien im Internet – einen Steckbrief erstellen

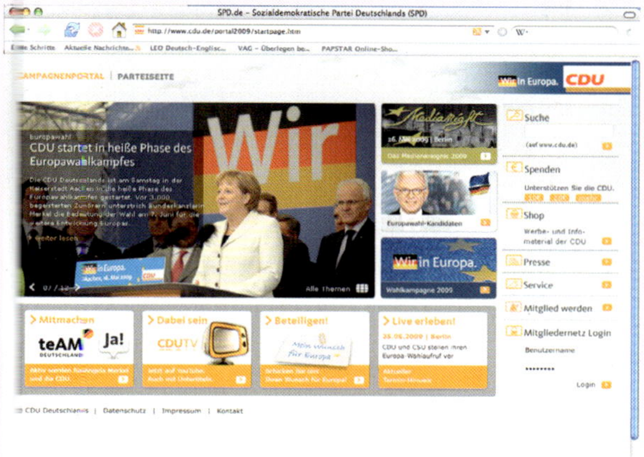

CDU: www.cdu.de

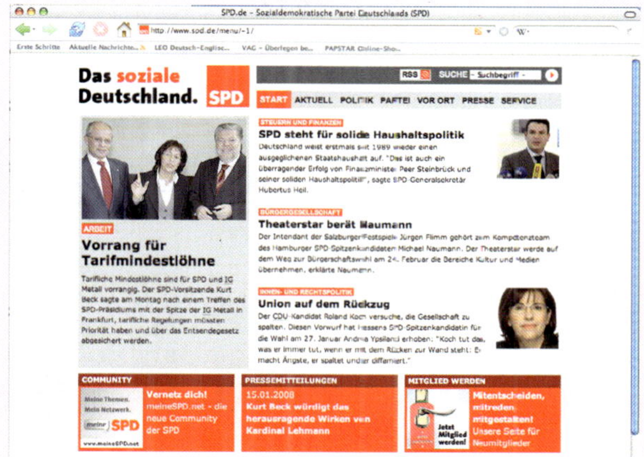

SPD: www.spd.de

FDP: www.fdp-bundespartei.de

Bündnis 90/Die Grünen: www.gruene.de

Die Linke: www.die-linke.de

Arbeitsauftrag:

Erstelle einen Steckbrief der Parteien, beachte dabei folgende Fragen:

- Wann wurde die Partei gegründet?
- Welche prominenten Mitglieder hat sie?
- Wann und wo war/ist die Partei an der Regierung beteiligt?
- Hat die Partei eine Jugendorganisation?
- Einigt euch auf ein aktuelles politisches Thema (z. B. Einführung von Ganztagsschulen) und recherchiert, was die Parteien dazu auf ihren Homepages sagen.
- Ihr könnt auch den Internetauftritt der Parteien nach verschiedenen Kriterien bewerten.

Wahlkampf – beflügelt er die Demokratie?

M 12 Wahlplakate

M 13 Die Bedeutung des Wahlkampfs

Wahlkampf bedeutet konkurrierende Werbung der Parteien um Wählerstimmen. Alle Ziele eines Wahlkampfes sind in der Regel auf drei Aspekte ausgerichtet, wobei natürlich der Wahlsieg das Hauptziel darstellt: das eigene Stammwählerpotenzial optimal zu mobilisieren, Wechselwähler zu binden und den Anteil von Nichtwählern bei der gegnerischen Stammwählerschaft zu erhöhen. Probleme, bei denen man in den Augen der Bürger am besten abschneidet, werden in Wahlkampfzeiten besonders in den Vordergrund gerückt und der Amtsbonus der Regierungschefs genutzt. Wahlkampf ist zunächst einmal besonders verdichtete politische Kommunikation. Sie stellt immer ein Beziehungsgeflecht zwischen dem politischen System, den Medien und der Öffentlichkeit als Publikum der Medien her.

Neben der Bewusstmachung von politischen Problemen lenken die Parteien – oft gleichzeitig und nebeneinander – auch absichtlich von den Problemen ab. Das Buhlen um den Wahlbürger ist seit den neunziger Jahren für die Parteien schwieriger geworden.

nach: Karl-Rudolf Korte, Wahlen in der Bundesrepublik Deutschland, 4. Aufl., Bonn 2003, S. 112 f

M 14 Werden die Wahlkämpfe immer „amerikanischer"?

Image = (englisch: „Bild") bezeichnet das Ansehen bzw. die Ausstrahlung einer Person. Dieses Ansehen sucht man sich v.a. auf einer positiven Emotions- oder Sympathieebene.

Werden die Wahlkämpfe immer „amerikanischer"? Gemeint ist damit dreierlei: eine Personalisierung, eine Professionalisierung und die Tatsache, dass die Medien im Wahlkampf immer wichtiger werden. Alle drei Komponenten sind nicht völlig neu für die Bundestagswahlkämpfe, doch ihre Bedeutung wächst seit den neunziger Jahren dramatisch.

Personalisierung: Wahlkämpfe sind immer mehr auf den Spitzenkandidaten einer Partei ausgerichtet. Die Sachthemen treten immer mehr in den Hintergrund, der Spitzenkandidat verkörpert die Politik und die Ziele seiner Partei. Strategisch ist hier die Person des Amtsinhabers im Vorteil. Personen repräsentieren politische Botschaften. Je größer das Potenzial an Wechselwählern ist, umso stärker ist der Drang zur Personalisierung. Die Spitzenkandidaten stecken dabei in einer Doppelrolle: Sie sind Hauptdarsteller und zugleich Inhalt der Kampagne. Zu den strategischen Vorbedingungen gehört, dass der Kandidat die geschlossene Unterstützung der Partei und der Anhängerschaft besitzt.

Die Rolle der Medien: Die meisten Bürger erleben Politik nur noch in den Medien. Direkte Parteiwerbung wird kaum beachtet, und Wahlversammlungen erreichen zumeist nur eine kleine, ohnehin überzeugte Minderheit.

Deshalb kommt dem Fernsehen eine besondere Bedeutung zu. Der Fernsehwahlkampf beschränkt sich nicht nur auf Nachrichtensendungen und politische Magazine, erst recht nicht auf Wahlspots der Parteien. Wirkungsvoller ist der Auftritt in Unterhaltungssendungen, dort gilt das Motto: mehr Infotainment als seriöse Information. Bislang wird jedoch diese in den US-Wahlkämpfen bewährte Methode nur zögernd von den politischen Parteien in ihr Konzept aufgenommen.

Als neues Wahlkampfmedium entpuppt sich das Internet. Auch dort errichten die Parteien seit 1998 eine Wahlkampfzentrale. Sie überlegen, wie sich das neue Medium strategisch in ihre Kampagnen einpassen lässt. Schwer zugängliche Wählergruppen scheinen so leichter erreichbar zu sein. Abrufen kann man neben Veranstaltungsterminen aktuelle Reden und Parteiprogramme. Die Mehrheit der Internetbesucher ist jedoch daran interessiert, selber etwas loszuwerden. Deshalb sind besonders die Diskussionsforen der Parteien erfolgreich.

Professionalisierung: Wahlkampf ist nicht mehr allein Sache der Partei oder der Parteizentralen, die eine Wahlkampfkommission einsetzen. Die Parteien ziehen Experten hinzu, die ihnen und ihren Kandidaten beratend zur Seite stehen. Neben den Demoskopen und Sozialwissenschaftlern kommen diese Fachleute zunehmend aus Werbung, Journalismus und Management. Die deutschen Parteien sind dazu übergegangen, PR-Agenturen zu beauftragen, um den Wahlkampf zu steuern, konkret, um das Image der Kandidaten und die Kontakte zu den Medien zu verbessern.

Karl-Rudolf Korte, www.wahlthemen.de (12.7.2005)

Stammwähler
sind stark auf eine Partei festgelegt und bleiben dieser über viele Jahre treu.

Wechselwähler
sind nicht an eine bestimmte Partei gebunden, sondern entscheiden von Wahl zu Wahl neu.

Protestwähler
sind Wähler, die unzufrieden sind mit ihrer Partei. Sie wählen dann oft extreme Parteien, um ihre Unzufriedenheit zu demonstrieren.

M 15 Welche Rolle spielen die Spitzenkandidaten?

Mit den Spitzenkandidaten und ihrer werbewirksamen Vermarktung steht und fällt der Wahlkampf. Sie müssen Glaubwürdigkeit, Sachkompetenz und Vertrauen ausstrahlen.

Die Bewertung des „Images“ gründet besonders auf dem Sympathie- und dem Leistungsbereich. Die Spitzenkandidaten sind eine Art Werbesymbol. Sie erhöhen die Mobilisierungschancen der Stammwähler und die Einsatzbereitschaft der Anhänger. Dennoch sollte nicht ausgeblendet werden, dass auch die Spitzenkandidaten den Wahlvorgang nicht allein entscheiden. Es geht immer noch

Die Kanzlerkandidaten der beiden großen Parteien für die Bundestagswahl 2013: Angela Merkel (CDU) und Peer Steinbrück (SPD)

um die Wahl einer politischen Partei. Nichts geht in Deutschland ohne die politischen Parteien, relativ wenig ohne ein dazugehöriges politisches Programm.

Neben dem Image der Kandidaten ist natürlich ihr Bekanntheitsgrad ein wichtiges Kriterium für die Auswahl der Spitzenkandidaten. Andererseits lässt sich die Bekanntheit eines Politikers heute innerhalb kürzester Zeit durch das Fernsehen herstellen. Wenn sich jemand zum Kandidaten küren lässt, beginnt die Medienoffensive. Die Redaktionen möchten im Wettlauf mit der Zeit möglichst vieles – politisch wie privat – über die Person publizieren.

In der „Schlussphasendramatisierung" des Wahlkampfes spielt auch das Duell der Spitzenkandidaten in der Öffentlichkeit eine besondere Rolle. Es bietet für die Wähler eine weitere Möglichkeit der Bewertung. Dazu wurde bei den zurückliegenden Bundestagswahlen häufig eine große Fernsehdiskussion mit den Spitzenkandidaten wenige Tage vor der Wahl durchgeführt.

Karl-Rudolf Korte, www.wahlthemen.de (12.7.2005)

Aufgaben

1. Vergleiche Aussage und Gestaltung der Wahlplakate in M 12.
2. Nenne die Gründe, weshalb die Parteien Wahlkampf betreiben (M 13).
3. „Wahlkampf ist Werbung". Recherchiere im Internet, wie sich die Spitzenpolitiker der Parteien präsentieren. Untersuche, welche Mittel sie anwenden und welches Image sie aufbauen (M 14, M 15).
4. Die Bundestagswahlen, Landtagswahlen, Kommunalwahlen und Europawahlen finden an unterschiedlichen Terminen statt und deshalb ist immer irgendwo eine Wahl in Deutschland. Diskutiert, inwieweit dieser „Dauerwahlkampf" die Arbeit der Bundesregierung erschwert und was man dagegen tun könnte.

Interessenverbände – wie beeinflussen sie die Politik?

M 16 Energiewende – die Haltung der Verbände

Im Juni 2011 beschloss die Regierung unter dem Eindruck der Reaktorkatastrophe von Fukushima den Ausstieg aus der Atomenergie. Die Reaktion der Verbände fiel unterschiedlich aus.

Die Ereignisse in Japan haben gezeigt, dass die Risiken durch die Nutzung der Atomenergie nicht beherrschbar sind. Die gravierenden Folgen für Menschen, Umwelt und Natur, aber auch für die Wirtschaft, haben deutlich gemacht, dass das „Restrisiko" eines Unfalls eine reale Gefahr darstellt. Die übergroße Mehrheit der Verbraucher in Deutschland will diese Risiken nicht akzeptieren.

Verbraucherzentrale Bundesverband, Stellungnahme zum Atomausstieg, neue Energie- und Klimapolitik 13.4.2011

Der aktuelle Beschluss des Bundestages zum Atomausstieg wird vom Bundesverband Solarwirtschaft e.V. (BSW-Solar) begrüßt. Die gesetzlichen Rahmenbedingungen für die stärkere Nutzung der Solarenergie blieben jedoch insbesondere im Wärmesektor hinter den Erfordernissen zurück.

Pressemitteilung, 30.6.2011

Die Energiewirtschaft fordert von der Bundesregierung ein klareres Konzept zur Umsetzung der Energiewende. „Die Summe der Einzelteile ergibt kein Ganzes", schrieb die Chefin des Bundesverbands der Energie- und Wasserwirtschaft (BDEW), Hildegard Müller, in einem Gastbeitrag in der „Frankfurter Allgemeinen Zeitung" laut Vorabbericht.

Hildegard Müller, dapd, 21.5.2012

Für den Bund für Umwelt und Naturschutz Deutschland (BUND) ist der heutige Beschluss des Bundeskabinetts zum Atomausstieg halbherzig. „Der Atomausstieg dauert viel zu lange, er wird der Neubewertung des atomaren Risikos nach der Katastrophe von Fukushima nicht gerecht. Wenn der Großteil der Atomkraftwerke erst um das Jahr 2020 abgeschaltet wird, muss die Bevölkerung viele weitere Jahre mit der ständigen Gefahr schwerer atomarer Störfälle leben. Hinzu kommen die wachsenden Atommüllberge, für die es bis heute kein Endlager gibt", sagte der BUND-Vorsitzende Hubert Weiger.

Hubert Weiger, BUND-Pressedienst, 6.6.2011

M 17 Was sind Interessenverbände?

Um ihre Interessen besser vertreten zu können, schließen sich einzelne Bürgerinnen und Bürger in Organisationen zusammen. Interessenverbände haben meist eine auf Dauer angelegte, feste Struktur, während Bürgerinitiativen organisatorisch eher lockere und in der Regel zeitlich begrenzte Zusammenschlüsse mit einem ganz konkreten Anliegen sind. Es gibt kaum Sachbereiche des Lebens, in der sich keine Interessenorganisation gebildet hat. Ein durch Vielfalt gekennzeichnetes Verbändewesen ist Merkmal einer funktionierenden pluralistischen Demokratie. Zu den wichtigsten Interessenverbänden gehören v. a. Gewerkschaften und Arbeitgeberverbände. Sofern die Interessenverbände auf die Gesetzgebung und andere politische Aktivitäten Einfluss zu nehmen suchen, werden sie auch als „Pressure-groups" bezeichnet. Im Unterschied zu Parteien stellen Interessenverbände nicht selbst Kandidaten bei der Wahl auf, sondern sie versuchen, indirekt auf Gesetzgebung und Verwaltung Einfluss zu nehmen.

Nach: Schülerduden Politik und Gesellschaft, 5. Aufl., Mannheim u. a., 2005, S. 201

M 18 Tätigkeitsfelder der Interessenverbände

Interessenorganisationen im Wirtschafts- und Arbeitsbereich:	**Verbände im sozialen Bereich:**
• Branchenverbände, z. B. Bundesverband der Deutschen Industrie (BDI) • Kammern, z. B. die Industrie- und Handelskammern (IHKs) • Arbeitnehmerverbände, z. B. Deutscher Gewerkschaftsbund (DGB) • Verbraucher- und Kundenorganisationen, z. B. Pro Bahn • Berufsverbände, z. B. Verein Deutscher Ingenieure • etc.	• Wohlfahrtsverbände • Deutsches Rotes Kreuz • Deutscher Caritasverband • etc.
Politische und ideelle Verbände und Vereinigungen:	**Verbände öffentlicher Gebietskörperschaften:**
• Greenpeace • Amnesty International • etc.	• Deutscher Städte- und Gemeindetag • etc.

nach: Wolfgang Rudzio, Das politische System der Bundesrepublik Deutschland, 7. Aufl., Wiesbaden, 2006 S. 61

M 19 Wo nehmen Interessenverbände Einfluss?

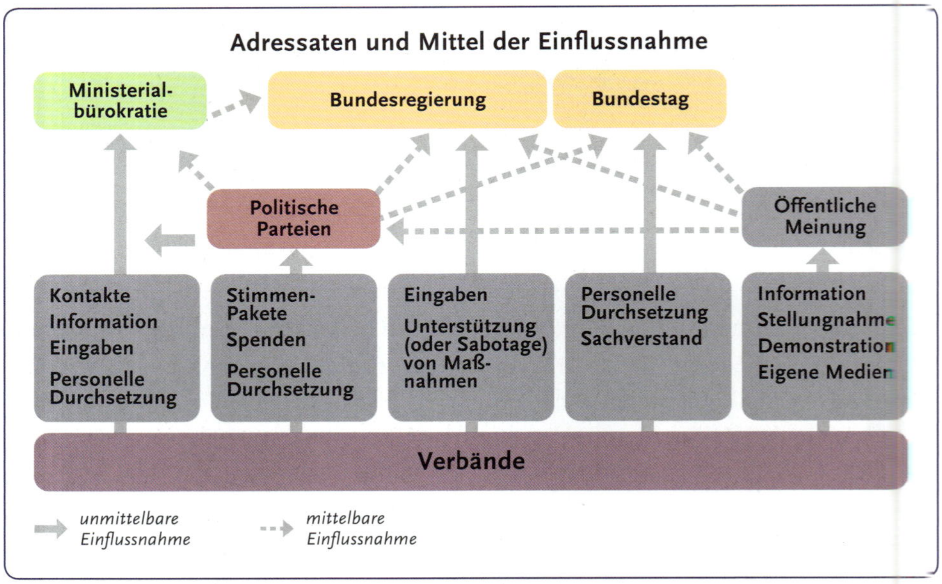

Wolfgang Rudzio, Die organisierte Demokratie, Parteien und Verbände in der Bundesrepublik, Stuttgart 1977, S. 41

M 20 Kontrovers: Haben Interessenverbände zu viel Einfluss?

a) Die Strippenzieher

Cerstin Gammelin hat zusammen mit Zeit-Redakteur Götz Hamann ein Buch herausgebracht: „Die Strippenzieher. Manager, Minister, Medien – Wie Deutschland regiert wird"

fluter: Wer sind diese Lobbyisten?

Cerstin Gammelin: Man kann grob zwei Typen von Lobbyisten unterscheiden. Da sind zum einen langjährige Politiker/innen oder Referenten/innen, die exzellente politische Kontakte haben und dann in die Wirtschaft wechseln, etwa zu VW. Das gilt auch für Mitglieder der rotgrünen Regierung: Ex-Wirtschaftsminister Wolfgang Clement ist Aufsichtsratsmitglied bei der RWE Power AG, sein Vorgänger Werner Müller sitzt seit seinem Ausscheiden aus der Politik als Vorstandsvorsitzender bei der RAG, der Wirtschaftsexperte der Grünen, Rezzo Schlauch, ist nun Beiratsmitglied bei EnBW und eine BMU Staatssekretärin beriet E.on. Oder eben Gerhard Schröder, der jetzt Aufsichtsratsvorsitzender beim russischen Pipeline-Konsortium NEGP ist. Andere Lobbyisten kommen aus der Medienbranche: wie etwa zwei Kollegen vom Spiegel. Einer von ihnen ist inzwischen Politikchef bei EnBW, der andere bei der Deutschen Umwelthilfe.

In welcher Form werden die Medien denn von den Lobbyisten genutzt?

In der Berliner Zeitung war zum Beispiel einmal ein Interview mit Werner Müller, dem damals schon ehemaligen Wirtschaftsminister, in dem es um die Pensionszahlungen ging, die er zu seiner Ministerzeit von seinem früheren Arbeitgeber E.on erhielt. Ein paar Seiten dahinter gab es große Anzeigen von STEAG und RAG: Sie waren redaktionell gestaltet, das Wort Anzeige stand nur ganz klein oben in der Ecke. Zufall, hieß es bei der Berliner Zeitung. Auch Interviews mit Vorstandschefs werden gern von der „positiven" oder „negativen" Berichterstattung abhängig gemacht. Die Energielobby taucht auch gerne zur Bundespressekonferenz auf, wenn entsprechende Themen verhandelt werden. Das ist kein Problem, sie haben ja alle Hausausweise des Bundestages.

Hausausweise?

Lobbyisten melden sich als Interessenvertreter/innen beim Bundestag an. Sie brauchen eine Bürgschaft von fünf Abgeordneten, dann bekommen sie einen Hausausweis und können in alle Bundesgebäude reingehen. In den Sitzungswochen ist der Bundestag voll mit Interessenvertretern/innen aus der Wirtschaft. Momentan gibt es 5.000 Lobbyisten mit Hausausweisen. Zum Vergleich: Nur 2.000 Journalisten/innen besitzen einen solchen Ausweis. Wenn die Lobbyisten schon vor den Räumen sitzen und warten: Da ist doch sofort klar, dass es Mauscheleien gibt.

nach: Cerstin Gammelin, Goetz Hamann, Die Energie der Interessenverbände, in: fluter Nr. 50, Juli/August 2006

Lobbyismus
Der Begriff Lobbyismus bezieht sich auf die Vorhalle des Parlaments, die Lobby. Sie galt insbesondere in US-Amerikanischen und britischen Parlamenten als der klassische Treffpunkt von Interessenvertretern und Abgeordneten. Lobbyismus beschreibt eine Methode der Einwirkung auf politische Interessenvertreter. Dabei geht es meist nicht um die Vermittlung allgemeiner Interessen, sondern um die gezielte Einflussnahme auf Gesetzesvorhaben.

b) Der Kampf für eigene Interessen gehört zur Demokratie

Abgeordnete, Politiker sind immer Teil der Gesellschaft, sie stehen nicht neben ihr oder irgendwie außerhalb. Sie sind immer auch Multiplikatoren der vielfachen Interessenkonflikte, Interessenkollisionen und Interessenkämpfe, die es in der Gesellschaft gibt. Sie können sich nicht heraushalten aus dem, was in ihrem Umfeld geschieht. Wie sollten sie auch? Abgeordnete wollen gestalten. Sie definieren sich selbst als Interessenvertreter – als durch demokratische Wahlen legitimierte Lobbyisten ihrer Wahlkreise nämlich. Kontakte der Abgeordneten zu kundigen Sachwaltern verschiedenster Bereiche sind notwendig, um die Gesetzesarbeit zu qualifizieren. Das Entscheidende an dieser Form von Zusammenarbeit ist die Transparenz, ist die Kontrollierbarkeit. Lobbyismus darf nicht hinter verschlossenen Türen stattfinden. Und für Argumente darf kein Geld fließen. Öffentlichkeit ist das beste Mittel, um gegen Verstöße der politischen Moral vorzugehen. Wir brauchen in der Demokratie eine Kultur der Transparenz, denn erst die ermöglicht den Bürgerinnen und Bürgern qualifizierte Partizipation. Als Beleg für die häufig zu hörende Kritik, dass der Einfluss der Lobbyisten ins Uferlose steige, wird immer wieder die Lobbyliste des Deutschen Bundestages genannt. Auf dieser Liste stehen jene Verbände, die an der Gesetzgebung teilhaben können. Es gibt inzwischen 1.781 Einträge. Gleichwohl: Ich kann diesen Wunsch nach Teilhabe, nach Mitwirkung nicht wirklich kritisieren. Dass sich so viele Lobbyisten an den Bundestag wenden, also an der politischen Kommunikation beteiligt sein wollen, spricht doch nicht gegen das Parlament, sondern für das Parlament, für die Akzeptanz der demokratischen Gesetzgebung und ihrer Verfahren. Der Bundestag ist der zentrale Ort der Demokratie, hier werden die Gesetze beraten und verabschiedet. Es ist doch nur logisch, dass sich die Lobbyisten hier sammeln.

Wolfgang Thierse (SPD), Auszug aus der Rede zur Buchvorstellung „Lobbyismus in Deutschland" am 18.12.2003 in Berlin, Publik-Forum, 03/2004

Aufgaben

1. Beschreibe, wie die verschiedenen Verbände auf die Energiewende reagierten. Arbeite heraus, welche Interessen jeweils dahinter stehen könnten (M 16).
2. Grenze Interessenverbände von Parteien ab (M 17).
3. Sammelt weitere euch bekannte Interessenverbände und ordnet sie den verschiedenen Tätigkeitsfeldern zu. Beschreibt, woraus sich die Macht eines Verbandes ergibt (M 18, M 19).
4. Sind die Aktivitäten der Verbände gut oder schlecht für die Demokratie? Nimm Stellung zu dieser Frage (M 20).

Was wir wissen

Wahlen in der repräsentativen Demokratie

Das Grundgesetz legt fest, dass die Bundesrepublik Deutschland eine repräsentative Demokratie ist, in der die Bürger nicht ständig über alle Angelegenheiten selbst abstimmen, sondern Abgeordnete wählen, die sie im Parlament vertreten und dort für sie stellvertretend entscheiden. Wahlen sind deshalb die wichtigste Form der politischen Mitbestimmung in der parlamentarischen Demokratie. Mit der Wahl einer Partei entscheidet der Wähler über die Zusammensetzung des Parlaments und damit (indirekt) über die politische Richtung und Zusammensetzung der Regierung.

Wahlsysteme
M 4

Grundsätzlich kann man zwischen Verhältniswahlsystem und Mehrheitswahlsystem unterscheiden. Bei der reinen Verhältniswahl erhalten die Vertreter der Parteien genauso viele Mandate im Parlament, wie es ihrem Anteil an den abgegebenen Stimmen entspricht. Beim reinen Mehrheitswahlsystem erhalten nur die Kandidaten ein Mandat, die in einem Wahlkreis die meisten Stimmen auf sich vereinigen konnten. In vielen Staaten gibt es Mischformen der beiden Systeme.

Wahlsystem in Deutschland
M 7

Das Wahlsystem der Bundesrepublik Deutschland ist im Bundeswahlgesetz festgelegt. Für die Wahl der 598 Abgeordneten des Bundestages haben die Wähler zwei Stimmen: Mit der Erststimme entscheidet der Wähler nach dem Prinzip der relativen Mehrheitswahl, welcher Wahlkreisabgeordnete einen Sitz im Parlament erhalten soll. Die Zweitstimme, die nach den Prinzipien der Verhältniswahl abgegeben wird, ist die wichtigere Stimme, denn durch sie wird die Zahl der Sitze festgelegt, die jeder Partei im Bundestag zustehen. Hat eine Partei die Sperrklausel (fünf Prozent der Zweitstimmen oder drei Direktmandate) überwunden, so wird die Gesamtzahl der für sie abgegebenen Zweitstimmen in Mandate umgerechnet. Das Wahlsystem zum Deutschen Bundestag wird häufig als „personalisiertes Verhältniswahlrecht" bezeichnet. Dies verdeutlicht, dass das Stimmenergebnis auf der Verhältniswahl beruht, durch die Erststimme aber die Möglichkeit besteht, direkt einzelne Personen zu wählen (Personalisierung).

Aufgaben der Parteien
M 9

Zu den Aufgaben der Parteien gehören:

- Mitwirkung: Parteien ermöglichen den Bürgern als Wähler oder als Mitglieder die Teilnahme am politischen Geschehen. Als Parteimitglied kann der Bürger bei Programmformulierungen und bei der Auswahl der Kandidaten mitwirken.
- Meinungsbildung: Parteien nehmen – vor allem mithilfe der Medien – auf die öffentliche Meinung Einfluss und fördern die politische Bildung der Bürger.

Was wir wissen

- Ermöglichung von Wahlen: In den Parteien werden die Interessen und Meinungen der Bürger artikuliert, gebündelt und daraus programmatische Alternativen für Wahlen entwickelt. In der Parteiarbeit wird Führungspersonal ausgebildet, das bei Wahlen auch für die Kandidatur um politische Ämter bereitsteht.
- Integration: Parteien sorgen für eine kontinuierliche Verbindung zwischen Staat und Gesellschaft, indem sie einerseits die Bürgerinteressen gegenüber staatlichen Institutionen artikulieren und andererseits den Bürger über staatliche Entscheidungen aufklären und diese erläutern. Diese Funktion trägt wesentlich zur Stabilität des politischen Systems bei.

Wahlkampf
M 13 – M 15

Im Wahlkampf konkurrieren die Parteien um die Stimmen der Wähler. Um den Wahlsieg zu erringen, müssen die Parteien v.a. die eigenen Stammwähler mobilisieren und potenzielle Wechselwähler und Nichtwähler gewinnen. Die Parteien versuchen, die Wähler von der Überlegenheit ihres Programms und ihres Personals zu überzeugen. Wahlkampf ist wichtig, weil er dem Wähler ermöglicht, sich über die Programme und das politische Personal der Parteien zu informieren. Zu beobachten ist auch in Deutschland, dass Wahlkämpfe immer stärker auf einzelne Personen zugeschnitten sind (Personalisierung), zunehmend von externen Unternehmen und Beratern gelenkt und geführt werden (Professionalisierung) und die Medien eine immer größere Rolle dabei spielen (Mediatisierung, Amerikanisierung).

Interessenverbände
M 17 – M 19

Interessenverbände sind Zusammenschlüsse von Bürgerinnen und Bürgern in einer auf Dauer angelegten, festen Organisationsstruktur. Es gibt kaum Bereiche des Lebens, in der sich keine Interessenorganisation gebildet hat. Ein durch Vielfalt gekennzeichnetes Verbändewesen ist Merkmal einer funktionierenden pluralistischen Demokratie. Um eine Berücksichtigung der von ihnen vertretenen Interessen zu erreichen, versuchen die Verbandsvertreter gezielt, politische Entscheidungen zu beeinflussen. Naturgemäß konzentrieren sie sich dabei auf die wichtigsten politischen Institutionen wie Ministerien, Bundesregierung und Bundestag, doch nutzen sie auch die indirekte Einflussnahme über die Medien und die Öffentlichkeit. Als „Mittler" zwischen der Gesellschaft und den staatlichen Institutionen kommt den Verbänden eine wichtige Aufgabe zu, etwa bei der Bereitstellung von Fachinformationen oder bei der Klärung der Frage, ob eine bestimmte politische Entscheidung sachgemäß ist bzw. auf großen Widerstand in der Bevölkerung stößt. So werden die Interessenverbände z. B. regelmäßig in den Ausschüssen des Bundestags gehört. Beachtet werden muss, dass sich viele Interessen (z. B. von Kindern, Arbeitslosen oder Behinderten) nur schwer organisieren lassen und finanzkräftige und mitgliederstarke Verbände mit großen Blockademöglichkeiten bessere Chancen haben, ihre Interessen einzubringen.

Was wir können

Wahlen in der DDR

Am 7. Mai 1989 sind die DDR-Bürger wieder einmal aufgerufen, die „Kandidaten der Nationalen Front“ zu wählen. Das Wahlverfahren ist jedoch nur scheinbar demokratisch: Auf einer von der SED abgesegneten Einheitsliste stehen die Kandidaten – die fast keinem der Wähler bekannt sind. Eine Abstimmung über einzelne Wahlvorschläge ist nicht möglich. Es gibt nur die Unterscheidung zwischen Ja-Stimme, Nein-Stimme und ungültiger Stimme für die gesamte Liste. Was nur wenige DDR-Bürger wissen: Eine Nein-Stimme, also eine Ablehnung des Vorschlags wird nur dann anerkannt, wenn der Wähler auf der Liste jeden einzelnen Namen säuberlich durchstreicht. Jede Abweichung von dieser äußeren Form macht den Stimmzettel ungültig. Zwar ist in jedem Wahlbüro eine Wahlkabine aufgebaut, doch werden die Bürger, welche die Kabine tatsächlich benutzen, von den gestellten, linientreuen Wahlhelfern registriert: In einem sozialistischen Staat hat in ihren Augen ein rechtschaffener Mensch nichts zu verbergen. In der Bevölkerung wird der Gang zur Wahlurne deshalb auch zutreffend als „Zettelfalten“ bezeichnet. Es gibt die ungeschriebene Verpflichtung, an der Wahl teilzunehmen, und die Wahlbeteiligung der DDR-Bevölkerung liegt auch ohne die unmittelbare Anwendung von Druckmitteln bei weit über 90 Prozent. Wer jedoch bis 16 Uhr nicht ins Wahllokal kommt, muss damit rechnen, dass ihn Wahlhelfer zu Hause aufsuchen, um die fehlende Stimme abzuholen. Die Wahlkreise konkurrieren untereinander um die höchste Zustimmungsrate. 99 Prozent sollten es am besten sein – und so muss hier und da manipuliert werden.

Aufgabe
International ist es mittlerweile üblich, dass Wahlbeobachter aus anderen Ländern die heimischen Wahlen überprüfen. Stell dir vor, du wärst einer dieser Wahlbeobachter und müsstest die Wahl vom 7.5.1989 in der DDR beobachten.
Beurteile ausgehend vom Bericht über die Wahlen in der DDR, ob die Wahl als demokratisch bezeichnet werden kann und welche Rolle die Parteien bei dieser Wahl spielen.
Verfasse dazu einen Bericht, den du in einer Pressekonferenz der Öffentlichkeit vorstellen willst.

In einem Bericht vom 7. Mai 1989 über die Wahl im Ort Menz (Brandenburg) hält die Staatssicherheit fest, dass der ehemalige Parteivorsitzende der CDU (Name geschwärzt) alle Kandidaten auf dem Wahlzettel durchgestrichen hat.

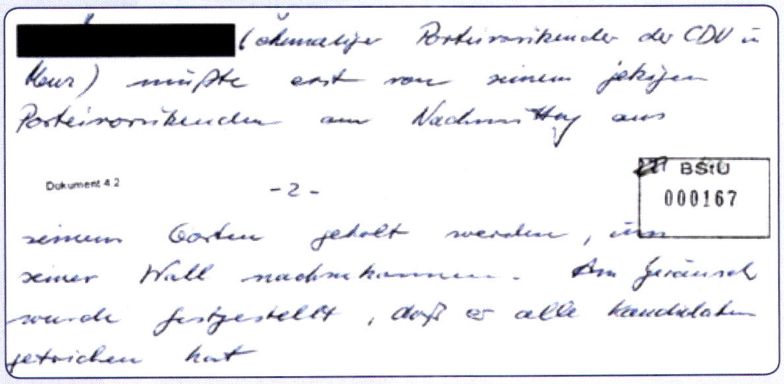
[redacted] (ehemaliger Parteivorsitzender der CDU in Menz) müßte erst von seinem jetzigen Parteivorsitzenden am Nachmittag aus

Dokument 4.2

-2-

BStU 000167

seinem Garten geholt werden, um seiner Wahl nachzukommen. Am Geräusch wurde festgestellt, daß er alle Kandidaten gestrichen hat

Bruno Zandonella, Thema im Unterricht, Wahlen für Einsteiger, Bundeszentrale für politische Bildung, Juli 2009

4.3 Mediendemokratie – braucht die Demokratie Medien?

Welche Rolle spielen die Medien in der Demokratie?

M 1 Pressetexte haben viele Funktionen

Das Wetter am Montag

Die Sparpolitik der Regierung ist unsozial
Die Zeche zahlen die Schwachen

Am Wochenende ist Tag der offenen Tür

Spendenskandal bei UNICEF aufgedeckt
FR-Redakteure Thieme und Schindler mit dem Wächterpreis ausgezeichnet – Vorbilder für guten Journalismus

Debatte
Die Boni mancher Banker sind unmoralisch

Fronten sind verhärtet
Noch keine Annäherung beim Streit um „Stuttgart 21"

Bankraub in der Frankfurter Straße
Täter erbeuten 250.000 Euro

Kuschel-Nachwuchs im Nürnberger Tiergarten

Aktuelles Lexikon
Gesundheitsfonds

Betrug am Patienten
Kritische Journalisten decken Skandal um falsche Arztabrechnungen auf

M 2 Funktionen der Massenmedien

Informationsfunktion
Die Massenmedien sollen so vollständig, sachlich und verständlich wie möglich informieren, damit ihre Nutzerinnen und Nutzer in der Lage sind, das öffentliche Geschehen zu verfolgen. Da unsere Gesellschaft viel zu großräumig geworden ist, kommen wir mit dem direkten Gespräch, der unmittelbaren Kommunikation, nicht mehr aus. Wir als Einzelne und die vielfältigen Gruppen, die in dieser Gesellschaft bestehen, sind darauf angewiesen, miteinander ins Gespräch gebracht zu werden – dafür sollen die Massenmedien sorgen. Dabei müssen wir uns der Tatsache bewusst sein, dass wir die Welt zum großen Teil nicht mehr unmittelbar erfahren; es handelt sich überwiegend um eine durch Medien vermittelte Welt.

Meinungsbildungsfunktion
Bei der Meinungsbildung fällt den Massenmedien ebenfalls eine bedeutsame Rolle zu. Dies ergibt sich aus der Überzeugung, in der Demokratie sei allen am meisten damit gedient, wenn Fragen von öffentlichem Interesse in freier und offener Diskussion erörtert werden. Es besteht dann die Hoffnung, dass im Kampf der Meinungen das Vernünftige die Chance hat, sich durchzusetzen. Da in einer modernen, differenziert strukturierten Gesellschaft eine Vielzahl von mehr oder weniger großen, zum Teil in Konkurrenz zueinander stehenden Interessengruppen existiert, gehört es auch zu den Aufgaben der Mas-

⊕
Der „Wächterpreis der Tagespresse" wird jährlich für kritische Berichterstattung vergeben. Recherchiere auf *www.waechterpreis.de*, welche Missstände von den Preisträgern aufgedeckt wurden. Wähle einen Fall aus, der dich besonders beeindruckt, und stelle den Fall z. B. auf einem Infoplakat vor.

senmedien, diesen Meinungspluralismus in einem angemessenen Verhältnis widerzuspiegeln.

Kritik- und Kontrollfunktion

[..] Ohne Presse, Hörfunk und Fernsehen, die Missstände aufspüren und durch ihre Berichte unter anderem parlamentarische Anfragen und Untersuchungsausschüsse anregen, liefe die Demokratie Gefahr, der Korruption oder der bürokratischen Willkür zu erliegen. Wie die Wirkungsforschung hervorhebt, haben viele Medien über die erwähnten Funktionen hinaus weitere übernommen, zum Beispiel die Thematisierungsfunktion. Diese „agenda setting function", wie sie in den USA heißt, bedeutet, dass diejenigen, die die unterschiedlichen Medien lesen, hören und sehen, genau die Themen für wichtig halten, die darin behandelt werden. Die Medien sind jedoch nicht nur entscheidend dafür verantwortlich, welche Themen auf der Tagesordnung stehen, sondern sie legen auch fest, in welcher Rangfolge der Dringlichkeit diese Themen behandelt werden.

Hanni Chill, Hermann Meyn, Informationen zur politischen Bildung Nr. 260, Massenmedien, hg. von der Bundeszentrale für politische Bildung, Bonn 3/1998

„Agenda-Setting"
Medien bestimmen, welche Themen besondere Bedeutung in der öffentlichen Debatte haben.

M 3 Mediendemokratie – was heißt das?

Der Begriff Mediendemokratie bezeichnet eine Form der Demokratie, in der sich die politische Meinungs- und Willensbildung im Wesentlichen über Massenmedien vollzieht. Deutlich wird dies v.a. in Wahlkampfzeiten: So nennen die Wähler in Deutschland und anderen europäischen Staaten nach mehreren Wahlen in den letzten Jahren das Fernsehen als die wichtigste Informationsquelle für ihre Wahlentscheidung. Meinungsbildung über Medien beinhaltet, dass die Medien durch die Auswahl und Ausgestaltung von Inhalten darüber bestimmen, was auf welche Weise zum öffentlichen Thema wird. [...]

Politikvermittlung durch Medien bedeutet darüber hinaus, dass sich die Politik bzw. die Politiker mediengerecht präsentieren, um Erfolg zu haben. Denn die Bevölkerung tendiert dazu, nur ihre Medienexistenz mit den dazugehörenden Images wahrzunehmen. Die Medien sind demnach nicht nur Beobachter, Kritiker und Kontrolleure politischer Ereignisse und staatlicher Macht („vierte Gewalt"). Sie stellen vielmehr einen Faktor dar, der politische Einstellungen und Stimmungen beeinflusst und ein bestimmtes Meinungsklima zugunsten oder zuungunsten einer Partei, einer Person oder einer politischen Forderung vermittelt. Medien bestimmen dadurch die Politik mit.

Schülerduden Politik und Gesellschaft, 5. Aufl., Mannheim 2005, S. 260

Aufgaben

1. Ordne die Schlagzeilen in M 1 den Funktionen der Massenmedien in M 2 zu und begründe deine Zuordnung.
2. „Die Politik und die Politiker brauchen die Medien – die Medien brauchen die Politik und die Politiker" – Erläutere diese Aussage (M 3).

Presse- und Meinungsfreiheit – ein hohes Gut

M 4 Die Säulen der Demokratie ...

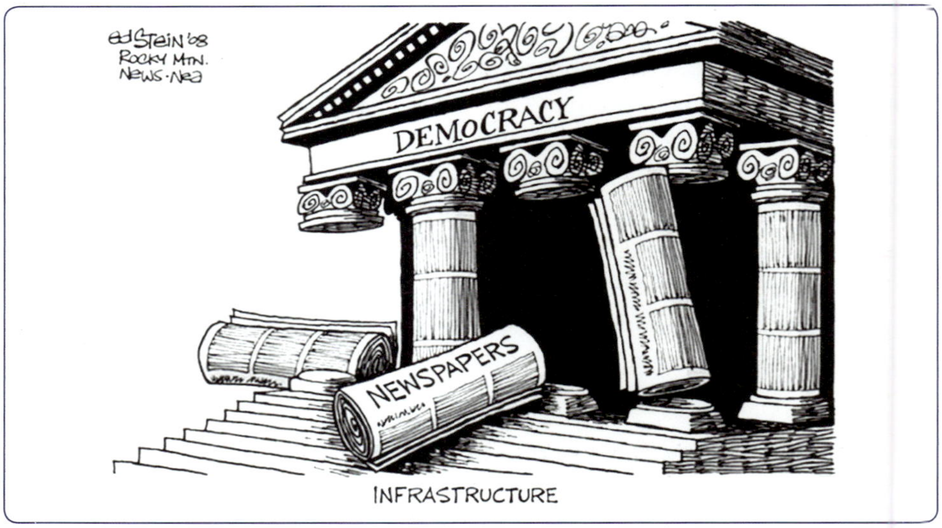

Karikatur: Ed Stein

M 5 Was wäre, wenn ...

Presse- und Meinungsfreiheit im Grundgesetz
„Jeder hat das Recht, seine Meinung in Wort, Schrift und Bild frei zu äußern und zu verbreiten und sich aus allgemein zugänglichen Quellen ungehindert zu unterrichten. Die Pressefreiheit und die Freiheit der Berichterstattung durch Rundfunk und Film werden gewährleistet. Eine Zensur findet nicht statt."
Artikel 5 (1) GG

Was wäre, wenn es nur noch einen staatlichen Fernsehkanal gäbe, in dem ausschließlich wiedergegeben würde, was die gerade jeweils Regierenden für gut und nützlich halten? Was wäre, wenn Journalisten alles, was sie schreiben, einem Zensor vorlegen müssten, der – mangels besseren Wissens – alles streicht, was er nicht versteht? Freie, vor allem auch kritische Medien, sind aus einer echten Demokratie nicht wegzudenken. Demokratie, das lehrt uns nicht nur die Theorie, sondern einfach auch die Erfahrung, braucht Kontrolle. Tagtäglich. Wenn in einer abgelegenen Region Russlands [...] Sozialabgaben dazu benutzt werden, dem lokalen Machthaber eine neue Datscha zu bauen und ein mutiger Lokalreporter dem Skandal auf die Spur kommt, geschieht Folgendes: Der Journalist wird von seinem Chefredakteur gelobt – und erhält die Auskunft, dass man dies unmöglich veröffentlichen könne, er wisse schon, der lokale Machthaber habe so gute Verbindungen bis hinauf nach Moskau. Wenn der Journalist dann trotzdem darauf besteht, seine Rechercheergebnisse dem staunenden Leser zu vermitteln, wird er eines Abends vor seiner Wohnung auf brutale Schläger treffen – und im besten Fall lediglich im Spital landen. [...] Journalismus ist ein schwieriges Handwerk – das steht außer Frage. Und ein sehr viel verantwortungsvolleres, als viele glauben. Ohne journalistische Kontrolle aber gerät die Demokratie erstaunlich schnell in Schieflage.

Susanne Scholl, www.mein.salzburg.com, 11.5.2010

M 6 Die rechtliche Stellung der Medien

Die rechtliche Stellung der Medien

Freiheit der Medien

Art. 5 (1) GG:
- Pressefreiheit, Freiheit der Berichterstattung durch Rundfunk und Film
- Meinungs- und Informationsfreiheit
- Zensurverbot

Zeugnisverweigerungsrecht für Journalisten

Gefährdung z.B. durch:
- Pressekonzentration
- Verflechtungen von Medien und Politik
- mangelnde Berufsethik von Journalisten

Einschränkungen

gesetzlich

Art. 5 (2) GG:
Schranken durch:
- allg. Gesetze
- gesetzl. Bestimmungen zum Schutz der Jugend
- Persönlichkeitsrechte

Gegendarstellungsrecht bei Tatsachenbehauptungen

freiwillige Selbstverpflichtung

Pressekodex des Deutschen Presserats

aber: keine rechtlichen Sanktionsmöglichkeiten

M 7 Pressefreiheit in Deutschland in Gefahr?

In Deutschland ist die Pressefreiheit weniger vom Staat bedroht; bei Verletzung des Redaktionsgeheimnisses durch Sicherheitsbehörden greift das Bundesverfassungsgericht ein und lehrt die Staatsbehörden den Wert der Pressefreiheit für die Demokratie. Die Bedrohung der Pressefreiheit besorgen die Medien heute in erster Linie selber. Die Qualität des Journalismus sinkt, weil Medienunternehmen mit den Medien mehr Geld verdienen wollen als früher. [...]
In Redaktionskonferenzen ist das diskussionsfreudige Klima verschwunden, offenbar haben die wirtschaftlichen Schwierigkeiten, in die viele Zeitungen geraten sind, und die Existenzängste nicht weniger Redakteure damit zu tun. [...] Zu beklagen ist die Verquickung von Journalismus, Politik und Wirtschaft, zu beklagen ist also die Tatsache, dass sich immer mehr Journalisten zu Büchsenspannern und Handlangern vor allem von Wirtschaftslobbys machen lassen. [...]
Gelegentlich werden Fälle bekannt, in denen die Staatsanwaltschaft und Polizei die Telefone von Journalisten überwacht haben. Schlimmer als diese staatlichen Lauscher sind Medien-Manager und Finanzinvestoren, für die Zeitungen nur Produkte zum Geldverdienen sind wie andere auch – und die Redaktionen immer billiger machen wollen.

Heribert Prantl, Pressefreiheit in Deutschland, http://www.goethe.de, Abruf am 10.11.2010

Aufgaben

1. Formuliere die Kernaussage der Karikatur in M 4. Stimmst du der Sichtweise des Karikaturisten zu?
2. Überlege, ob und ggf. wodurch sich die Säulen ersetzen ließen (M 4).
3. Nenne Gründe, warum die Pressefreiheit ein so hohes Gut ist (M 5).
4. Erläutere, wodurch der Verfasser in M 7 die Pressefreiheit in Deutschland gefährdet sieht.

Was wir wissen

Informationsgesellschaft
M 1 – M 3

Unsere Gesellschaft wird häufig als Informations- oder Wissensgesellschaft bezeichnet. Darin drückt sich die herausragende Bedeutung des Wissens bzw. der Übermittlung von Wissen durch Informationen für den Einzelnen und die Gesellschaft aus. Die Informationsgesellschaft gründet sich auf moderne, sich rasant entwickelnde, hoch technisierte Massenmedien, wie Fernsehen, Zeitungen oder das Internet. Sie bestimmen unser Alltagsleben heute nachhaltig und führen zu einer Ausweitung und Beschleunigung der Kommunikation in allen Lebensbereichen. Als Massenmedien werden die technischen Mittel bezeichnet, die Massenkommunikation ermöglichen. Massenkommunikation ist eine besondere Form der zwischenmenschlichen Kommunikation, da sie öffentlich, indirekt und (in der Regel) einseitig abläuft.

Funktionen der Medien
M 2, M 3

Da wir in einer immer komplexer werdenden Welt die wenigsten Informationen durch eigene Erfahrung oder im direkten Gespräch gewinnen können, sind wir auf die Informationen der Massenmedien angewiesen. Die Massenmedien sollten so vollständig, sachlich und verständlich wie möglich informieren, damit ihre Nutzer in die Lage versetzt werden, die Bedeutung von Ereignissen zu begreifen, die Funktionsweise des politischen Systems zu durchschauen und ihre eigenen Interessenlagen zu erkennen. Auch bei der Meinungsbildung fällt den Massenmedien eine bedeutsame Rolle zu. Diese ergibt sich aus der Funktionsweise einer pluralistischen Gesellschaft. Die Medien sollen die Vielfalt der in der Bevölkerung bestehenden Überzeugungen widerspiegeln und sie in die öffentliche Diskussion einbringen. Ohne Medien wäre es schwer, alternative Positionen und Meinungen einer breiten Öffentlichkeit zugänglich zu machen. Außerdem decken Journalisten durch eigene Recherchen immer wieder politische Missstände auf. Deshalb werden die Medien auch als „vierte (kontrollierende) Gewalt" bezeichnet.

Presse- und Meinungsfreiheit
M 4 – M 7

Voraussetzung für die ungehinderte Information durch die Medien ist die in Art. 5 GG verankerte Meinungs- und Pressefreiheit. Danach hat jeder das Recht, seine Meinung in Wort, Schrift und Bild frei zu äußern und zu verbreiten und sich aus allgemein zugänglichen Quellen ungehindert zu unterrichten. Dies gilt für die Medien als Institutionen sowie für jeden Einzelnen. Art. 5 wird als Fundament jeglicher freiheitlichen Demokratie betrachtet. Ohne freie Meinungs- und Willensbildung kann es keine freien Wahlen und keine demokratische Mitwirkung der Bürger geben. Gefährdungen für die freie Meinungsbildung ergeben sich vor allem aus der zunehmenden Pressekonzentration und engen personellen und wirtschaftlichen Verflechtungen von Medien und Politik. Der Presserat sorgt dafür, dass sich die Berichterstattung an rechtlichen und moralischen Prinzipien (Pressekodex) orientiert.

WikiLeaks

Dürfen wir alles wissen?

„We open governments" ist das Motto von WikiLeaks: „Wir machen Regierungen transparent". Die Organisation bietet eine Internetseite für sogenannte Whistleblower. Das sind Personen, die geheime Informationen an die Öffentlichkeit bringen. [...] Eine wichtige Veröffentlichung auf WikiLeaks ist unter dem Namen Cablegate bekannt geworden: Im November 2010 hat Wikileaks mit der Veröffentlichung von etwa 250.000 Berichten US-amerikanischer Diplomaten begonnen. Neben Depeschen, die US-Botschafter über internationale Politiker angefertigt hatten, kamen auch weitere Informationen zu den von Amerika geführten Kriegen ans Licht, aber auch Einschätzungen zur Situation Nordkoreas, zu den Staaten Südamerikas und zum iranischen Atomprogramm.

Frida Thurm, www.blog.zeit.de, 8.12.2010

Pro und Kontra WikiLeaks – Hat die Öffentlichkeit ein Recht auf alle Informationen?

Werner Weidenfeld, Jahrgang 1947, ist Professor für Politische Wissenschaften an der Ludwig-Maximilians-Universität München; Sascha Lobo, Jahrgang 1975, ist Blogger, Unternehmer und Berater.

Weidenfeld: Nein. Im Gegenteil. Sie müssen in Demokratien verschiedene Formen der Kommunikation zulassen. Die Regierung etwa muss die Möglichkeit haben, bestimmte Dokumente als geheim zu kennzeichnen. Sonst würde sich ja die Kommunikation der Politik darauf beschränken, was sie sowieso öffentlich sagen wollen in Fernsehauftritten oder in Interviews. Damit wäre die Politik reduziert auf einen ganz minimalen Prozentsatz ihrer Kommunikation. Und das würde alle beschädigen. [...] Im diplomatischen Dienst gehören solche durchaus subtilen, sensiblen Beurteilungen zum Kerngeschäft. Unter den Vorzeichen der Indiskretion sind die kaum mehr möglich.

subtil = fein

Indiskretion = Verrat

Lobo: Die Öffentlichkeit hat ein Recht auf mehr Informationen, als sie im Moment bekommt. Regierungen neigen offenbar dazu, Dinge im Geheimen zu besprechen, obwohl sie eigentlich in Volkes Auftrag handeln sollten. Dinge werden als geheim klassifiziert, auf die die Öffentlichkeit durchaus ein Recht hat. Zu dieser Kontrolle ist ja die freie Presse da. WikiLeaks ist eine Art Verlängerung der freien Presse in das Internetzeitalter – als Quelle für investigativen Journalismus. Nicht umsonst arbeitet WikiLeaks mit den renommiertesten publizistischen Organen weltweit zusammen.

investigativ = enthüllend, nachforschend

Claudia Witte, www.tagesschau.de, 29.3.2011

Aufgabe

Hat die Öffentlichkeit ein Recht auf alle Informationen? Entscheide dich für eine der beiden gegensätzlichen Positionen und begründe deine Entscheidung.

BUNDESRAT

ES GEHT UM MEHR
8%
für mehr
Gerechtigke

5

Der politische Entscheidungsprozess

Die Verfassung gibt vor, wie ein Gesetz zu Stande kommt und welche Akteure daran beteiligt werden müssen. Wer darf in Deutschland Gesetze initiieren und beschließen? Wie können die unterschiedlichen Akteure ihre Interessen in den Entscheidungsprozess einbringen?

Kompetenzen

Am Ende dieses Kapitels solltest du Folgendes können:

- die Stellung des Bundeskanzlers im politischen System erläutern
- die Arbeitsweise und die Kontrollfunktion des Deutschen Bundestages sowie die Stellung der Abgeordneten des Deutschen Bundestages darstellen
- den Gang der Gesetzgebung an einem Beispiel erläutern
- den Politikzyklus auf ein politisches Problem anwenden
- beurteilen, ob extreme politische Parteien verboten werden sollten

Was weißt du schon?

- Sammelt alle politischen Akteure, die euch einfallen, auf einem Blatt. Ihr könnt euch zu Beginn an den Bildern auf dieser Seite orientieren.
- Welche dieser politischen Akteure haben großen Einfluss auf die Politik und sind mächtig?
  Erstellt eine Hierarchie und beginnt mit dem eurer Ansicht nach mächtigsten Akteur. Begründet eure Entscheidung und übertragt eure Ergebnisse auf ein Plakat.

5.1 Herrschaft und Kontrolle: Regierung und Opposition

Was heißt regieren?

M 1 Was macht ein Bundeskanzler?

M 2 Regieren? Regieren!

Opposition = im Parlament die Gruppe von Abgeordneten, die der Regierungsmehrheit gegenübersteht

Der ehemalige SPD-Vorsitzende Franz Müntefering sagte einmal: „Opposition ist Mist. Lasst das die anderen machen – wir wollen regieren." Alle Politiker wollen regieren! Sie treten in Wahlkämpfen für ihre Parteien an, um eine Mehrheit zu erreichen und „an die Regierung zu kommen". Denn wer regiert, hat die Macht im Land und kann seine politischen Vorstellungen umsetzen. Die Regierung kann weitreichende Entscheidungen vorbereiten und beeinflussen: Sie kann (zusammen mit den Abgeordneten im Bundestag) entscheiden, ob Steuern erhöht werden, ob die Bundeswehr zu einem Einsatz ins Ausland geschickt wird, ob soziale Leistungen gekürzt werden oder ob man mehr Geld in Bildung investiert. Die Politiker, die nicht an der Regierung beteiligt sind, haben dagegen nur wenig Einfluss auf die Politik. Sie können meist nur in der Öffentlichkeit sagen, dass sie anderer Meinung sind. Allein die Regierung ist berechtigt, den Kurs des Landes zu bestimmen, und deswegen wollen Politiker regieren.

M 3 Aufbau und Arbeitsweise der Bundesregierung

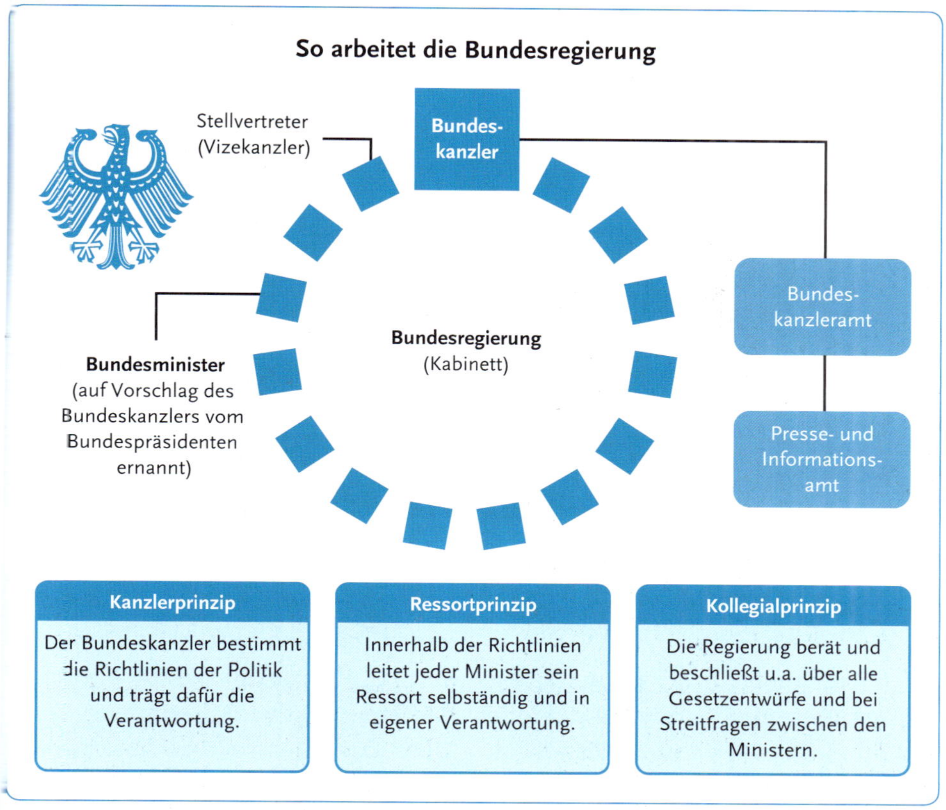

Bergmoser + Höller Verlag AG, Zahlenbilder 67 123

Artikel 65 GG
„Der Bundeskanzler bestimmt die Richtlinien der Politik und trägt dafür die Verantwortung."

M 4 Wie mächtig ist der Bundeskanzler?

Der Bundeskanzler wird häufig als mächtigster politischer Akteur in Deutschland bezeichnet. Dies liegt daran, dass er sowohl gegenüber dem Parlament eine besondere Rolle einnimmt als auch innerhalb der Bundesregierung über eine Sonderstellung verfügt. So wird innerhalb der Bundesregierung nur der Bundeskanzler direkt vom Bundestag gewählt. Alle anderen Mitglieder der Regierung werden auf seinen Vorschlag hin vom Bundespräsidenten ernannt. Damit verfügt er über eine besondere demokratische Legitimation. Innerhalb der Bundesregierung besitzt der Bundeskanzler die Richtlinienkompetenz. Das bedeutet, dass er die Grundlinien der Politik, also die allgemeine politische Ausrichtung der Regierungspolitik, bestimmen kann. Gegen den Willen des Kanzlers kann innerhalb der Regierung keine Entscheidung getroffen werden. Das Kabinett kann ihn nicht einfach überstimmen. Wie der Bundeskanzler diese Richtlinienkompetenz ausfüllen kann, hängt entscheidend von seiner Persönlichkeit, seiner Beliebtheit innerhalb der Bevölkerung und seinem Regierungsstil ab. Seine Macht ist natürlich dann beschränkt, wenn er mit einer Koalition

Legitimation = Rechtfertigung der Ausübung staatlicher Gewalt, hier: durch eine Wahl

Kabinett = die Personen, die die Bundesregierung bilden, d.h. der Bundeskanzler und seine Minister

In den wöchentlichen Kabinettssitzungen werden Gesetzesvorlagen beraten und beschlossen und politische Probleme diskutiert.

aus verschiedenen Parteien regiert, da er auf andere Parteien einen geringeren Einfluss besitzt.

Auch gegenüber dem Parlament verfügt er über eine Sonderrolle. Wenn der Bundeskanzler den Eindruck hat, dass die Mehrheit der Abgeordneten im Parlament seine Politik nicht mehr unterstützt, dann kann er im Deutschen Bundestag die Vertrauensfrage stellen. Wird er nicht mehr von der Mehrheit der Abgeordneten unterstützt, so kann er Neuwahlen herbeiführen. Viele Abgeordnete fürchten bei Neuwahlen um ihre Wiederwahl und werden so den Kanzler eher unterstützen. Aber wehrlos ist das Parlament beileibe nicht. Das Parlament verfügt über ein starkes Machtmittel: das konstruktive Misstrauensvotum. Über das konstruktive Misstrauensvotum kann das Parlament den Kanzler und damit die gesamte Regierung abwählen. Das Parlament muss dazu allerdings einen neuer Kanzler wählen, weswegen das Misstrauensvotum „konstruktiv“ – durch die Wahl eines Nachfolgers – und nicht „destruktiv“ – durch die reine Abwahl eines Kanzlers – ist.

⊕ Benenne die Kabinettsmitglieder und ihr Ressort.

⊕ Recherchiere im Grundgesetz, welche Artikel – neben Art. 65 – die Stellung des Bundeskanzlers beschreiben.

Aufgaben

1. Was heißt regieren? Sammelt Überschriften und Berichte aus aktuellen Zeitungen, die deutlich machen, welche politischen Probleme die Bundesregierung gerade bearbeitet (M 1, M 2).
2. Erkläre, welche Prinzipien die Regierungsarbeit leiten (M 3).
3. Der Bundeskanzler gilt als mächtiger politischer Akteur. Was kann er tun, um seine Vorstellungen durchzusetzen? Stelle eine Liste der Machtinstrumente des Bundeskanzlers zusammen. Welches Machtinstrument erscheint dir am wirkungsvollsten? Erstelle eine Hierarchie (M 3, M 4).

Wer kontrolliert die Regierung?

M 5 Die Opposition – Gegenspielerin der Regierung

Die politische Grenzlinie verläuft in erster Linie nicht mehr zwischen dem Parlament auf der einen und der Regierung auf der anderen Seite, die entscheidende Trennungslinie liegt in einem parlamentarischen System zwischen der Regierungs- beziehungsweise Parlamentsmehrheit und der Regierung auf der einen sowie der Opposition auf der anderen Seite. Die Regierungsmehrheit, die heute einen Regierungschef wählt, kann morgen nicht so tun, als ob sie mit dessen Person und Regierung nichts verbinde. Durch eine Verweigerung der Zusammenarbeit mit dem von ihr gestellten Regierungschef würde sie sich selbst einen Fehler bescheinigen – nämlich denjenigen, den falschen Kanzler gewählt zu haben. Die Brücke, über die Parlamentsmehrheit und Regierung im heutigen parlamentarischen Regierungssystem verbunden sind, bilden die Parteien. Jedoch muss dies nicht unbedingt bedeuten, dass Regierung und Parlamentsmehrheit eine absolute Einheit darstellen. Die unterschiedliche Intensität der Beziehungen zwischen diesen beiden Organen hängt in erster Linie ab von der Anzahl der Parteien, die zur Bildung einer Regierung notwendig sind.

Emil Hübner, Informationen zur politischen Bildung Nr. 227, Parlamentarische Demokratie 1, Neudruck 1993, S. 26 f.

Welche Aufgaben hat die Opposition?

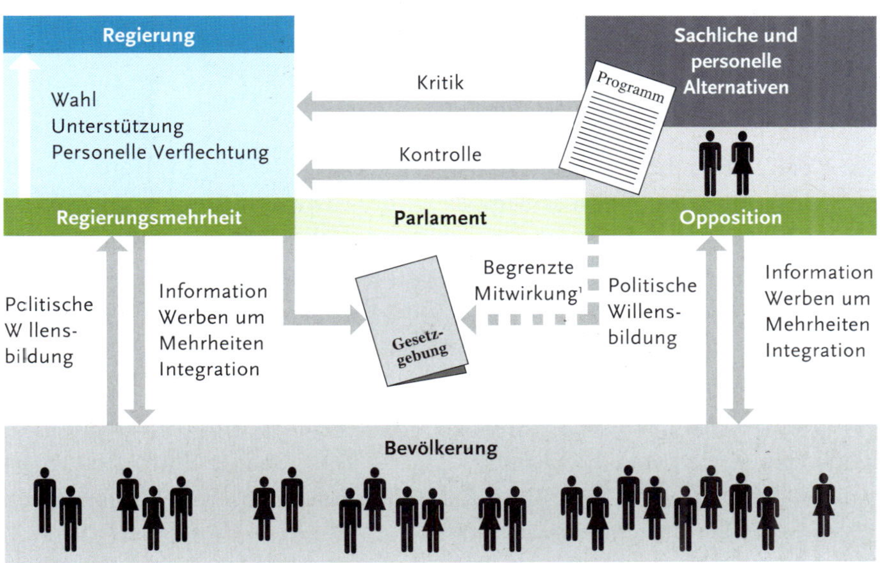

nach: Bergmoser + Höller Verlag AG, Zahlenbilder 67 260, ¹über Ausschüsse, evtl. Bundesrat

M 6 Wie können Abgeordnete die Regierung kontrollieren?

Stelle dir folgende Situation vor: Die Regierung möchte eine allgemeine Maut für PKW einführen und bringt einen entsprechenden Gesetzesvorschlag in den Bundestag ein. Doch viele Abgeordnete, auch der Regierungsparteien, sind damit nicht einverstanden. Wie sollen sie ihre Kritik äußern?

Folgende Maßnahmen stehen den Abgeordneten zur Verfügung:

- ✓ in einer nicht-öffentlichen Versammlung Bedenken gegenüber der Parteispitze äußern
- ✓ in einer Fernsehtalkshow die Regierung offen und hart kritisieren
- ✓ noch nicht veröffentlichte Informationen heimlich und anonym an die Presse geben
- ✓ in einem Fachausschuss des Bundestages hinter verschlossenen Türen Kritik üben
- ✓ im Kreis aller Abgeordneten ihrer Partei (Fraktion) Bedenken äußern
- ✓ eine Aktuelle Stunde im Bundestag beantragen, in der in aller Breite und öffentlich Mitglieder der Regierung Stellung nehmen müssen. Die Debatte wird sogar im Fernsehen übertragen
- ✓ auf einem Parteitag eine Rede halten, in der sie die Politik der Regierung geißeln

M 7 Interview mit dem Bundestagsabgeordneten Ernst-Reinhard Beck

Herr Beck, braucht die Regierung eine Kontrolle durch den Bundestag?

Das System der Gewaltenteilung in Legislative, Exekutive und Judikative bedeutet die Aufteilung staatlicher Gewalt in sich gegenseitig kontrollierende und beschränkende Gewalten. Eine der Hauptaufgaben des Bundestages ist die Kontrolle der Bundesregierung, denn Machtmissbrauch wird am besten durch Machtkontrolle verhindert.

Dem Bundestag stehen verschiedene Kontrollinstrumente zur Verfügung. Welche dieser Instrumente halten Sie für besonders wirkungsvoll?

Neben einer „Aktuellen Stunde" haben die Fraktionen die Möglichkeit, die Regierung mittels „Kleiner Anfragen" und „Großer Anfragen" zu kontrollieren. Darüber hinaus können Fraktionen die Einsetzung von Untersuchungsausschüssen beantragen, in denen Verfehlungen geklärt wer-

Untersuchungsausschuss
Die Abgeordneten des Bundestages können einen Untersuchungsausschuss bilden, wenn mindestens ein Viertel aller Abgeordneten zustimmen. Ziel des Ausschusses ist die Aufklärung politischer Missstände.

den sollen. Dem einzelnen Abgeordneten steht die Möglichkeit offen, vier schriftliche Anfragen pro Monat und bis zu zwei mündliche Fragen pro Sitzungswoche zu stellen. Als schärfste Form der Kontrolle steht dem Parlament das konstruktive Misstrauensvotum zur Verfügung. In diesem Fall wählt die Mehrheit der Mitglieder des Bundestages einen neuen Kanzler. All diese Instrumente werden vorwiegend von der Opposition eingesetzt. Die Regierungsfraktionen kontrollieren eher nicht in der Öffentlichkeit.

Nehmen aus Ihrer Sicht auch die Regierungsfraktionen ihr Recht, die Regierung zu kontrollieren, wahr?

Die Mitglieder der Regierungsfraktionen üben ihr Kontrollrecht über ihre eigene Regierung eher intern – in Fraktions- und Arbeitsgruppensitzungen – aus. Selten sind daher schriftliche oder mündliche Fragen an die Regierung.

Inwieweit wird die öffentliche Wirkung bei der Auswahl der Instrumente in der Fraktion berücksichtigt?

Bei der Auswahl der Instrumente ist die öffentliche Wirkung von entscheidender Bedeutung. Die größte Wirkung erzielt man, wenn das Fernsehen das Thema aufgreift.

Interview des Autors Erik Müller mit Ernst-Reinhard Beck über die Wahrnehmung der Kontrollrechte des Bundestags durch die Abgeordneten

Ernst-Reinhard Beck sitzt für die CDU im Deutschen Bundestag.

Aufgaben

1. Versetze dich in einen Abgeordneten der Regierungsfraktion und der Opposition. Entscheide auch mithilfe von M 6, welche Maßnahmen die beiden treffen sollen, um Kritik an der Regierung zu üben. Wähle dazu die Maßnahmen aus, die dir am sinnvollsten erscheinen und begründe deine Auswahl.
2. Überprüfe die folgenden Aussagen zur Kontrolle der Regierung. Stimmen sie? Begründe deine Entscheidungen (M 6, M 7).
   - Hauptaufgabe des Bundestages ist die Kontrolle der Regierung.
   - Bei der Auswahl der Kontrollmöglichkeiten ist die öffentliche Wirkung von entscheidender Bedeutung.
   - Nur die Opposition kontrolliert die Regierung.
   - Regierung und Parlament sind nicht vollständig voneinander getrennt.

zu Aufgabe 2
Entwirf weitere Aussagen zur Kontrolle der Regierung und lasse sie von deinem Nachbarn überprüfen.

Wie frei ist ein Abgeordneter?

M 8 Die Streitfrage: Mopedfahren schon ab 15 Jahren?

Ein Gesetzentwurf der Bundesregierung sieht vor, dass künftig bereits 15-Jährige einen Führerschein der Klasse M erwerben dürfen. Dieser erlaubt das Fahren von Mopeds und kleineren vierrädrigen Gefährten wie Quads mit einer Höchstgeschwindigkeit von bis zu 45 Stundenkilometern. Bislang durften 15-Jährige nur auf 25 Stundenkilometer gedrosselte Mofas fahren. Die Regierung will damit die Mobilität von Jugendlichen vor allem auf dem Land verbessern. Die Entscheidung ist umstritten und in vielen Internet-Foren wird darüber diskutiert, ob Jugendliche damit nicht überfordert sind.

Stephan (8.7.2010 16:04)
Na endlich ... Ich sehe das mal aus Sicht der schnelleren Verkehrsteilnehmer: Mofas sind extreme Verkehrsbehinderer (weil sie nicht mal auf den Fahrradweg dürfen!), da man sie bei unserer hohen Verkehrsdichte oft nur mit hohem Risiko oder längere Zeit gar nicht überholen kann. Gut, dass das bald ein Ende hat. Davon abgesehen reizt es die Jugendlichen dann auch sicher deutlich weniger, ihr Fahrzeug zu frisieren.

Heidi (7.7.2010 19:08)
Ich finde die Idee absolut super. Ich muss sonst meine Tochter noch ein Jahr lang zum Reiten fahren (12 Kilometer Landstraße). Mit dem Mofa ist es deutlich gefährlicher.

Gerd (7.7.2010 17:34)
Es ist doch unverantwortlich, dass die Jugend, die sich sonst auch kaum an Regeln hält, jetzt eine Lizenz zum Schnellfahren bekommt.

Anne (7.7.2010 16:56)
Sind unsere Politiker jetzt völlig verrückt geworden? Seit in Österreich 15-Jährige Moped fahren dürfen, steigt die Zahl der Moped-Unfälle dort sprunghaft. Und das wollen wir jetzt auch bei uns?

Ralf (8.7.2010 20:02)
Ich habe eine Schreinerei auf dem Land in einem kleinen Dorf. Busse gibt es nicht. Also habe ich Probleme, Azubis zu bekommen, weil diese oft nicht mobil sind. Wenn die in Zukunft Moped fahren dürfen, wäre mir damit sicher geholfen.

M 9 Der Abgeordnete – wie soll er entscheiden?

Der Deutsche Bundestag soll entscheiden, ob der Mopedführerschein bereits für 15-Jährige eingeführt werden soll. Diese Entscheidung ist nicht unumstritten und die Abgeordneten werden von unterschiedlicher Seite beeinflusst. Irgendwann muss der Abgeordnete aber wissen, ob er dem Gesetz zustimmt oder nicht. Sein Problem ist dabei, dass er es nicht allen recht machen kann.

Elterngruppe
Du vertrittst eine Gruppe von Eltern aus dem Wahlkreis des Abgeordneten. Ihr habt euch zusammengeschlossen, da ihr davon überzeugt seid, dass es viel zu gefährlich ist, eure Kinder schnelle Mopeds fahren zu lassen. Erfahrungen aus Österreich haben gezeigt, dass es zu vielen schweren Unfällen kommt. Der Abgeordnete will kommendes Wochenende in den Wahlkreis kommen und ihr plant bereits eine Kundgebung auf dem Marktplatz, um auf eure Forderung aufmerksam zu machen.

Fraktionsführer der Regierungspartei
Die Mehrheit der Abgeordneten und auch die Regierung sind dafür, die Altersgrenze abzusenken. Innerhalb der Fraktion gibt es aber einige Abgeordnete, die sich nicht sicher sind, ob sie dem Vorschlag zustimmen. Der Bundeskanzler hat mit dir telefoniert und er wünscht sich, dass die Fraktion im Bundestag geschlossen zustimmt und das Thema damit endlich erledigt ist.

Einfacher Abgeordneter der Regierungsfraktion
Du bist Mitglied des Verkehrsausschusses und musst bald entscheiden, ob du für oder gegen den Gesetzentwurf stimmst. Im Vorfeld setzen sich verschiedene Menschen mit dir in Verbindung, um deine Entscheidung zu beeinflussen.

Azubi in einem Betrieb auf dem Land
Du bist 15 Jahre alt und um in die Berufsschule zu kommen, musst du sehr weit fahren. Mit dem Bus ist das fast nicht zu schaffen. Ein Moped würde dir sehr helfen. Du hast bereits mit den anderen Berufsschülern gesprochen und dabei gemerkt, dass es sehr vielen von ihnen auch so geht wie dir.

Vorsitzender der Handwerkskammer der ländlichen Region
Viele eurer Auszubildenden haben große Schwierigkeiten, den Ausbildungsbetrieb oder die Berufsschule mit öffentlichen Verkehrsmitteln zu erreichen. Deine Hoffnung ist, dass sich diese Situation entspannen würde, wenn 15-Jährige bereits Moped fahren dürften.

M 10 Die Vertreter des Volkes

Fraktion
Die Fraktionen sind Vereinigungen von mind. 5 % der Mitglieder des Bundestages, die derselben Partei angehören. Mit dem Fraktionsstatus sind bestimmte Rechte verbunden.

Gruppe
Abgeordnete, deren Zusammenschluss nicht Fraktionsstärke erreicht, können sich zu Gruppen zusammenschließen. Gruppen haben weniger Rechte als Fraktionen.

Art. 38, 1 GG
(1) Die Abgeordneten des Deutschen Bundestages werden in allgemeiner, unmittelbarer, freier, gleicher und geheimer Wahl gewählt. Sie sind Vertreter des ganzen Volkes, an Aufträge und Weisungen nicht gebunden und nur ihrem Gewissen unterworfen.

Die Abgeordneten des Deutschen Bundestags sind stellvertretend für die Bürgerinnen und Bürger in Deutschland gewählt, um für das Volk die richtigen Entscheidungen zu treffen. Wir geben ihnen bei der Wahl mit unserer Stimme den Auftrag, die Interessen der ganzen Bevölkerung im Parlament zu vertreten. Mit unserem Votum für einen Abgeordneten ist aber keinesfalls ein konkreter Auftrag verbunden – etwa wie sich ein Abgeordneter bei einer bestimmten Abstimmung verhalten soll. Das ist das Prinzip des freien Mandats – und im Grundgesetz festgeschrieben.

Wenn wir die Abgeordneten für vier Jahre in den Bundestag wählen, dann treffen wir diese Entscheidung aber nicht nur wegen ihrer Person, sondern auch aufgrund ihrer Zugehörigkeit zu einer politischen Partei. Bei der Zweitstimme wird es besonders deutlich: Damit wählen wir eine Partei, keine Person. Das hat einen Grund: Parteien spielen in einer Demokratie eine wichtige Rolle. Wenn wir einen Politiker wählen, dann gibt uns seine Mitgliedschaft in einer Partei Aufschluss über seine politischen Überzeugungen und Ziele. Im besten Fall wissen wir also, für welches politische Programm der einzelne Kandidat steht. Um solche Interessen aber auch im Parlament durchzusetzen, bilden Abgeordnete Fraktionen.

Wenn es nun also um Abstimmungen geht, erwarten die Fraktionen in der Regel von ihren Mitgliedern, dass sie so votieren, wie es zuvor beschlossen wurde. Das bezeichnet man als Fraktionsdisziplin. Einen rechtlichen Zwang, im Sinne der eigenen Fraktion auftreten oder abstimmen zu müssen, gibt es jedoch nicht. Das freie Mandat sichert somit die individuelle Verantwortlichkeit der Abgeordneten und die Fraktionsdisziplin seine kollektive Verantwortlichkeit. Aber es gibt auch Abstimmungen – oft über Fragen, die besonders das Gewissen jedes einzelnen Abgeordneten berühren – bei denen die Fraktionsdisziplin bewusst aufgehoben ist.

dpa, http://www.bundestag.de/btg_wahl/wahlinfos/abgeordnete/index.jsp (20.11.2010)

Aufgaben

1. Formuliere ausgehend von den Kommentaren in M 8 Argumente für bzw. gegen das Absenken der Altersgrenze für den Moped-Führerschein.
2. Bildet Gruppen und teilt die fünf Rollen untereinander auf. Stellt euch vor, der Abgeordnete hat euch alle in seine Bürgersprechstunde eingeladen. Ihr müsst nun versuchen, ihn von eurer Position zu überzeugen. Im Anschluss an das Streitgespräch muss der Abgeordnete sich entscheiden und seine Entscheidung vor der Klasse begründen (M 9).
3. In Art. 38, 1 GG steht, dass die Abgeordneten des Deutschen Bundestages in ihren Entscheidungen frei und nur ihrem Gewissen unterworfen sind. Arbeite heraus, warum der Abgeordnete in der Praxis der Parlamentsarbeit auch die Wünsche seiner Fraktion berücksichtigen muss (M 10).

zu Aufgabe 3
Stelle das Spannungsverhältnis, in dem sich die Abgeordneten befinden, in einer Zeichnung oder Karikatur dar.

Wie arbeitet der Deutsche Bundestag?

M 11 Wo sind die Abgeordneten?

Bundestagsdebatten finden häufig vor leeren Rängen statt. Auch in der Öffentlichkeit werden sie kaum wahrgenommen. Politik-Talkshows erzielen dagegen regelmäßig hohe Einschaltquoten.

M 12 Ist die Kritik am Parlament berechtigt?

Abgeordnete sind verpflichtet, an Ausschusssitzungen zu den Gesetzen teilzunehmen, die ihr Ausschuss (z. B. der Verteidigungsausschuss) gerade bearbeitet. Sie müssen Fachleute hören und umfangreiches Informationsmaterial durcharbeiten, das ihr Mitarbeiterstab oder der wissenschaftliche Dienst des Bundestages zusammengetragen haben; es kostet sie Zeit, etwa im Arbeitskreis ihrer Fraktion eine kritische Anfrage an die Bundesregierung zu formulieren oder sich um Kontakte zu den Medien zu kümmern, ohne die sie ihre Anliegen nicht wirksam vertreten können. Auch für die Einzelinteressen und Probleme der Bürgerinnen und Bürger setzen sich die Abgeordneten oft in mühsamer Kleinarbeit ein. Die Arbeit im Wahlkreis erfordert zusätzlichen Zeitaufwand.

Da muss die Plenumsdebatte oft zurückstehen. Dort werden nach getaner Ausschussarbeit häufig die allen Abgeordneten bereits bekannten Argumente ausgetauscht, die niemanden, der sich monate-, manchmal jahrelang mit einer Frage auseinandergesetzt hat, noch zu einem Meinungswandel veranlassen können. Trotzdem sind diese Debatten kein überflüssiges Ritual: Die Sprecherinnen und Sprecher der Fraktionen reden bewusst „zum Fenster hinaus", um der Öffentlichkeit die Gründe für ihre Sachentscheidungen zu vermitteln und so die in der Demokratie wichtige Transparenz zu ermöglichen.

Ein weiteres Stereotyp der Parlamentskritik behauptet, dass die Parlamentarierinnen und Parlamentarier zu viel streiten und zu wenig Einigkeit beweisen. Wie wenig das mit der Realität zu tun hat, zeigt schon die Statistik der Bundestagsgesetzgebung. Die meisten Gesetze werden nämlich im Einvernehmen von den [...] Fraktionen verabschiedet. In den Augen der Öffentlichkeit decken freilich die Meinungsverschiedenheiten über

Plenumsdebatte = eine Aussprache zwischen den Abgeordneten im großen Parlamentssaal

Transparenz = Durchsichtigkeit, hier: Nachvollziehbarkeit einer Entscheidung

Stereotyp = etwas, was ständig wiederkehrt

die Steuerpolitik, die Rentenreform, die Arbeitsförderung, die Gesundheitspolitik oder die Zuwanderung die Gemeinsamkeiten auf anderen Gebieten zu. Solche Themen erfordern weitreichende Weichenstellungen und die Abstimmung mit den Interessen großer gesellschaftlicher Gruppen. Wer bei derartig komplexen Fragen schnelle und einfache Lösungen verlangt, überfordert die Politik.

Die Präsentation der Politik in den Medien trägt ein Übriges zur kritischen Haltung der Bevölkerung gegenüber der (Partei-) Politik bei: Im Kampf um Einschaltquoten und Verkaufszahlen am Kiosk geben die Medien dem Zwang zu Verknappung, zu Dramatisierung und Zuspitzung immer stärker nach. Sie veranlassen die Politikerinnen und Politiker zu Erklärungen von 30 bis 90 Sekunden Länge – für differenzierte, angemessene Sachaussagen bleibt da kaum noch Raum.

Ursula Münch, in: Information zur politischen Bildung aktuell, Bundestagswahlen 2002, Bonn 2002, S. 7

M 13 Die Organisation des Deutschen Bundestags

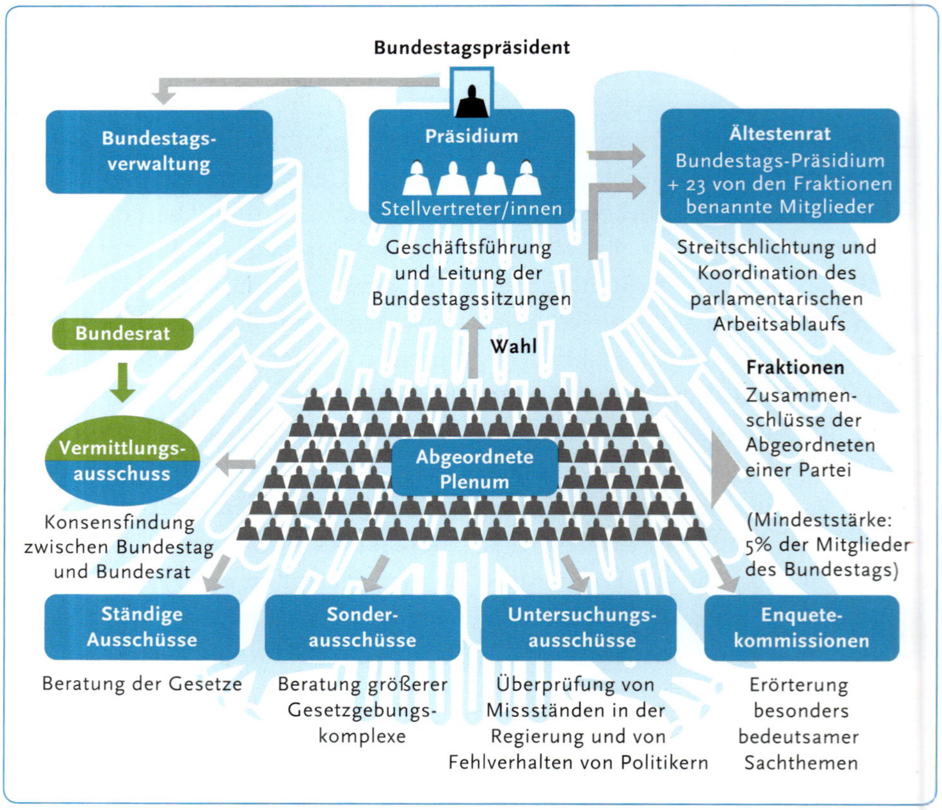

nach: Bergmoser + Höller Verlag AG, Zahlenbilder 64 110

M 14 Zwei Arten von Parlamenten

Es gibt zwei unterschiedliche Arten, wie Parlamente ihre Arbeit organisieren. Im Redeparlament (z. B. das englische Unterhaus) wird die eigentliche Arbeit im Plenum gemacht. Es erhebt den Anspruch, das wichtigste Forum der öffentlichen Meinung, die offizielle Bühne aller großen, die Nation bewegenden politischen Diskussionen zu sein. Ein weit gefächertes System von Ausschüssen, in denen die Parlamentarier arbeiten, gibt es nicht.

Im Arbeitsparlament (z. B. der amerikanische Kongress) gibt es ständige Ausschüsse, in denen Parlamentarier arbeiten. Hier findet die eigentliche politische Arbeit statt. Der Bundestag kann als eine Mischform aus beiden Parlamentsformen angesehen werden. Er ist aber eher ein Arbeitsparlament. Der 17. Bundestag hat 22 Ständige Ausschüsse gebildet, denen zwischen 13 und 41 Abgeordnete angehören. Die Arbeitsgebiete der meisten Ausschüsse entsprechen denen der Bundesministerien (Auswärtiger Ausschuss, Rechtsausschuss, Gesundheitsausschuss, ...). In den Ausschüssen werden die Gesetzesentwürfe und sonstige Initiativen kenntnisreich geprüft, diskutiert und formuliert, um sie dann dem Plenum zur Beschlussfassung vorzulegen. Außerdem besteht die Möglichkeit, Experten zu bestimmten Sachthemen zu hören. Die Ausschüsse tagen in der Regel nicht öffentlich. Deshalb sind die Debatten in den Ausschüssen oft sachlicher als in den öffentlichen Sitzungen des Plenums und die Ausschussmitglieder der Oppositionsparteien haben die Chance, einen erheblichen Einfluss auszuüben.

Dramatisierung
Vorentscheidung
Ausschusssitzungen
Zuspitzung
Ritual
Fachleute
Gesetze
Einschaltquoten
Wahlkreisarbeit
Plenumsdebatte
Medien

Aufgaben

1. Die beiden Bilder aus M 11 können auch als Vorwurf an die Abgeordneten verstanden werden. Formuliere, welcher Vorwurf hier erhoben wird.
2. Erläutere, warum man den Bundestag als Mischung aus Rede- und Arbeitsparlament bezeichnen kann (M 14).
3. Entwirf eine kurze Rede aus der Sicht eines Abgeordneten, in der er sich gegen die Parlamentskritik zur Wehr setzt (M 12 – M 14).

zu Aufgabe 3
Verwende die genannten Begriffe als Hilfestellung.

Was wir wissen

Regieren
M 2

Die Bundesregierung mit dem Kanzler an der Spitze hat die zentrale Aufgabe der politischen Führung. Einerseits soll der Wille der Parlamentsmehrheit von der Regierung in praktische Politik umgesetzt werden. Andererseits formt die Regierung den Mehrheitswillen des Parlaments auch durch politische Initiativen entscheidend mit.

Stellung des Bundeskanzlers
M 3, M 4

In der Regierung hat der Bundeskanzler eine hervorgehobene Stellung. Er bestimmt nach Art. 65 GG „die Richtlinien der Politik und trägt dafür die Verantwortung“ (Kanzlerprinzip), d. h. er legt umfassende Ziele fest (wie z. B. große Reformvorhaben). Darüber hinaus macht er dem Bundespräsidenten Vorschläge zur Ernennung und Entlassung von Kabinettsmitgliedern. Innerhalb der Richtlinien leiten die Minister ihr Ministerium selbständig (Ressortprinzip). Abgeschwächt wird das Kanzlerprinzip auch durch das Kabinettsprinzip. So berät und beschließt das Kabinett als Ganzes über alle Gesetzesentwürfe und entscheidet bei Streitfragen über die Zuständigkeit zwischen einzelnen Ministerien.

Kontrolle der Regierung

Gewalten-verschränkung
M 6, M 7

Eine wichtige Aufgabe des Bundestags ist die Kontrolle der Regierung. Dies ist die Hauptaufgabe der Opposition. In der Praxis der Parteiendemokratie bilden nämlich die Regierung mit dem Bundeskanzler und die Regierungsparteien, die ja die Mehrheit im Parlament haben, eine Handlungseinheit. Man spricht in diesem Zusammenhang auch von Gewaltenverschränkung. Zwar üben auch die eigenen Abgeordneten Kritik an der Regierung, doch tun sie dies meist nicht öffentlich. So werden die Kontrollinstrumente des Bundestages wie Kleine und Große Anfrage, Aktuelle Stunden, Fragestunden, Untersuchungsausschüsse etc. hauptsächlich von der Opposition in Anspruch genommen. Außerdem kann die Opposition ihre Kritik wirksam über die Medien äußern und sich dort als die bessere Alternative präsentieren.

Stellung der Abgeordneten
M 10

Abgeordnete, die derselben Partei angehören, schließen sich im Bundestag zu einer Fraktion zusammen. Die Fraktionen sind die politische Heimat für die Abgeordneten und bilden den organisatorischen Rahmen der Arbeit im Bundestag, denn anders wäre der Bundestag wohl kaum entscheidungsfähig. Bei Abstimmungen folgen die Abgeordneten in der Regel der von der Fraktion festgelegten Linie (Fraktionsdisziplin), obwohl sie eigentlich nach Art. 38 GG in ihren Entscheidungen frei sind (freies Mandat).

Arbeitsweise des Bundestages
M 12 – M 14

Der Bundestag ist ein Arbeitsparlament, d. h. die Hauptarbeit der Abgeordneten findet nicht im Plenum des Bundestages statt, sondern in den Fachausschüssen, die sich mit der Ausarbeitung von Gesetzen beschäftigen. Dort beraten die Abgeordneten, hören Fachleute an, diskutieren die Gesetzentwürfe und verändern diese.

Insgesamt 3.299 Kleine Anfragen an die Bundesregierung

In der 16. Wahlperiode (2005-2009) regierte Angela Merkel (CDU) als Kanzlerin einer Großen Koalition aus CDU/CSU und SPD. Grüne, FDP und Linke bildeten die Opposition.
Insgesamt stellten die Fraktionen des Deutschen Bundestages in dieser Wahlperiode 3.299 Kleine Anfragen an die Bundesregierung. Mit 1.505 kamen die meisten Anfragen von der Partei DieLinke, die FDP stellte 1.005 Anfragen und Bündnis 90/Grüne 788. Große Anfragen gab es insgesamt 63, von denen CDU/CSU und SPD 1, die FDP 17, DieLinke 11 und Bündnis 90/Grüne 34 stellten.

Statistik der Parlamentarischen Kontrolltätigkeit, Überblick 16. Wahlperiode, Stand: 21.4.2010

Fragerechte des Bundestags

Große Anfrage

Schriftliche Anfrage zu einem größeren politischen Themenkomplex durch eine Fraktion bzw. mindestens 5 % der Abgeordneten

An die Beantwortung durch die Bundesregierung schließt sich in der Regel eine Debatte vor dem Bundestag an.

Kleine Anfrage

Schriftliche Anfrage zu konkreten Einzelthemen durch eine Fraktion bzw. mindestens 5 % der Abgeordneten

Die Antwort erfolgt schriftlich durch das jeweils zuständige Bundesministerium.

Fragestunde

Einzelfragen zur mündlichen oder schriftlichen Beantwortung, von einzelnen Abgeordneten eingebracht

Mündliche Beantwortung in den beiden wöchentlichen Fragestunden des Bundestags

Möglichkeit für die Abgeordneten, mit Zusatzfragen nachzuhaken

Haupfunktionen:

- **Beschaffung von Informationen**
- **öffentliche Herausforderung der Regierung durch die Opposition**
- **Gelegenheit, die Haltung der Opposition darzulegen**

Aktuelle Stunde

Politische Debatte mit Kurzbeiträgen zu einem aktuellen Thema auf Verlangen einer Fraktion bzw. von mindestens 5 % der Abgeordneten oder nach Vereinbarung

Redezeit für die Abgeordneten: 5 min; Gesamtdauer: 1 Stunde + Redezeit der Regierung

nach: Bergmoser + Höller Verlag AG, Zahlenbilder 66 250

Aufgabe

Erkläre, weshalb die Fraktionen die parlamentarischen Fragerechte so unterschiedlich stark einsetzen. Wähle für deine Erklärung Begriffe aus dieser Begriffswolke aus:

Abgeordnete | Bundestag | Öffentlichkeit | Legislative | Gewaltenverschränkung

Gewaltenteilung | Opposition | Wahlen | Kontrollrechte | Kontrolle | Exekutive

5.2 Wie entsteht ein Gesetz?

Das Problem – Energiesicherheit in Deutschland

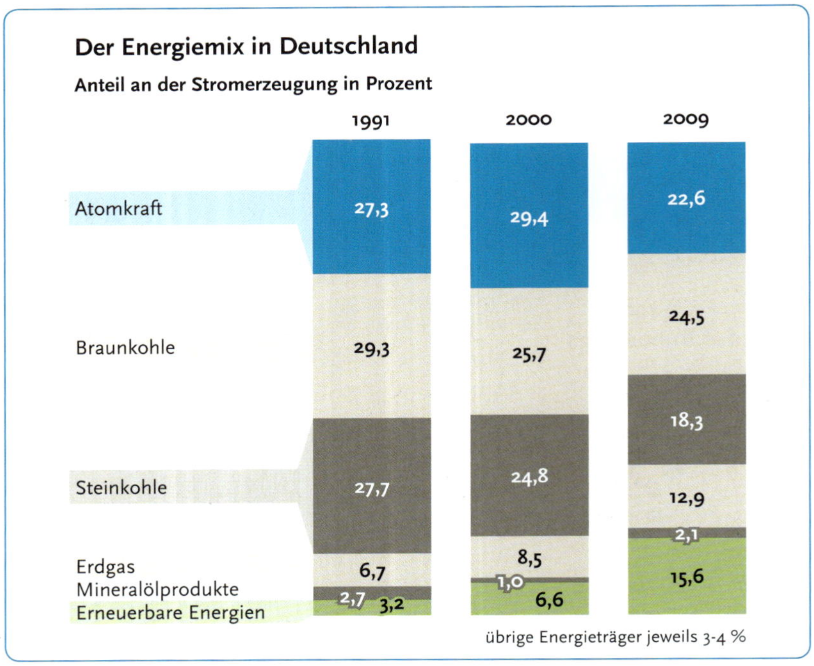

dpa-Grafik 13330; Quelle: Arbeitsgemeinschaft Energiebilanzen (AGEB)

Gesetzentwurf zur Änderung des Atomgesetzes

A. Problem und Ziel: Die nuklearen Folgen der Erdbebenkatastrophe in Japan bedeuten einen Einschnitt für die friedliche Nutzung der Kernenergie auch in Deutschland. Im Lichte dieser Ereignisse hat die Bundesregierung mit den Ministerpräsidenten der Länder, in denen Kernkraftwerke betrieben werden, die Sicherheit aller deutschen Kernkraftwerke durch die Reaktor-Sicherheitskommission […] überprüfen lassen und zudem durch eine Ethikkommission „Sichere Energieversorgung" einen gesellschaftlichen Dialog zu den Risiken der Nutzung der Kernkraft und zu der Möglichkeit eines beschleunigten Übergangs in das Zeitalter der erneuerbaren Energien angestoßen. Die Bundesregierung hat unter Einbeziehung der Ergebnisse der Reaktor-Sicherheitskommission und der Ethikkommission „Sichere Energieversorgung" sowie des absoluten Vorrangs der nuklearen Sicherheit beschlossen, die Nutzung der Kernenergie zum frühestmöglichen Zeitpunkt zu beenden.

Bundestag, Drucksache 17/6070, Gesetzentwurf der Fraktionen der CDU/CSU und FDP

M 1 Der Streit um die Atomenergie

Die rot-grüne Bundesregierung unter Bundeskanzler Gerhard Schröder hatte nach ihrem Wahlsieg 1998 die Atomkraft neu bewertet und war zu dem Ergebnis gekommen, dass die Risiken der kommerziellen Nutzung zu hoch sind. 2002 wurde der geordnete Ausstieg aus der Atomkraftnutzung beschlossen. Die Laufzeit der bestehenden Atomkraftwerke wurde auf durchschnittlich 32 Jahre seit ihrer Inbetriebnahme festgelegt.

Nach dem Wahlsieg der CDU/CSU und FDP im Jahr 2009 einigten sich die neuen Regierungsparteien im Koalitionsvertrag auf eine Neuausrichtung der Atompolitik. Im Herbst 2010 verabschiedete die Regierungskoalition im Rahmen ihres „Energiekonzeptes" ein äußerst umstrittenes Gesetz, das die Atomenergie als „Brückentechnologie" sah und in Abkehr von den Plänen der Vorgängerregierung eine Verlängerung der Laufzeiten für Atomkraftwerke beinhaltete.

Infolge der Reaktorkatastrophe von Fukushima in Japan im Frühjahr 2011 vollzog die Regierung jedoch eine erneute Kehrtwende. Die beschlossene Laufzeitverlängerung für Atomkraftwerke wurde wieder zurückgenommen. Stattdessen brachten die Regierungsparteien unter Angela Merkel ein Gesetz für den beschleunigten Ausstieg aus der Atomkraft auf den Weg.

M 2 Abschied vom Kern: Strittig sind nur noch Details

Fast ein halbes Jahrhundert hat die Atomenergie Politik und Nation gespalten. Unzählige teils leidenschaftlich, teils verbitterte Debatten wurden im Bundestag geführt. Doch jetzt ist alles anders. Noch nie waren sich die Fraktionen so einig. Diese Einigkeit über den Atomausstieg kam so plötzlich, dass die Redner versuchten, Unterschiede zu finden, wo es längst keine mehr gab. SPD-Fraktionschef Frank-Walter Steinmeier warf lediglich der Kanzlerin „Unaufrichtigkeit und falsches Pathos" vor. Um dann aber zu betonen, dass sie einer Meinung seien: Sie sei „genau dort jetzt angekommen, wo Rot-Grün die Dinge schon gestaltet" habe.

[...] Was Tschernobyl nicht vermochte, das machte Fukushima nun mehr als deutlich: „Die Risiken der Kernenergie sind nicht beherrschbar", brachte es Bundeskanzlerin Angela Merkel (CDU) auf den Punkt. „Wer das erkennt, muss eine neue Bewertung vornehmen. Ich habe eine neue Bewertung vorgenommen", sprach Merkel vergangenen Donnerstag in ihrer Regierungserklärung „Der Weg zur Energie der Zukunft" vor dem Bundestag. [...]

Das Tempo, in dem die Bundesregierung aus der Kernenergie aussteigen will, ist (Gregor Gysi) hingegen zu gering: Die letzten Atomkraftwerke sollen laut Merkel bis 2022 vom Netz genommen werden. Für den Chef der Linksfraktion bedeutet diese Tatsache „elf weitere Jahre Fukushima-Risiko". Ein kompletter Ausstieg sei bereits bis 2014 möglich. Seine Fraktion stellte einen entsprechenden Antrag. Jürgen Trittin, Fraktionschef von Bündnis90/Die Grünen, kritisierte Details der Kabinettsbeschlüsse: „Bei all diesen Gesetzen gibt es massiven Änderungsbedarf." Seine Fraktion will die Kernkraftwerke bis 2017 abschalten. In einem weiteren Antrag verlangt sie, auf eine sogenannte Kaltreserve zu verzichten. Als Zugeständnis an die Bundesnetzagentur will die Regierung ein Atomkraftwerk, das zeitnah abgeschaltet werden soll, nur auf Stand-by-Modus herunterfahren.

Wirtschaftsminister Philipp Rösler (FDP) entgegnete auf Steinmeiers Kritik, dass die Berücksichtigung der Versorgungssicherheit im Konzept von „Rot-Grün" komplett gefehlt hätte, aber „im Sinne von Netzstabilität" notwendig sei. „Ein Blackout wäre volkswirtschaftlich nicht zu verantworten", betonte auch Gerda Hasselfeldt, Vorsitzende der CSU-Landesgruppe: „Der Strom darf nicht ausfallen." Und aller gegenseitiger Kritik zum Trotz setzte sich, fast am Ende einer turbulenten Woche, Einigkeit durch.

Verena Renneberg, Das Parlament, 14.6.2011

Abgeordnete stimmen am 30.6.2011 im Deutschen Bundestag über den Ausstieg aus der Atomenergie ab.

Fast ein halbes Jahrhundert hat die Atomenergie Politik und Nation gespalten. Erstellt in Zusammenarbeit mit Geschichte eine Ausstellung/ Wandzeitung über den Atomstreit in der Bundesrepublik Deutschland.

Recherchiere den Ablauf der Atomkatastrophe von Fukushima und beschreibe, welche Folgen der Reaktorunfall für Mensch und Umwelt hatte.

Aufgaben

1. Erstelle eine kurze Chronologie zur Atomgesetzgebung und nenne jeweils stichwortartig den Grund für die Gesetzesvorhaben (M 1).
2. Erläutere, wie die Debatte über das neue Atomgesetz im Bundestag verlief. Worin waren sich die Parteien einig, worüber wurde gestritten (M 2)?

Das neue Atomgesetz in der Diskussion

M 3 Stellungnahmen zum Gesetz

„Ich bin gegen die Nutzung der Kernenergie, da immer noch ungeklärt ist, was mit dem Atommüll geschehen soll."

„Die Atomkraft ist im Betrieb eine saubere Technologie. So kann klimafreundlich Energie erzeugt werden."

„Atomkraft ist nicht sicher und deshalb nicht zu verantworten. Das wissen wir seit den Katastrophen von Tschernobyl und Fukushima."

„Solange die regenerativen Energien noch nicht so weit sind, brauchen wir die Atomkraft. Stromausfälle kann sich ein Industrieland wie Deutschland nicht leisten."

„Atomkraftwerke können billig Strom produzieren. Davon profitiere ich als Konsument."

M 4 Kontrovers diskutiert: der Ausstieg aus der Atomkraft

a) Sicher ist sicher

Die Briten haben einen wunderbaren Ausdruck: „elephant in the room". Ein Elefant, den keiner sieht, der aber dennoch Debatten bestimmt – meist als unsichtbarer Bremser. Die Kernkraft war so ein „elephant in the room" in Deutschland: Sie dominierte über Jahre hinweg den Diskurs, sie machte Energiepolitik zur Frage von Macht und Prinzipien. Entscheidungen über Atompolitik hatten dadurch eine Halbwertzeit von allerhöchstens zwei Legislaturperioden; sicher war in dieser Frage nur die Unsicherheit. Diese Zeit ist nun vorbei, zum Glück. Mit dem schwarz-gelben Ausstieg könnte es bald erstmals eine Atomentscheidung mit Aussicht auf Bestand geben. Erstmals ist Investoren damit ein Mindestmaß an Kalkulierbarkeit gegeben. Für den deutschen Strommarkt ist dies das wichtigste Signal: Wer hier investieren will, weiß wieder, woran er ist. Daneben tritt eine andere Sicherheit, deren Bedeutung sich in der Katastrophe in Fukushima aufs Neue manifestiert hat. Die deutschen Kernkraftwerke mögen gut gepflegt gewesen sein doch die Abschaltung der sieben ältesten Anlagen plus Krümmel macht das Leben in diesem Land objektiv sicherer. Ob die anderen Reaktoren teils noch bis 2022 hätten laufen müssen, mag umstritten sein. Dass es fixe Enddaten für sie gibt, ist gut.

Der Kampf für und gegen Kernkraft hat viele Kräfte gebunden in diesem Land; er hat die energiepolitische Debatte in einem Maße bestimmt, das zur Bedeutung dieser Energieform in keinem Verhältnis mehr stand. Der Ausstieg setzt diese Kräfte nun frei. Sie werden gebraucht werden: für eine Energieversorgung ohne unüberschaubare Risiken und Müll für Generationen, ohne Raubbau an fossilen Ressourcen. Der Weg ist steinig, aber das Ziel stimmt.

Zeitgleich zur Debatte im Bundestag fordern Menschen vor dem Brandenburger Tor den Ausstieg aus der Kernenergie.

b) Ein Bärendienst

Die Wende von der Wende in der Energiepolitik ist und bleibt ein populistisches Manöver. So schrecklich die Bilder vom Unglück in Fukushima auch waren – die Sicherheit der 17 deutschen Kernkraftwerke wurde dadurch nicht berührt. Wir leben weder auf einer Erdbebenspalte, noch müssen wir mit Tsunamis rechnen. Es geht einzig und alleine um unsere veränderte Wahrnehmung. Rund 70 Prozent der Deutschen sprechen sich inzwischen gegen Kernenergie aus, ohne dass sich an den objektiven Bedingungen für die Reaktorsicherheit hierzulande etwas verändert hätte. Die Physikerin Merkel weiß das. Aber die Politikerin Merkel fürchtet sich.

Die Bundesregierung folgt dem Meinungsumschwung in fast panischer Weise. Wissenschaftlich sorgfältig erarbeitete Energieszenarien für die nächsten 40 Jahre werden über den Haufen geworfen. Acht Kraftwerke gehen von heute auf morgen vom Netz und werden ohne weitere Prüfung stillgelegt. Die anderen Anlagen folgen im Abstand weniger Jahre. Klagen die Konzerne erfolgreich gegen diese Enteignung, kann das den Steuerzahler Milliarden kosten. Zugleich importieren wir Atomstrom aus Frankreich, damit unser Netz stabil bleibt.

Merkel hat vor der aktuellen Angst einer Mehrheit kapituliert. Doch der Union wird dieses Einknicken nichts nutzen, weil Gegner wie Anhänger das hastige Wendemanöver als solches durchschauen. Auch der Sache selbst, nämlich einer klimafreundlichen, sicheren und bezahlbaren Energieversorgung, hat die Kanzlerin mit ihrer Atomwende einen Bärendienst erwiesen. Es wird Jahrzehnte dauern, bis die Kernenergie durch erneuerbare Energie ersetzt wird. So lange steigen der CO_2-Ausstoß ebenso wie die Strompreise. Die Rechnung kommt noch.

Michael Bauchmüller (a), Daniel Goffart (b), Das Parlament 14.6.2011

Aufgaben

1. Nimm Stellung zu den Aussagen aus M 3. Welche leuchten dir ein und welche nicht? Überprüfe die Aussagen mithilfe einer Internetrecherche. Teilt euch dazu in Gruppen und präsentiert eure Ergebnisse im Plenum.
2. a) Stelle die Argumente aus M 3 und M 4 gegenüber.
   b) Ist der Ausstieg aus der Atomkraft die richtige Entscheidung? Verfasse eine begründete Stellungnahme in Form eines Leserbriefs.

Analysiere den Streit um das neue Atomgesetz und unterscheide dabei die drei Dimensionen des Politischen.

Wie verläuft der Gesetzgebungsprozess?

M 5 Etappen der Gesetzgebung

Mit Gesetzen versucht die Politik das gesellschaftliche Leben zu regeln und Probleme zu lösen. Das Gesetzgebungsverfahren verläuft immer nach einem strengen Muster. Wie dieses Verfahren abläuft und wer daran beteiligt ist, zeigt folgendes Schaubild.

Die meisten Gesetze, die in den Bundestag eingebracht werden, sind Vorlagen der Regierung. Die Entwürfe werden in den zuständigen Fachministerien erarbeitet.

Generell können Gesetzentwürfe von der Bundesregierung, aus dem Bundestag oder vom Bundesrat eingebracht werden.

Die erste Beratung im Plenum des Bundestages dient der Begründung des Gesetzesvorhabens und der Erörterung der Grundsätze der Vorlage. Es erfolgt noch kein Beschluss.

Der Gesetzentwurf wird anschließend an die fachlich zuständigen Ausschüsse überwiesen und dort intensiv beraten. Dort können in sogenannten „hearings" auch Experten von außerhalb zu einem Gesetz gehört werden. Der Ausschuss kann dann dem Plenum eine Abänderung, Annahme oder Ablehnung des Entwurfs empfehlen.

Die zweite Lesung (Beratung) des Entwurfs erfolgt auf der Grundlage der Ausschussempfehlung. Über die einzelnen Bestimmungen wird dann abgestimmt.

Die dritte Lesung schließt sich unmittelbar an. Anschließend erfolgt die Schlussabstimmung.

Das im Bundestag beschlossene Gesetz wird dann dem Bundesrat zugeleitet. Die Zustimmung des Bundesrats ist erforderlich, wenn es sich um ein Zustimmungsgesetz handelt, in der Sache also Bund und Länder zuständig sind. Bei einem Einspruchsgesetz kann der Bundestag einen Einspruch des Bundesrats in einer weiteren Abstimmung überstimmen.

Bei Uneinigkeit über ein Zustimmungsgesetz und einer drohenden Ablehnung kann der Vermittlungsausschuss angerufen werden, der einen Kompromissvorschlag erarbeitet, über den Bundestag und Bundesrat erneut abstimmen. Bundestag und Bundesrat entsenden je 16 ihrer Mitglieder in den Vermittlungsausschuss. Können sich die Vertreter dabei nicht einigen, ist das Gesetz – wenn es sich um ein zustimmungspflichtiges Gesetz handelt – gescheitert.

Nach der Verabschiedung des Gesetzes wird es dem zuständigen Minister und dem Bundeskanzler zur Unterzeichnung vorgelegt.

Anschließend muss noch der Bundespräsident das Gesetz unterzeichnen. Er kann seine Unterschrift nur verweigern, wenn er der Auffassung ist, dass das Gesetz gegen die Verfassung verstößt.

Das Gesetz wird im Bundesgesetzblatt verkündet und tritt in Kraft.

M 6 Auf den Weg gebracht – das neue Atomgesetz

Einigung im Kanzleramt: Die schwarz-gelbe Regierungskoalition hat ein neues Konzept für den Ausstieg aus der Kernenergie bis zum Jahr 2022 vorgelegt.

Der Bundestag berät in zweiter und dritter Lesung über das Atomgesetz und stimmt darüber ab.

Nun hat auch der Bundespräsident das Gesetz unterschrieben. Das teilte das Bundespräsidialamt in Berlin mit. Damit kann die Regelung in Kraft treten.

Die Bundeskanzlerin begründet in einer Regierungserklärung vor dem Bundestag, warum das Atomgesetz erneut geändert werden soll. Der Bundestag berät in erster Lesung darüber.

Kabinett beschließt Atom-Ausstieg: Atommeiler laufen nur noch bis ins Jahr 2022. Ausbau erneuerbarer Energie und des Stromnetzes sollen in dem Gesetzentwurf gefördert werden.

Der Bundesrat stimmt dem Atomausstieg zu.

Das Gesetz zum Automausstieg wird an die zuständigen Ausschüsse überwiesen.

Vor der zweiten und dritten Lesung des von den Koalitionsfraktionen CDU/CSU und FDP in den Bundestag eingebrachten Entwurfs eines dreizehnten Gesetzes zur Änderung des Atomgesetzes hat der Ausschuss für Umwelt, Naturschutz und Reaktorsicherheit über den Entwurf diskutiert und Experten angehört.

Aufgaben

1. Ordne die Meldungen den Stationen des Gesetzgebungsverfahrens zu und begründe deine Entscheidung (M 5, M 6).
2. Stelle dir vor, du würdest einen Interessenverband (z. B. Greenpeace oder den Bundesverband Energie- und Wasserwirtschaft) vertreten. An welcher Stelle des Gesetzgebungsprozesses würdest du versuchen, Einfluss zu nehmen? Begründe deine Entscheidung (M 5, M 6).

Methode

M 7 Wie man politische Prozesse analysieren kann – der Politikzyklus

Modelle sind wichtige Instrumente, mit denen wir die politische Wirklichkeit vereinfacht abbilden können, um sie besser zu verstehen. Im Modell wird nur das Wichtigste dargestellt. Der Politikzyklus ist ein solches Modell und ihm liegt ein gewisses Verständnis von Politik zugrunde: Politik wird hier als eine (endlose) Kette von Versuchen zur Bewältigung gesellschaftlicher Probleme verstanden. Viele Probleme werden von der Politik gelöst. Es gibt aber auch Probleme, die die Politik dauerhaft beschäftigen, wie z. B. die Energiepolitik.

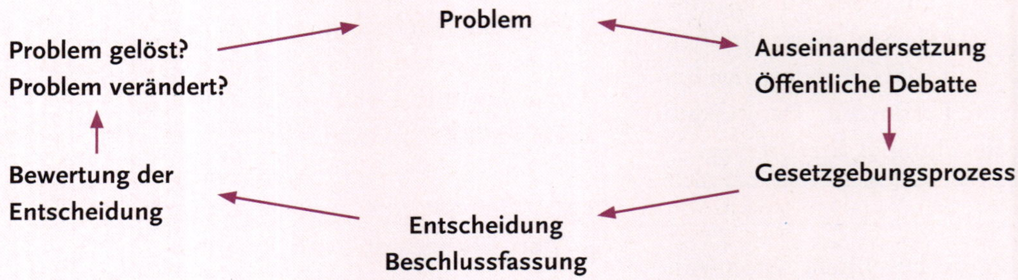

Am Beginn des Politikzyklus steht ein Problem, mit dem sich die Politik beschäftigen muss. Es wird öffentlich darüber gestritten, was man tun soll. Dabei spielen auch die Medien eine ganz wichtige Rolle. Es folgt das Gesetzgebungsverfahren in Bundestag und Bundesrat. Ist eine Entscheidung getroffen, dann wird diese wieder in der Öffentlichkeit diskutiert und bewertet. Wenn das Problem damit beseitigt werden kann, dann wird der Politikzyklus nur einmal durchlaufen. Verändert sich das Problem oder sind die getroffenen Maßnahmen nicht wirksam, dann beginnt der Zyklus von vorn. Deshalb spricht man davon, dass Politik eine (endlose) Kette von Versuchen ist, gesellschaftliche Probleme zu lösen.

Kategorien	Schlüsselfragen
Problem	Worin besteht das Problem? Welche Aufgabe hat die Politik zu lösen?
Auseinandersetzung Öffentliche Debatte	Was wirkt auf die Auseinandersetzung ein? Welche Interessen haben die Akteure? Welche Interessenkonflikte und Interessenkonstellationen gibt es? Welche Ziele verfolgen die beteiligten Akteure? Welche Lösungsmöglichkeiten werden diskutiert? Wie sind die Machtkonstellationen?
Gesetzgebungs- prozess	Greift der Gesetzgeber das Problem auf? Wie versuchen die Interessen Einfluss auf den Gesetzgebungsprozess zu nehmen?
Entscheidung Beschlussfassung	Zu welchen Ergebnissen hat die Auseinandersetzung geführt? Welche Akteure/Interessen konnten sich durchsetzen?
Bewertung der Entscheidung	Welche Akteure bewerten das Ergebnis positiv? Welche negativ? Welche Interessen und Wertvorstellungen beeinflussen die Bewertung?
Problem gelöst? Problem verändert?	Ist das Problem gelöst oder ist nur die Problemlage verändert? Greift der Vollzug der Entscheidung an den Ursachen an oder werden nur die Folgen bekämpft? Schafft es das Problem erneut auf die politische Agenda?

Der Bundesrat im Gesetzgebungsverfahren

M 8 Warum gibt es den Bundesrat?

In einem föderalen Staat schließen sich mehrere Gliedstaaten zu einem Bündnis zusammen. So bilden die 16 deutschen Länder gemeinsam einen Bundesstaat, die Bundesrepublik Deutschland. In einem Bundesstaat ist der Gesamtstaat für alles zuständig, was einheitlich geordnet werden muss. Darauf sollte er sich aber auch beschränken, denn die übrigen Angelegenheiten sollen die Gliedstaaten selbst regeln. In Deutschland ist der Bundesrat das Bindeglied zwischen Bund und Ländern. Er ist die Interessenvertretung der Länder auf Bundesebene. Er ist ein Verfassungsorgan des Bundes, besteht aber aus Vertretern der Länder. Über den Bundesrat können die Länder in vielen Fällen die Gesetzgebung des Bundes beeinflussen. Auch in Angelegenheiten der Europäischen Union können die Länder mitwirken. Ihre Mitwirkungsrechte sind dabei genau festgelegt. Der Bundesrat kann keine Änderungen an einem vom Bundestag beschlossenen Gesetz vornehmen. Stimmt er dem Gesetz aber nicht zu, so kann er den Vermittlungsausschuss anrufen. Bei Zustimmungsgesetzen ist die Zustimmung des Bundesrates zwingend erforderlich. Zustimmungsbedürftig sind insbesondere verfassungsändernde Gesetze, aber auch alle Gesetze, die die Finanzen und Verwaltungszuständigkeit der Länder betreffen.

Stimmenverteilung im Bundesrat	
Nordrhein-Westfalen	6
Bayern	6
Baden-Württemberg	6
Niedersachsen	6
Hessen	5
Sachsen	4
Rheinland-Pfalz	4
Berlin	4
Sachsen-Anhalt	4
Thüringen	4
Brandenburg	4
Schleswig-Holstein	4
Mecklenburg-Vorpommern	3
Hamburg	3
Saarland	3
Bremen	3

Die Länder der Bundesrepublik Deutschland

Aufgaben

1. Wende den Politikzyklus auf das Problem der Atompolitik an (M 1 – M 8) und beantworte die Schlüsselfragen. Achte dabei besonders darauf, wie die Reaktorkatastrophe von Fukushima die Wahrnehmung des Problems verändert hat (M 7).
2. Der Gesetzgebungsprozess in Deutschland ist sehr kompliziert. Sammle Argumente, die für bzw. gegen das Verfahren sprechen (M 5 – M 8).
3. Recherchiere im Internet, welche aktuellen Mehrheitsverhältnisse im Bundesrat gegeben sind. Prüfe, ob der Bundesrat einen Gesetzentwurf des Bundestags blockieren könnte (M 8).

Der Bundespräsident – Makler oder Mahner in der Politik?

M 9 Die verfassungsrechtliche Stellung des Bundespräsidenten

„Die Welt ist im Aufbruch. Sie wartet nicht auf Deutschland. Aber ich füge hinzu, es ist auch noch nicht zu spät. Durch Deutschland muss ein Ruck gehen! Wir müssen jetzt an die Arbeit gehen!“
Roman Herzog

Trotz seiner geringeren Machtfülle verfügt der Bundespräsident über vielfältige Wirkungsmöglichkeiten, die sich aus seinen grundsätzlichen Aufgaben wie aus seiner persönlichen Autorität herleiten. Der Bundespräsident vertritt den Bund völkerrechtlich und schließt im Namen des Bundes Verträge mit anderen Staaten ab. Nach einem entsprechenden Beschluss des Bundestages ruft er den Verteidigungsfall aus. Im Gesetzgebungsverfahren fällt ihm die Aufgabe zu, die Bundesgesetze auszufertigen und zu verkünden. Dabei hat er das Recht, sie auf ihre Übereinstimmung mit dem Grundgesetz zu überprüfen. Im Falle des Gesetzgebungsnotstands (Art. 81 GG) kann er zur Lösung des zwischen Regierung und Bundestag entstandenen Konflikts beitragen. Weitgehend eingeschränkt ist aber das Recht des Bundespräsidenten zur Auflösung des Bundestags (Art. 63 68 GG).

Auf Vorschlag des Bundespräsidenten wählt der Bundestag den Bundeskanzler. Nach der Wahl nimmt der Bundespräsident die Ernennung des Kanzlers vor und ernennt auf dessen Vorschlag auch die Bundesminister. Nicht zu unterschätzen ist die Rolle, die der Bundespräsident als oberster Repräsentant des Staates spielt. Durch Gespräche und Gesten, Empfänge und Ehrungen, Reisen und Reden trägt er maßgeblich zu dem Bild bei, das man sich im In- und Ausland von der Bundesrepublik macht.

Erich Schmidt Verlag, Zahlenbilder 67100

M 10 Der Bundespräsident – ein politisches Amt?

Ernst Benda (CDU) war von 1971 bis 1983 Präsident des Bundesverfassungsgerichts.

SZ: Welchen politischen Handlungsspielraum gibt das Grundgesetz dem Bundespräsidenten?

Benda: Er kann die notwendigen politischen Entscheidungen selbst nicht fällen. Die sind Sache des Gesetzgebers. Der Bundespräsident kann politische Tätigkeiten anregen und unterstützen. Er kann als ehrlicher Makler zwischen den politischen Parteien vermitteln und sie veranlassen, sich den gemeinsamen Fragen zu stellen.

SZ: Wie weit kann und darf der Makler auch als Mahner auftreten?

Benda: Der Makler ist immer auch ein Mahner. Selbstverständlich kann und soll er mahnen. Es gehört gerade zu den wichtigsten Aufgaben des Bundespräsidenten, die politisch Handelnden auf die großen Probleme des Landes hinzuweisen.

SZ: Wie konkret kann der Mahner werden?

Benda: Der Bundespräsident kann auch Anregungen geben, wie die großen Probleme gelöst werden können.

SZ: Haben die bisherigen Bundespräsidenten diese Mahner-Rolle ausgefüllt?

Benda: Dies hängt natürlich sehr von den einzelnen Persönlichkeiten ab. Unvergessen ist die so genannte Ruck-Rede des Bundespräsidenten Herzog im Jahr 1997. Sie hat bisher keine unmittelbaren Aktionen ausgelöst, obwohl sie der Sache nach eine dringende Mahnung an alle politisch Aktiven gewesen ist, tätig zu werden.

Interview: Helmut Kerscher, Süddeutsche Zeitung, 15.3.2005

M 11 Soll der Bundespräsident vom Volk gewählt werden?

Sollte der Bundespräsident direkt vom Volk gewählt werden? Darüber streiten die Politiker Dieter Wiefelspütz (SPD) und Jörg van Essen (FDP).

Blickpunkt: Herr van Essen, warum will die FDP eine Direktwahl des Präsidenten? Sind wir mit dem bisherigen Verfahren nicht gut gefahren?

van Essen: Durchaus. Es war ja auch nach den Erfahrungen der Weimarer Republik, in der der Reichspräsident fast so etwas wie ein Ersatzkaiser mit weitgehenden Befugnissen war, eine sehr bewusste Entscheidung unserer Verfassungsmütter und -väter. Sie wollten eine repräsentative Figur mit eingeschränkten Rechten. Daran wollen wir auch keine Änderungen vornehmen. Aber wir glauben, nach fünfzig Jahren stabiler Demokratie sollten wir darüber nachdenken, wie wir die Menschen stärker in die politischen Entscheidungen einbeziehen können. Wir halten die Wahl des Bundespräsidenten für ein solches Feld. [...]

Wiefelspütz: [...] Wir haben mit dem bisherigen Verfahren immer sehr überzeugende Personen in das Amt des Bundespräsidenten gewählt. Sie waren immer Persönlichkeiten, die das ganze Volk repräsentiert haben. [...] [E]ine Direktwahl des Bundespräsidenten passt nicht in unser Staatsgefüge, weil es dann Spitzenpolitiker unterschiedlicher Legitimation gäbe: der eine, der Bundespräsident, vom Volk gewählt, der andere, der eigentlich politisch mächtigere Bundeskanzler, indirekt vom Parlament gewählt. Das passt nicht zusammen.

http://www.bundestag.de/bp/2003/bp0306/0306044, 19.12.2007

dpa-Grafik 16197

Aufgaben

1. Der Bundespräsident – ein politisches Amt? Erläutere, wie der Bundespräsident die Politik beeinflussen kann (M 9, M 10).
2. Beurteile, ob der Bundespräsident direkt gewählt werden sollte (M 11).

Was wir wissen

Gesetze

Politik beschäftigt sich mit der Lösung von Problemen und Konflikten, die für die Gesellschaft von Bedeutung sind. Damit die Lösung für alle Gesellschaftsmitglieder verbindlich ist, wird sie häufig in Form von Gesetzen herbeigeführt. Gesetze enthalten Regeln, denen sich die Betroffenen nicht entziehen können. Sie schützen die Menschen (z. B. Lebensmittelgesetz), ordnen das gesellschaftliche Zusammenleben (z. B. im Bereich des Luft- und Straßenverkehrs) und steuern das Verhalten der Menschen (z. B. Gesetz zur Besteuerung von Zigaretten).

Gang der Gesetzgebung
M 5, M 8

Die Gesetzgebung ist ein langwieriger Prozess, an dem Bundesregierung, Bundestag und Bundesrat mitwirken. Aber auch einzelne Interessengruppen versuchen, über ihre Interessenorganisationen oder die öffentliche Meinung Einfluss zu nehmen. Das Initiativrecht haben Bundesregierung, Bundesrat und Bundestag (mindestens fünf Prozent der Abgeordneten). Die meisten Initiativen kommen von der Bundesregierung. Die Entwürfe werden von den Fachministerien ausgearbeitet, vom Kabinett abgesegnet und in den Bundestag eingebracht. Nach den Beratungen im Plenum (1. Lesung) wird der Entwurf an die Ausschüsse verwiesen. Dort findet eine intensive Beratung statt. Experten können befragt, strittige Themen ausdiskutiert und Kompromisse gefunden werden. Unter anderem hier versuchen Interessenverbände, Gesetze in ihrem Sinne zu beeinflussen. Der überarbeitete Entwurf kommt zur 2. und 3. Lesung und zur Beschlussfassung ins Plenum zurück. Anschließend wird im Bundesrat beraten und abgestimmt. Am Ende muss der Bundespräsident das Gesetz unterzeichnen, damit es in Kraft treten kann. Im Bundesanzeiger wird es veröffentlicht.

Politikzyklus
M 7

Politik kann als (endloser) Versuch zur verbindlichen Lösung gesellschaftlicher Probleme oder Konflikte gesehen werden. Am Anfang steht dabei ein ungelöstes Problem. Ob es sich tatsächlich um ein politisches Problem handelt und wie dieses zu lösen ist, darum wird öffentlich diskutiert. Es folgt der formale Gesetzgebungsprozess. Die parlamentarische Mehrheit macht einen Vorschlag, wie das Problem allgemeinverbindlich gelöst werden soll. Ist das Gesetz vom Bundestag (und Bundesrat) verabschiedet, so muss es umgesetzt werden. Dabei wird es diskutiert und bewertet. Ist das Problem gelöst, so endet der Politikzyklus. Erfolgt eine Neubewertung des Problems, dann beginnt der Zyklus von Neuem.

Der Bundespräsident
M 9

Der Bundespräsident wird von der Bundesversammlung (durch Vertreter des Bundestags und der Länder) auf fünf Jahre gewählt. Um seine überparteiliche Stellung nicht zu gefährden, lässt er eine Parteimitgliedschaft oder berufliche Verpflichtungen für die Dauer seiner Amtszeit ruhen. Zu seinen Aufgaben gehören:

- völkerrechtliche Vertretung des Bundes und Abschluss von Verträgen mit anderen Staaten im Namen des Bundes
- Prüfung, Unterzeichnung und Verkündung von Gesetzen
- Vorschlag, Ernennung und Entlassung des Bundeskanzlers
- Ernennung und Entlassung der Bundesminister
- Begnadigungsrecht

Bedeutung des Amtes
M 10, M 11

Bei diesen Aufgaben handelt es sich weitestgehend um formale Kompetenzen, denn der Bundespräsident hat dabei nur einen geringen Entscheidungsspielraum, es sei denn, er hat begründete Zweifel an der Verfassungsmäßigkeit eines Vorgangs oder eines Gesetzes. Dann kann er seine Unterschrift verweigern. Der tatsächliche Einfluss des Bundespräsidenten beruht auf seiner Überzeugungskraft und seinem Ansehen in der Öffentlichkeit. Gelegentlich wird die Frage nach einer Direktwahl des Bundespräsidenten aufgeworfen.

Schlagzeilen zuordnen

Bundesaußenminister fordert eine Welt ohne Atomwaffen
Staaten sollen abrüsten.

Atomkraftwerke sollen länger laufen
Der Bundestag berät darüber, ob die Laufzeiten für Atomkraftwerke verlängert werden sollen.

Volksentscheid in Bayern
Die Bürger Bayerns stimmen per Volksentscheid für ein strengeres Rauchverbot.

Viele Schulgebäude in schlechtem Zustand
Zur Sanierung fehlt jedoch in vielen Gemeinden das Geld.

45.000 Lehrer fehlen
Jetzt sollen Pensionäre unterrichten.

Alterung der Gesellschaft
In Ostdeutschland mehr offene Lehrstellen als Bewerber.

Aufgabe
Ordne die Meldungen den einzelnen Phasen des Politikzyklus zu und begründe deine Entscheidung.

5.3 Wie die Demokratie und unsere Grundrechte gesichert werden

Grundrechte und Grundwerte – das Grundgesetz

M 1 Gebrauchsanleitung für die Demokratie

Erich Rauschenbach, Baaske Cartoons, Müllheim

M 2 Das Grundgesetz

Das Grundgesetz (GG) gilt seit der Staatsgründung im Jahr 1949 als Grundlage des Zusammenlebens der Menschen in Deutschland. Es kann als „Hausordnung" der Bundesrepublik Deutschland verstanden werden, in dem die Spielregeln für Menschen und Staat stehen. Alle Parlamente, alle Behörden und Gerichte, alle Bürgerinnen und Bürger müssen sich daran halten. Inhaltliche Schwerpunkte sind die Grundrechte für den Einzelnen (z. B. Bekenntnis zu den Menschenrechten, Recht auf Leben und körperliche Unversehrtheit, Gleichberechtigung, Recht der freien Meinungsäußerung) und die Zuständigkeiten der staatlichen Organe und die Formen ihrer Zusammenarbeit. Das Grundgesetz legt also die Werte fest, an denen sich unser Zusammenleben orientiert, und die Regeln, nach denen die staatlichen Organe arbeiten müssen.

Der Begriff „Grundgesetz" wurde 1949 gewählt, um den Begriff „Verfassung" für die Zeit zu reservieren, in der Westen Deutschlands (Bundesrepublik) und der Osten „Deutsche Demokratische Republik" wieder vereinigt wären. Nach der Vereinigung 1990 wurde der Begriff „Grundgesetz" allerdings aus historischen Gründen beibehalten.

M 3 Staatsstrukturprinzipien im Grundgesetz

Die Staatsstrukturprinzipien sind im Grundgesetz festgeschrieben:

- *Art. 20 GG (1): Die Bundesrepublik Deutschland ist ein demokratischer und sozialer Bundesstaat.*
- *Art. 20 GG (3): Die Gesetzgebung ist an die verfassungsmäßige Ordnung, die vollziehende Gewalt und die Rechtsprechung sind an Gesetz und Recht gebunden.*

Während im ersten Absatz die Staatsstrukturprinzipien *Republik, Demokratie, Sozial-* und *Bundesstaat* genannt werden, bezieht sich Absatz 3 auf den Rechtsstaat. Art. 79 (3) GG garantiert, dass die Staatsstrukturprinzipien nicht auf dem Wege einer Verfassungsänderung beseitigt werden können. Man spricht daher von der sogenannten „Ewigkeitsklausel".

Artikel 20 GG
Art. 20 GG enthält die „Verfassung in Kurzform". In ihm sind die zentralen Prinzipien des Staatsaufbaus genannt.

M 4 Grundrechte im Grundgesetz

Bergmoser + Höller Verlag AG *Zahlenbilder 60110*

Grundrechte
Grundrechte sind im Grundgesetz garantierte grundlegende, individuelle Rechte. Sie binden den Staat und begrenzen die Macht des Staates gegenüber dem Einzelnen und stehen bewusst am Anfang des Grundgesetzes: Sie finden sich im Grundrechtekatalog der Art. 1 bis 19 GG.

Aufgaben

1. Erläutere, inwiefern das Grundgesetz als „Gebrauchsanleitung für die Demokratie" angesehen werden kann (M 1, M 2).
2. Stelle in einem Kurzvortrag den Aufbau des Grundgesetzes dar (Internet-, Bibliotheksrecherche).
3. Wähle aus dem Grundrechtskatalog in M 4 fünf Grundrechte aus, die du für besonders wichtig erachtest. Begründe deine Auswahl.

Rechtsextremismus in Deutschland – ein Problem?

M 5 Einstellungen zur Diktatur

	lehne völlig ab	lehne überwiegend ab	stimme teils zu, teils nicht	stimme überwiegend zu	stimme voll und ganz zu	= ergibt Zustimmung gesamt	Zustimmung im Westen	Zustimmung im Osten
Wir sollten einen Führer haben, der Deutschland zum Wohle aller mit starker Hand regiert.	51,9%	18,9%	15,9%	9,5%	3,7%	13,2%	12,4%	16,1%
Was Deutschland jetzt braucht, ist eine einzige starke Partei, die die Volksgemeinschaft insgesamt verkörpert.	35,3%	20,0%	21,0%	16,3%	7,3%	23,6%	22,6%	27,4%

Oliver Decker u. a., Rechtsextreme Einstellungen in Deutschland 2010, Friedrich Ebert-Stiftung 2010

Wahlergebnisse der NPD

Landtag Sachsen	2009	5,6 %
Landtag Mecklenburg-Vorpommern	2011	6,0 %

In Berlin, Mecklenburg-Vorpommern, Sachsen und Sachsen-Anhalt sowie im Saarland, in Hessen und Niedersachsen ist die NPD schon seit mehreren Jahren in Kommunalparlamenten und teilweise auch Kreistagen vertreten. Spitzenreiter ist mit über 50 NPD-Kommunalmandaten Sachsen. (Stand: 2011)

M 6 Wie rechtsextrem ist Deutschland?

Nicole Asmuth sprach mit Oliver Decker, der für die Friedrich-Ebert-Stiftung eine Studie über den Rechtsextremismus erarbeitet hat, über rechte Ränder, alte Vorurteile und den Einfluss der Familie.

Wie rechtsextrem ist Deutschland, Herr Decker?
Unsere Studie zeigt: Wir haben einmal Menschen mit einem geschlossenen rechtsextremen Weltbild. Und wir haben Menschen, die einzelnen rechtsextremen Aussagen zustimmen. Die geschlossenen rechtsextremen Weltbilder machen nur etwa neun Prozent der Bevölkerung aus, allerdings werden ausländerfeindliche Aussagen von einem großen Teil der Bevölkerung geteilt. Je nach Bundesland zwischen 30 und 50 Prozent. Brandenburg führt hier die Statistik mit knapp 50 Prozent an. Antisemitische Einstellungen wiederum sind im Westen stärker verbreitet als im Osten Deutschlands. […]

Sind sich die Menschen, die rechtsextremen Aussagen zustimmen, eigentlich bewusst, dass sie damit eine rechtsextreme Haltung an den Tag legen?
Witzigerweise nein. Wir haben in unserer Studie nach der eigenen politischen Position im Sinne einer Links-rechts-Einordnung gefragt und auch

Personen, die sich selber links einordnen, stimmen zum Teil rechtsextremen Aussagen zu. Man muss dazu sagen, dass wir in der Wissenschaft mit dem Begriff des Rechtsextremismus unsere Probleme haben. Der Begriff ist im Verfassungsschutz eingeführt worden und hat sich auch in der Wissenschaft etabliert. Aber er hat einige Fallstricke, denn er suggeriert, dass es sich dabei um ein Problem der Ränder handelt. Und dass man also eine Mitte klar abgrenzen kann von den Rändern. Das ist absolut nicht der Fall. [...]

Warum vertreten Menschen rechtsextremes Gedankengut?

Wir haben da sehr vielfältige Gründe gefunden: sozialer Abstieg, Arbeitslosigkeit, Erziehungsverhalten der Eltern und die Wertepriorität, also was wichtig ist im Leben. Wir haben in der Studie gesehen, dass sozialer Abstieg und Arbeitslosigkeit zusammen mit Rechtsextremismus häufiger auftritt. Wir haben auch gesehen, dass ein sehr autoritärer Erziehungsstil mit wenig emotionaler Nähe gerade zum Vater, aber auch zur Mutter und mit einem sehr fordernden Verhalten der Eltern ebenfalls häufiger bei Personen auftritt, die rechtsextrem sind. Wir haben hier ein ganzes Bündel von Ursachen. Sie finden aber eben auch rechtsextreme Einstellungen bei Menschen, die in allen Punkten ideale Bedingungen hatten. Die selbstbewusst sind, ein emotional ausgeglichenes Elternhaus erlebt und keinen sozialen Abstieg erfahren haben. Richtig erfolgreiche, ausgeglichene Menschen, die sogar rechtsextrem geschlossene Weltbilder haben. Und das ist eine Sache, die wirklich noch erklärungsbedürftig ist. Wir gehen davon aus, dass gerade auch in Deutschland eine Form der Weitergabe von politischer Haltung von Generation zu Generation wichtig ist. [...]

Welche Konsequenzen muss Ihre Studie haben?

Wir müssen Menschen die Möglichkeit geben, demokratische Erfahrungen zu machen. Wir brauchen eine Anerkennung, dass Deutschland seit Jahrzehnten ein Einwanderungsland ist. In der Gesellschaft muss Migration ein Alltagsthema werden.

Nicole Asmuth, Oliver Decker, http://www.fluter.de/de/rechtsextremismus/thema/5720/?tpl=148 (10.3.2010)

Andrang an einem CD-Verkaufsstand bei einer NPD-Veranstaltung in Sachsen

suggerieren = unterstellen, einen falschen Eindruck entstehen lassen

Aufgaben

1. Nimm Stellung zu den Ergebnissen in M 5.
2. Erläutere ausgehend vom Interview M 6 Ursachen für Rechtsextremismus in Deutschland.
3. Sammelt in Gruppen Lösungsvorschläge, wie man gegen den Rechtsextremismus vorgehen könnte. Erstellt dann eine Rangliste der Vorschläge und entscheidet, welchen Vorschlag ihr persönlich unterstützen würdet.

Die wehrhafte Demokratie – wie werden unsere Grundrechte geschützt?

M 7 Aus!

Zitate von NPD-Funktionären

„Unser Augenmerk hat den Gesunden und Starken zu gelten. Dieses ist zuallererst zu fördern und zu unterstützen. Dies ist keine Selektion, sondern einfache Logik, damit wir auch morgen den Schwachen und Kranken überhaupt noch helfen können."

Udo Pastörs, NPD-Fraktionsvorsitzender in Mecklenburg-Vorpommern

„Innerhalb des Systems gibt es keine Hoffnung auf Erneuerung. Erst die rücksichtslose und restlose Beseitigung des korrupten liberal-kapitalistischen Systems kann den Weg freimachen für einen nationalen und sozialen Neuanfang in Frieden und Freiheit für unser Volk."

Winfried Petzold, NPD-Landesvorsitzender in Sachsen

Burkhard Mohr, Baaske Cartoons, Müllheim

M 8 Wie der Staat die Demokratie schützt

Die „streitbare Demokratie" der Bundesrepublik Deutschland kann als eine Reaktion auf das Scheitern der Weimarer Republik verstanden werden. Der Aufstieg der Nationalsozialisten, deren erklärtes Ziel die Abschaffung der Demokratie war, warf die Frage auf, wie sich ein demokratischer Staat gegen politischen Extremismus wehren kann, ohne die Freiheitsrechte seiner Bürger zu sehr einzuschränken.

Im Zentrum der streitbaren Demokratie steht die sogenannte Ewigkeitsgarantie des Art. 79 Abs. 3. Darin heißt es: „Eine Änderung dieses Grundgesetzes, durch welche die Gliederung des Bundes in Länder, die grundsätzliche Mitwirkung der Länder bei der Gesetzgebung oder die in den Artikeln 1 und 20 niedergelegten Grundsätze berührt werden, ist unzulässig." Zu den Grundsätzen gehören die Menschenwürde, die Rechts-, Sozial- und Bundesstaatlichkeit sowie das Demokratieprinzip.

Streitbare Demokratie
In einer streitbaren Demokratie wird die freiheitliche Ordnung vom Staat geschützt und kann nicht auf legalem Weg oder mit Hilfe legaler Mittel aufgehoben werden.

M 9 Die wehrhafte Demokratie im Grundgesetz

Artikel 5

(1) Jeder hat das Recht, seine Meinung in Wort, Schrift und Bild frei zu äußern und zu verbreiten und sich aus allgemein zugänglichen Quellen ungehindert zu unterrichten. Die Pressefreiheit und die Freiheit der Berichterstattung durch Rundfunk und Film werden gewährleistet. Eine Zensur findet nicht statt. [...]

(3) Kunst und Wissenschaft, Forschung und Lehre sind frei. Die Freiheit der Lehre entbindet nicht von der Treue zur Verfassung.

Artikel 9

(1) Alle Deutschen haben das Recht, Vereine und Gesellschaften zu bilden.

(2) Vereinigungen, deren Zwecke oder deren Tätigkeit den Strafgesetzen zuwiderlaufen oder die sich gegen die verfassungsmäßige Ordnung oder gegen den Gedanken der Völkerverständigung richten, sind verboten. [...]

Artikel 18

Wer die Freiheit der Meinungsäußerung, insbesondere die Pressefreiheit (Artikel 5 Abs. 1), die Lehrfreiheit (Artikel 5 Abs. 3), die Versammlungsfreiheit (Artikel 8), die Vereinigungsfreiheit (Artikel 9), das Brief-, Post- und Fernmeldegeheimnis (Artikel 10), das Eigentum (Artikel 14) oder das Asylrecht (Artikel 16a) zum Kampfe gegen die freiheitliche demokratische Grundordnung missbraucht, verwirkt diese Grundrechte. Die Verwirkung und ihr Ausmaß werden durch das Bundesverfassungsgericht ausgesprochen.

Artikel 20

(1) Die Bundesrepublik Deutschland ist ein demokratischer und sozialer Bundesstaat.

(2) Alle Staatsgewalt geht vom Volke aus. Sie wird vom Volke in Wahlen und Abstimmungen und durch besondere Organe der Gesetzgebung, der vollziehenden Gewalt und der Rechtsprechung ausgeübt.

(3) Die Gesetzgebung ist an die verfassungsmäßige Ordnung, die vollziehende Gewalt und die Rechtsprechung sind an Gesetz und Recht gebunden.

(4) Gegen jeden, der es unternimmt, diese Ordnung zu beseitigen, haben alle Deutschen das Recht zum Widerstand, wenn andere Abhilfe nicht möglich ist.

Artikel 21

(1) Die Parteien wirken bei der politischen Willensbildung des Volkes mit. Ihre Gründung ist frei. Ihre innere Ordnung muss demokratischen Grundsätzen entsprechen. [...]

(2) Parteien, die nach ihren Zielen oder nach dem Verhalten ihrer Anhänger darauf ausgehen, die freiheitliche demokratische Grundordnung zu beeinträchtigen oder zu beseitigen oder den Bestand der Bundesrepublik Deutschland zu gefährden, sind verfassungswidrig. Über die Frage der Verfassungswidrigkeit entscheidet das Bundesverfassungsgericht. [...]

Artikel 79

(3) Eine Änderung dieses Grundgesetzes, durch welche die Gliederung des Bundes in Länder, die grundsätzliche Mitwirkung der Länder bei der Gesetzgebung oder die in den Artikeln 1 und 20 niedergelegten Grundsätze berührt werden, ist unzulässig.

Aufgaben

1. Arbeite aus M 8 und M 9 die Mittel heraus, die die wehrhafte Demokratie bereit hält, um die Grundwerte unserer Demokratie zu schützen.
2. Ist die NPD eine Partei, die die Grundsätze unserer Demokratie akzeptiert? Untersuche dazu die Aussagen der NPD-Funktionäre (Randspalte).
3. Ein Parteiverbotsverfahren bedeutet einen massiven Eingriff in die Grundrechte der Betroffenen. Stelle dar, welche Grundrechte dabei eingeschränkt werden (M 9).

Soll die NPD verboten werden?

M 10 Hilft ein Verbot der NPD?

Plakat für ein Verbotsverfahren gegen die NPD

Nach der Jahrtausendwende kam es in der Bundesrepublik Deutschland vermehrt zu rechtsextremistischen und rassistischen Gewalttaten. Die Polizei registrierte im Jahr 2000 allein in der ersten Jahreshälfte fast 400 Gewalttaten mit rechtsextremem Hintergrund. Ein trauriger Höhepunkt war der Tod des Mosambikaners Alberto Adriano, der von Rechtsextremen in Dessau zu Tode geprügelt wurde. Diese Ereignisse schienen zu bestätigen, dass rechtsextremistische Gewalt und rechtsextremes Gedankengut wieder ihren Platz in der Gesellschaft gefunden hatten. Auch das selbstbewusste Auftreten rechter Gruppen und rechtsextremistischer Parteien schien diese Entwicklung zu bestätigen. Danach wurden erste Stimmen laut, die ein Verbot der NPD forderten. Auch der damalige Bundeskanzler Gerhard Schröder (SPD) setzte sich im Jahr 2000 für einen gemeinsamen Verbotsantrag von Bundestag und Bundesrat ein. Die Richter des Bundesverfassungsgerichts entschieden, den Antrag auf Verbot der NPD anzunehmen und darüber zu beraten. Damit hatte der Verbotsantrag die erste wichtige Hürde genommen. Dennoch kam es zu einem unerwartet schnellen Ende des Verfahrens. Es stellte sich heraus, dass der Verfassungsschutz innerhalb der NPD V-Leute platziert hatte. Auch im Personenkreis der vor Gericht geladenen NPD-Funktionäre befanden sich einige V-Leute des Verfassungsschutzes. Die Richter des Bundesverfassungsgerichts sahen darin ein unüberwindbares Verfahrenshindernis. Damit war das Verbot der NPD gescheitert. Die Richter haben mit dieser Entscheidung aber nicht abschließend über die Verfassungswidrigkeit der NPD entschieden. Der Präsident des Gerichts, Hans-Jürgen Papier, hat deutlich gemacht, dass ein Verbot der NPD nach wie vor denkbar wäre. Im Kreise der Verfassungsrichter wurde aber deutlich gemacht, dass ein Rückzug der V-Leute innerhalb der NPD eine Voraussetzung für einen weiteren Verbotsantrag ist.

V-Leute = Verbindungspersonen, die als Informanten der Polizei oder des Geheimdienstes arbeiten, v. a. in kriminellen Organisationen, z. B. in der Drogenszene

M 11 Kontrovers diskutiert: Soll die NPD verboten werden?

a) Bernd Wagner, 52, Gründer des Neonazi-Aussteiger-Projekts „Exit“. Der Rechtsextremismusexperte berät Politik und Wirtschaft.

Bevor wir an ein NPD-Verbot denken, sollten sich die Politiker darüber einig sein, ob der Verfassungsschutz nun seine Informanten, die V-Leute, abzieht oder nicht. Denn die bisherigen Versuche sind gescheitert, weil man nicht überblickt, welchen Einfluss diese Leute auf die Arbeit der Partei haben. Es gibt viele gute Gründe für ein Verbot. Die NPD will eiden völkischen Staat, der das Prinzip der Menschenwürde aushebelt. Ihr Menschenbild basiert auf der angeblichen Überlegenheit der weißen Rasse; das trieft aus allen Poren. Dies ist für mich entscheidend. Weniger, dass einige immer wieder Hitler einen guten Mann nennen. Wie kann es gelingen, die NPD zu verbieten? Als Erstes, wie gesagt, müsste die Innenministerkonferenz beschließen, alle V-Leute aus den Gremien der Partei abzuziehen. Von den Ortsvorständen bis zum Bundesvorstand. Das geht innerhalb von 24 Stunden. Es betrifft nicht die sogenannten freien Kameradschaften und andere verdeckte Strukturen. Die werden weiter observiert: aus Gründen der Gefahrenabwehr, nicht wegen ihres politischen Verhaltens.

Dann sollten wir ein gesellschaftliches Bündnis gründen: Profis im Kampf gegen rechts, Vertreter aus der Politik, der Wirtschaft, der Kirche und Jugendinitiativen. Auf diese Weise wird die Teilnahme der Bürger an einem solchen Geschehen als sinnhaft erlebt und so manches Gefühl der strukturellen Ohnmacht vermieden. Die Definition des Extremismus wäre nicht nur auf Gerichte, Behörden und Wissenschaftler begrenzt. Ein breites Bündnis kann geduldig den Verbotsantrag vorbereiten. Das wird dauern, ich denke, zwischen drei und fünf Jahre. Aber es lohnt sich. Ein Teil der NPD-Strategie ist der Kampf um die Parlamente. Und da nimmt sie alle Privilegien des von ihr bekämpften Rechtsstaates in Anspruch: Meinungsfreiheit, Parteienfinanzierung, Verwaltungsrecht. Dies darf sich eine wehrhafte Demokratie nicht gefallen lassen. Wie sagte Goebbels? „Das wird immer einer der besten Witze der Demokratie bleiben, dass sie ihren Todfeinden die Mittel selbst stellte, durch die sie vernichtet wurde."

Rechter Terror
Der Nationalsozialistische Untergrund (NSU) – auch als Zwickauer Terrorzelle bezeichnet – ist eine rechtsextreme terroristische Vereinigung in Deutschland. Den Terroristen wird vorgeworfen, an verschiedenen Orten in Deutschland zwischen 2000 und 2006 insgesamt neun Personen mit Migrationshintergrund ermordet zu haben. Weitere Anschläge und der Polizistenmord von Heilbronn 2009 sollen auf ihr Konto gehen. Nach Ansicht des Generalbundesanwalts war das Ziel der Terroristen, „aus einer fremden- und staatsfeindlichen Gesinnung heraus vor allem Mitbürger ausländischer Herkunft zu töten".

Joseph Goebbels (1897-1945) = Reichsminister für Volksaufklärung und Propaganda (1933-1945), enger Vertrauter Adolf Hitlers

b) Anetta Kahane, 53, Vorsitzende der Amadeu Antonio Stiftung. Diese fördert vor allem in Ostdeutschland Initiativen gegen rechts.

Die Bedingungen für einen NPD-Verbotsantrag scheinen seit dem letzten Versuch nicht besser geworden zu sein. Die V-Leute sind noch immer nicht abgezogen worden, und es sieht nicht so aus, als würde es bald geschehen. Doch selbst dann ist der Ausgang des Verfahrens ungewiss. Wenn aber der Verbotsantrag erneut scheitert, macht sich der Staat unmöglich und verhilft den Neonazis zu einem weiteren Triumph. Eine andere Frage scheint mir aber fast noch wichtiger: Kann mit einem Verbot wirklich erreicht werden, dass Inder, Ägypter, Afrikaner nicht beleidigt, verfolgt und geprügelt werden? Und das unter Duldung oder gar dem Jubel der umstehenden Bevölkerung? Bestimmt nicht. Im Gegenteil. Die NPD ist eher ein Symptom als die Krankheit selbst. Kein vernünftiger Mensch wird annehmen, dass die Bürger von Mügeln mutiger das Pogrom vereitelt hätten, wenn die NPD verboten gewesen wäre. Die Erfahrung zeigt leider, dass Politik und Gesellschaft nur dann bereit sind, auf die rechtsextreme Bedrohung zu reagieren, wenn sie es in die Parlamente schafft. „Keine NPD – kein Problem" – so wenden sich Politik, Gesellschaft und Medien ab. Dann nämlich ist da eine andauern-

Mügeln = Im August 2007 hatte ein rassistischer Mob Menschen indischer Abstammung durch die Stadt Mügeln gehetzt und dabei verletzt.

Pogrom = organisierte, gewaltsame Verfolgung von Minderheiten

Menetekel = unheildrohendes Zeichen

de Erinnerung, ein Menetekel, dass etwas nicht stimmt in Deutschland. Seit die NPD in die Landtage einzieht, wird der Rechtsextremismus endlich als ernsthafte gesellschaftspolitische Gefahr wahrgenommen. Und dort, wo sie es nicht schafft, entwarnen die Politiker so, als ob es bei niedrigen Wahlergebnissen auch kein Problem mit Neonazis mehr gäbe. Nach einem Verbot wird das Gleiche passieren. Nach dem Motto „Keine NPD – kein Problem" wenden sich Politik, Gesellschaft und Medien ab. Den Nazis nicht das Feld zu überlassen heißt: sich selbst kümmern. Um Demokratie im Alltag, um gute Beratung gegen Rechtsextremismus, um gute Schulen oder um kluge statt bürokratische Lösungen bei Strukturproblemen. Das alles ginge natürlich auch wunderbar ohne die NPD. Wenn Deutschland aus sich selbst heraus dazu bereit wäre – und nicht immer ein Menetekel brauchte, das vielleicht auch andere sehen können!

Der Stern, 8.9.2007

Methode

M 12 Ein Streitgespräch führen

Politische Probleme betreffen oftmals die gesamte Bevölkerung eines Landes. Da dabei sehr viele verschiedene Interessen und Gruppen in der Gesellschaft betroffen sind, kann es meist keine Lösung geben, die für alle gleich gut ist. Deshalb sind Konflikte unausweichlich und Lösungen immer umstritten. Der Streit um die richtige Lösung politischer Konflikte gehört somit zum Kern der Politik. Die öffentliche Debatte, die in den Medien, in den Parteien und Parlamenten, aber auch in den Familien und in der Schule geführt wird, ist eine wichtige Vorstufe zur Entscheidungsfindung. Wer sich in dieser Debatte durchsetzen kann, der kann großen Einfluss auf die politische Entscheidung nehmen.

Eine Möglichkeit, eine geordnete Debatte zu führen, ist die **„Eishockey-Debatte"**. Sie erlaubt es, eine Diskussion zu führen, ohne dass ein Einzelner dabei im Mittelpunkt steht, da sich die Diskussionsmannschaften gegenüberstehen. Kein Spieler kann ein gesamtes Eishockeyspiel absolvieren, denn das Tempo des Spiels ist viel zu hoch. Deshalb wechseln sich die Spieler immer ab und sobald sie sich wieder stark fühlen, können sie wieder auf das Eis. Je mehr Leute mitstreiten, desto mehr Argumente und Ideen gibt es. In der „Eishockey-Debatte" diskutieren immer nur vier Schülerinnen und Schüler miteinander: zwei aus der Pro- und zwei aus der Kontra-Gruppe. Das gesamte Team steht aber jederzeit bereit, in die Diskussion einzugreifen. Hat ein Mitglied aus dem Diskussionsteam eine gute Idee oder ein schlagkräftiges Argument, dann wird er „eingewechselt": Der bisherige Diskutant geht zurück ins Publikum und der andere nimmt auf einem der Diskussionsstühle Platz – nun geht die Debatte weiter. Die Debatte ist zu Ende, wenn keine neuen Argumente genannt werden bzw. wenn sich niemand mehr einwechseln lassen will.

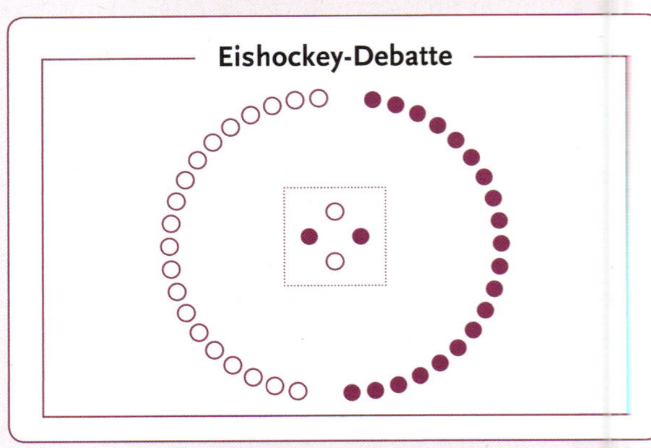

M 13 Das Bundesverfassungsgericht – Hüter der Verfassung

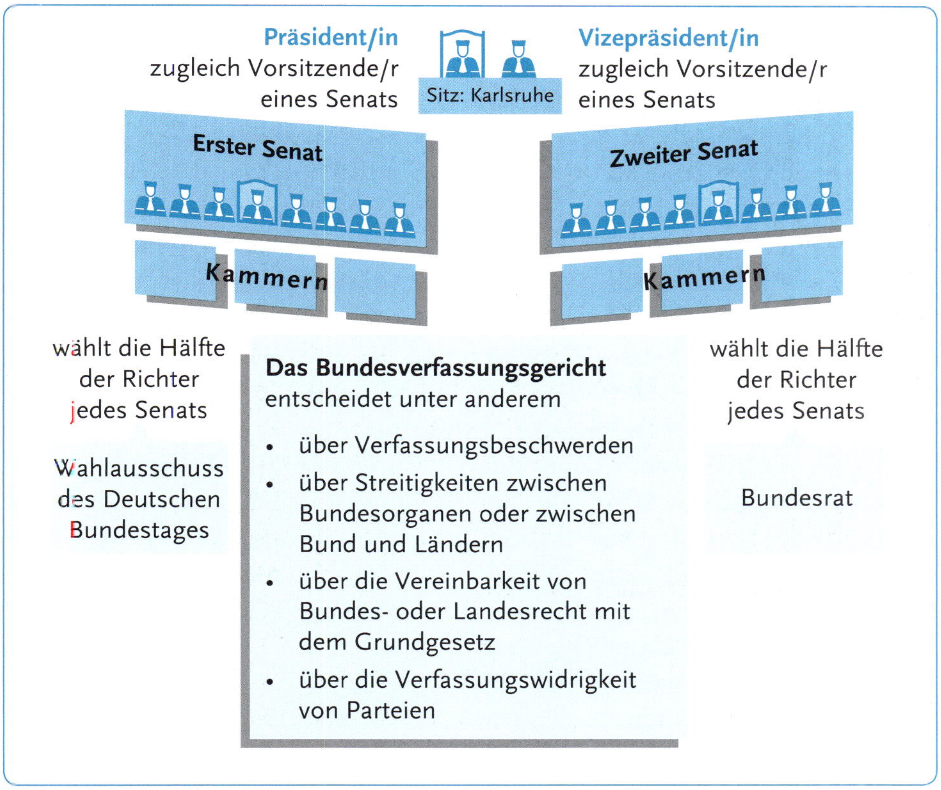

Bergmoser + Höller Verlag AG, Zahlenbilder 129 015

Recherchiere nach wegweisenden Urteilen des Bundesverfassungsgerichts und stelle die Hintergründe zu einem Urteil dar.

Aufgaben

1. Führt eine Eishockey-Debatte zur Frage durch, ob die NPD verboten werden soll. Teilt euch dazu in zwei Gruppen – eine Pro- und eine Kontra-Gruppe – und bearbeitet die Materialien M 10 und M 11. Recherchiert zusätzlich im Internet und sammelt weitere Argumente, um eure Position zu stärken. Tretet dann gegeneinander an.
2. Formuliere deinen persönlichen Standpunkt. Wie beurteilst du ganz persönlich die Frage, ob die NPD verboten werden soll?
Schreibe dazu alle Pro- und Kontra-Argumente auf, die dich überzeugt haben. Markiere jeweils das stärkste Argument und triff dann eine Entscheidung.
3. Erkläre, warum das Bundesverfassungsgericht als „Hüter der Verfassung" bezeichnet wird (M 9, M 13).

Wie funktioniert die Gewaltenteilung?

M 14 Für Putin steht das Urteil fest

Michail Chodorkowski im Gerichtssaal. Dem ehemaligen Manager des großen Energiekonzerns Jukos wird zur Last gelegt, 218 Millionen Tonnen Öl unterschlagen zu haben. Die Staatsanwaltschaft fordert 14 Jahre Haft, die Verteidigung Freispruch.

Das Urteil steht noch aus – aber für Russlands Premier ist klar: Der ehemalige Jukos-Chef Chodorkowski sei ein Dieb und gehöre ins Gefängnis, sagte Putin im Fernsehen. Chodorkowskis Anwalt bedankte sich – das sei die klarste Antwort auf die Frage nach der Unabhängigkeit des Gerichts. [...] Putin scheint damit mehr zu wissen als andere. Denn die Urteilsverkündung im zweiten Prozess gegen Chodorkowski war überraschend vertagt worden. [...] Chodorkowskis Anwalt Wadim Kluwgant glaubt nicht, dass Putin aus Versehen vor so großem Publikum von einem Schuldspruch gesprochen hat. Nicht ohne Ironie erklärte er: „Dass er das für sich vor langer Zeit entschieden hat, ist kein Geheimnis. Dass er aber der ganzen Welt mitteilt, dass die Schuld bewiesen ist, obwohl das Gericht noch nicht entschieden hat – und das auch noch in dem Moment, in dem das Gericht sich zurückgezogen hat – das ist die beste und klarste Antwort auf die Frage, ob das Gericht frei und unabhängig ist oder wie stark Druck ausgeübt wurde", erklärte Kluwgant. „Für diese Klarheit bin ich Wladimir Wladimirowitsch wirklich dankbar."

Christina Nagel, http://www.tagesschau.de/ausland/chodorkowski164.html (12.3.2011)

M 15 Das Prinzip der geteilten Macht

Lange Zeit haben die Menschen darunter gelitten, dass sie von Politikern oder Monarchen regiert wurden, die sehr viel Macht hatten. Diese Herrscher konnten mehr oder weniger frei entscheiden, was in einem Staat passieren sollte. Sie konnten Steuern erheben, Gesetze erlassen, Kriege beginnen und die Freiheiten ihrer Untertanen beliebig einschränken. Da diese Herrscher eine allumfassende, absolute Macht besaßen, nannte man diese Herrschaftsform Absolutismus. Damit es den Menschen besser gehen konnte, musste diese Macht gebrochen werden. Man musste also eine „politische Spielregel" erfinden, die verhindert, dass wenige Menschen in einem Staat zu viel Macht bekommen. Diese Spielregel nennt sich Gewaltenteilung. Das Prinzip der Gewaltenteilung ist denkbar einfach. Es gibt verschiedene Institutionen in einem Staat, unter denen die Macht aufgeteilt ist. Keine dieser Institutionen ist so mächtig, dass sie die anderen beiden Institutionen bestimmen oder gar beherrschen kann. Man spricht deshalb auch von einem System geteilter Macht.

Doch welche Institutionen sind dies und über welche Macht verfügen sie? An erster Stelle steht die Legislative, d. h. die gesetzgebende Gewalt. In unserem Land sind dies der vom Volk gewählte Bundestag und der

Bundesrat, die Gesetze beschließen können. Dies geschieht in einem komplizierten Verfahren, das dazu beitragen soll, dass nicht eine Partei zu viel Einfluss auf die Gesetze nehmen kann.

Die nächste Gewalt ist die Exekutive, d. h. die Regierung und die Verwaltung. Jeder kennt Vertreter dieser Gewalt, denn sie begegnen uns im Alltag bspw. als Polizisten, die darüber wachen, dass die Regeln in unserer Gesellschaft eingehalten werden. Auf Bundesebene stellt die Regierung – also der Bundeskanzler und die Minister mit ihren Ministerien – die Exekutive dar.

Die dritte Gewalt ist die Judikative, d. h. die rechtsprechende Gewalt. Verstößt jemand gegen die Gesetze, dann landet er vor Gericht. Dort sorgen Richter und Staatsanwälte dafür, dass die Täter bestraft werden. Die Richter sind dabei allerdings an die Gesetze gebunden – und diese Gesetze können sie nicht selbst verabschieden. Das war früher anders: Manche Herrscher konnten selbst die Gesetze bestimmen und ausführen – eine unabhängige Justiz gab es nicht und so waren die Menschen der Willkür ausgeliefert.

Oftmals werden die Medien als „vierte Gewalt" bezeichnet, denn sie kontrollieren ebenfalls die Politik, indem sie kritisch über politische Maßnahmen berichten und Skandale aufdecken.

Ein weiteres Element der Gewaltenteilung stellt der Föderalismus dar. Der Bund darf nicht alles alleine entscheiden, sondern muss bei vielen politischen Problemen die Bundesländer mit einbeziehen. Dies macht zwar das Regieren manchmal kompliziert, verhindert aber, dass die Politiker in Berlin zu viel Macht bekommen. Da Bund und Länder sich nicht auf einer Ebene befinden, spricht man in diesem Zusammenhang auch von vertikaler Gewaltenteilung.

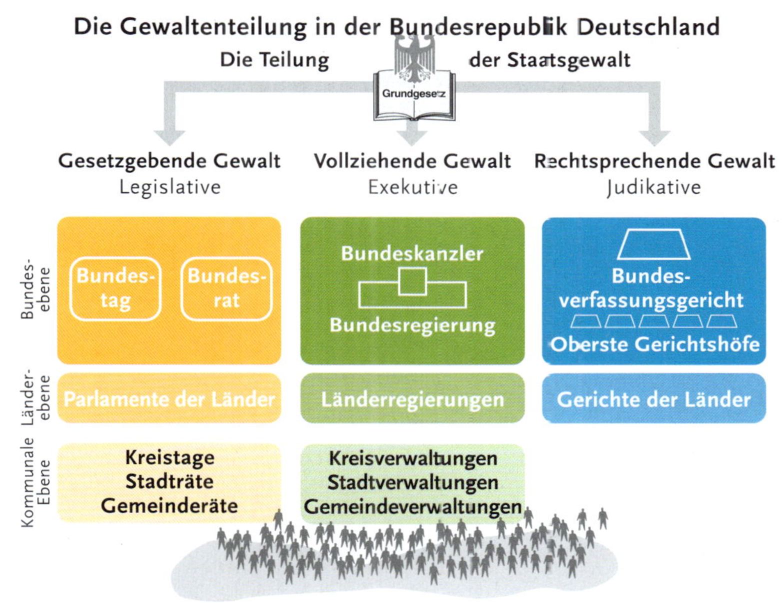

Bergmoser + Höller Verlag AG, Zahlenbilder 61 110

Aufgaben

1. Das Prinzip der Gewaltenteilung sorgt für ein System aus Macht und Kontrolle. Überlegt euch, über welche Macht die einzelnen Verfassungsorgane in Deutschland verfügen und wer sie jeweils kontrolliert. Gestaltet dazu ein Plakat (M 14, M 15).
2. Bewertet ausgehend vom Prinzip der Gewaltenteilung den Fall des ehemaligen Jukos-Chefs Michail Chodorkowski (M 14, M 15).
3. Zeigt am Beispiel eines Parteiverbotsverfahrens auf, wie die Gewaltenteilung in Deutschland funktioniert (M 9 – M 13).

Was wir wissen

Grundgesetz
M 2

Das Grundgesetz ist die Verfassung unseres Staates. Es regelt den Aufbau, die Aufgaben und das Zusammenwirken der Staatsorgane und enthält Aussagen über die Geltung der Grundrechte (z. B. Menschenwürde, Glaubensfreiheit, Meinungsfreiheit).

Grundrechte und Grundwerte der Verfassung
M 3, M 4

Im Grundgesetz haben die Grundrechte einen besonderen Stellenwert. Man geht nämlich davon aus, dass die Menschenrechte gleichsam angeborene Naturrechte jedes Menschen sind. Sie sind deshalb in einem Grundrechtskatalog dem eigentlichen Verfassungstext vorangestellt. Die Grundrechte geben eine Wertordnung vor, an der sich staatliches Handeln immer orientieren muss. Deshalb dürfen sie auch in ihrem Wesensgehalt nicht verändert werden. Art. 20 GG enthält die zentralen Verfassungsprinzipien in Kurzform: Demokratieprinzip, Rechtsstaatsprinzip, Sozialstaatsprinzip und Bundesstaatsprinzip. Diese Prinzipien dürfen gemäß Art. 79 Abs. 3 (Ewigkeitsklausel) auch nicht im Wege der Verfassungsänderung beseitigt werden.

Gewaltenteilung
M 14, M 15

Zentrales Merkmal der Demokratie ist außerdem die Gewaltenteilung. Sie gewährleistet die Trennung und gegenseitige Kontrolle der staatlichen Gewalten, der vollziehenden Gewalt (Regierung und Verwaltung), der gesetzgebenden Gewalt (Parlament) und der richterlichen Gewalt (Gerichte).

Wehrhafte Demokratie
M 8, M 9

Diese freiheitliche demokratische Grundordnung darf nicht gefährdet oder abgeschafft werden. Deshalb wird unsere Demokratie als wehrhafte oder streitbare Demokratie bezeichnet. Zu den Mitteln der wehrhaften Demokratie gehören:

- Auf Antrag können verfassungswidrige Parteien vom Bundesverfassungsgericht verboten werden.
- Vereinigungen, die sich gegen die verfassungsmäßige Ordnung richten, können vom Innenminister verboten werden.
- Die Grundrechte einzelner Personen können vom Bundesverfassungsgericht verwirkt werden, wenn sie diese zum Kampf gegen die Demokratie missbrauchen.
- Bedienstete im öffentlichen Dienst können auf ihre Verfassungstreue verpflichtet werden.
- Als letztes Mittel räumt das Grundgesetz den Deutschen ein Recht zum Widerstand gegen jeden ein, der es unternimmt, die verfassungsmäßige Ordnung zu beseitigen, wenn keine andere Abhilfe möglich ist.

Bundesverfassungsgericht
M 13

Um einen Missbrauch der Instrumente der wehrhaften Demokratie zu verhindern, wurden diese überwiegend dem Bundesverfassungsgericht übertragen. Das Bundesverfassungsgericht ist das höchste deutsche Gericht. Es entscheidet verbindlich über die Auslegung des Grundgesetzes. Außerdem kann sich jeder Bürger an das Gericht wenden, wenn er seine Grundrechte durch staatliches Handeln verletzt sieht. Deshalb wird das Bundesverfassungsgericht auch als „Hüter der Verfassung" bezeichnet.

Karikatur: Haitzinger

Aufgabe 1

Formuliere die Aussage der Karikatur. Benenne die Personen aus diesem Kapitel, die dieser Aussage zustimmen würden, und begründe deine Position.

a) Oliver Decker, der eine Studie über den Rechtsextremismus erarbeitet hat
b) Bernd Wagner, Gründer des Neonazi-Aussteiger-Projekts „Exit“
c) Anetta Kahane, Vorsitzende der Amadeu Antonio Stiftung

Aufgabe 2

Nehmt euer Plakat zur Hand, auf dem ihr die politischen Akteure notiert und gewichtet habt (vgl. Auftaktseiten).

1. Überprüft, ob euch jetzt weitere wichtige Akteure einfallen, und ergänzt eure Auflistung.
2. Überprüft eure Hierarchie, d.h. die Rangordnung, die ihr erstellt habt. Stimmt sie? Müsst ihr einzelne Akteure verschieben? Sind sie weniger mächtig, als ihr dachtet, oder haben sie mehr Macht?
   Begründet kurz, wenn ihr einen Akteur in eurer Rangordnung verschiebt.

Stellt euch vor, ihr schwebt in einem Ballon „Staat". (Gebt eurem Ballon einen Namen!)
An Bord sind schwere Lastenpakete mit Aufgaben des Staates, die den Ballon immer wieder an Höhe verlieren lassen. Er droht abzustürzen. Um den Abstieg aufzuhalten, müsst ihr ein Lastenpaket über Bord werfen. Ihr müsst euch dabei überlegen, welche Staatsaufgaben ihr leicht aufgeben könnt und welche ihr so lange wie möglich an Bord behalten wollt.
Der Ballon fängt sich wieder, verliert aber nach einer Weile wieder an Höhe. Ein weiteres Paket (2. Spielrunde) muss also abgeworfen werden. Dies geht so weiter, bis der Ballon sich endlich stabilisiert hat. Dokumentiert jeden Abwurf: In welcher Reihenfolge wurden die Lasten abgeworfen? Begründet jeden einzelnen Abwurf (Argumente, Kontroversen).

Anmerkung für den Spielleiter:

Alle Mitspieler erhalten die Liste mit den Lasten. Außerdem wird eine große Tabelle mit den Namen der Ballone und der mitfahrenden Spielerinnen und Spieler benötigt, um am Schluss die Ergebnisse vergleichen zu können.

6

Soziale Marktwirtschaft: Wirtschaftsordnung und Wirtschaftspolitik

Jede Volkswirtschaft muss für sich die Frage beantworten, wie die Produktion der notwendigen Güter vorgenommen werden soll. Was soll produziert werden? Wer soll es produzieren? Wie soll produziert werden? Wie sollen die Güter verteilt werden?

Kompetenzen

Am Ende dieses Kapitels solltest du Folgendes können:

- die grundlegenden Aufgaben einer Wirtschaftsordnung darlegen und Wirtschaftsordnungen unterscheiden
- volkswirtschaftliche Zusammenhänge mit Hilfe des Kreislaufmodells beschreiben
- die Stärken und Schwächen des Marktes erklären
- die Rolle des Staates in der Sozialen Marktwirtschaft darstellen
- die wirtschaftliche Entwicklung Deutschlands anhand von Indikatoren beschreiben
- Wirkungsweisen der Wirtschaftspolitik anhand ausgewählter Beispiele beschreiben und beurteilen

Was weißt du schon?
Spielt das Ballonspiel wie in der Spielanleitung beschrieben.

6.1 Wie steuern Regeln das wirtschaftliche Verhalten?

Wie reagieren Menschen auf Anreize?

M 1 Warum sind die Supermarktregale so gut gefüllt?

Das Angebot ist üppig. Doch wie und warum kommen die Produkte auf den „Markt"?

Jeden Tag werden in einer Großstadt wie Berlin Millionen von Menschen pünktlich mit Nahrungsmitteln und Mahlzeiten versorgt, sei es im Supermarkt, an Imbissbuden, in Kantinen, in Restaurants oder in privaten Küchen. Dabei hat jeder die Möglichkeit, seine ganz individuellen Bedürfnisse zu befriedigen. Kebab, Sushi, Hamburger, Eintopf – es werden die unterschiedlichsten Gerichte angeboten. Die allerwenigsten Zutaten für diese Mahlzeiten werden in Berlin selbst hergestellt.

An unterschiedlichsten Orten und in unterschiedlichen Ländern produzieren Menschen Nahrungsmittel und Zutaten, die transportiert, weiterverarbeitet und schließlich an andere Menschen verteilt werden: Wie kann erreicht werden, dass alle Bedürfnisse und Güter so koordiniert werden, dass die Nahrungsmittelversorgung jedes Einzelnen in einer so großen Stadt gesichert ist?

Um dieses „Wunder" zu verstehen, muss man sich den Regeln widmen, nach denen das wirtschaftliche Geschehen funktioniert. Ähnlich wie beim Sport hängen nämlich die wirtschaftlichen Aktivitäten in ihrer genauen Ausführung und in ihren Ergebnissen von bestimmten Regeln ab. Solche Regeln oder Verfahren werden auch als Institutionen bezeichnet. Für die Wirtschaft besonders wichtig sind zum Beispiel das Vertragsrecht, der Markt mit seinem Wettbewerb und das Geldwesen.

M 2 Wirtschaftliches Handeln – eine Folge von Anreizen

Ökonomie ist im Kern eine Untersuchung über die Wirkung von Anreizen. Es geht dabei um die Frage, wie die Leute bekommen, was sie wollen oder brauchen, besonders wenn andere Leute dasselbe wollen oder brauchen. Ökonomen lieben Anreize. Sie lieben es, sich Anreize auszudenken, sie einzusetzen, sie zu studieren und daran herumzubasteln. Der typische Ökonom glaubt, dass die Welt noch kein Problem erfunden hat, das er nicht lösen könnte, wenn er freie Hand hätte, das passende Schema von Anreizen zu konstruieren. […]

Ein Anreiz ist einfach ein Mittel, mit dem man Leute dazu bewegt, mehr Positives und weniger Negatives zu tun. Aber die meisten Anreize ergeben sich nicht von selbst. Irgendjemand – ein Ökonom oder Politiker, ein Vater oder eine Mutter – muss ihn erfinden. Ihre dreijährige Toch-

ter isst eine ganze Woche lang das Gemüse auf? Dafür darf sie sich im Spielzeugladen etwas aussuchen. Eine große Stahlfabrik stößt zu viele Abgase aus? Das Unternehmen muss für jeden Kubikmeter, der über die zulässige Menge hinausgeht, Strafe zahlen. Zu viele Leute zahlen ihre Steuer nicht vollständig? Es war der Ökonom Milton Friedman, der in den USA zur folgenden Lösung beigetragen hat: Die Steuer wird automatisch vom Lohn einbehalten.
Grundsätzlich gibt es drei verschiedene Arten von Anreizen: ökonomische, soziale und moralische. Sehr oft sind alle drei Varianten in einem einzigen Schema zusammengefasst.

Steven D. Levitt, Stephen J. Dubner, Freakonomics, übersetzt von Gisela Kretschmar, München 2006, S. 39 ff.

M 3 Lofanga oder die Kultur des Teilens

Papageien- und Doktorfische, Zackenbarsche, Schnapper und Meeräschen zappeln im Netz – um die südpazifische Insel Lofanga im Königreich Tonga gibt es Fisch im Überfluss. Die Fischer hier kennen ein Abgabesystem, das gleichzeitig als Sozialversicherung, Nachbarschaftshilfe und Ökosteuer wirkt: Wer mehr fängt, als er verbraucht, muss seinen Fang mit anderen teilen, zum Beispiel mit alten und kranken Bewohnern oder Fischern, die weniger Glück hatten. Täglich lieferten die Fischer etwa ein Drittel ihres Ertrags ab – Renten in Form von frischen Nahrungsmitteln. Weil sich große Fänge nicht lohnen, gehen sie mit der natürlichen Ressource sparsam um. Und nur ausnahmsweise, wenn sie einmal Geld für Benzin oder Schulen brauchen, dürfen die Männer ihren Fisch an einem Marktstand verkaufen.
Völlig anders – und ähnlich wie in den Industriestaaten – wirtschaften die Fischer der etwas größeren Nachbarinsel Uiha: Sie bringen einen Großteil ihrer Fänge auf den Markt und mancher legt das eingenommene Geld für die eigene Alters- und Krankheitsvorsorge auf einer Bank an. Damit sind sie motiviert, mehr Fische zu fangen, als sie und ihre Familien essen können. Folge: Die Fischgründe bei Uiha sind heute nahezu erschöpft.

Christoph Dieffenbacher, in: Horizonte, Schweizer Forschungsmagazin 45/2000, S. 14

Aufgaben

1. Erläutere, welche Bedeutung Regeln und Anreize für das wirtschaftliche Handeln der Menschen haben (M 1, M 2).
2. Suche Beispiele aus deinem Alltag für Anreize, die dein Verhalten und das deiner Umgebung steuern (M 2).
3. Arbeite genau die unterschiedlichen „Verteilungsregeln“ in M 3 heraus und stelle dar, wie sich diese auf das Verhalten der Menschen auswirken.

Wie lassen sich Wirtschaftsordnungen vergleichen?

Auf einer Wahlkampfveranstaltung im März 1990 fordern die Bürger der DDR die Einführung der Sozialen Marktwirtschaft.

Dispositionen = hier: Verfügbarkeit, Verfügung

Wirtschaftssubjekte = hier: alle am Wirtschaftsgeschehen Beteiligten wie z. B. Staat, Banken, Haushalte usw.

M 4 Wirtschaftsordnungen – Wirtschaftssysteme

Soll ein unübersichtliches und zusammenhangloses Nebeneinander einzelwirtschaftlicher Aktivitäten vermieden werden, sind Regeln, Normen und Institutionen erforderlich, die von allen Wirtschaftssubjekten akzeptiert werden. Die Gesamtheit der wirtschaftlich relevanten rechtlichen Vorschriften, Koordinationsmechanismen, Zielsetzungen, Verhaltensweisen und Institutionen, die den organisatorischen Ablauf und Aufbau einer Volkswirtschaft bestimmen, werden als Wirtschaftsordnung bezeichnet.

Wirtschaftsordnungen setzen sich aus unterschiedlichen Bausteinen zusammen.
Im Wesentlichen sind dies:

- Die Formen der Planung und Lenkung
- Das Eigentumsrecht
- Die Formen der Geld- und Finanzwirtschaft
- Das Außenwirtschaftsrecht
- Die Rolle der Wirtschaftssubjekte, besonders auch des Staates
- Die Rolle des Marktes, z. B. bei der Preisbildung
- Das Unternehmensrecht

Im Allgemeinen werden zwei Wirtschaftsmodelle gegenübergestellt:

- **Marktwirtschaft und**
- **Zentralverwaltungswirtschaft**

In einem marktwirtschaftlichen System werden Nachfrage und Angebot dadurch koordiniert, dass die Unternehmen ihre Güter und Leistungen auf Märkten gegen Geld anbieten, zu Preisen, die sich entsprechend dem Verhältnis von Angebot und Nachfrage, also entsprechend der Knappheit, frei herausbilden.

[…] In der Zentralverwaltungswirtschaft ist die gesamte Produktion und Verteilung der Güter den Dispositionen der Haushalte und Unternehmen entzogen. Stattdessen entscheidet eine staatliche Stelle (Planbehörde) darüber, welche Güter in welcher Menge und Qualität zu erzeugen und nach welcher Rangfolge sie an andere Unternehmen und Haushalte zu verteilen sind (Planauflagen). Oberste Pflicht der Unternehmen ist die fristgerechte Erfüllung der Planauflagen (Planerfüllungsprinzip). Artunterscheidendes Merkmal der Zentralverwaltungswirtschaft ist also, dass der arbeitsteilige Wirtschaftsprozess zentral geplant und aufgrund dieses Planes gelenkt wird. Ein häufig angeführtes Kriterium der Zentralverwaltungswirtschaft ist die Form des Eigentums. In Übereinstimmung mit der marxistischen Doktrin wird an sachlichen Produktionsfaktoren kein privates Eigentum zugelassen.

Im Falle zentraler Steuerung einer Volkswirtschaft müssen die Koordinatoren über eine außerordentliche Informationsfülle in Bezug auf die Bedarfe, die Güter- und Rohstoffvorräte, die Produktionskapazitäten

d. h. die Sachkapitalbestände und das Arbeitskräftepotential, verfügen. Daher ist eine umfangreiche, hochqualifizierte und kostspielige staatliche Bürokratie erforderlich, die die Informationen beschafft, auswertet, Teilpläne entwirft, aufeinander abstimmt, zum Gesamtplan zusammenfügt, die Pläne gegebenenfalls revidiert, die Einhaltung der Pläne kontrolliert und durchsetzt.

nach: Schul/Bank, Wirtschaft, Materialien für den Unterricht, Berlin 2006, S. 10 f., Artur Woll, Allgemeine Volkswirtschaftslehre, 13. Aufl., München 2000, S. 69 f. und Heinz Lampert/Albrecht Bossert, Die Wirtschafts- und Sozialordnung der Bundesrepublik Deutschland im Rahmen der Europäischen Union, 15. Aufl., München 2004, S. 35

M 5 Zentrale Anreizstrukturen einer Wirtschaftsordnung im Überblick

Die Gesamtheit der rechtlichen Regeln und Vorschriften, die den Aufbau einer Volkswirtschaft bestimmen, werden als Wirtschaftsordnung bezeichnet. Wirtschaftsordnungen setzen sich aus unterschiedlichen Bausteinen zusammen.

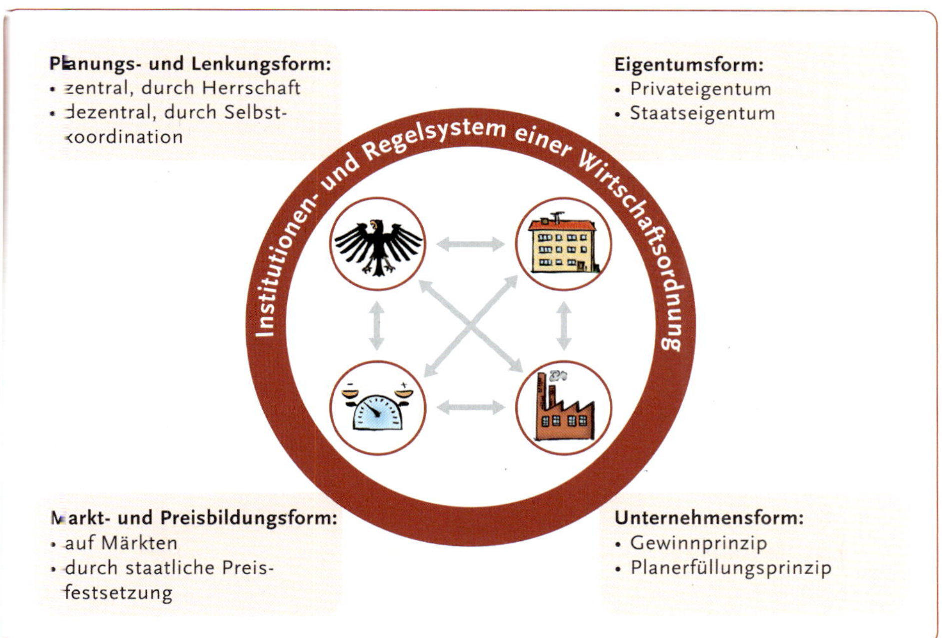

nach: Institut für Ökonomische Bildung, Oldenburg

Aufgaben

1. Erkläre den Begriff „Wirtschaftsordnung“ (M 4).
2. Fast täglich wird über Eingriffe in das Wirtschaftsleben diskutiert, sei es in Deutschland oder auf EU-Ebene. Suche dir aus der Tagespresse drei solcher Schlagzeilen und ordne sie den unterschiedlichen Bausteinen der Wirtschaftsordnung zu (M 5).

Der Markt – vom Wirken der „unsichtbaren Hand“

M 6 Markt und Wohlstand

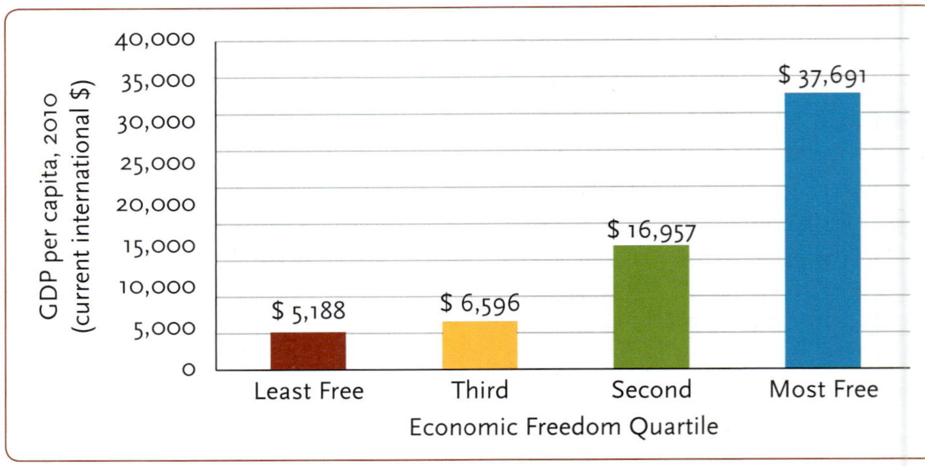

Grafik: James Gwartney, Robert Lawson, Joshua Hall, Economic Freedom of the World, 2012 Annual Report, Vancouver 2012, S. 23

Auf der x-Achse sind die Länder der Welt entsprechend ihrem Grad an wirtschaftlicher Freiheit in den Jahren zwischen 1990 und 2010 (z. B. sichere Eigentums- und Verfügungsrechte, offene Wettbewerbsmärkte, Vertragsfreiheit und Rechtsstaatlichkeit) in Viertel geteilt, links das unfreieste, rechts das freieste Viertel. Zu den unfreiesten Ländern gehören u. a. die afrikanischen Staaten Republik und Demokratische Republik Kongo, die Zentralafrikanische Republik, Simbabwe und das asiatische Myanmar, zu den freiesten u. a. Neuseeland, die Schweiz, Großbritannien, Australien, Kanada und die Bundesrepublik Deutschland. Auf der y-Achse ist das Bruttoinlandsprodukt pro Kopf in Dollar abgetragen.

M 7 Kapitalismus – was ist das?

Unter den Produktions- und Arbeitsbedingungen des ausgehenden 18. Jahrhunderts und des beginnenden 19. Jahrhunderts wurde der Begriff für eine Wirtschafts- und Gesellschaftsordnung, in der das private Eigentum an den Produktionsmitteln (Fabrikhallen, Maschinen, Anlagen), das Prinzip der Gewinnmaximierung und die Steuerung der Wirtschaft über den Markt typisch ist, geprägt. Das wirtschaftliche und soziale Zusammenleben in der damaligen Gesellschaft wurde weitgehend von den Interessen der Kapitaleigentümer bestimmt. Im Kapitalismus ist Kapitalbesitz die Voraussetzung für die Verfügungsgewalt über die Produktionsmittel, was das Weisungsrecht über die Arbeitskraft der abhängig Beschäftigten einschließt.

nach: Das Lexikon der Wirtschaft, Bundeszentrale für politische Bildung, 2. Aufl., Bonn 2004, S. 25

M 8 Die „unsichtbare Hand“ als Ordnungsprinzip

In seinem wichtigsten Werk, das 1776 veröffentlicht wurde, „Der Wohlstand der Nationen“ (auch unter „Der Reichtum der Nationen“ bekannt), erklärte der berühmte Schotte Adam Smith so präzise und allgemeingültig wie kein anderer vor allem eins: Er zeigte, inwiefern Individuen im Marktgeschehen letztlich das Interesse der Allgemeinheit voranbringen, obwohl sie nur auf ihren eigenen Vorteil bedacht sind. Es ist jene berühmte „unsichtbare Hand“, die den Einzelnen dazu bringt, einen Zweck zu erfüllen, der keineswegs in seiner Absicht liegt. Obwohl er nur seine persönlichen Interessen verfolgt, arbeitet er damit oft auf wirkungsvollere Weise für das Interesse der Gesellschaft, als wenn er sich dies zum Ziel gesetzt hätte.

Aber der britische Denker musste nicht bei Null anfangen. Er ließ sich von dem Holländer Bernard Mandeville inspirieren, der 1714 mit der Veröffentlichung seiner Bienenfabel einen Skandal verursachte. Und worum ging es in dieser Fabel? In einem Bienenstock – Spiegel unserer Gesellschaft – herrscht großer Wohlstand, aber auch großes Laster. Die Gesellschaft wünscht sich die Tugenden, insbesondere die christliche Nächstenliebe, zurück. Als jedoch dieser Wunsch erfüllt wird und es tatsächlich keine Laster mehr in dieser Gesellschaft gibt, verschwinden mit einemmal auch jede Aktivität und aller Wohlstand, und bald stellen sich Müßiggang, Langeweile und Chaos ein!

Smith nimmt diesen Grundgedanken auf, geht jedoch nicht ganz so weit. Er behauptet lediglich, dass das persönliche Interesse (eher eine „niedere Tugend“ als ein wirkliches Laster) unbewusst und ungewollt zu Wohlstand führt. Ganz schön schockierend, diese Idee, oder? Aber so unbeschreiblich menschlich.

André Fourçans, Die Welt der Wirtschaft, Frankfurt/New York 1998, S. 26 f., übersetzt von Sabine Schwenk

Adam Smith (1723 – 1790), englischer Philosoph und Ökonom

Aufgaben

1. Formuliere die zentrale Aussage der Grafik als „Je ..., desto ...“-Satz (M 6).
2. Erkläre, was „schockierend“ ist an der Idee der „unsichtbaren Hand“ (M 8).
3. Arbeite die wesentlichen Merkmale des Menschenbildes der freien Marktwirtschaft heraus und vergleiche es mit anderen dir bekannten Menschenbildern, z. B. aus Religion / Ethik oder Biologie (M 8).

Der große Plan – kann das funktionieren?

M 9 Aus dem Alltag der DDR-Planwirtschaft

Warteschlange vor einem Lebensmittelgeschäft in Ostberlin, 1982. Den Planungsbehörden gelang es nicht, die Konsumwünsche der Bevölkerung zu befriedigen.

Während in der Bundesrepublik das „Wirtschaftswunder" mit Ludwig Erhards Versprechen vom „Wohlstand für alle" Einzug hielt, dachte man in der DDR über neue Programme zur Verbesserung der Versorgung nach. Für den zweiten Fünfjahrplan (1956–1960) wurde eine neue Direktive beschlossen. Diese setzte auf die Modernisierung von Wirtschaft und Gesellschaft durch die „wissenschaftlich-technische Revolution". Wiederum versprach die SED Verbesserungen in der Versorgung und beim Lebensstandard. Die Konsumgüterproduktion sollte bis 1960 um 40 Prozent steigen und eine Vielzahl hochwertiger Konsumgüter in den Handel kommen. [...] [Andererseits war] keine Ware des täglichen Bedarfs [...] zu nichtig, um nicht zum Thema auf den Sitzungen von Zentralkomitee und Politbüro zu werden. Mal war es der fehlende Würfelzucker, mal Frauenkleidung in Übergrößen, mal Kinderstrümpfe, mal Butter oder Wurst. [...] Während man sich seit Mitte der fünfziger Jahre auf die hochwertigen Konsumgüter konzentriert hatte, stellten Handel und Käufer nun fest, dass darüber die „tausend kleinen Dinge" in Vergessenheit geraten waren. Es fehlte im ganzen Land an Dosenöffnern, Klammern, Schuhanziehern, Eierbechern und ähnlichem. Und so wurde 1958 das „Programm der 1.000 kleinen Dinge (des täglichen Bedarfs)" ausgerufen.

Annette Kaminsky, Illustrierte Konsumgeschichte der DDR, Landeszentrale für politische Bildung Thüringen, Erfurt 1999, S. 24 ff.

DDR = Deutsche Demokratische Republik

Direktive = Anweisung

SED = Sozialistische Einheitspartei Deutschlands, alleinregierende Staatspartei in der DDR

Zentralkomitee / Politbüro = höchste Entscheidungsorgane der SED

M 10 Wie funktioniert die Planwirtschaft?

In einer zentral geleiteten Verwaltungswirtschaft (Planwirtschaft) wird versucht, die wirtschaftliche Tätigkeit der Millionen Betriebe und Haushalte (Produktions- und Konsumeinheiten) in einem zentralen Plan im Voraus festzulegen und aufeinander abzustimmen. Eine aus Experten bestehende zentrale Plankommission muss den Bedarf an Wirtschaftsgütern für einen bestimmten Zeitraum schätzen. Z. B. muss überlegt werden, wie viele Autos im festgelegten Zeitraum benötigt werden. Anschließend müssen die Produktionsmöglichkeiten der einzelnen Betriebe ermittelt werden. Aufgrund der Meldungen wird ein Gesamtplan erarbeitet, der jedoch wieder in konkrete Produktionsziele für die einzelnen Unternehmen aufgeteilt werden muss. So muss die Planbehörde zum Beispiel wissen, wie viele Arbeitskräfte, Maschinen und Rohstoffe für die Planungsperiode zur Verfügung stehen bzw. beschafft werden können. Die Umsetzung der Pläne muss außerdem überwacht werden.

M 11 Wirtschaftliche Leistungsfähigkeit: Vergleich BRD und DDR

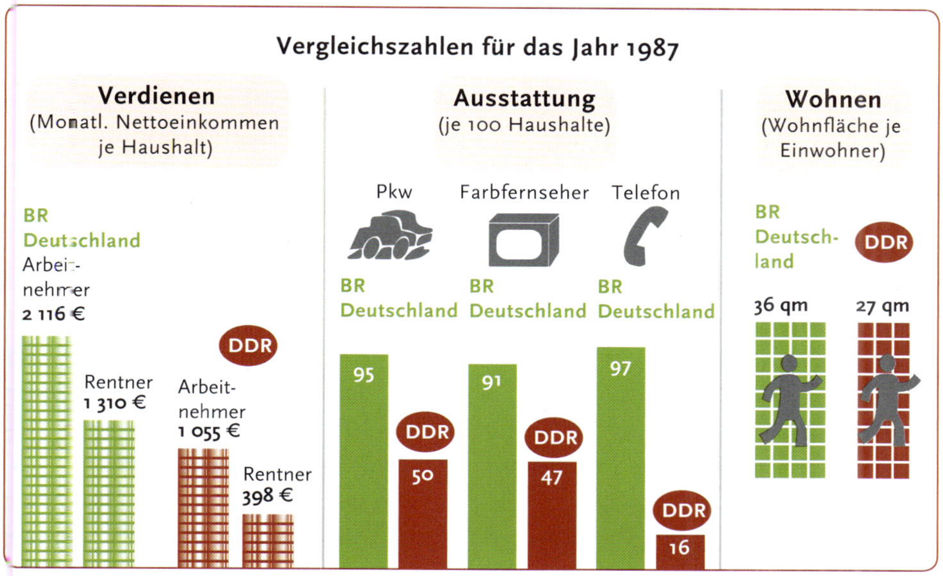

Globus-Grafik 7928

M 12 Vergleich der Wirtschaftsordnungen

	Marktwirtschaft	Planwirtschaft
Lenkung	Freier Wettbewerb auf Märkten (dezentral): Angebot und Nachfrage	Zentral durch staatliche Planung
Wirtschaftliche Initiative	Unternehmen/Konsumenten	Staatliche Planungszentrale
Preisbildung	Angebot und Nachfrage regeln den Preis	Staatliche Preisfestsetzung und -kontrolle
Eigentumsverfassung	Privateigentum an Produktionsmitteln (Kapitalismus)	Staatseigentum an Produktionsmitteln (Sozialismus)
Verteilung (Distribution)	Nach Leistungsprinzip	Nach Gleichheitsprinzip und Bedarfsprinzip
Lohnbildung	Lohnfestsetzung durch die Tarifpartner	Lohnfestsetzung durch den Staat

Aufgaben

1. Nenne die zentralen Merkmale des Modells der Planwirtschaft (M 9, M 10).
2. Stelle Vermutungen darüber an, worin die Schwächen der Planwirtschaft bestehen (M 9, M 10).
3. Auch Unternehmen folgen planwirtschaftlichen Prinzipien. Beschreibe, worin diese bestehen.
4. Vergleiche die wirtschaftliche Leistungsfähigkeit der BRD und der DDR im Jahr 1987 (M 11).
5. Ergänze die Tabelle M 12 um die Kriterien „Menschenbild“ und „Schwächen“.

Die Soziale Marktwirtschaft – Geburt eines Erfolgsmodells

M 13 Die Entstehung der Sozialen Marktwirtschaft

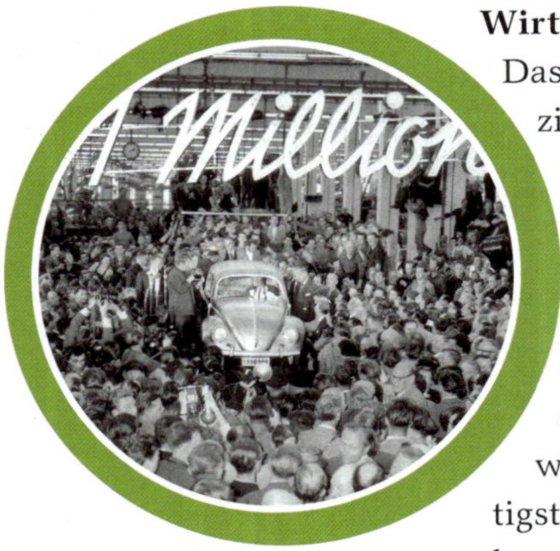

Symbol des Wirtschaftswunders: Im Jahr 1955 läuft der millionste VW-Käfer vom Band.

Wirtschaft in Trümmern

Dass die Marktwirtschaft dem Sozialismus überlegen ist, glaubten 1945 in Deutschland die wenigsten. Der Zweite Weltkrieg war zu Ende. [...] Die Wirtschaft lag am Boden, die Menschen hungerten und froren, die Geschäfte waren leer, und wer etwas mehr als das Allernötigste haben wollte, der musste auf dem verbotenen Schwarzmarkt einkaufen, sein Tafelsilber bei Bauern gegen Fleisch eintauschen oder sogar stehlen. Wie war da an einen Wiederaufbau zu denken, wenn er nicht von einem starken Staat gelenkt wurde? Zumal die sowjetischen Besatzungsbehörden im Osten bereits mit der Enteignung von Industriebetrieben und landwirtschaftlichen Gütern begonnen hatten – der Voraussetzung für den Sozialismus.

Streit um die Wirtschaftsordnung

Diesem Ruf nach einer Staatswirtschaft widersprachen einige Ökonomen heftig. Aus der Katastrophe Deutschlands zogen sie genau den gegenteiligen Schluss: Deutschland musste zu einer echten Marktwirtschaft werden und der Staat hatte sich auf dieses Ziel zu konzentrieren. Er sollte sich nicht mehr in die Wirtschaft einmischen, sondern nur verhindern, dass einzelne Unternehmer wie in Deutschland vor 1933 Monopole und Kartelle errichteten und so die Macht auf ihren Märkten übernahmen. Der Staat sollte also dafür sorgen, dass die Unternehmer immer im Wettbewerb untereinander standen. Außerdem sollte er verhindern, dass jemals wieder eine Inflation wie 1923 das Land zerstörte: er sollte den Geldwert sichern. [...]

Von den Ordoliberalen beeinflusst war auch ein bislang völlig unbekannter Wirtschaftsprofessor aus Fürth mit Namen Ludwig Erhard (1897–1977). Nach 1945 war Erhard zunächst ein paar Monate Wirtschaftsminister in Bayern, ohne sich dabei mit größeren Erfolgen hervorgetan zu haben. Dann aber machten ihn die Briten und Amerikaner zum Wirtschaftsdirektor ihrer gemeinsamen Zonenverwaltung.

Die Währungsreform

Sie beauftragten ihn mit der Vorbereitung eines wichtigen Projektes, der Währungsreform in den westlichen Besatzungszonen Deutschlands. Diese Reform war dringend nötig, denn die Nazis hatten die alte Reichsmark durch ihre Kriegspolitik ruiniert: Es war immer mehr Geld in den Umlauf gekommen, dem keine Waren mehr gegenüberstanden. Das alte Geld musste also aus dem Verkehr gezogen und durch neues ersetzt werden: die D-Mark. [...]

Das alles geschah am 20. Juni 1948. Als die Westdeutschen am Morgen des 21. Juni, dem ersten Geltungstag des neuen Geldes, aufwachten, trauten sie ihren Augen nicht. Die Geschäfte, in denen am Abend zuvor gähnende Leere geherrscht hatte, waren plötzlich voll. Es gab alles, was man jahrelang vermisst hatte:

Ordoliberalismus = Ordoliberalismus ist ein Konzept für eine Wirtschaftsordnung, bei der der Staat lediglich einen Rahmen für einen gesicherten Wettbewerb setzt, der die Freiheit der Bürger auf dem Markt gewährleisten soll, sonst aber nicht weiter in das Marktgeschehen eingreift.

Schinken, Schuhe, gutes Mehl, Anzüge, Kleider, Strümpfe. Der Grund für dieses Wunder war die neue D-Mark. Das Geld war wieder etwas wert, also ließen sich auch wieder Geschäfte machen. Dass sich die Regale so wundersam gefüllt hatten, lag aber nicht nur an dem neuen Geld.

Die Durchsetzung der Sozialen Marktwirtschaft

Erhard war zu der Überzeugung gekommen, dass Deutschland sich nur erholen konnte, wenn es möglichst schnell auf alle Methoden der Plan-, Zwangs- und Kriegswirtschaft verzichtete. Deshalb setzte er am Tage der Währungsreform fast alle Vorschriften über die staatliche Zuteilung von Nahrungsmitteln und Energie außer Kraft und hob die meisten Preisvorschriften auf. [...] Als ihn der amerikanische General Lucius Clay deshalb zur Rede stellte und fragte, wie er dazu komme, einfach Vorschriften zu ändern, sagte er, der Überlieferung nach, den legendären Satz: „Entschuldigen Sie, ich habe die Vorschriften nicht geändert. Ich habe sie abgeschafft." Für viele Deutsche ist bis heute der Wiederaufstieg ihres Landes nach dem Zweiten Weltkrieg untrennbar mit dem Namen Ludwig Erhard verbunden. [...] 1949 wurde im Westen des ehemaligen Deutschen Reiches die Bundesrepublik Deutschland gegründet und der erste Deutsche Bundestag gewählt. Der Wirtschaftsminister der ersten Bundesregierung in Bonn wurde Ludwig Erhard.

Er setzte seine Vorstellung von der richtigen Wirtschaftsordnung durch. Bald nannten sie alle die Soziale Marktwirtschaft. Es ging schnell aufwärts; man konnte sich etwas leisten: erst ausreichend zu essen, dann Wohnzimmermöbel, Waschmaschinen, Fernseher, Autos und schöne Reisen. Den Westdeutschen erschien dies, wenige Jahre nach dem verlorenen Krieg, einfach wunderbar. Deshalb sprachen sie vom deutschen Wirtschaftswunder. Ludwig Erhard allerdings widersprach immer, wenn von diesem Wirtschaftswunder die Rede war. Für ihn handelte es sich nicht um ein Wunder – der wachsende Wohlstand war ein Ergebnis des Wettbewerbs, dem sich die junge Bundesrepublik öffnete. [...]

Wirtschaftsminister Ludwig Erhard betrieb die Förderung des Wettbewerbs aus eigener Überzeugung. Im Bundestag setzte er 1957 – gegen den energischen Widerstand von Industrieverbänden – ein Gesetz gegen Wettbewerbsbeschränkungen durch und richtete das Bundeskartellamt in Berlin (heute in Bonn) ein. Dem Kartellamt wurde das Recht übertragen, den Zusammenschluss von Großunternehmen zu prüfen und gegebenenfalls zu verbieten; Firmen, die Kartelle bilden und ihre Preise absprechen, machen sich seitdem strafbar.

Nikolaus Piper, Geschichte der Wirtschaft, Weinheim/Basel 2002, S. 152 ff.

Der Wirtschaftserfolg äußerte sich in „Konsumwellen": Auf Ess-, Kleidungs- und Wohnungswelle folgte die Motorisierungswelle, schließlich die Reisewelle.

Aufgaben

1. Arbeite genau heraus, welche Bedingungen erfüllt waren, damit sich die Soziale Marktwirtschaft nach dem Zweiten Weltkrieg zu einem Erfolgsmodell entwickeln konnte (M 13).
2. Erstellt mit Hilfe eigener Recherchen eine Collage zur Entstehung und Entwicklung der Sozialen Marktwirtschaft (Zusammenarbeit mit Geschichte).

Die Soziale Marktwirtschaft – was zeichnet sie aus?

M 14 Bausteine der Sozialen Marktwirtschaft

Die Soziale Marktwirtschaft fördert den freien Wettbewerb der Anbieter. Dort, wo Unternehmen ihre Freiheit missbrauchen, um z. B. Kartelle und Monopole zu bilden, greift der Staat regulierend ein (z. B. durch die Kartellbehörden).

Die Soziale Marktwirtschaft garantiert die Vertragsfreiheit, d. h. dass jeder mit jedem die Verträge abschließen kann, die für ihn vorteilhaft sind. Doch werden der Vertragsfreiheit Grenzen gesetzt. So werden die schwächeren Vertragspartner auf vielfältige Weise geschützt (z. B. durch Kündigungsfristen im Mietrecht und Arbeitsrecht oder durch das Gewährleistungsrecht).

Das Privateigentum ist in der Sozialen Marktwirtschaft garantiert. Jeder kann mit seinem Eigentum im Prinzip tun, was er möchte. Doch gibt es eine Verpflichtung: Das Eigentum soll auch dem Wohle der Allgemeinheit dienen. So muss man sich als Hauseigentümer z. B. an Vorschriften des Denkmalschutzes halten.

In der Sozialen Marktwirtschaft werden die Einkommen nicht nur nach der individuellen Leistungsfähigkeit verteilt. Der Staat sorgt für einen sozialen Ausgleich, indem er z. B. hohe Einkommen höher besteuert oder soziale Leistungen wie Kindergeld, Mietbeihilfen oder die Grundsicherung Hartz IV bezahlt.

Die Soziale Marktwirtschaft versucht mit unterschiedlichen Mitteln, negative Auswirkungen des Marktprozesses auf die Umwelt zu verhindern. So gibt es Gesetze gegen Luftverschmutzung, Pfand auf Einwegverpackungen usw.

Die Soziale Marktwirtschaft ist schon deshalb sozial, weil sie durch ihre wirtschaftliche Leistungsfähigkeit dazu beiträgt, dass alle Menschen vom technischen Fortschritt, von steigenden Einkommen und der Schaffung neuer Arbeitsplätze profitieren. Darüber hinaus betreibt der Staat in der Sozialen Marktwirtschaft Gesellschaftspolitik, er investiert in die Infrastruktur, in Bildung und Forschung, in Kultur und Städtebau.

M 15 Drei Wirtschaftsordnungen im Vergleich

Freie Marktwirtschaft	Soziale Marktwirtschaft	Planwirtschaft
In der freien Marktwirtschaft hat der Staat lediglich die Aufgabe für die innere und äußere Sicherheit zu sorgen. Er greift darüber hinaus so wenig wie möglich in das Marktgeschehen und die Ergebnisse ein.	In der Sozialen Marktwirtschaft sorgt der Staat für einen freien Wettbewerb, er greift aber dort ein, wo der Markt keine guten Ergebnisse hervorbringt und schützt die wirtschaftlich Schwächeren vor den Stärkeren.	In der Planwirtschaft gibt es keinen freien Wettbewerb. Der Staat legt fest, was, wann, wie und von wem produziert werden muss und sorgt für die Verteilung der Güter. Dadurch soll eine möglichst große Gleichheit der Bürger erreicht werden.

M 16 Die Soziale Marktwirtschaft – Wohlstand für alle!?

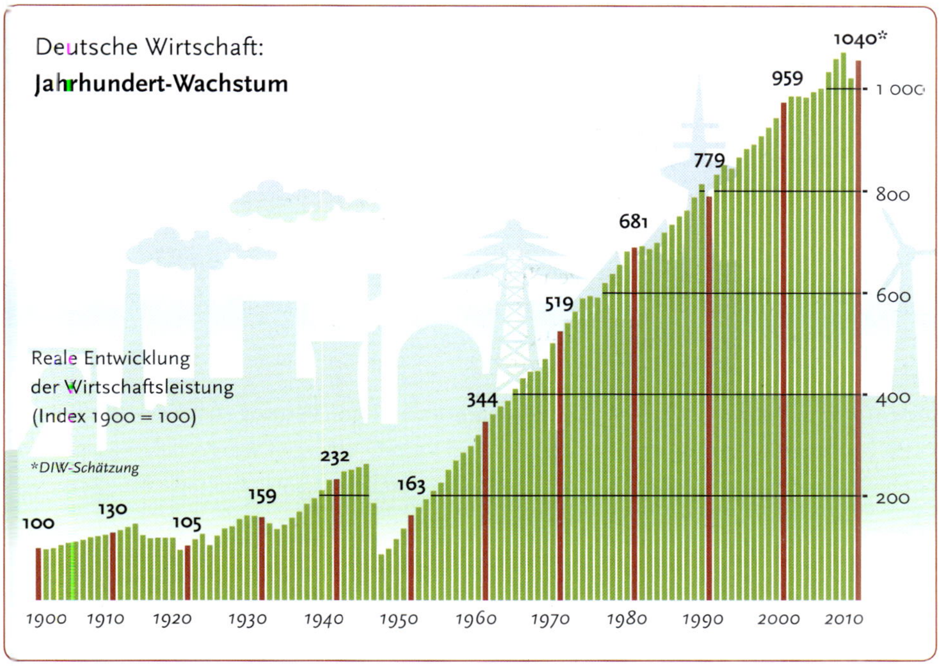

Globus-Grafik 3822; Quelle: OECD

Quelle: GESIS-ZUMA und statistik.baden-württemberg.de

Aufgaben

1. Formuliere drei Fragen zur Sozialen Marktwirtschaft. Gib die Fragen deinem Nachbarn und bitte ihn, Antworten auf deine Fragen zu finden (M 14 – M 16, eigene Recherchen).
2. Entscheide, welche der folgenden staatlichen Maßnahmen mit welcher Wirtschaftsordnung vereinbar / nicht vereinbar wären (M 14, M 15):
   - Der Staat legt Höchstpreise für Brot fest.
   - Der Staat legt fest, dass nur noch Autos mit Elektroantrieb produziert werden dürfen.
   - Der Staat zahlt allen Familien mit Kindern Kindergeld.
   - Der Staat verpflichtet die Menschen dazu, in eine Rentenversicherung einzuzahlen.
   - Der Staat beschließt, die Wasserversorgung privaten Unternehmen zu übertragen.
3. Begründe, in welcher Wirtschaftsordnung die meisten Vorschriften und Regeln erlassen werden müssen (M 14, M 15).
4. Betrachte die Bausteine in M 14. In welchen Bereichen kann die Soziale Marktwirtschaft deiner Meinung nach als Erfolgsmodell gelten, in welchen nicht (M 14, M 16)?

Methode

M 17 Der erweiterte Wirtschaftskreislauf als Analyseinstrument

Im Modell des erweiterten Wirtschaftskreislaufs werden die gesamten Beziehungen zwischen den einzelnen Wirtschaftssubjekten einer Volkswirtschaft vereinfacht dargestellt. Dabei werden nur die Geldströme berücksichtigt.

Die Sektoren

Private Haushalte

Die privaten Haushalte stellen den Unternehmen Produktionsfaktoren (Arbeit, Boden, Kapital) zur Verfügung und verwenden ihr Einkommen, das sie von den Unternehmen beziehen, für den Konsum der von den Unternehmen produzierten Güter und Dienstleistungen. Von den Banken erhalten sie Sparzinsen oder nehmen Kredite auf. Vom Staat erhalten sie Transferleistungen, im Gegenzug entrichten sie Steuern und Abgaben (Beiträge zu den Sozialversicherungen).

Die Unternehmen

Die Konsumausgaben der privaten Haushalte sind die Einkommen der Unternehmen, im Gegenzug bezahlen sie die Einkommen der Haushalte. Von den Banken erhalten sie Sparzinsen oder nehmen Kredite auf. Vom Staat empfangen sie Subventionen, aber sie bezahlen auch Steuern.

Der Staat

Der Staat erhält von den Haushalten und den Unternehmen Steuern, Gebühren und Beiträge. Von diesen Einnahmen zahlt der Staat Beträge für sehr verschiedene Zwecke: Investitionen (z. B. Straßenbau, Bau von Schulen) und andere Sachleistungen, Gehaltszahlungen an die Angestellten und Beamten des öffentlichen Dienstes; Transferzahlungen (Zahlungen ohne direkte Gegenleistung des Empfängers) an die Haushalte in Form von sozialen Leistungen (z. B. Wohngeld, Sozialhilfe); Transferzahlungen an die Unternehmen in Form von Subventionen.

Kapitalsammelstellen (Vermögensveränderung)

Banken und Versicherungen werden als Kapitalsammelstellen bezeichnet. Sie erhalten die nicht verwendeten Teile der Einkommen von Unternehmen und Haushalten (theoretisch auch vom Staat). Damit stellen sie Haushalten, Unternehmen und dem Staat Kredite zur Verfügung. Für die ausgegebenen Kredite werden Schuldzinsen eingenommen, andererseits werden den Anlegern Guthabenzinsen bezahlt.

Zur Vertiefung: das Ausland

Der Sammelbegriff Ausland steht für ausländische Staaten, Unternehmen und Haushalte, zwischen ihnen wird nicht unterschieden. Da im Kreislaufmodell nur die Geldströme dargestellt werden, verlaufen die Ausgaben für den Import (z. B. Kauf von Erdöl aus Saudi-Arabien, Honorar für einen Architekten in Italien) und die Einnahmen aus dem Export (z. B. Verkauf eines Pkw in die USA) jeweils entgegen der Richtung der Warenströme.

Der Wirtschaftskreislauf als Analyseinstrument

Das Modell des Wirtschaftskreislaufs eignet sich dazu, um die Auswirkungen wirtschaftlicher Ereignisse in Form von Wirkungsketten zu analysieren. Angenommen, der Staat erhöht seine Transferzahlungen, zum Beispiel in Form von Kindergeld und Sozialhilfe. Welche gesamtwirtschaftlichen Folgen hätte dies?

Man kann davon ausgehen, dass Sozialhilfeempfänger und auch kinderreiche Familien einen Großteil ihres Einkommens für den Konsum verwenden. Also wird der Konsum der Haushalte deutlich und das Sparen nur etwas steigen. Der erhöhte Konsum führt zu höheren Einkommen der Unternehmen usw.

Grafische Darstellung:

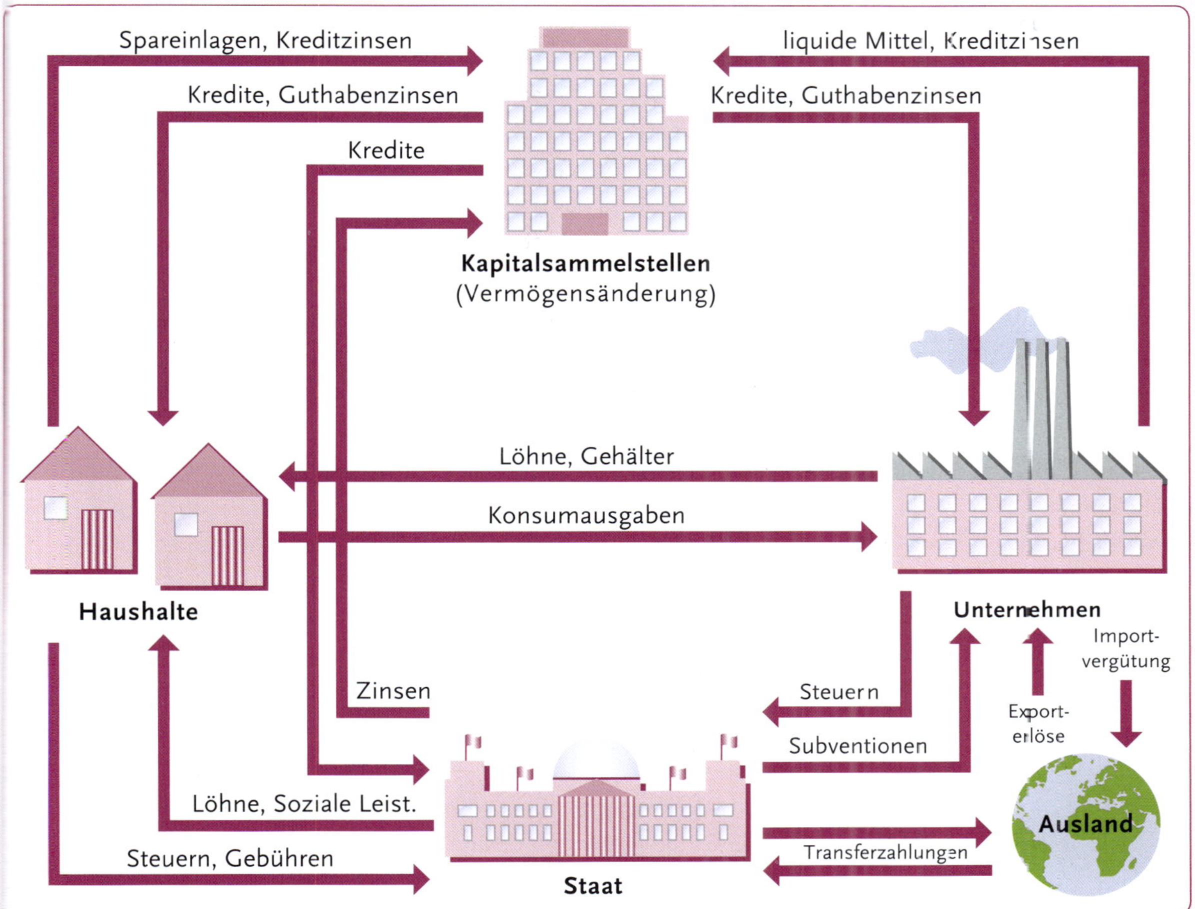

Udo Schmitz, Bernd Weidtmann, Handbuch der Volkswirtschaftslehre, Stuttgart 2000, S. 66 f.

Aufgaben

Erläutere, welche Auswirkungen auf die Sektoren folgende wirtschaftliche Ereignisse haben könnten. Formuliere dazu mögliche Wirkungsketten (M 17):

- Der Staat erhöht die Transfereinkommen (Kindergeld, Hartz IV) für die privaten Haushalte (vgl. letzter Abschnitt M 17).
- Der Preis für Rohöl steigt stark an.
- Die Zinsen für Guthaben bei den Banken steigen.
- Der Staat erhöht die Steuern für die privaten Haushalte.
- Der Staat zahlt eine Prämie, wenn Haushalte für ihre Rente zusätzlich sparen.

Was wir wissen

Regeln, Institutionen
M 2, M 5

Wirtschaftliches Handeln hängt entscheidend von Regeln ab, die das Handeln der Wirtschaftsakteure in eine bestimmte Richtung lenken. Solche Regeln oder Verfahren werden allgemein auch als Institutionen bezeichnet.

Wirtschaftsordnungen
M 4

Die existierenden Wirtschaftsordnungen lassen sich danach unterscheiden, welches charakteristische Institutionen- und Regelsystem in der jeweiligen Ordnung gegeben ist (Planungs- und Lenkungsform, Eigentumsform, Markt- und Preisbildungsform, Unternehmensform).
In der Geschichte haben sich bislang vor allem zwei Wirtschaftsordnungen herausgebildet, die auf ganz unterschiedlichen Institutionen- und Regelsystemen basieren. Marktwirtschaften in allen Variationen – dazu sagt man auch Kapitalismus – und Planwirtschaften, die heute allerdings in ihrer reinen Form nur noch in wenigen Staaten existieren (z. B. auf Kuba und in Nord-Korea).

Merkmale und Menschenbild der Wirtschaftsordnungen

Marktwirtschaft
M 4 – M 8

Man kann die beiden Wirtschaftsordnungen vor allem daran unterscheiden, wie frei die Menschen in ihren wirtschaftlichen Handlungen sind und wie die Verteilung der Güter organisiert wird. Haben die Menschen eine große wirtschaftliche Handlungsfreiheit und ist die Verteilung der Güter dezentral durch Märkte mit freier Preisbildung organisiert? Dann handelt es sich um das Modell der Marktwirtschaft. Die Marktwirtschaft nutzt den Egoismus des Einzelnen, um über die Koordination auf Märkten die Wohlfahrt aller zu mehren.

Planwirtschaft
M 4, M 10

Sind die Menschen in ihrer wirtschaftlichen Handlungsfreiheit stark eingeschränkt und ist die Verteilung der Güter durch einen zentralen Plan mit festen Preisen für die Güter organisiert? Dann handelt es sich um das Modell der Planwirtschaft oder auch Zentralverwaltungswirtschaft. In einer Planwirtschaft bestehen nur in sehr eingeschränktem Maße Anreize für die Menschen, Eigeninitiative und Eigenverantwortung zu übernehmen und den eigenen Gewinn zu vermehren.

Soziale Marktwirtschaft
M 13, M 14

Der Kern der Sozialen Marktwirtschaft liegt nach Ludwig Erhard (1897 – 1977, erster deutscher Wirtschaftsminister nach dem Zweiten Weltkrieg und Bundeskanzler von 1963 – 1966) darin, die Freiheit auf dem Markt mit dem Prinzip des sozialen Ausgleichs zu verbinden. Die Wirtschaftsordnung erfordert deshalb einen starken demokratischen Staat in der Rolle des Schiedsrichters: Er überwacht das Spiel, garantiert die Wirtschaftsordnung, mischt sich selbst aber möglichst wenig in das Wirtschaftsgeschehen ein. So sichert er zum Beispiel den Wettbewerb, indem er Kartelle verbietet. Denn nur dann kann die Wirtschaftsordnung zu sozialem Fortschritt führen, nämlich unter anderem in Form einer wachsenden Wirtschaft und steigender Massenkaufkraft der Verbraucher. Daneben gilt als weitere Staatsaufgabe eine umfassende Gesellschaftspolitik überall dort, wo der Markt nicht automatisch zu guten Ergebnissen führt, also zum Beispiel im Bereich des Umweltschutzes.

Gemessen am Wirtschaftswachstum (BIP) ist die Geschichte der Sozialen Marktwirtschaft seit der Gründung der Bundesrepublik Deutschland zumindest bis Ende der Achtzigerjahre eine einzige Erfolgsgeschichte. Die Wirtschaftsleistung der BRD hat sich im besagten Zeitraum nach Abzug der Preissteigerungen fast verzehnfacht.

Erfolgsgeschichte?
M 16

Warum heizen die Berner mehr als die Münchner?

In einer Umweltbefragung [...] in den Städten Bern und München wurde u. a. das Energiesparverhalten erhoben. Als Indikator für den sparsamen Umgang mit Heizenergie galt die Zustimmung zu der folgenden Frage: „Wenn Sie im Winter Ihre Wohnung für mehr als vier Stunden verlassen, drehen Sie da normalerweise die Heizung ab oder herunter?“ Nur 23 Prozent der Befragten in der eidgenössischen Hauptstadt, dagegen aber 69 Prozent der Münchnerinnen und Münchner bejahten die Frage [...] Diese enorme Differenz kann nun wirklich kein Zufall sein. Sind die Bernerinnen und Berner vielleicht weniger umweltbewusst als die Bewohner der bayerischen Metropole? Dies ist nicht der Fall, denn beim Umweltbewusstsein erzielen die Berner keine geringeren Werte als die Münchner. Unterschiedlich war zum Zeitpunkt der Befragung aber die Art der Heizkostenabrechnung in den beiden Städten. Während in München überwiegend nach dem individuellen Verbrauch abgerechnet wurde, war in Bern der kollektive Abrechnungsmodus vorherrschend (z. B. die Aufteilung der Heizkosten nach der Wohnungsgröße).

Andreas Diekmann, Peter Preisendörfer, Umweltsoziologie, Reinbek 2001, S. 80 f.

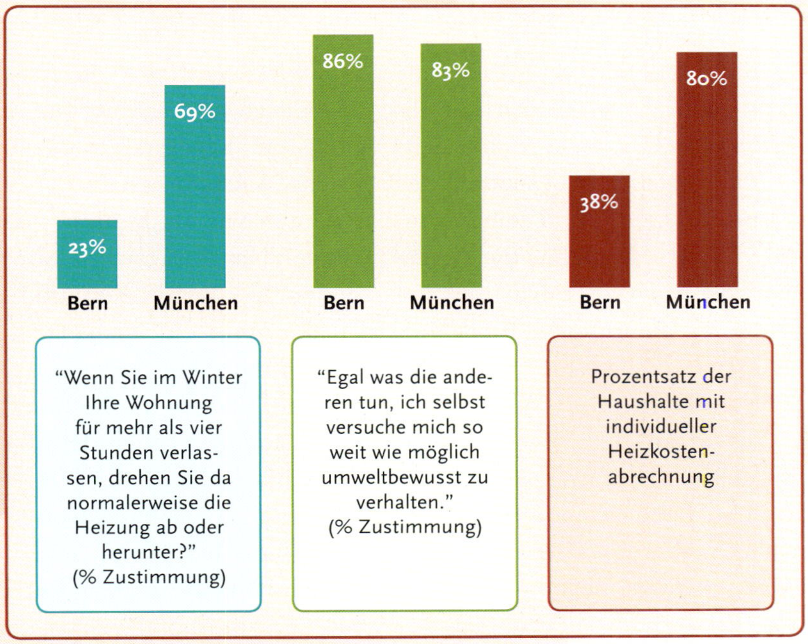

Aufgaben

1. Arbeite heraus, warum sich das Heiz-Verhalten von Bernern und Münchnern so stark unterscheidet. Gehe dabei insbesondere darauf ein, wie sich die Art der Kostenabrechnung auf das Verhalten der Beteiligten auswirkt.
2. Entwickle einen Anreiz, der dazu führt, dass bei individueller Abrechnung noch stärker gespart wird.

6.2 Wie viel Staat und wie viel Markt brauchen wir?

Warum gibt es Wirtschaftskrisen?

M 1 Berg- und Talfahrt der Konjunktur

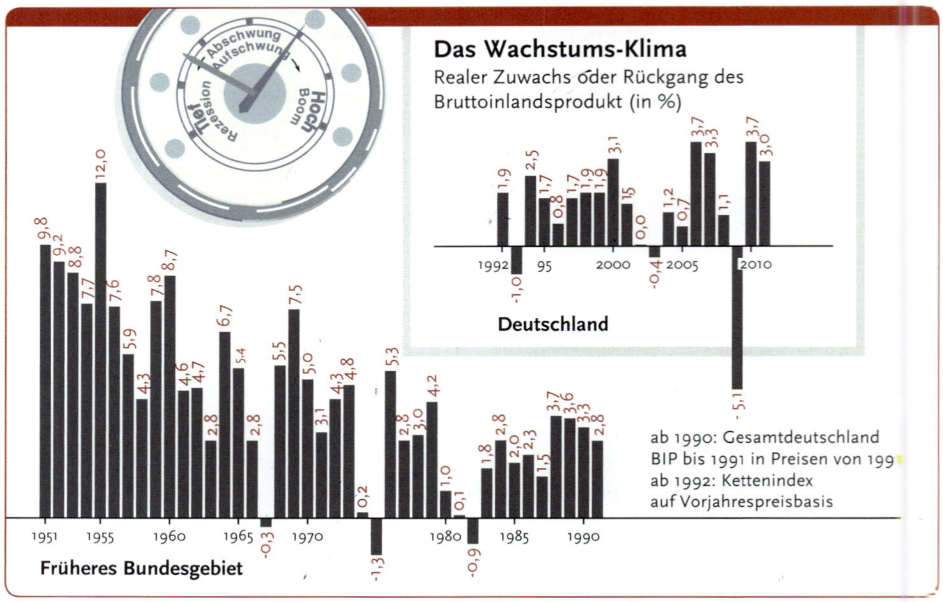

Quelle: Destatis, 1990/91: IAB, Stand 1/2012; © Bergmoser + Höller Verlag, Zahlenbilder 220 000

Produktionspotenzial = der Begriff beschreibt die mögliche Produktion einer Volkswirtschaft, wenn alle Produktionsfaktoren voll genutzt würden. Dieser Wert kann nur geschätzt werden. Von einer Normalauslastung spricht man, wenn die Produktionsfaktoren zu 96,75 % ausgelastet sind.

Eine Volkswirtschaft steht niemals still. Vielmehr ändern sich sämtliche ökonomischen Größen im Zeitablauf. Dies betrifft insbesondere das Inlandsprodukt (BIP) und seine Komponenten – den Konsum, die Investitionen, die Staatsausgaben und die Exporte sowie die Importe. Typischerweise steigt die gesamtwirtschaftliche Produktion von Waren und Dienstleistungen der Tendenz nach an. Dadurch erhöht sich der durchschnittliche Lebensstandard der Bevölkerung. Allerdings verläuft diese Zunahme nicht gleichmäßig. Um den Trend sind Veränderungen des Wirtschaftswachstums und Schwankungen im Auslastungsgrad des gesamtwirtschaftlichen Produktionspotenzials zu beobachten, die mit einer gewissen Regelmäßigkeit eintreten. Solche Wachstumsschwankungen bezeichnen wir als Konjunkturschwankungen beziehungsweise Konjunkturzyklen. Der Begriff Konjunkturzyklus ist allerdings ein wenig irreführend. Es kommt zwar „regelmäßig" zu einem Auf und Ab der Konjunktur. Der Zeitabstand zwischen dem Beginn eines Aufschwungs über Boom-, Abschwung- beziehungsweise Rezessionsphase bis hin zu einem neuen Aufschwung ist jedoch unterschiedlich und kaum präzise vorhersehbar.

Herbert Sperber, Wirtschaft verstehen, 3. Auflage, Stuttgart 2009, S. 118

M 2 Folgen von Konjunkturschwankungen

Obwohl kein Konjunkturzyklus dem anderen gleicht, lässt sich doch ein Grundmuster des Konjunkturverlaufs feststellen. Demnach umfasst ein Konjunkturzyklus vier Phasen (siehe Schaubild).

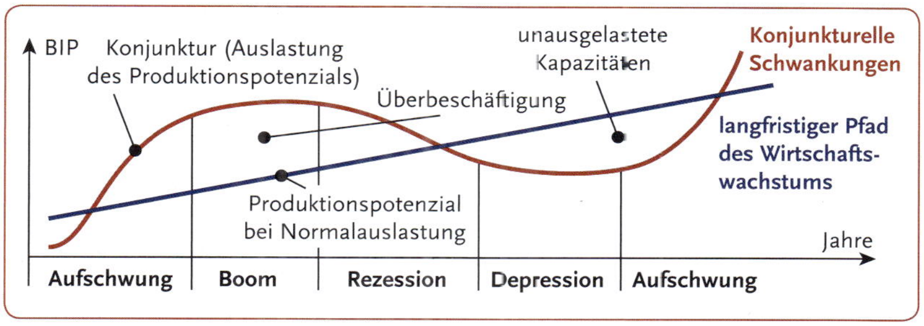

Aufschwung: Der Aufschwung ist charakterisiert durch zunehmende Auslastung vorhandener Kapazitäten. Die Firmen erhöhen ihre Investitionen. Da sie hierfür vermehrt Kredite nachfragen, steigen die Zinsen. Die steigende Konsumentenstimmung kurbelt die Nachfrage weiter an, wodurch Umsätze und Gewinne steigen. Um die wachsende Nachfrage zu befriedigen, werden zunehmend neue Arbeitskräfte eingestellt und es werden mehr Güter produziert. Die Arbeitslosigkeit sinkt.

Boom (Hochkonjunktur): Die Produktion erreicht das vorhandene Kapazitätslimit (d. h. es kann nicht noch mehr produziert werden als jetzt), wodurch es zunehmend schwierig wird, die aktuelle Nachfrage zu bedienen. Die Lagerbestände sinken. In der Folge steigen die Preise und Teuerung macht sich verstärkt bemerkbar. Trotz Voll- oder Überbeschäftigung macht die überschwängliche allgemeine Stimmung einer langsam auftretenden Skepsis Platz.

Rezession (Konjunkturabschwung): Die Konsumenten sind verunsichert und die noch immer hohen Preise hemmen nun die Nachfrage. Unternehmen beginnen zu sparen und stoppen weitere Investitionen. Die Zinsen sowie die Umsätze beginnen zu sinken. Aufgrund der schwachen Nachfrage können die Maschinen und Arbeiter nicht mit genügend Aufträgen versorgt werden. Dies zieht erste Entlassungen nach sich.

Depression: Die Phase der wirtschaftlichen Depression ist gekennzeichnet durch eine geringe Nachfrage. Überkapazitäten müssen abgebaut werden und es kommt vermehrt zu Entlassungen. Die Arbeitslosigkeit steigt. Durch kontinuierliche Zinssenkungen könnte die Zentralbank versuchen, Kredite billiger zu machen und so die Nachfrage anzukurbeln.

nach: Wirtschaft erklärt, www.vimentis.ch, 1.4.2006

Sammle im Verlauf einer Woche sämtliche Wirtschaftsnachrichten, die sich mit dem Konjunkturverlauf beschäftigen. Welches Bild ergibt sich?

Aufgaben

1. Arbeite aus M 1 die Konjunkturphasen und den langfristigen Wachstumstrend heraus.
2. Folgende wirtschaftliche Situation ist gegeben: Unternehmen produzieren mehr als bei normaler Auslastung, die Arbeitslosigkeit ist gering, die Preise steigen. Nenne die Konjunkturphase, in der sich diese Wirtschaft befindet (M 2).
3. Arbeite aus M 1 und M 2 heraus, warum der Staat Wirtschaftskrisen vermeiden möchte.

Was gefährdet den Wettbewerb?

M 3 Erneute Millionenstrafe gegen Kaffeeröster

Das Bundeskartellamt hat gegen zahlreiche Kaffeeröster und den deutschen Kaffeeverband (DKV) wegen illegaler Preisabsprachen Bußgelder in Höhe von insgesamt 30 Millionen Euro verhängt. Auch gegen zehn verantwortliche Mitarbeiter der Unternehmen wurden Bußgelder verhängt. Insgesamt müssen acht Unternehmen wegen der illegalen Machenschaften zahlen. Die Geldbußen sind zwar noch nicht rechtskräftig. Doch haben sechs der acht Unternehmen sowie deren Mitarbeiter sich laut Bundeskartellamt zu einer einvernehmlichen Verfahrensbeendigung bereiterklärt.

Nach den Erkenntnissen des Kartellamts existierte seit mindestens 1997 bis Mitte 2008 ein Arbeitskreis beim DKV, bestehend aus Geschäftsführern und Vertriebsleitern. Dort wurden Preiserhöhungen und zum Teil auch Preissenkungen bei der Belieferung von Gastronomie, Hotels, Automatenaufstellern und anderen Großverbrauchern koordiniert.

www.tagesschau.de, 9.6.2010

M 4 Monopole und Kartelle – warum sind sie gefährlich für die Wirtschaft?

Kartell = eine Vereinbarung oder ein Zusammenschluss selbständig bleibender Unternehmen oder sonstiger Marktakteure zur Beschränkung ihres Wettbewerbs, z. B. durch Preisabsprachen

Monopol
Unter einem Monopol versteht man eine Marktform, in der ein Unternehmen (Hersteller, Händler) als alleiniger Anbieter auftritt oder einen so großen Marktanteil besitzt, dass er allein die Preise kontrollieren kann und damit über eine besondere Marktmacht gegenüber den Nachfragern bzw. Konsumenten verfügt.

Was ist nun eigentlich so schlimm an Monopolisten? Ganz einfach: Sie verlangen praktisch immer überhöhte Preise, gemessen an den tatsächlichen Kosten. Das geht nicht nur zu Lasten der Verbraucher, es mindert auch den Zwang, sich um Effizienz und gute Qualität der Produkte zu bemühen. Wenn es um die marktbeherrschende Stellung eines Software-Unternehmens wie Microsoft geht, hört der Spaß auf. Zumal ein so marktmächtiger Anbieter auch dazu neigt, sinnvolle Produkte anderer Anbieter durch technische Tricks vom Markt fernzuhalten. Es sind schon zahlreiche Prozesse wegen solcher Machenschaften geführt worden. Die Wettbewerbshüter sind dabei allerdings oft in schwieriger Beweislage. Ein Problem besteht darin, überhöhte Preise von ganz normalen Marktreaktionen abzugrenzen. Wenn etwa wieder einmal das Benzin an der Tankstelle teurer wird, kann das ja auch an steigenden Rohölpreisen, einem höheren Dollarkurs oder höheren Steuern liegen. Auch dass alle Tankstellen mehr oder weniger gleichzeitig die Preisschilder auswechseln, ist noch kein Beweis für Preisabsprachen. In einem echten Wettbewerbsmarkt würde bei steigenden Einkaufspreisen nämlich genau das Gleiche passieren. Auch ein Vergleich der Preise mit den Kosten hilft nicht immer weiter. Denn die Kosten können von den Unternehmen leicht nach oben manipuliert werden, indem sie teure Bürotürme bauen und überhöhte Gehälter – vorzugsweise an Vorstände – zahlen. Augenfällige Beispiele dafür sind in Deutschland Energieversorgungsunternehmen, aber auch kommunale Stadtwerke mit ihren Gebietsmonopolen. Darum ist Monopolkontrolle in der Praxis ziemlich schwierig. Besser ist es allemal, marktbeherrschen ce Stellungen gar nicht erst entstehen zu lassen. Aber auch das ist einfacher gesagt als getan. So hat der österreichische Ökonom Joseph Schumpeter schon 1911 darauf hingewiesen, dass im Grunde jeder Erfinder eines neuen Produktes zunächst eine Monopolstellung gewinnt. Darin bestehe ja gerade der Anreiz, als Pionierunternehmer immer wieder neue Güter auf den Markt zu bringen. Im Laufe der Zeit werden allerdings zunehmend Imitatoren auftreten, sodass die anfänglichen Gewinne im Konkurrenzkampf schmelzen. Dieser ständige Wettlauf zwischen Innovation und Imitation, den Schumpeter als „Prozess der schöpferischen Zerstörung" bezeichnete, ist wohl das Wichtigste an der Wettbewerbsidee. [...] Am längsten halten sich meist Monopole, die in Staatshand sind. So gelten noch heute in Deutschland das staatliche Glücksspielmonopol und auch das Branntweinmonopol, obwohl es dafür kaum überzeugende Gründe gibt. Bei manchen Gütern wie zum Beispiel Eisenbahnen, Stromversorgung und Telefon war man sogar lange Zeit der Meinung, dass es hier prinzipiell keinen Wettbewerb geben könne. Das Argument war immer das gleiche: Es sei nicht sinnvoll, mehrere Eisenbahngleise, Telefonleitungen oder Postlinien parallel zu unterhalten, nur um Wettbewerb zu schaffen. Deshalb wurde jeweils nur ein Unternehmen als Anbieter solcher Güter zugelassen. Ein angenehmer Nebeneffekt für den Staat waren die Monopolgewinne. Inzwischen denkt man anders über die natürlichen Monopole. Vor allem die EU macht seit den achtziger Jahren Druck, auch diese Märkte zu liberalisieren. Schließlich können auf einem Schienennetz durchaus mehrere Eisenbahnunternehmen fahren, und bei Strom und Gas ist es nicht viel anders. Die bequemen Versorgermonopole geraten dadurch zunehmend unter Wettbewerbsdruck, und das ist gut so. Wie heilsam sich die Öffnung für mehrere Anbieter auswirkt, hat nicht zuletzt die Liberalisierung des Telefonmarktes gezeigt: Während zu Zeiten der Bundespost ein farbiges Tastentelefon der Gipfel des Komforts in Deutschland war, ist die heutige Angebotsvielfalt an Endgeräten gar nicht mehr zu überblicken. Gleichzeitig sind auch noch die Preise für das Telefonieren kräftig gefallen und Abertausende neue Arbeitsplätze geschaffen worden. Das hat zwar auch etwas mit der technischen Entwicklung zu tun. Aber auch der technische Fortschritt kommt unter Wettbewerbsbedingungen viel schneller voran als unter einem trägen Monopolisten, der mangels Konkurrenz nur noch sein Geld zählen muss.

nach: Ulrich van Suntum, Frankfurter Allgemeine Sonntagszeitung, 4.2.2007

Für die Wettbewerbskontrolle sind in Deutschland das Bundeskartellamt und der Bundeswirtschaftsminister zuständig, auf europäischer Ebene die Europäische Kommission.

Gesetz gegen Wettbewerbsbeschränkungen
Das Gesetz ermöglicht die Erhaltung eines funktionierenden, ungehinderten und möglichst vielgestaltigen Wettbewerbs. Es reglementiert und bekämpft daher vor allem den Missbrauch von Marktmacht sowie die Koordination und Begrenzung des Wettbewerbsverhaltens unabhängiger Marktteilnehmer. Verstöße werden mit Bußgeldern geahndet.

Aufgaben

1. Fasse zusammen, welche negativen Auswirkungen die Einschränkung des Wettbewerbs durch Monopole für die Wirtschaft hat (M 3, M 4).
2. Sammelt Beispiele für Monopole aus eurem Alltag (z. B. Stadtbibliothek, Kino, Hallenbad, Eisdiele, Italiener, Coca Cola ...). Prüft jeweils, ob es sich um echte Monopole handelt.
3. Erläutere, warum zeitlich begrenzte Monopole auch eine wichtige Funktion für die Wirtschaft haben (M 4).

Ist die Einkommensverteilung gerecht?

M 5 Wie sollen die Einkommen verteilt werden?

Frau Meier kommt aus einem einfachen Elternhaus. Sie hat den Hauptschulabschluss gerade so geschafft und arbeitet heute 45 Stunden in der Woche für ein Gebäudereinigungsunternehmen. Sie ist sehr fleißig und macht ihre Aufgabe gut, aber die harte Arbeit strengt sie sehr an. Sie hat zwei Kinder.

Herr Peters kommt als Einzelkind aus einem betuchten Elternhaus. Seine Eltern haben dafür gesorgt, dass er die besten Schulen besucht hat. Er hat ein Ingenieur-Studium abgeschlossen. Heute ist er leitender Manager in einem Unternehmen mit 300 Mitarbeitern. Er ist alleinstehend.

Herrn Sollings Eltern bezogen beide Hartz IV. Er war jedoch ehrgeizig, machte das Abitur nach und absolvierte neben seinem Job ein Fernstudium in Betriebswirtschaft. Wegen einer Wirtschaftskrise verlor er seine Arbeit. Bis heute hat er keine neue Anstellung gefunden. Er hat eine ebenfalls arbeitslose Frau und drei kleine Kinder.

Frau Höfer kommt aus einem Lehrerhaushalt. Sie hat ein Studium der Sprachwissenschaften abgeschlossen. Unmittelbar nach dem Studium hatte sie einen Autounfall, den sie nicht verschuldet hat. Sie leidet seitdem unter Gedächtnisstörungen und Angstzuständen und wird nie arbeiten können.

Herrn Niklas Vater arbeitete als Kohlearbeiter, seine Mutter war Hausfrau. Er selbst war in der Schule eigentlich gut, versäumte es aber, den Realschulabschluss zu machen, da er oft die Schule schwänzte. Er findet Arbeit grundsätzlich zu anstrengend und trifft sich lieber mit seinen Freunden.

M 6 Arm und Reich in Deutschland

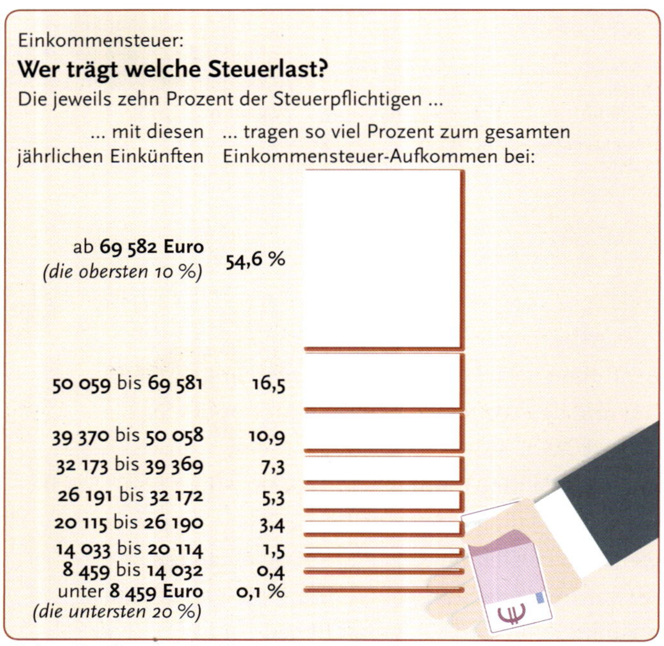

Globus-Grafik 5171; Quelle: BMF, FIT, Stand 2011

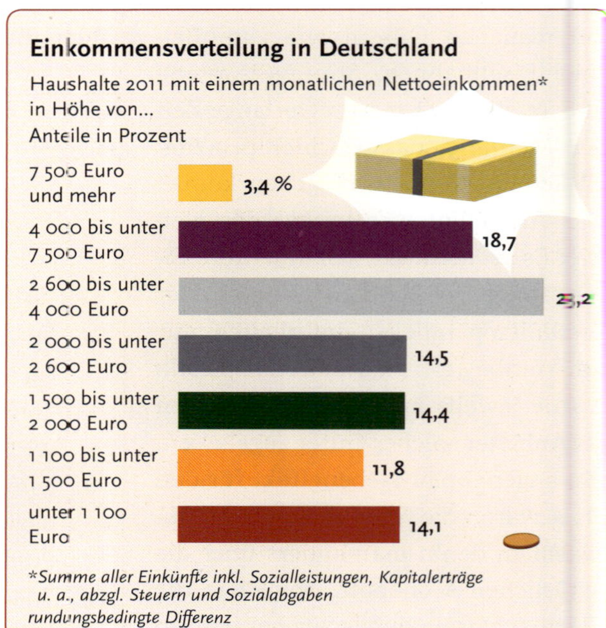

Globus-Grafik 4742; Quelle: GfK GeoMarketing

M 7 Sozialstaat und Gerechtigkeit

Es gibt einen engen Zusammenhang zwischen der sozialen Gerechtigkeit und der sozialen Ungleichheit. Während man Letztere jedoch messen kann, ist die soziale Gerechtigkeit eine Ansichtssache. Der Regierende Bürgermeister von Berlin verdient mehr als ein U-Bahn-Fahrer der Berliner Verkehrsbetriebe. Das ist leicht festzustellen, aber ist es gerecht? Der Regierende Bürgermeister verdient deutlich weniger als ein Profifußballer von Hertha BSC. Ist das gerecht? Letztendlich dreht sich die Frage der sozialen Gerechtigkeit immer um die der Gleichheit. Wie gleich müssen die Bürger, wie unterschiedlich dürfen sie sein, damit eine Gesellschaftsordnung als gerecht empfunden wird? Gerechtigkeit und Gleichheit hängen also zusammen. Aber wo soll die Gleichheit ansetzen, bei den Chancen oder bei den Ergebnissen? Müssen, um ein Bild aus dem Sport zu benutzen, alle zur selben Zeit loslaufen (Chancengerechtigkeit) oder sollen alle zur selben Zeit ankommen (Verteilungsgerechtigkeit)? Darauf gibt es keine einfache und keine allgemeine Antwort. Je nach politischer und weltanschaulicher Position unterscheiden sich die Meinungen hier deutlich. In der Bundesrepublik Deutschland werden beide Ansätze verfolgt. Zum einen sollen alle Gesellschaftsmitglieder die gleichen Chancen haben, im Berufsleben erfolgreich zu sein. Da die beruflichen Möglichkeiten mit wenigen Ausnahmen (wie Berufssportler oder Künstler) über Bildungsabschlüsse vergeben werden, ist es wichtig, dass alle Kinder dieselben schulischen Chancen haben. Da aber Kinder und Jugendliche nicht nur von der Schule geprägt werden, sondern vor allem vom Elternhaus, bedeutet das, dass diejenigen, die von zu Hause weniger mitbekommen, stärker gefördert werden müssen. Um soziale Gerechtigkeit herzustellen, greift der Staat in Deutschland aber auch bei der Verteilung der materiellen Güter ein, und zwar über das klassische Mittel der Steuern. Wer mehr verdient, zahlt nicht nur mehr Steuern, sondern auch einen höheren Prozentsatz, der Steuertarif ist progressiv. […] Jeder ist seines Glückes Schmied. Diesen Satz haben wir alle schon einmal gehört. Er stimmt oft, aber keineswegs immer. Wir alle sind Faktoren ausgesetzt, die wir nicht beeinflussen können. Das betrifft den Fußgänger, der bei „Grün" über die Ampel geht und dennoch von einem Auto überfahren wird, genauso wie den Werftarbeiter, der über Nacht seinen Arbeitsplatz verliert, weil seine Firma beschlossen hat, die Produktion einzustellen oder zu verlagern.

nach: Eckart D. Stratenschulte, Wirtschaft in Deutschland, Bonn 2006, S. 149 ff.

Sozialstaatsgebot
Als Sozialstaatsgebot wird der Auftrag in Artikel 20 Abs. 1 GG bezeichnet, nach dem die Bundesrepublik Deutschland ein demokratischer und sozialer Bundesstaat ist. Aus dem Sozialstaatsgebot leitet sich das Sozialstaatsprinzip als ein Strukturprinzip des Grundgesetzes ab. Das Sozialstaatsprinzip enthält kein einklagbares Recht und ist deshalb nur ein Auftrag, dessen konkrete Verwirklichung Aufgabe der Politik ist.

vgl. zum Sozialstaat auch Kapitel 2.1

Aufgaben

1. Bildet Gruppen. Angenommen, euch steht ein Betrag von 20.000 Euro zur Verfügung. Teilt nun den beschriebenen Personen die Monatseinkommen zu, die ihr für gerecht haltet. Begründet eure Entscheidung und vergleicht eure Ergebnisse (M 5).
2. Analysiere die Einkommensverteilung in Deutschland. Ist die Verteilung der Einkommen gerecht? Begründe deine Meinung (M 6).
3. Erläutere, wie der Staat versucht, Chancengleichheit, Verteilungsgerechtigkeit und Soziale Sicherheit zu verwirklichen (M 7). Überprüfe dann, nach welchem Prinzip du in Aufgabe 1 vorgegangen bist.

Schadet der Markt der Umwelt?

M 8 Warum leuchten nachts die Laternen?

Ein Leuchtturm – Beispiel für ein öffentliches Gut?

Normalerweise funktioniert ein Markt folgendermaßen: Jemand stellt ein Gut her und übergibt es dir zu einem bestimmten Preis, wenn du es erwerben möchtest. Der Preis bildet sich durch Angebot und Nachfrage. Wenn du den Marktpreis bezahlst, erhältst du das Gut. Auch kann niemand anders mehr dieses Gut konsumieren, wenn du es erworben hast. Bezahlst du den Preis nicht, wirst du vom Konsum ausgeschlossen. Es gibt aber einzelne Güter, die kannst du konsumieren, ohne etwas dafür zu bezahlen. Das gilt z. B. für die Luft, die schöne Natur, einen Deich zum Schutz vor Hochwasser, Sicherheit oder die Straßenbeleuchtung. Du musst nichts dafür bezahlen, da man dich nicht – oder nur mit großem Aufwand – von der Nutzung des Gutes ausschließen kann. Man kann die Straßenbeleuchtung nicht nur für diejenigen Personen brennen lassen, die etwas dafür bezahlen. Der Weg ist auch für jene erleuchtet, die nicht dafür bezahlt haben. Außerdem beeinträchtigt der Konsum des Lichts nicht den Konsum durch einen anderen, da das Gut „Straßenbeleuchtung" nicht teilbar ist.

Für diese Art von Gütern tauchen nun zwei spezifische Probleme auf: Wenn niemand bereit ist, für ein Gut einen Preis zu bezahlen, so wird es auch von niemandem angeboten. Das bedeutet, es gäbe keine Straßenbeleuchtung und auch keinen Deich zum Schutz vor Hochwasser. Viele Güter, die für die Gesellschaft bedeutsam sind, muss deshalb der Staat bereitstellen und den Preis dafür durch Steuern einziehen. Man nennt diese Güter auch öffentliche Güter. Die Menschen neigen bei dieser Art von Gütern dazu, sie übermäßig zu konsumieren, zu verschmutzen oder zu verbrauchen. Auch hier liegt das Problem darin, dass wir niemanden von der Nutzung ausschließen können – zumindest nicht ohne beträchtlichen Aufwand.

M 9 Externe Effekte – oder warum wir nicht rauchen sollten

Man spricht von einem externen Effekt in der Volkswirtschaft, wenn sich das Handeln eines Marktteilnehmers auf den Nutzen von unbeteiligten Personen auswirkt. Ein externer Effekt führt zu einem Marktversagen, da die Preise für ein Gut verzerrt werden. Man unterscheidet dabei positive und negative externe Effekte.

Negative externe Effekte werden auch als externe Kosten bezeichnet. Einige geläufige Beispiele hierfür sind:

- Qualm im Restaurant, welcher von Nichtrauchern eingeatmet wird
- Dein Nachbar baut in seinem Garten übel riechende exotische Pflanzen an
- Luftverschmutzung durch Straßenverkehr

Da die Verursacher nicht für die negativen Auswirkungen ihres Handelns bezahlen müssen, haben sie privat einen höheren Nutzen, während die Kosten in Form von Wohlfahrtsverlusten von anderen bzw. der Allgemeinheit getragen werden müssen.

Aber es gibt auch Beispiele für positive externe Effekte:

- Renovierung eines Hauses oder einer Kirche (verschönert das Dorfbild)
- Forschung (die technische Entwicklung kommt allen zugute)

Bei positiven externen Effekten profitieren also andere von einer Handlung, obwohl sie dafür nichts bezahlen müssen. Daher wird bei vorhandenen positiven externen Effekten zu wenig vom Gut produziert. Ein Beispiel dafür ist die Forschung: Niemand ist bereit, Millionen in die Forschung zu investieren, wenn das Produkt anschließend einfach kopiert werden kann.

M 10 City-Maut: Kostet eine Fahrt in die Stadt bald 6,10 Euro?

Derzeit tagen die Verkehrsminister der Länder in Cottbus. Bei der Konferenz geht es auch um die City-Maut. Eine Gebühr, die Autofahrer zahlen sollen, wenn sie die Innenstadtbereiche befahren. Was sieht die Idee einer City-Maut vor? Kommunen soll das Recht zum Erheben von Gebühren gegeben werden, wenn Autofahrer in die Innenstadtbereich einfahren. „Wir müssen alle Instrumente tabufrei diskutieren, und dazu gehören auch eine City-Maut oder Pkw-Vignetten", sagte Baden-Württembergs Ressortchef Winfried Hermann (Grüne) bei der Verkehrsministerkonferenz in Cottbus. Warum wird die Maut diskutiert? Viele Brücken sind marode, die Straßen werden durch unzählige Schlaglöcher zu einer ernsthaften Gefahr: Für Straßen und andere Verkehrswege in Deutschland fehlt das Geld. [...] Was erhoffen sich die Befürworter? Die Einnahmen aus einer City-Maut sollen in die Instandhaltung und den Ausbau der öffentlichen Infrastruktur fließen. Straßen und Brücken sollen saniert, Radwege und das Netz des Öffentlichen Personennahverkehrs ausgebaut werden. Zudem soll die Zahl der Staus in den innerstädtischen Bereichen sinken und damit eine Verbesserung der Luftqualität einhergehen.

Nicolas Berthold, Rheinische Post online, 5.10.2012

Aufgaben

1. Definiere öffentliche Güter und gib weitere Beispiele dafür (M 8).
2. Im Park deiner Stadt hat sich eine kleine Kolonie einer seltenen Kaninchenart angesiedelt und munter vermehrt. Zeitgleich präsentieren sich Topmodels auf dem Pariser Modesalon mit Schuhen aus dem Fell dieser Kaninchenart. Für das Fell können nun Höchstpreise erzielt werden. Beschreibe, was voraussichtlich mit den Kaninchen geschehen wird, und gib dafür eine Erklärung (M 8).
3. Arbeitet in Gruppen Vorschläge aus, wie man mit den externen Kosten der in M 9 genannten Beispiele verfahren sollte, um einen gerechten Ausgleich zu finden.
4. Sollten die Kommunen in Deutschland die City-Maut einführen (M 10)? Diskutiert den Vorschlag unter Berücksichtigung von M 8 und M 9.

Wirtschaftspolitik – wie soll der Staat eingreifen?

M 11 Wirtschaftspolitik in den Schlagzeilen

Städte planen Einführung einer City-Maut zur Verbesserung der Luftqualität in Ballungsgebieten

Bundeskartellamt verhängt Strafen wegen Preisabsprachen in der Stahlindustrie

Staat verabschiedet Konjunkturpaket zur Bewältigung der Wirtschaftskrise

Durch Steuererleichterungen soll der Konsum angekurbelt werden

Steuern für Besserverdienende sollen steigen, Geringverdiener werden entlastet

Regierung erhöht Subventionen für regenerative Energien

M 12 Warum brauchen wir einen Staat?

Ohne starken Staat gibt es keine freien Märkte. Nur ein starker Staat kann individuelle Grund- und Freiheitsrechte verlässlich garantieren. Nur so lassen sich Eigentums- und Verhaltensrechte und damit die Funktionsfähigkeit offener und freier Märkte sichern. Dazu greift der Staat auf Gerichte, Polizei und Streitkräfte zurück. Sie sorgen für die innere und äußere Sicherheit, die seit Adam Smith als klassische Staatsaufgaben verstanden werden.

In einem weiteren Sinne braucht es den Staat auch, um Rechts-, Vertrags-, Handels- und Verkehrsregeln durchzusetzen. Er muss Grundbücher und Handelsregister führen oder Maße und Gewichte kontrollieren. Er soll Wettbewerb ermöglichen und Marktmacht verhindern.

Hat der Staat seine erste und wichtigste hoheitliche Aufgabe der Rechtsetzung und Rechtsprechung gut gelöst und sind die Menschen gegen Macht und Willkür geschützt, kann alles andere ruhig der freien Entscheidung der Unternehmer, Verbraucher, Arbeitgeber und Arbeitnehmer überlassen bleiben. […]

Eine zweite Rechtfertigung für staatliches Handeln ist die Tatsache, dass sich nicht alle Güter so einfach wie Nahrungsmittel, Textilien, Möbel oder Autos handeln lassen. Für einige Bedürfnisse gibt es keinen Markt, etwa für die Landesverteidigung oder den Gerichtsvollzug. Für andere Güter und Dienstleistungen versagt der Markt, weil es doch zu mächtigen Monopolen kommt. Das ist vor allem dann der Fall, wenn Leistungen nur mit hohen Fixkosten erbracht werden können, so wie bei Eisenbahn, Post, Strom oder beim Festnetz fürs Telefon. Ebenso stößt ein freier Marktmechanismus an seine Grenzen, wenn das Tun des einen unerwünschte Rückwirkungen beim anderen hervorruft, etwa wenn die Luft verschmutzt wird.

Hier setzt der Leistungsstaat an. Er dient dazu, jene gemeinsamen Aufgaben zu erledigen, bei denen der

Markt versagt und ein Angebot gar nicht, nicht in genügendem Maße oder nur mit ungewünschten Nebenwirkungen zustande kommt. „Leistungsstaat" bedeutet allerdings nicht, dass der Staat die Leistung auch selber erbringen muss. Meistens genügt es, wenn er durch Regulierungen, Anreize und Sanktionen lediglich dafür sorgt, dass Marktversagen verhindert wird oder fehlende Märkte neu geschaffen werden. So kann der Staat private Wachdienste dafür bezahlen, dass sie für die Sicherheit der Bürger sorgen. Er kann Private beauftragen, Bahn, Post, Flughäfen, Schulen und Theater zu betreiben. [...]

Schließlich liefert die Gerechtigkeit einen dritten Rechtfertigungsgrund für den Staat. Der Markt sorgt nicht für eine gerechte Einkommensverteilung. Er verteilt Einkommen nach Leistung und nicht nach Bedarf. Aus gesellschaftspolitischen Gründen ist daher eine Umverteilung durch den Staat angezeigt.

Thomas Straubhaar, Frankfurter Allgemeine Sonntagszeitung, 10.12.2006

M 13 Warum betreibt der Staat Wirtschaftspolitik?

Sowohl die Überhitzung der Konjunktur als auch eine Wirtschaftskrise schaffen soziale und damit auch politische Probleme. Lahmt die Konjunktur, so steigt die Arbeitslosigkeit, dem Staat entgehen Einnahmen und er kann weniger ausgeben. Bei einer Überhitzung der Konjunktur drohen Preissteigerungen und ein jäher Absturz. Insgesamt erschwert ein unsicherer Wirtschaftsverlauf die Entscheidungen der Wirtschaftsakteure. Sie meiden Risiken und neigen zu vermehrtem Sparen, dies schadet der wirtschaftlichen Entwicklung. Um eine möglichst stetige Wirtschaftsentwicklung zu erreichen, betreibt der Staat Stabilitätspolitik. Gesetzliche Grundlage ist das **Stabilitäts- und Wachstumsgesetz von 1967**, das die wirtschaftspolitischen Ziele festschreibt:

- Stabilität des Preisniveaus
- hoher Beschäftigungsstand (geringe Arbeitslosigkeit)
- außenwirtschaftliches Gleichgewicht
- stetiges und angemessenes Wirtschaftswachstum

Der Bund und die Länder sind zu einer an den „Erfordernissen des gesamtwirtschaftlichen Gleichgewichts" orientierten Wirtschafts- und Finanzpolitik verpflichtet. Da es – wegen wechselseitiger Abhängigkeiten – schwer bzw. unmöglich ist, die Ziele gleichzeitig zu erfüllen, werden sie auch als „magisches Viereck" bezeichnet. Auch der Schutz der natürlichen Lebensgrundlagen, eine gerechte Einkommensverteilung und die Rückführung der Staatsverschuldung werden mittlerweile als wichtige wirtschaftspolitische Ziele anerkannt.

M 14 Die Leistung unserer Wirtschaft

Bruttoinlandsprodukt (BIP)
Gesamtwert aller Güter (Waren und Dienstleistungen), die innerhalb eines Jahres in einer Volkswirtschaft hergestellt werden und dem Endverbrauch dienen.

nominales BIP
Wert der in einem Jahr produzierten Güter, gemessen in den Preisen, die tatsächlich dafür gezahlt wurden. Das so ermittelte BIP ist über längere zeitliche Abstände nicht gut vergleichbar, weil auf lange Sicht das allgemeine Preisniveau ansteigt (Inflation).

reales BIP
Um das BIP unabhängig von einer Veränderung der Preise zu betrachten, wird das reale BIP berechnet. Dabei wird das Wachstum des nominalen BIP mit der Inflationsrate verrechnet.

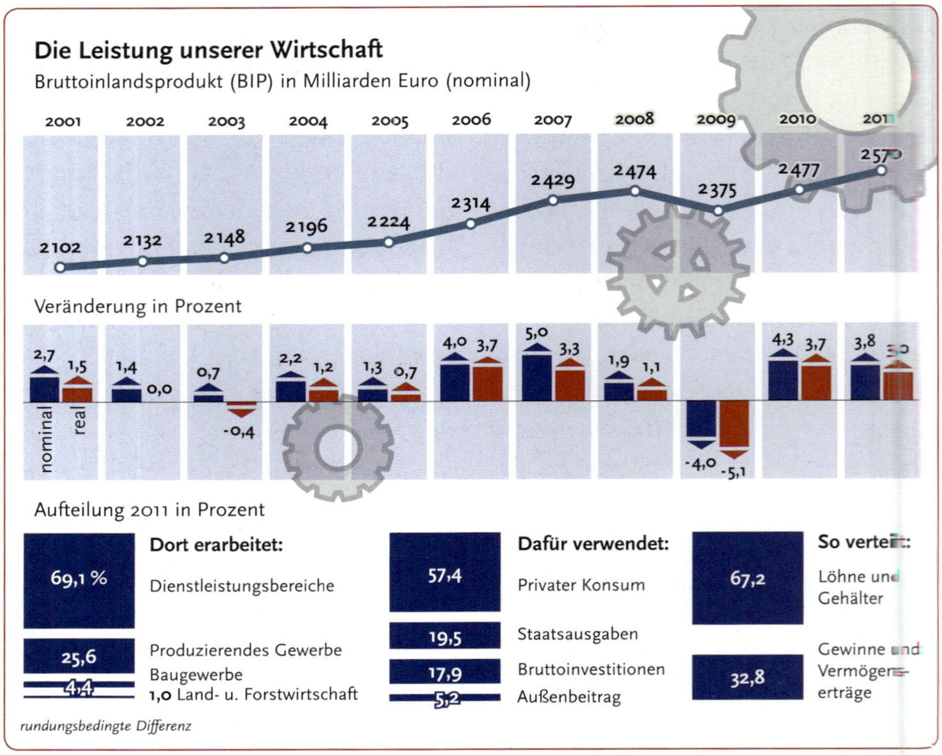

Globus-Grafik 4731; Quelle: Stat. Bundesamt

M 15 Wirtschaftspolitik und Wachstum – wenn es doch so einfach wäre

Wenn das Bruttoinlandsprodukt – abgekürzt: BIP – wächst, ist die Chance größer, dass es allen besser geht. [...] Das BIP hängt von der gesamtwirtschaftlichen Nachfrage ab. Die entsteht, wenn alle vier wichtigen Mitspieler der Wirtschaft einkaufen gehen: Nummer eins sind die Privatleute. Sie konsumieren (shoppen), etwa indem sie einen Kühlschrank kaufen. Nummer zwei sind die Unternehmen. Sie investieren in eine neue Fabrik oder Maschine, wofür sie auch Geld ausgeben. Der Staat, die Nummer drei, gibt Geld aus, um eine Straße oder eine Schule zu bauen. Nummer vier schließlich sind die anderen Länder. Regierungen oder Bürger aus dem Ausland kaufen auch in Deutschland ein, zum Beispiel Maschinen oder ein paar Autos. Rechnet man die Summen auf dem Kassenzettel und Rechnungen aller dieser vier Mitspieler zusammen, so kommt man auf die gesamtwirtschaftliche Nachfrage.

Wie entsteht jetzt Wachstum? [...] Wachstum entsteht, wenn mindestens einer der vier Mitspieler in Deutschland für mehr Geld kauft oder investiert als im Jahr davor. [...] Hier haben wir einen ersten Ansatz für Wirtschaftspolitik, um das BIP zu steigern. Die Regierung kann durch Instrumente wie zum Beispiel Steuersenkungen das verfügbare Einkommen des Privatmannes erhöhen, damit er Lust aufs Shoppen bekommt. Kauft er dann mehr als bisher, steigt das BIP.

Steuersenkungen können auch Unternehmen glücklich machen. Sie können dann mehr von ihrem Gewinn behalten, in Bürogebäude, Aufzüge, Förderbänder oder Mähdrescher investieren, neue Leute anstellen oder ihren Angestellten höhere Gehälter zahlen. Woraufhin diese mehr einkaufen gehen können. Steuersenkungen sind ein Mittel der Wirtschaftspolitik, das helfen kann, das BIP und damit Wachstum zu stimulieren.

Die Idee der Wirtschaftspolitik ist es, dann einzugreifen, wenn es von selbst nicht läuft. Eine Vorstellung dabei lautet, dass der Staat die gesamtwirtschaftliche Nachfrage erhöht.

Neben Steuersenkungen kann die Regierung ihre eigenen Ausgaben erhöhen, indem sie Bürgern Geld schenkt – etwa durch eine Erhöhung des Kindergeldes – oder indem sie Aufträge an Firmen vergibt. Sie kann beispielsweise Straßen bauen lassen. Dafür stellen die Unternehmen Rechnungen an den Staat, der muss sie bezahlen, und so kann auch das BIP wachsen. Ein Verfechter dieser Idee, durch Erhöhung der Staatsausgaben Wachstum in Schwächephasen zu erzeugen, war einer der berühmtesten Ökonomen des vergangenen Jahrhunderts: John Maynard Keynes.

[...] Aber dieses Beispiel wollen wir uns noch etwas genauer angucken, um ein Gefühl dafür zu bekommen, wie kompliziert Wirtschaftspolitik wirklich ist. [...]

Die aktuelle Regierung hat hohe Schulden und gibt ohnehin schon jedes Jahr mehr Geld aus, als sie einnimmt. Wenn sie die Ausgaben erhöhen möchte, wie Keynes das sagt, dann muss sie entweder einen zusätzlichen Kredit aufnehmen oder aber die Steuern erhöhen.

1. Wenn der Staat seine Steuern erhöht, so sinkt das verfügbare Einkommen der Bürger, und die Unternehmen haben weniger von ihrem Gewinn übrig. Der positive Effekt der höheren Staatsausgaben kann schnell verschwinden. Dazu kommen die oben erwähnten Probleme: Die Leute halten ihr Geld zurück oder produzieren weniger.

2. Wenn der Staat nicht knausert, sondern noch mehr Schulden macht, dann hat das auch Auswirkungen. Der Staat muss sich noch mehr Geld leihen. [...] [W]enn viele Gruppen – Regierungen und Unternehmen und Privatleute – Kredite haben wollen, dann werden Kredite teuer, weil die Banken mehr Zinsen verlangen. [...] Das schadet der Wirtschaft.

3. Noch ein Problem taucht auf: Was ist, wenn die Privatleute die Steuersenkung zwar zum Shoppen nutzen – aber nicht in Deutschland, sondern auf Mallorca? Die Deutschen lieben Auslandsurlaub. Oder wenn sie nur ausländische Autos kaufen?

Eine Lehre hieraus ist, dass Eingriffe in die Wirtschaft Folgen haben, weil alle Mitspieler zusammenhängen. Das macht Wirtschaftspolitik so schwierig für die Regierung.

Winand von Petersdorff, Das Geld reicht nie, Frankfurt a.M. 2008, S. 119-123

John Maynard Keynes (1883 – 1946), britischer Ökonom und Regierungsberater, gilt als Begründer der nachfrageorientierten Wirtschaftspolitik.

M 16 Zwei Strategien der Wachstums- und Beschäftigungspolitik

Nachfrageorientierung
Grundüberlegung: Die Nachfrage nach Konsum- und Investitionsgütern ist ausschlaggebend für das Wachstum

Ausgangslage: Rezession
zu geringe Nachfrage nach Konsumgütern (durch Haushalte) und Investitionsgütern (durch Unternehmen)

Staatliches Eingreifen: Nachfrage steigern
Ausgaben des Staates (z. B. für Infrastruktur) steigern, um geringe Nachfrage auszugleichen

Wirkung 1: Beschäftigung
Steigerung bzw. Aufrechterhaltung der Beschäftigung in den betroffenen Branchen (z. B. Bau, Zulieferer)

Wirkung 2: Einkommen
Steigerung bzw. Aufrechterhaltung des Einkommens der Beschäftigten in den betroffenen Branchen

Wirkung 3: Nachfrage nach Konsumgütern
Steigerung der Nachfrage nach Konsumgütern durch die Beschäftigten (Haushalte)

Wirkung 4: Nachfrage nach Investitionsgütern
Steigerung der Nachfrage nach Investitionsgütern durch die Unternehmen, die Konsumgüter herstellen

verstärkender Effekt
Gestiegene Investitionsgüternachfrage führt zu steigender Beschäftigung

Angebotsorientierung
Grundüberlegung: Attraktive Rahmenbedingungen für Unternehmen sind ausschlaggebend für das Wachstum

Ausgangslage: Rezession
zu geringe Investition der Unternehmen, weil die Rahmenbedingungen (Kreditzinsen, Lohnhöhe, Steuern und Abgaben) unattraktiv sind

Staatliches Eingreifen: Investitionsbedingungen verbessern
z. B. Steuern für Unternehmen senken, Zinsen senken

Wirkung 1: Ertragskraft der Unternehmen
Verbesserung der Situation der Unternehmer durch niedrigere Kosten, damit steht Kapital für Investitionen zur Verfügung

Wirkung 2: Nachfrage nach Investitionsgütern
Unternehmen investieren ihre Gewinne, um Wettbewerbsfähig zu bleiben

Wirkung 3: Beschäftigung
Steigerung bzw. Aufrechterhaltung der Beschäftigung in den betroffenen Branchen (Investitionsgüter-Industrie)

Wirkung 4: Nachfrage nach Konsumgütern
Steigerung der Nachfrage nach Konsumgütern durch die Beschäftigten (Haushalte)

verstärkender Effekt
Gestiegene Konsumgüternachfrage führt zu steigenden Einnahmen der Unternehmen

M 17 Milliarden für die Konjunktur

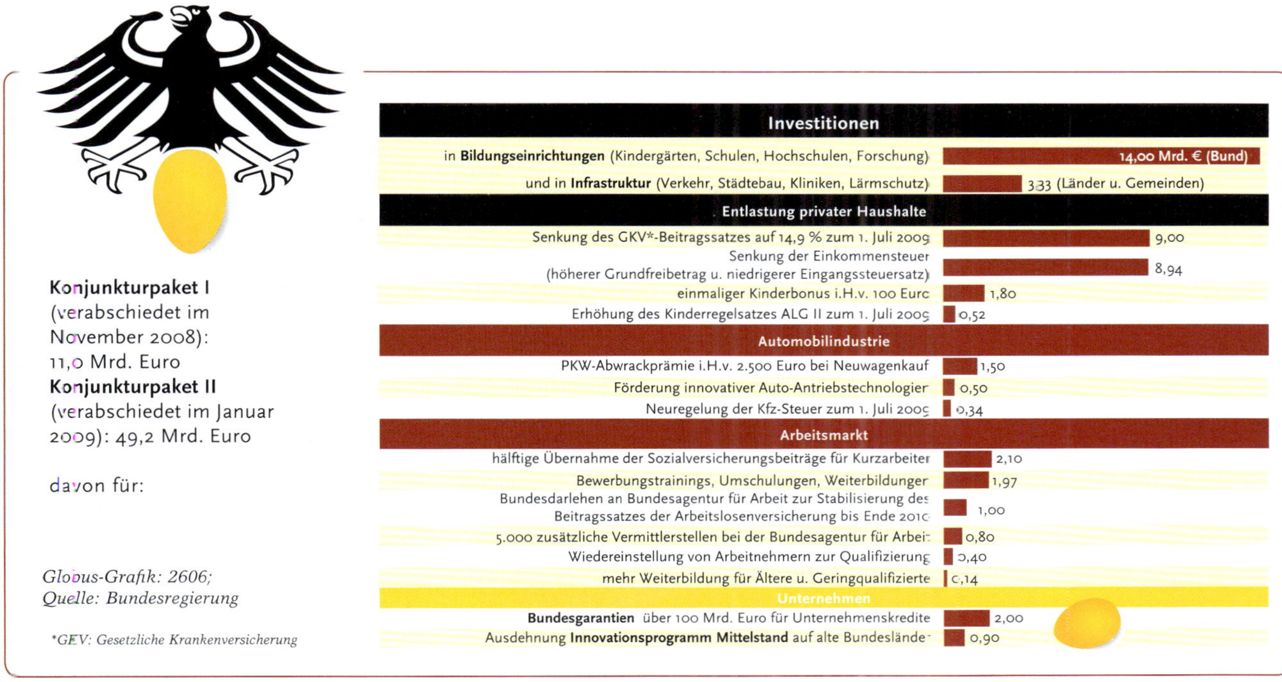

Aufgaben

1. Erläutere die Rechtfertigungsgründe, warum der Staat in das Wirtschaftsgeschehen eingreift. Finde Oberbegriffe für die verschiedenen Gründe (M 12, M 13).
2. Ordne die in M 11 genannten Beispiele für staatliches Handeln den Oberbegriffen aus Aufgabe 1 zu.
3. Angenommen, die gesamte Volkswirtschaft eines Minilandes würde aus nur einer Bäckerei bestehen: Der Bäcker verkauft im Jahr 1 Brot für 5.000 €. Im Jahr 2 beträgt die Inflationsrate 2 %.
   Wenn der Bäcker im Jahr 2 seine Produktion steigert und Brot für 5.350 € verkauft: Wie hoch ist das nominale Wachstum, wie hoch ist das reale Wachstum (M 14)?
4. Beschreibe in Form von Wirkungsketten, mit welchen Maßnahmen der Staat das Wachstum ankurbeln kann. Bedenke auch, durch welche Faktoren die Wirkungsketten „gestört“ werden könnten (M 15, M 16).
5. In der Wirtschaftskrise 2008 / 2009 reagierte der Staat mit der Verabschiedung eines Konjunkturpakets. Stelle für drei ausgewählte Maßnahmen dar, bei welchem Mitspieler sie ansetzten, was sie bewirken sollten und welcher wirtschaftspolitischen Strategie sie zuzuordnen sind (M 16, M 17).

Bei der Berechnung der Schulden je Einwohner werden alle Einwohner (auch Neugeborene, Rentner) eingerechnet. Berechne für deine Familie die Schuldenlast.

Warum häuft der Staat Schuldenberge an?

M 18 Das Wachstum der Schuldenberge

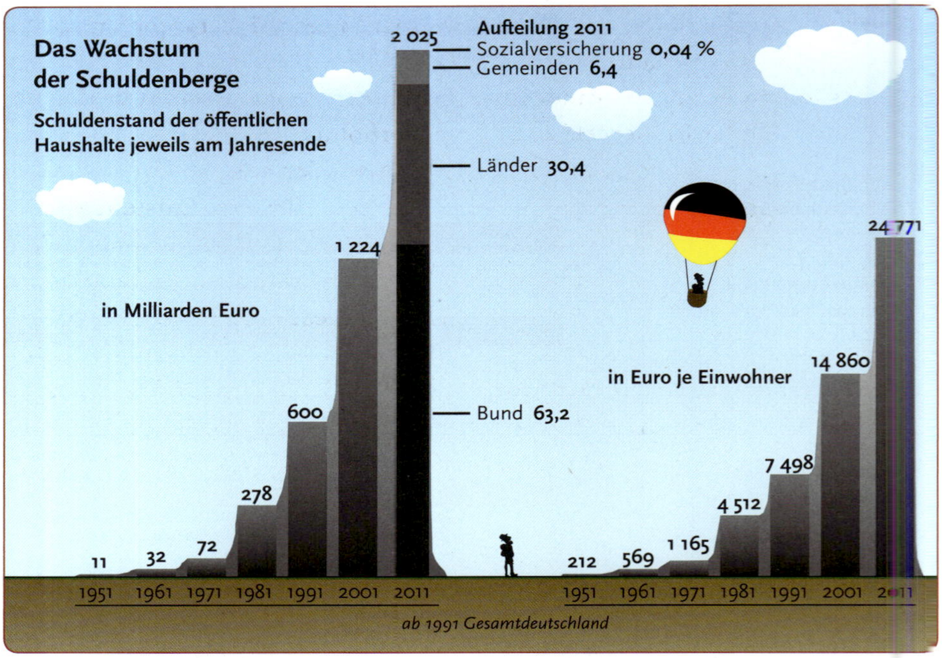

Globus-Grafik 5362; Quelle: Stat. Bundesamt

Schulden in Begriffen
Die in jedem Haushaltsjahr tatsächlich neu gemachten Schulden nennt man **Bruttokreditaufnahme**. Entscheidend ist aber die **Nettokreditaufnahme oder Neuverschuldung**, denn in jeder Periode werden auch Kredite zurückbezahlt (Nettokreditaufnahme = Bruttokreditaufnahme – Tilgung).
Die Defizitquote gibt den Anteil des öffentlichen Defizits am Bruttoinlandsprodukt innerhalb eines Haushaltsjahres wieder.
Die **Schuldenstandsquote** gibt das Verhältnis zwischen der Höhe der Gesamtverschuldung und dem jährlichen Bruttoinlandsprodukt an.

M 19 Entwicklung der Nettokreditaufnahme

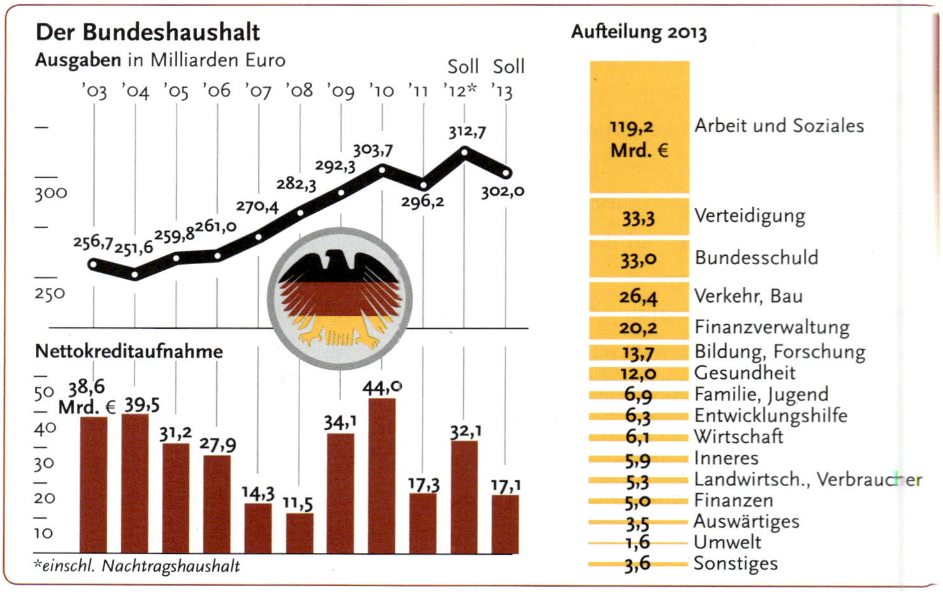

Globus-Grafik 5356; Quelle: BMF

M 20 Warum macht der Staat Schulden?

Wie jede Privatperson, jeder private Haushalt und jedes Unternehmen hat auch der Staat Einnahmen und Ausgaben. Er nimmt Geld ein, wenn die Bürger Steuern bezahlen. Er gibt Geld aus, wenn er zum Beispiel Autobahnen baut oder Kindergeld zahlt. Wenn der Staat nicht genug Geld in einem Jahr einnimmt, um seine Ausgaben bezahlen zu können, macht er Schulden. Für das Schuldenmachen gibt es verschiedene Gründe: In Deutschland erforderte z. B. die deutsche Vereinigung seit 1990 über einen längeren Zeitraum hohe staatliche Investitionen für den Aufbau Ost und zur Überwindung der internationalen Finanzkrise 2009/10 mussten Konjunktur und Banken gestützt werden. Dies wäre unproblematisch, wenn die Schulden für solch unvorhersehbare Ereignisse durch Einnahmenerhöhungen in den folgenden Jahren wieder ausgeglichen würden. Doch sind für die Entstehung der Schulden die von uns gewählten Politiker in den Parlamenten verantwortlich und diese entscheiden sich insbesondere in Wahljahren häufig dafür, (weitere) Schulden aufzunehmen anstatt die Steuern zu erhöhen, denn sie wollen wiedergewählt werden.

M 21 Wie macht der Staat Schulden?

Um Kredite aufzunehmen, gibt der Staat eine sogenannte Staatsanleihe aus. Das ist eine Stück Papier, eine Art Mietvertrag für das Geld, und darin wird vereinbart: Wer dem Staat etwas leiht, bekommt sein Geld nach einer festgelegten Zeit zurück. Obendrein erhält er eine Leihgebühr – den Zins. Angenommen, der Zins liegt bei drei Prozent und der Staat will sich eine Milliarde Euro für zehn Jahre borgen, dann muss er jedes Jahr 30 Millionen Euro Zinsen bezahlen und nach zehn Jahren die Milliarde zurückerstatten. Ein Staat, der alle Anleihen abbezahlt hat, wäre schuldenfrei. Das kommt aber so gut wie nie vor. Manche Staaten haben ihre Schulden zwar gesenkt, aber die meisten Staaten leihen sich immer wieder frisches Geld. Der Staat bezahlt also einerseits ständig alte Schulden zurück. Zugleich nimmt er aber auch ständig neue auf. Im Prinzip kann dieses Spiel immer so weitergehen. Denn Staaten sind ja – anders als Menschen – nicht sterblich. Sie müssen ihre Schulden nie komplett zurückbezahlen – sondern nur immer genug geliehenes oder eigenes Geld haben, um die gerade fälligen Beträge zu bezahlen. Aber kann das auf Dauer gut gehen? Es kommt darauf an. Wenn der Staat sich zum Beispiel Geld leiht, um eine Schule zu bauen, dann lernen die Kinder dort hoffentlich viel, und vielleicht können sie dank ihres Wissens später eine neuartige Maschine bauen, die Luft in Essen verwandelt. Durch die Schulden werden also Werte geschaffen – etwas, was bleibt, wie Bildung. Und durch diese Werte kann das geliehene Geld wieder zurückgezahlt werden. [...]

Gefährlich werden die vielen Schulden erst, wenn ein Staat das Geld verschwendet und keine Werte entstehen. Oder wenn die Schulden zu schnell steigen. Denn dann muss der Staat immer mehr Zinsen bezahlen und hat immer weniger Geld für andere Dinge übrig. Und irgendwann sind die Schulden vielleicht sogar so hoch, dass das Geld in seiner Kasse nicht mehr ausreicht, um die fälligen Anleihen abzubezahlen.

nach: Mark Schieritz, Zeit online, 29.7.2010

M 22 Die Schuldenfalle

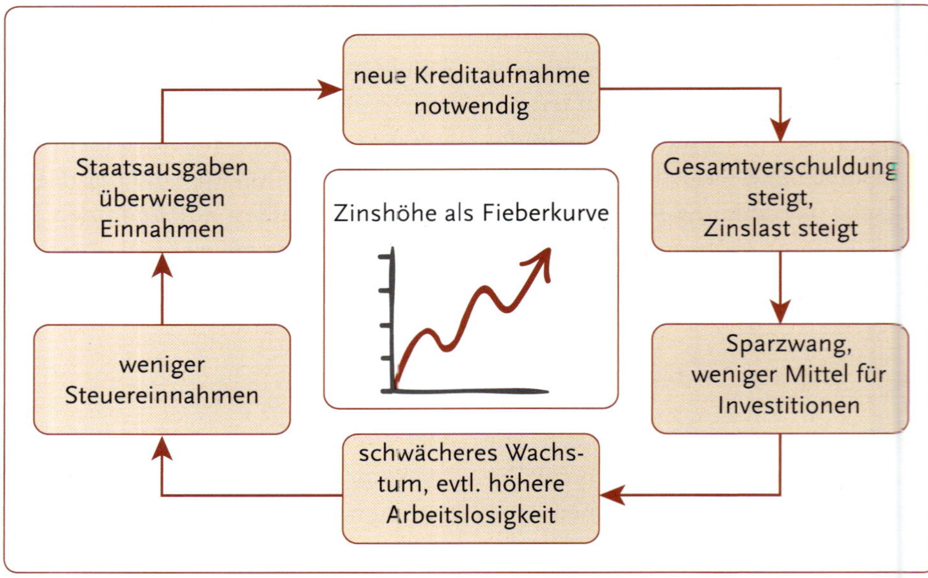

Aufgaben

1. Erläutere die Grafik in M 18. Vergleiche mit der Grafik Seite 179 (M 16) und beurteile die Grafik erneut.
2. Nenne Ausgaben des Staates, für die du eine Verschuldung für sinnvoll erachten würdest (M 19).
3. Stelle Gemeinsamkeiten und Unterschiede zwischen dem Staat und einem privaten Haushalt als Schuldner dar (M 20, M 21).
4. Erläutere den Zusammenhang zwischen Kreditsicherheit und Zinshöhe (M 21).
5. Erläutere die Schuldenfalle und überlege, wie sich der Teufelskreis durchbrechen ließe (M 22).

Schuldenfinanzierung unter dem Diktat von Rating-Agenturen?

M 22 Die Macht der Rating-Agenturen

„Die USA können ein Land mit ihren Bomben zerstören; Moody's indem es seine Anleihen herunterstuft."

Zitat des bekannten Wirtschaftsjournalisten und Buchautors Thomas Friedman

M 23 Die Bewertungssysteme der Rating-Agenturen

Ein Rating oder Kreditrating (englisch für „Bewertung" oder „Einstufung") ist im Finanzwesen eine Einschätzung der Bonität (Zahlungsfähigkeit) eines Schuldners. Eine Rating-Agentur schätzt also das Kreditausfallrisiko ein. Dabei werden mit Modellen auf der Basis von Wirtschafts- und Finanzdaten Wahrscheinlichkeiten eines Ausfalles berechnet. Bewertet werden Firmen, Finanzprodukte wie Aktien und Aktienfonds sowie ganze Staaten. Die weltweit einflussreichsten Rating-Agenturen sind Standard & Poor's (S&P) sowie Moody's und Fitch. Sie alle haben ihren Sitz in den Vereinigten Staaten.

Bewertung

Bewertungsstufen der drei mächtigsten Agenturen

Moody's	S&P	Fitch	
Aaa	AAA	AAA	maximal Sicherheit
Aa1/Aa2/Aa3	AA+/AA/AA-	AA+/AA/AA-	hoch qualitativ
A1/A2/A3	A+/A/A-	A+/A/A-	hochwertig
Baa1/ Baa2/Baa3	BBB+/BBB/BBB-	BBB+/BBB/BBB-	weniger hochwertig
Ba1	BB+	BB+	unsicheres Investment
Ba2/Ba3	BB/BB-	BB/BB-	spekulativ
B1/ B2/B3	B+/B/B-	B+/B/B-	hoch spekulativ
Caa1	CCC+	CCC	substanzielles Risiko
Caa2/Caa3	CCC/CCC-	–/–	riskant, Ausfälle möglich
Ca	–	–	extrem spekulativ
C	–	–	Zahlungsverzugsgefahr
–/–/–	–/–/D	DDD/DD/D	in Zahlungsverzug

Quelle: bondsonline.com

M 24 Wer gibt dem Staat Kredite?

Staaten finanzieren ihre Schulden durch die Ausgabe von Staatsanleihen. Der Käufer einer Staatsanleihe gibt dem Staat einen Kredit, den er nach einer vereinbarten Laufzeit mit den Zinsen zurückerhält. Lange Zeit galten Staatsanleihen als attraktive Anlageform, versprachen sie doch ein Höchstmaß an Sicherheit, auch wenn die Zinsen meist etwas niedriger ausfielen als bei der Anlage auf dem traditionellen Sparbuch.

Heutzutage bergen jedoch auch Staatsanleihen unter Umständen ein Ausfallrisiko: Überschuldete Staaten könnten zahlungsunfähig werden. Die Inhaber der Staatsanleihen, z. B. Banken oder einzelne Sparer, hätten in diesem Fall keine Möglichkeit mehr, an ihr Geld zu kommen, ihr angelegtes Geld wäre verloren.

Das Ausfallrisiko wird von Rating-Agenturen nach verschiedenen Gesichtspunkten eingeschätzt und so die Kreditwürdigkeit von Staaten (und auch von Unternehmen) bewertet. Von dieser Einschätzung hängt letztlich die Höhe der Zinsen ab, zu denen sich ein Staat auf den nationalen und internationalen Märkten Geld leihen kann. Falls der Staat in seiner Zahlungsfähigkeit (Bonität) schlecht eingeschätzt wird, wird der Kredit teurer, weil das Ausfallrisiko in den Augen der Rating-Agentur gestiegen ist. Das verschärft die Schuldenproblematik eines ohnehin angeschlagenen Staates, der nun für seine Kredite höhere Zinsen bezahlen muss. Weil der Zeitpunkt einer Herabstufung oft willkürlich erscheint, die Rating-Agenturen bei der Vorhersage der Finanzkrise versagten und die Kriterien für die Einschätzung der Rating-Agenturen schwer zu durchschauen sind, sind diese in jüngster Zeit in die Kritik geraten.

Wer kauft aber nun die Staatsanleihen und finanziert so die Staatsschulden? Neben Banken und Privatpersonen sind es zu einem großen Teil auch Versicherungen oder Fondsgesellschaften, die in staatliche Schuldtitel investieren und sich so an der Finanzierung von Staatsschulden beteiligen. Die Anleger kaufen die Schuldtitel nur, wenn sie den staatlichen Schuldnern vertrauen und mit der Verzinsung einverstanden sind. Als Käufer von Staatsanleihen treten aber auch ausländische Investoren auf.

Aufgaben

1. Beschreibe die Rolle der Rating-Agenturen (M 22 – M 24).
2. Gestalte eine beschriftete Grafik, in der deutlich wird, wie ein Staat seine Schulden durch die Ausgabe von Staatsanleihen finanzieren kann (M 24).
3. Erkläre, warum die Bewertung von Staaten durch Rating-Agenturen auch kritisch gesehen wird (M 24).

Wo liegen die Grenzen der Staatsverschuldung?

M 25 Immer nur die Kleinen …?

Hanitzsch, Baaske Cartoons, Müllheim

M 26 Schulden ohne Grenzen?

Theoretisch gibt es keine Grenzen der Verschuldung von Staaten. Staaten unterscheiden sich von Privathaushalten oder Unternehmen u. a. darin, dass sie ihre Ausgaben und Einnahmen souverän festlegen können. Fehlt ihnen Geld, können sie zunächst einfach die Steuern erhöhen oder die Ausgaben senken. Eine Regierung kann auch immer versuchen, sich an den internationalen Finanzmärkten durch die Ausgabe von Staatsanleihen (noch) mehr Geld zu leihen.

Im Notfall kann sich ein Staat auch bei sich selbst verschulden: Die Regierung legt eine Anleihe auf, und die Zentralbank des Landes kauft diese Anleihe. In diesem Fall druckt die Zentralbank also Geld und leiht es der Regierung. Die meisten Zentralbanken der Welt tun dies in mehr oder weniger starkem Ausmaß.

Aber: Allein seit dem Jahr 1800 kam es rund 250 Mal dazu, dass ein Staat seine Schulden bei ausländischen Geldgebern nicht bedienen konnte. Spanien hat in seiner Geschichte bereits 13-mal den Bankrott erklärt. Im Jahr 2010 war Island faktisch bankrott, im Jahr 2012 traf es den kleinen Staat Belize in Südamerika. Welche Grenzen sind also der übermäßigen Staatsverschuldung gesetzt?

M 27 Die Grenzen der Staatsverschuldung

Wirtschaftliche Grenzen der Staatsverschuldung

Zunächst einmal bedeutet eine zunehmende Verschuldung, dass ein ständig wachsender Teil der Staatseinnahmen bereits blockiert wird für den Schuldendienst, denn die Zinsen müssen ja pünktlich bezahlt werden. Dies engt den finanzpolitischen Spielraum des Staates ein, damit fehlen Investitionen in Forschung und Entwicklung oder Bildung. Auch in Wirtschaftskrisen kann der Staat kaum mehr Ausgaben zur Stützung der Konjunktur tätigen. Wächst die Gesamtverschuldung, so wird es immer schwieriger, auf dem Kapitalmarkt Kredite aufzunehmen. Der Staatsbankrott (auch Staatsinsolvenz) tritt schließlich ein, wenn ein Staat erklärt, seine fälligen Zahlungen (Zinszahlungen, Gehälter oder andere Verbindlichkeiten) nicht mehr oder nur noch teilweise leisten zu können.

Die rechtlichen Grenzen der Staatsverschuldung

Seit 2009 ist die sogenannte „Schuldenbremse" im Grundgesetz verankert. Die Regelung verpflichtet den Bund rechtlich dazu, spätestens ab dem Jahr 2016 nur noch maximal 0,35 Prozent des Bruttoinlandsprodukts als neue Schulden aufzunehmen. Die Länder dürfen ab 2020 gar keine neuen Schulden mehr machen. Bei Konjunkturkrisen und Naturkatastrophen sind Ausnahmen möglich. In wirtschaftlich guten Jahren müssen Rücklagen gebildet oder Schulden getilgt werden.

Im Vertrag von Maastricht ist geregelt, dass Staaten vor der Einführung des Euro u. a. die folgenden „EU-Konvergenzkriterien" erfüllen müssen: Das Haushaltsdefizit darf maximal 3 Prozent des BIP betragen und die Gesamtverschuldung darf 60 Prozent des BIP nicht überschreiten. Die am Euro teilnehmenden Länder haben sich verpflichtet, diese Kriterien im Rahmen des Stabilitäts- und Wachstumspakts auch nach der Euro-Einführung einzuhalten.

Soziale Grenzen – Verteilung der Schulden auf die Generationen

Durch die Staatsverschuldung lebt die jetzige Generation verhältnismäßig gut auf Kosten zukünftiger Generationen. Staatsschulden werden als auf die Zukunft verschobene Steuererhöhungen gesehen, die dann von den nachfolgenden Generationen zu tragen sind. Die nachfolgenden Generationen müssen theoretisch mit einem Wohlstandsverslust rechnen, doch weiß niemand, wann dieser Eintritt.

M 28 Pro und Kontra: Neuverschuldung

Der Bund will auch 2013 Schulden machen – zwar weniger als [2012] doch immerhin 18,8 Milliarden Euro. Ist diese Neuverschuldung angemessen oder zu hoch? […]

Theo: Spielräume müssen genutzt werden

[…] Die etwa 18,8 Milliarden Euro Schulden, die Deutschland [2013] zusätzlich machen soll, sind gut investiert. Allein das Bildungsministerium soll etwa 810 Millionen Euro mehr erhalten. Für Dinge wie Exzellenzinitiativen und Begabtenförderung wird 2013 also mehr Geld da sein. Auch das Bundesverteidigungsministerium bekommt 1,4 Milliarden mehr. Rund 19 Milliarden Euro Neuverschuldung stehen am Ende in diesem Entwurf, mitten in der Eurokrise. Ist das nun zu wenig, zu viel oder gerade genug? […] Die Zinsen auf deutsche Staatsanleihen sind immer noch sehr niedrig. Im vergangenen Jahr haben Investoren teilweise sogar negative Zinsen bekommen. Sie zahlten extra drauf, nur um ihr Geld dem Bundeshaushalt anvertrauen zu dürfen. […] Wenn wir nun das besondere Glück haben, uns quasi zum Nulltarif zu verschulden, sind wir dazu verpflichtet, diese Spielräume auch zu nutzen – für Bildung, soziale Stabilität und wirtschaftliche Investitionen des Staates. […] Deutschland wird aller Voraussicht nach die „Schuldenbremse" erfüllen, also spätestens 2016 keine großen neuen Kredite mehr aufnehmen. So wichtig es ist, die Grenze einzuhalten, so zynisch wäre es, dieses Ziel in falsch verstandenem Ehrgeiz überzuerfüllen. […]

Theo, 21, hält die Schulden für angemessen und sagt, man dürfe nicht am falschen Ende sparen.

Jona: Wir können uns das nicht leisten!

[…] Während die anderen EU-Staaten ihre Ausgaben minimieren sollen, gibt Deutschland immer noch deutlich mehr Geld aus, als es einnimmt. Können wir uns das leisten? Nein! Deutschland leidet schon unter einer Zinslast von 33 Milliarden Euro jedes Jahr! Das heißt, dass allein 33 Milliarden Euro ausgegeben werden, nur um alte Kredite zu versorgen – abgezahlt wird damit noch gar nichts. Nehmen wir nun noch weiter Schulden auf, wird diese Zinslast in der Zukunft noch höher und spätere Generationen müssten noch mehr Geld ausgeben, nur um alte Kredite zu bedienen. Ständig höre ich, die Schuldenpolitik sei „alternativlos". Dabei liegt die Alternative für die Schuldenpolitik klar auf der Hand: Sparen, um an anderer Stelle investieren zu können. […] Erst wenn der Politik klar wird, dass uns ein ausgeglichener Haushalt wichtiger ist als kleine Steuerentlastungen, werden sie ihre Politik umstellen – hoffentlich nicht zu spät.

mitmischen.de, Jugendportal des Deutschen Bundestages, http://www.mitmischen.de/diskutieren/topthemen/haushaltswoche_2012/Streitgespraech_Neuverschuldung/index.jsp (1.1.2013)

Jona, 19, ist ein ausgeglichener Haushalt wichtiger.

Aufgaben

1. Diskutiert, wer die Personen in der Karikatur sein könnten (M 25).
2. Erläutere, warum es so schwer ist, die tatsächlichen Grenzen der Staatsverschuldung zu bestimmen (M 26, M 27).
3. Diskutiert die Frage, ob die „Schuldenbremse" sinnvoll ist oder ob der Staat weiter Schulden aufnehmen sollte (M 27, M 28).

Wirtschaftspolitik auf dem Prüfstand – die Energiewende

M 29 Was ist zu tun?

Karikatur: Erl

Im August 2012 stellte Peter Altmaier, Bundesumweltminister, sein 10-Punkte-Programm für die Bewältigung der „Energiewende", also den Ausstieg aus der Kernenergie, vor.

Die Energiewende ist für die Bundesrepublik Deutschland die größte wirtschaftspolitische Herausforderung seit dem Wiederaufbau und die größte umweltpolitische Herausforderung überhaupt.

Mit den Beschlüssen zum Ausstieg aus der Kernenergie aus dem Jahre 2011 endete ein über 40-jähriger ideologischer Konflikt [...]. Wenn die Energiewende gelingt, wird Deutschland seine starke wirtschaftliche Stellung in der Welt für die nächsten Jahrzehnte festigen und ausbauen und zugleich einen herausragenden Beitrag im Kampf gegen den weltweiten Klimawandel leisten.

Würde die Energiewende hingegen misslingen, hätte dies erhebliche Folgen für Wohlstand, Wachstum und Beschäftigung. Daraus ergibt sich zwingend, dass die Organisation und Durchführung der Energiewende eine gesamtstaatliche und gesamtgesellschaftliche Aufgabe erster Ordnung ist, die auf der politischen Agenda nach der Staatsschuldenkrise zu Recht den nächstwichtigen Platz beansprucht. [...] Dabei leiten mich folgende Überlegungen:

1. Der Ausstieg aus der Kernenergie ist entschieden und unumkehrbar.
2. Die Entscheidung, die Energieversorgung schrittweise und über fünf Jahrzehnte im Wesentlichen auf erneuerbare Energien umzustellen, war und ist richtig, da im Bereich der fossilen Energien mittel- und langfristig erhebliche Preissteigerungen drohen und die Auswirkungen auf das Klima anderenfalls unverantwortlich wären.
3. Die Umsetzung der Energiewende muss aber in jedem Augenblick volkswirtschaftlich verantwortbar und damit bezahlbar sein, da sie ansonsten ihre eigene Basis untergraben und zerstören würde. Dazu gehört auch, dass die Energiepreise in Deutschland sich nicht von denen unserer hauptsächlichen Wettbewerber in anderen Ländern gravierend und dauerhaft entkoppeln dürfen.
4. Die Energiewende hat eine soziale Komponente, die darin besteht, dass in ihrer Folge keine schwerwiegenden sozialen Verwerfungen und Einkommensverschiebungen stattfinden dürfen.
5. Die [...] Ziele können nur erreicht werden, wenn die erneuerbaren Energien mittelfristig auch ohne Einspeisevergütung durch das Erneuerbare-Energien-Gesetz (EEG) markt- und wettbewerbsfähig werden.

6. Um den Aufbau von Überkapazitäten zu vermeiden, brauchen wir einen Konsens über die Frage, wie viel erneuerbare Energie (insbesondere Windenergie) in welchen Bundesländern produziert werden kann.

7. Ebenso ist ein Konsens notwendig über die Frage, welche Kabel mit welcher Priorität bis wann verlegt werden müssen. [...]

Der Ausbau der erneuerbaren Energien liegt derzeit nicht nur im Bereich der Prognosen, sondern übertrifft diese sogar. Wir werden bereits Ende 2012 einen Anteil von deutlich über 20 Prozent Erneuerbare an der Stromversorgung haben.

Peter Altmaier, Bundesministerium für Umwelt, Naturschutz und Reaktorsicherheit (Hg.), 10-Punkte Programm für Energie und Umweltpolitik mit Ambition und Augenmaß, Berlin 2012, S. 9 f.

Einspeisevergütung durch das Erneuerbare-Energien-Gesetz (EEG)
Ökostrom wird über die sogenannte **EEG-Umlage** gefördert. Betreiber von Wind-, Solar- und Biogasanlagen bekommen einen fixen Preis für den von ihnen produzierten Strom garantiert. Der Fixpreis liegt deutlich über dem tatsächlichen Preis, zu dem Strom verkauft wird. Die Differenz zahlen die Verbraucher über ihre Stromrechnung.

M 30 Der Strommarkt – ein Milliardengeschäft

Seit der Liberalisierung des Strommarktes von 1998 haben sich einige hundert Energieversorgungsunternehmen (EVU) in Deutschland gebildet. Die vier großen Energieversorger E.ON, RWE, Vattenfall und EnBW sind große Aktienunternehmen und haben nach wie vor eine herausragende Marktstellung bei der Energieversorgung in Deutschland. Das Bundeskartellamt bescheinigte 2011 den vier großen EVUs einen Marktanteil an den deutschen Kraftwerken von 80 % und an der Stromproduktion von 82 %. Hauptinteresse der Energiekonzerne ist, Gewinne zu erwirtschaften und ihre herausragende Marktposition zu behaupten. Von der Politik fordern die Konzerne Planungssicherheit. Sie weisen darauf hin, dass der Energiesektor besonders kapitalintensiv sei und hohe Fixkosten verursache. Bei Windkraftanlagen fallen z. B. die meisten Kosten auch dann an, wenn die Windkraftanlage steht und keinen Strom produziert. Die Erneuerung des Stromnetzes in Deutschland gilt als Flaschenhals hin zur großflächigen Nutzung von regenerativen Energien. Weil die derzeitige Infrastruktur nicht dafür ausgelegt ist, z. B. den Strom über die weite Strecke von den Off-Shore-Windparks im Norden in die Industrieregionen im Westen und Süden zu transportieren und zu wenig Speichermöglichkeiten vorhanden sind, muss schleunigst mit einem Ausbau begonnen werden. Die deutsche Energie-Agentur rechnet mit einem Bedarf an Stromtrassen von bis zu 3.500 Kilometern bis 2020. Die Kosten für die Energiewende sollen in erster Linie die Verbraucher über höhere Strompreise tragen. Die Macht der großen Energieversorgungsunternehmen ergab sich früher vor allem aus den hohen Investitionskosten für neue Atom- und Kohlekraftwerke. Für neue Anbieter war es deshalb fast unmöglich, sich auf dem Markt zu etablieren. Die Energiewende mit dem Trend zu dezentraler Versorgung und erneuerbaren Energien und deren neuen Akteuren, wie z. B. den Kommunen, greifen diese Macht der großen Stromanbieter an und werden daher von diesen als Bedrohung wahrgenommen.

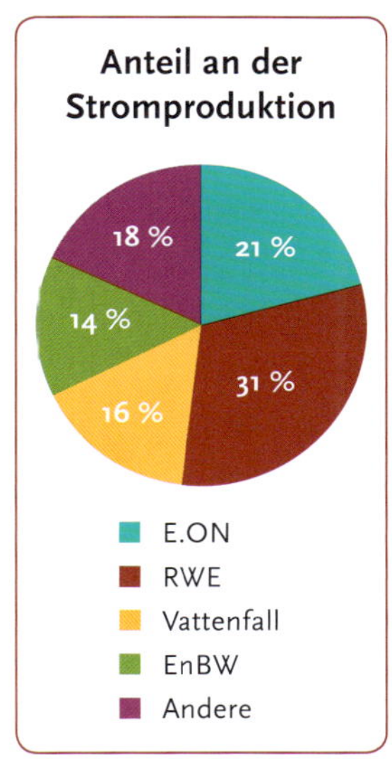

Bundeskartellamt (2011): Sektoruntersuchung Stromerzeugung und Stromgroßhandel

M 31 Das Zieldreieck der zukünftigen Energiepolitik

Versorgungssicherheit

Eine kontinuierliche und stabile Stromversorgung ist die Mindestanforderung einer jeden Energiepolitik. Stromausfälle sollten möglichst selten, am besten gar nicht vorkommen.

Wirtschaftlichkeit

Strom darf nicht zu teuer sein. Das liegt im Interesse der privaten und der gewerblichen Stromkunden. Zu hohe Stromkosten verschlechtern die internationale Wettbewerbsfähigkeit der Industrie, weil diese ihre Produkte dann entweder zu höheren Preisen anbieten oder kleinere Gewinnspannen hinnehmen muss. Das wiederum könnte das eine oder andere Unternehmen veranlassen, sich anderswo anzusiedeln – zu hohe Strompreise machen Deutschland als Industriestandort unattraktiv.

Umweltverträglichkeit

Zum einen sollen bei der Stromerzeugung keine oder möglichst wenige Schadstoffe wie Schwefeldioxid und Feinstaub in die Natur gelangen. Zum anderen geht es darum, den Ausstoß von klimaschädlichen Gasen, also vor allem von Kohlendioxid, zu verringern; denn Deutschland hat sich das ambitionierte Ziel gesetzt, seinen CO_2-Ausstoß bis 2020 um 40 Prozent zu reduzieren.

Stromkonzerne erwarten Preissteigerungen

Bis zu 30 Prozent höhere Energie-Preise bis 2020 – das erwartet Vattenfall-Chef Tuomo Hatakka. Grund seien die enormen Kosten bei der Energiewende. Die gebe es nicht zum Nulltarif, sagt auch RWE-Chef Terium. Umweltminister Altmaier bezeichnet die Prognosen als unseriös.

Süddeutsche Zeitung, 27.8.2012

M 32 Kosten der Stromerzeugung

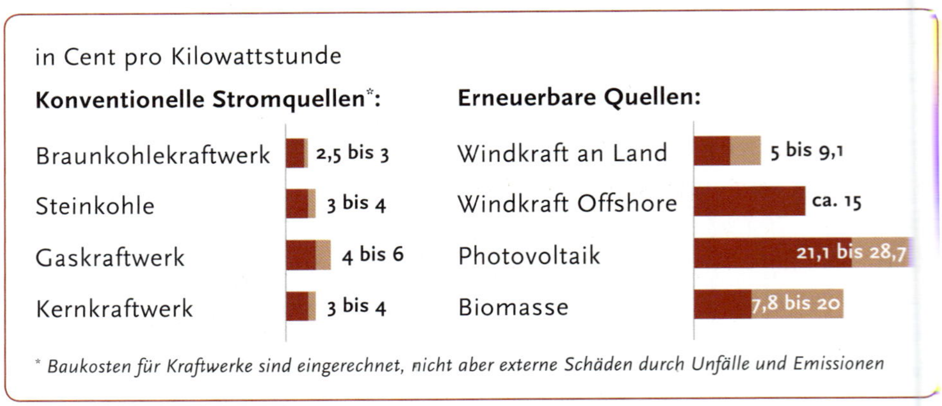

FR/Galanty; Quelle: Uni Stuttgart, EEG, eigene Recherche, Branchenschätzungen

M 33 Was will der Staat als Architekt der Energiewende?

Die Energiewende der Bundesregierung stützt sich auf vier Pfeiler, der Beendigung der Kernenergienutzung bis spätestens Ende 2022, den Ausbau der erneuerbaren Energien in allen Sparten, den Ausbau und die Modernisierung der Stromnetze, der Steigerung der Energieeffizienz mit modernen Technologien, insbesondere im Gebäudebereich bei der Mobilität und beim Stromverbrauch. Diese Ziele sollen unter anderem mit dazu beitragen, die Treibhausgasemissionen in Deutschland bis zum Jahr 2020 (bezogen auf das Jahr 1990) um 40 Prozent und bis zum Jahr 2050 um 80 bis 95 Prozent zu senken. Durch staatliche Subventionen in Form von Forschungsförderung im Bereich erneuerbarer Energien (2011 = 245 Mio. Euro) soll der technologische Umbau vorankommen. Die Umsetzung dieser hochgesteckten Ziele erweist sich dennoch als sehr schwierig. Zum einen birgt der Netzausbau und die Planung neuer Stromtrassen ein hohes Konfliktpotenzial Betroffener – Proteste und Einwendungen von Bürgern, die sich übergangen fühlen oder den Umweltschutz gefährdet sehen, sind wahrscheinlich. Zum anderen gerät der Staat durch die Debatte um zukünftig stark steigende Strompreise in die Defensive. Konnte ein Endverbraucher im Jahr 2000 seinen Strom noch zu 14 Cent pro Kilowattstunde beziehen, musste er 2012 bereits 26 Cent bezahlen. Zu befürchten ist, dass die Bevölkerung die Energiewende immer weniger akzeptiert, wenn die Strompreise weiterhin steigen sollten. Wer den ökologischen Umbau der Energieversorgung in Zukunft finanzieren soll, ist umstritten. Die hohen Kosten der Ökostromförderung werden immer mehr auch zu einer sozialen Frage. Der Preisschub trifft vor allem Geringverdiener und Hartz-IV-Empfänger. Die deutsche Industrie sieht steigende Strompreise als Belastung und sieht ihre Wettbewerbsfähigkeit in Gefahr – dies gilt vor allem für energieintensive Branchen wie Stahl-, Aluminium- und Zementhersteller. Bisher entlastet die Regierung diese energieintensiven Großbetriebe, für sie gelten weitreichende Ausnahmen von der EEG-Umlage.

Zahlen nach: Erneuerbare Energien in Zahlen, Herausgeber: Bundesministerium für Umwelt, Naturschutz und Reaktorsicherheit (BMU), Juli 2012, 1. Auflage

Tipp
Das Energiekonzept der Bundesregierung wird ausführlich dargestellt in: Energiekonzept für eine umweltschonende, zuverlässige und bezahlbare Energieversorgung, 28. September 2010
http://www.bundesregierung.de/Content/DE/_Anlagen/2012/02/energiekonzept-final.pdf?__blob=publicationFile&v=5

M 34 Deutschlands Stromquellen

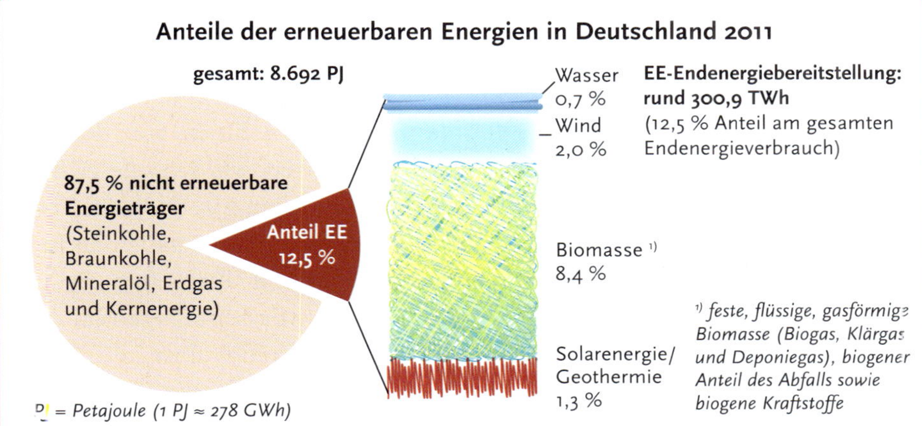

Erneuerbare Energien in Zahlen, Herausgeber: Bundesministerium für Umwelt, Naturschutz und Reaktorsicherheit (BMU), Juli 2012 ,1. Auflage, S. 16

M 35 Der Staat kassiert – die Wahrheit über die Strompreise

Mit der Liberalisierung des Strommarktes im Jahr 1998 war die Hoffnung auf dauerhaft sinkende Strompreise verbunden. […]

Direkt nach der Öffnung des Strommarktes sanken die Preise tatsächlich. Während sich die Preise für private Verbraucher um über 15 Prozent verbilligten, konnten gewerbliche Großverbraucher häufig von noch größeren Preissenkungen profitieren. Dieser Trend schlug mit der Jahrtausendwende jedoch um – seither stiegen die Preise für Strom jedes Jahr. Wie stark sich dieser Anstieg auf den Geldbeutel auswirkt, wird an den konkreten Zahlen deutlich: Laut Angaben des Bundes der Energie- und Wasserwirtschaft (BDEW) bezahlte ein Haushalt mit einem Stromverbrauch von 4.000 kWh im Jahr 2000 rund 549 Euro an Stromkosten. Die gleiche Menge Strom kostet im Jahr 2012 laut Verivox-Verbraucherpreis-Index durchschnittlich 997 Euro. Für den starken Anstieg der Strompreise zeichnet vor allem der Staat verantwortlich, der im Laufe der Jahre immer neue Abgaben und Steuern auf den Strompreis aufgeschlagen hat. Dazu gehört beispielsweise die Ökosteuer, die seit 1999 fällig wird und bis 2003 auf 2,05 Cent pro kWh angehoben wurde. Die Erhöhung der Mehrwertsteuer im Jahr 2007 hat sich auf den Strompreis in doppelter Weise ausgewirkt, denn die Mehrwertsteuer wird auf den Nettopreis, der bereits alle anderen Steuern und Abgaben enthält, aufgeschlagen. Diese Doppelbesteuerung treibt bei jeder Erhöhung der anderen Steuern und Abgaben die Gesamtkosten zusätzlich in die Höhe. Ein weiterer Bestandteil des Strompreises, der sich seit Jahren beständig erhöht, ist die Umlage für den Ausbau der Erneuerbaren Energien. Im Rahmen des Erneuerbaren Energien Gesetzes (EEG) erhalten die Produzenten von grünem Strom eine gesetzlich zugesicherte Vergütung, die über den üblichen Marktpreisen liegt. Der Differenzbetrag wird auf die privaten und gewerblichen Stromkunden umgelegt. Da der Zubau der Erneuerbaren Energien schneller als erwartet erfolgt und gleichzeitig immer mehr energieintensive Unternehmen von der EEG-Umlage befreit werden, steigt dieser Betrag rapide an. Ein Ende des Trends der immer höheren staatlichen Belastungen ist nicht abzusehen. So wurde beispielsweise im letzten Jahr eine neue Umlage eingeführt, mit der private Stromkunden die Netzentgelte der gebührenbefreiten stromintensiven Betriebe bezahlen müssen.

http://wirtschaft.t-online.de/strompreise-warum-strom-unaufhoerlich-teurer-wird/id_60027562/index, 3.10.2012

Aufgaben

1. Erläutere den Begriff „Energiewende" (M 29).
2. Stelle dar, welche Probleme zur Bewältigung der Energiewende gelöst werden müssen und welche Konflikte dabei zu erwarten sind (M 29, M 30).
3. Bereitet eine Podiumsdiskussion zum Thema „Versagt der Staat bei der Energiewende?" vor (M 29 – M 35).
   An der Podiumsdiskussion nehmen teil: Ein Vertreter des Verbands der Energiewirtschaft, ein Vertreter des Bundes der Energieverbraucher, eine Vertreter des Bundes für Naturschutz, ein Vertreter des Bundesministeriums für Umwelt, Naturschutz und Reaktorsicherheit. Arbeitet Rollenkarten für die einzelnen Teilnehmer aus. Bestimmt einen Moderator.

Was wir wissen

Die Marktwirtschaft mit ihrem freiheitlichen Menschenbild fordert und fördert Leistung, schafft Anreize für Innovationen und ermöglicht so eine optimale Versorgung der Bürger mit Gütern. Der Marktmechanismus vermag aber nicht alle Aufgaben befriedigend zu erfüllen.

Markt und Staat im Spannungsfeld
M 12

Weltweit tendieren Marktwirtschaften zu zyklischen Wachstumsschwankungen, die sich im Extremfall zu wirtschaftlichen Krisen mit hoher Arbeitslosigkeit und/oder Inflation entwickeln können. Diese Konjunkturschwankungen haben eine Zyklendauer von ungefähr vier bis sechs Jahren. Ein Konjunkturzyklus lässt sich in vier idealtypische Phasen (Aufschwung, Hochkonjunktur (Boom), Rezession, Depression) einteilen.

Wirtschaftskrisen
M 1, M 2

Um die Marktwirtschaft wieder ins Gleichgewicht zu bringen bzw. eine gleichmäßige Wirtschaftsentwicklung zu garantieren, greift der Staat in das Wirtschaftsgeschehen ein.

Auch versagt der Markt, wenn es darum geht, seine eigenen Voraussetzungen, nämlich Wettbewerb und Konkurrenz, zu schützen. Staatliche Wettbewerbspolitik (Kartellverbote und Fusionskontrolle) sichert den Wettbewerb und damit die Leistungsfähigkeit des Marktmechanismus. In Deutschland übernimmt diese Aufgabe das Bundeskartellamt in Berlin, in der EU ist die Europäische Kommission zuständig.

Aufrechterhaltung des Wettbewerbs
M 4

Der Markt weist Einkommen nach Leistung, nicht nach Bedürftigkeit zu. Menschen, die nicht in der Lage sind, eigenes Einkommen zu erzielen, wären auf Almosen oder familiäre Unterstützung angewiesen. Der Staat übernimmt deshalb durch Sozialpolitik (Sozialleistungen) und Einkommenspolitik (Steuerpolitik) die im Grundgesetz garantierte Aufgabe, für ein Existenzminimum bzw. sozialen Ausgleich zu sorgen. Wie eine gerechte Einkommens- und Vermögensverteilung aussieht und in welchem Umfang der Staat über seine Steuerpolitik dafür Einkommen und Vermögen umverteilen soll, ist politisch allerdings umstritten.

Sozial- und Einkommenspolitik
M 6, M 7

Der Marktmechanismus stößt auch an seine Grenzen, wenn es sich um den Schutz wichtiger Güter handelt, für die es keine Preise gibt, sogenannte öffentliche Güter. Öffentliche Güter zeichnen sich durch zwei Merkmale aus: Von einem öffentlichen Gut kann niemand ausgeschlossen werden und bei öffentlichen Gütern konkurrieren die Verbraucher nicht um den Konsum. Folge davon ist, dass diese Güter gar nicht oder nicht in ausreichender Menge hergestellt werden bzw. übermäßig genutzt und verbraucht werden. Der Staat stellt deshalb eine Grundversorgung an öffentlichen Gütern sicher und betreibt Umweltpolitik.

Öffentliche Güter
M 8, M 9

Da eine unstete wirtschaftliche Entwicklung unerwünschte Folgen hat, greift der Staat in der Sozialen Marktwirtschaft in das Wirtschaftsgeschehen ein. Gesetzliche Grundlage für die Stabilitätspolitik ist das Stabilitätsgesetz, das 1967 verabschiedet wurde. Es formuliert die wichtigsten Ziele der Wirtschafts-

Stabilitätsziele
M 13

Was wir wissen

politik: ein stetiges und angemessenes Wirtschaftswachstum; eine ausgeglichene Zahlungsbilanz; Preisniveaustabilität; hoher Beschäftigungsstand. Über die Ziele des Stabilitätsgesetzes hinaus gelten die Bewahrung der Umwelt, eine gerechte Einkommensverteilung und die Rückführung der Staatsverschuldung als weitere wichtige Ziele der Wirtschaftspolitik.

Wirtschaftspolitik
M 14 – M 16

Zur Beeinflussung der Konjunktur kann der Staat vielfältige Maßnahmen ergreifen. So kann er insbesondere über Steuerentlastungen und Ausgabensteigerungen die gesamtwirtschaftliche Nachfrage erhöhen und so im Idealfall für mehr Beschäftigung sorgen. Da Steuererhöhungen und Ausgabenkürzungen in guten Zeiten jedoch allgemein unpopulär sind, besteht die Gefahr einer steigenden Staatsverschuldung. Außerdem haben wirtschaftspolitische Maßnahmen nicht immer die gewünschten Effekte.

Staatsverschuldung
M 19 – M 28

Da Einnahmen und Ausgaben des Staates Schwankungen unterliegen, ist es notwendig, dass der Staat zum Ausgleich des Haushalts Schulden aufnimmt. Diese Schulden sind unproblematisch, da sie kurzfristiger Natur sind. Darüber hinaus finanziert der Staat durch Kredite auch langfristige Ausgaben wie die Folgekosten der Wiedervereinigung oder Investitionen in die Verkehrsinfrastruktur oder Energieversorgung. Auch zur Ankurbelung der Wirtschaft in einer Krise werden häufig Kredite verwendet. Die Kreditfinanzierung ist vor allem dann akzeptabel, wenn sie sich in einem kalkulierbaren Rahmen bewegt und durch die Kredite dauerhafte Werte (Bildung, Infrastruktur, Energiesicherung) geschaffen werden. Schulden belasten den Haushalt allerdings nachhaltig, da für die Zinsfinanzierung erhebliche Mittel eingeplant werden müssen. Dadurch werden dauerhaft Ausgaben gebunden, die nicht mehr zur Finanzierung anderer wichtiger staatlicher Aufgaben zur Verfügung stehen. Der Handlungsspielraum des Staates wird eingeschränkt.

Kreditaufnahme
M 21, M 24

Seine Kredite beschafft sich der Staat meist durch die Ausgabe von Staatsanleihen. Diese können von Privatpersonen oder Banken und Versicherungen erworben werden. Der Staat bezahlt dafür Zinsen. Wird die Zahlungsfähigkeit (Bonität) eines Staates durch Rating-Agenturen schlecht bewertet, so steigen die Zinsen, die der Staat für die Kredite bezahlen muss. Dies kann in einen Teufelskreis münden, an dessen Ende der Staat keine Kredite mehr erhält und der Staatsbankrott droht. In Deutschland wird versucht, durch eine im Grundgesetz verankerte „Schuldenbremse“ mittel- bis langfristig einen ausgeglichenen Haushalt zu erzielen.

Energiepolitik
M 29 – M 35

Am Beispiel der Energiepolitik können die Probleme und Risiken staatlicher Wirtschaftspolitik gezeigt werden. Subventionen bergen grundsätzlich die Gefahr, dass falsche Anreize für die Produktion gesetzt werden. Die hohen Kosten der Energiewende verursachen außerdem Verteilungskonflikte, da unklar ist, wer die Kosten tragen soll.

Was wir können

Ballonspiel – zweite Runde

Nimm dir noch einmal das Ballonspiel der Auftaktseite dieses Kapitels vor und spiele es erneut. Welche Veränderungen beobachtest du gegenüber den Ergebnissen deines ersten Spiels? Begründe gegebenenfalls.

Begriffe-Memory anfertigen

Sicher kennt ihr das Spiel „Memory“. Das könnt ihr gut auch selbst anfertigen. Sammelt die wichtigsten Begriffe dieses Kapitels. Entwickelt für jeden dieser Begriffe eine passende Definition. Erstellt nun „Memorykarten“ aus Pappe. Paare bestehen aus zwei Karten, dem Begriff und der dazugehörigen Definition. Mischt die Karten und legt sie auf dem Tisch aus. Wer die meisten Paare erhält, hat gewonnen. Mögliche Begriffe: Markt, Aufschwung, Rezession, Depression, Boom, Konjunkturzyklus, Monopol, Sozialstaatsprinzip, Externe Effekte, öffentliche Güter, Soziale Marktwirtschaft, Wirtschaftskreislauf, Stabilitätsziele, Staatsverschuldung, Energiewende ...

Ein Werbeplakat zur Sozialen Marktwirtschaft gestalten

Bildet Gruppen. Ihr arbeitet in einer bekannten Werbeagentur und bekommt den Auftrag, im Rahmen einer Kampagne für die Soziale Marktwirtschaft ein Werbeplakat zu gestalten. Alternativ kann auch ein „Warnplakat“ zu den negativen Seiten der Sozialen Marktwirtschaft gestaltet werden. Überlegt euch zunächst, welche Art von Plakat ihr gestalten wollt.

Beachtet bei der Umsetzung folgende Punkte:
- Welche Grundbotschaft wollt ihr übermitteln (Textaussage)?
- Wie soll das Plakat aufgebaut werden (Anteil Text / Bild, Farben, Schriften, Gestaltung)?
- Wie sollen Text und Bild miteinander interagieren?
- Welche Stimmungen oder Gefühle sollen provoziert werden?

Diese Hinweise solltet ihr berücksichtigen:
- einfacher Text, klare Sprache, gut lesbare Schrift
- auf komplexe Grafiken oder Bilder verzichten
- wichtige Dinge auf einer Diagonalen platzieren, die von oben links nach unten rechts verläuft
- farblich sollte ein Plakat nicht zu bunt und nicht zu voll gestaltet werden

7

Arbeitswelt und Berufswahl

Unsere moderne Arbeitsgesellschaft unterliegt einem ständigen Wandel, der in den vergangenen vier Jahrzehnten durch die technologischen Entwicklungen und die Globalisierung deutlich beschleunigt wurde. Ganze Wirtschaftszweige, in denen noch vor einigen Jahrzehnten die Grundlage des gesellschaftlichen Reichtums erwirtschaftet wurde, existieren kaum oder nicht mehr. Dafür sind völlig neue Wirtschaftszweige entstanden. Diese Veränderungen haben gravierende Auswirkungen auf den Lebens- und Arbeitsalltag der Menschen.

Kompetenzen

Am Ende dieses Kapitels solltest du Folgendes können:

- die Bedeutung der Arbeit für den Menschen kennen
- ausgewählte Aspekte des Wandels von Arbeit und Beruf in einer dynamischen Gesellschaft beschreiben
- Möglichkeiten der eigenen Berufswahlorientierung kennen und nutzen
- im Hinblick auf die spätere Studien- und Berufswahl die eigenen Stärken und Interessen kennen und einschätzen lernen

Was weißt du schon?
Auf dieser Seite siehst du einige Bilder von Berufen. Beurteile für jeden Beruf, ob du ihn für zukunftsfähig hältst oder nicht. Begründe deine Entscheidung.

7.1 Arbeitswelt im Wandel

Die Bedeutung der Arbeit

M 1 Sie werden schon wieder!

Führt eine kurze Passantenbefragung zur Bedeutung der Arbeit durch. Bittet die Passanten um ein kurzes Statement: „Was bedeutet Ihnen die Arbeit / Ihr Beruf?" Nehmt die Aussagen auf oder notiert sie. Ordnet und vergleicht die Ergebnisse.

Plaßmann, Baaske Cartoons, Müllheim

M 2 Die Funktion der Arbeit

Bei einer Veranstaltungsreihe zum Thema „Hauptsache Arbeit? Was wird" erhielten die Besucherinnen und Besucher folgende Frage: „Welche Funktion hat die Erwerbsarbeit für die Menschen heute? Nennen Sie mehrere Funktionen!" U.a. wurden folgende Antworten gegeben:

- Gibt Selbstbewusstsein
- Sichert Lebensunterhalt
- Selbstachtung
- Herausforderung
- Zeitvertreib
- Spaß
- Finanzielle Absicherung
- Beschäftigt sein
- Selbstbestätigung
- Erkennen der eigenen Fähigkeiten
- Lebensinhalt
- Zeitvertreib
- Kurzweil
- Broterwerb
- Sinn
- Lebenssinn
- Berufung
- Lebensunterhalt
- Kaum Zeit für anderes zu haben
- Anregung
- Erfüllung von Zukunftsträumen
- Kontakte zu Kollegen
- Identität
- Soziale Sicherheit
- Dazugehören
- Kreativität
- Anerkennung
- Vermittelt Gefühl nützlich zu sein
- Selbstentfaltung
- Steigerung des Selbstwertgefühls
- Geldverdienen
- Einkommen

nach: Claudia Lenz u.a. (Hg.), Hauptsache Arbeit? Was wird… Maßstäbe. Modelle. Visionen, Hamburg 2001, S. 18-19

M 3 Der Zusammenhang von Arbeit und Bedürfnissen

Die menschlichen Bedürfnisse …	und ihre Befriedigung durch Arbeit An der Arbeit ist für den Menschen wichtig:
Bedürfnisse nach Selbstverwirklichung	– dass er den Arbeitsablauf und die Arbeitsorganisation selbständig bzw. mitgestalten kann – dass er dabei seine Kenntnisse, Fähigkeiten und Fertigkeiten anwenden kann – dass Arbeit interessant ist und Spaß macht
Ich-Bedürfnisse	– dass die eigene Tätigkeit als sinnvoll angesehen werden kann – dass er dabei die Verantwortung trägt bzw. Verantwortung übertragen bekommt – dass er Anerkennung durch andere erfährt – dass er dadurch Selbstachtung gewinnt
Soziale Bedürfnisse	– dass er Kontakte und Beziehungen zu anderen Menschen, z. B. zu seinen Arbeitskollegen hat
Sicherheitsbedürfnisse	– dass die Sicherheit am Arbeitsplatz gewährleistet ist – dass er und seine Familie im Alter, bei Krankheit, Unfall und im Fall der Arbeitslosigkeit geschützt sind
Grundbedürfnisse	– dass er dadurch den Lebensunterhalt für sich und seine Familie verdienen kann

nach: Walter Gagel / Wolfgang Hilligen / Ursula Buch, Sehen – Beurteilen – Handeln, Arbeitsbuch für den politischen Unterricht, Frankfurt a. M. 1979, S. 137

Erläuterung
Die Grafik stützt sich auf die sogenannte Bedürfnispyramide des amerikanischen Psychologen Abraham Maslow (1908 – 1970). Von ihm stammt der Gedanke, dass der Mensch dann eine höhere Stufe seiner Bedürfnisse befriedigen will, wenn die darunterliegenden Bedürfnisse erfüllt sind.

M 4 Arbeit kann krank machen – keine Arbeit auch

Krank durch Arbeit – immer mehr Menschen leiden unter ihrer Arbeit.

Stress und Angst um den Job machen Arbeitnehmer in Deutschland immer häufiger seelisch krank. Psychische Leiden waren 2008 für knapp elf Prozent aller Fehltage verantwortlich. Das geht aus einer Studie der Bundespsychotherapeutenkammer auf Basis von Daten gesetzlicher Krankenkassen hervor. Demnach haben sich diese Krankschreibungen seit 1990 fast verdoppelt und verursachten überdurchschnittlich lange Fehlzeiten. Und hohe Kosten: Die Behandlungskosten für depressive Störungen lägen inzwischen bei mehr als vier Milliarden Euro im Jahr.

Als eine Ursache für die langen Fehlzeiten sehen die Psychotherapeuten wachsenden Leistungs- und Zeitdruck im Job in Verbindung mit verantwortlichen Aufgaben. Psychische Beschwerden häuften sich, wenn dazu noch schlechter Lohn, wenig Anerkennung für die Arbeit, kaum persönliche Wertschätzung und minimale Aufstiegschancen kämen.

Solche Belastungen bringe vor allem der Dienstleistungssektor inklusive der vielen Pflegejobs mit sich. Aber auch Mitarbeiter von Call-Centern fielen etwa doppelt so häufig aufgrund psychischer Erkrankungen aus wie der Durchschnitt aller Erwerbstätigen. Besonders häufig betroffen von psychischen Erkrankungen seien Frauen, sagte Kammerpräsident Rainer Richter. Männer flüchteten sich bei zu starken psychischen Belastungen oft in eine Sucht – zum Beispiel Alkohol.

Nicht weniger belastend ist es der Studie zufolge, gar keinen Job zu haben – oder ständig um den Arbeitsplatz fürchten zu müssen. Arbeitslose sind demnach drei- bis viermal so oft von psychischen Erkrankungen betroffen wie Erwerbstätige. Die Krankheit sei meist nicht Ursache der Arbeitslosigkeit, sondern entwickle sich durch das geminderte Selbstwertgefühl.

http://www.tagesschau.de/inland/jobkrank100.html (20.09.2010)

Aufgaben

1. Welche Bedeutung hat die Arbeit im Leben eines Menschen? Ordne die Äußerungen in M 2 den Bedürfnissen in M 3 zu. Wähle dann die fünf für dich wichtigsten Begriffe aus und erläutere sie mit konkreten Beispielen.
2. Arbeit kann auch Ursache von Erkrankungen sein. Erläutere, weshalb gerade Mitarbeiter in Pflegediensten oder Call-Centern besonders häufig psychisch erkranken. Nenne weitere Arbeitsbedingungen, die sich möglicherweise ungünstig auf die Gesundheit eines Menschen auswirken (M 4).

Wie verändert sich die Wirtschaft?

M 5 Strukturwandel – ein dauerhaftes Phänomen

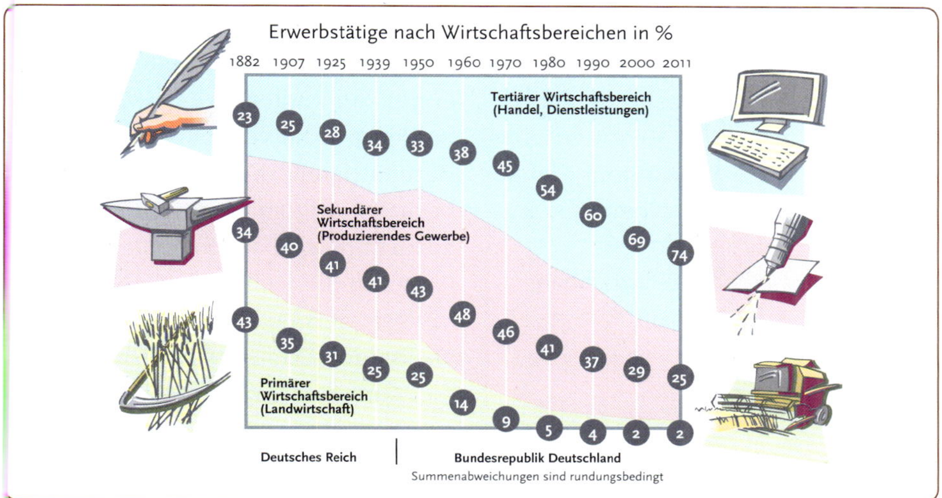

Bergmoser + Höller Verlag AG Zahlenbilder 220 020

M 6 Strukturwandel – was ist das?

Globalisierung, technologische Innovationen und veränderte Verteilungsstrukturen für Waren und Dienstleistungen sind wesentliche Ursachen für den wirtschaftsstrukturellen Wandel. Eine wesentliche Rolle spielt auch die Tertiärisierung – der Wandel von der Produktions- zur Dienstleistungsgesellschaft. Der wirtschaftsstrukturelle Wandel führt zu Arbeitsplatzverlusten, Standortschließungen sowie Verlagerungen in traditionellen Branchen und schafft neue Beschäftigungsmöglichkeiten in jungen Branchen und Dienstleistungsunternehmen. Der Strukturwandel darf nicht als vorübergehendes Phänomen begriffen, sondern muss aufgrund immer kürzerer Innovationszyklen als dauerhafter Prozess betrachtet werden. Strukturwandel führt in vielen Fällen zur Aufgabe von Betrieben und Standorten. Neue und wachsende Branchen haben ihre eigenen Standortpräferenzen, die sich häufig nicht mit brach gefallenen Altstandorten decken. [...] Während Ballungsräume mit guter Verkehrs- und Bildungsinfrastruktur über gute Voraussetzungen zur Bewältigung des Strukturwandels verfügen, sind insbesondere in ländlich-peripheren Räumen innovative Konzepte und ein langer Atem bei der wirtschaftsstrukturellen Neuausrichtung erforderlich.

Karin Krökel, Henning Schwarting, in: Hessisches Ministerium für Wirtschaft, Verkehr und Landesplanung (Hg.), Gemeinschaftsinitiative Stadtumbau in Hessen – Interkommunale Kooperation, Wiesbaden 2006, S. 7 ff.

Wirtschaftssektoren
Die Wirtschaftswissenschaften unterteilen die Produktionsbereiche einer Volkswirtschaft in drei Wirtschaftssektoren:
Der **Primäre Sektor** beinhaltet die Produktgewinnung der Land- und Forstwirtschaft sowie Fischerei.
Im **Sekundären Sektor** werden Produkte verarbeitet (Industrie und Handwerk, Bergbau und Baugewerbe).
Der **Tertiäre Sektor** umfasst die Dienstleistungen, z. B. Handel, Verkehr, Kultur Kommunikation, Verwaltung, Bildung, Wissenschaft, Beratung, Gesundheits- und Sozialwesen.
Mit dieser Einteilung kann man die langfristigen Veränderungen einer Volkswirtschaft beschreiben und erklären.

M 7 Wirtschaftsstruktur in Baden-Württemberg im Wandel

In den letzten zwanzig Jahren hat sich mit dem wirtschaftlichen Strukturwandel und der zunehmenden Globalisierung auch das Berufsbild gewandelt. Die Zahl der sozialversicherungspflichtig Beschäftigten insgesamt hat zwischen 1991 und 2011 um 78.000 auf 3,98 Millionen zugenommen. Von dieser positiven Entwicklung profitierten jedoch nicht alle Berufsbereiche. So ist die Zahl der Arbeitnehmer im Bereich der Fertigungsberufe im gleichen Zeitraum um 391.000 auf nunmehr 1,13 Millionen zurückgegangen, während die Zahl der sozialversicherungspflichtig Beschäftigten, die in Dienstleistungsberufen tätig sind, um über 407.000 auf rund 2,41 Millionen gestiegen ist. Auch die technischen Berufe sind stärker gefragt, gemessen am Zuwachs der Dienstleistungsberufe fiel die Zunahme mit 24.000 jedoch gering aus. Heute üben 61 Prozent aller sozialversicherungspflichtig Beschäftigten einen Dienstleistungsberuf aus, vor zwanzig Jahren waren es noch 51 Prozent. Umgekehrt ist der Anteil der Fertigungsberufe im gleichen Zeitraum von 39 Prozent auf nunmehr 28 Prozent gefallen.

Sozialversicherungspflichtige Beschäftigte in Baden-Württemberg 1991 und 2011 nach Berufsbereichen*

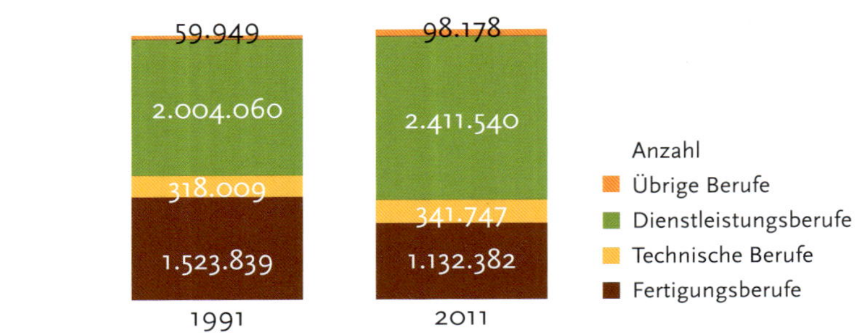

*Stichtag jeweils 30. Juni

Quelle: Bundesagentur für Arbeit; © Statistisches Landesamt Baden-Württemberg 2012

M 8 Vom Autohersteller zum Mobilitätsanbieter?

Angesichts dichten Verkehrs in Großstädten denken einige Fahrzeughersteller über alternative Mobilitätskonzepte nach – oder bieten sie bereits an. Laut der „Financial Times Deutschland" könnte beispielsweise das Konzept des Carsharings für die Autobauer in naher Zukunft bereits so bedeutend sein wie ihr klassisches Geschäft. Vorreiter ist Daimler mit dem Projekt „Car2go".

Seit Kurzem ist das Carsharing-Projekt Car2go der Finanzsparte von Daimler unterstellt. Als führender Autohersteller, der Carsharing betreibt, sieht Daimler Financial Services ein weltweites Marktpotenzial von mehr als 1 Milliarde Euro und einen Umsatzanteil von 100 Millionen Euro pro Jahr. Dies entspricht ungefähr der Bedeutung von einer neuen Fahrzeugreihe. Car2go ist inzwischen in 15 Städten in Europa und Nordamerika vertreten und verzeichnet bereits über 220.000 Kunden. Damit hat sich die Zahl der Kunden gegenüber dem Jahresbeginn 2012 nahezu vervierfacht. „Wir wollen Car2go für noch mehr Menschen verfügbar machen und bis Mitte des Jahrzehnts in über 50 Städten mit Car2go vertreten sein", sagte Vorstandsvorsitzender Klaus Entenmann.

Im Schnitt wird alle viereinhalb Sekunden in einer der Car2go-Städte ein

Car2go angemietet. Perspektivisch will Daimler Financial Services weitere innovative Mobilitätsdienste anbieten. Entenmann: „Wir wollen nicht nur Finanz-, sondern auch Mobilitätsdienstleistungen anbieten. Unsere Fantasie beschränkt sich nicht auf Car2go."

„Mu" heißt ein anderes Konzept, das Peugeot in Berlin initiiert hat. Dort können die Kunden nicht nur Automobile mieten, sondern auch Fahrräder und Scooter.

Quellen: mid/modern-mobil und carsharing news.de (12.1.2013)

In immer mehr Städten werden Car-Sharing-Modelle angeboten.

M 9 Herausforderungen für die Wirtschaft Baden-Württembergs

Immer mehr Dienstleistungen – immer weniger Industrie. Das scheint zumindest auf den ersten Blick die Marschrichtung zu sein, die die deutsche Wirtschaft im Strukturwandel geht. Baden-Württemberg ist industriegeprägt. Sitzt das Land damit auf dem falschen Pferd? Nein, denn die Industrie ist kein Auslaufmodell. Ohne die Industrie gäbe es für viele Dienstleistungen keinen Absatz. Beide Bereiche sind eng zusammengewachsen, eng verwoben. Auf diesen Industrie-Dienstleistungsverbund entfallen heute in Baden-Württemberg 40 Prozent der Arbeitsplätze – Tendenz eher steigend. Exporte, Forschung und Entwicklung, Innovationen und technischer Fortschritt sind die Quellen des Erfolges. Die wesentlichen Impulse kommen aus der Industrie. Die Zeiten werden aber härter. Gerade die größeren Unternehmen drängen stärker ins Ausland. Gleichzeitig finden neue Konkurrenten vor allem aus Asien Anschluss. Der Mittelstand kommt dadurch unter Druck. Die richtigen Antworten darauf sind Innovationen und Internationalisierung, denn gerade hier haben kleinere Unternehmen auch in Baden-Württemberg noch erheblichen Nachholbedarf. [...] Die deutsche Wirtschaft hat ihre Schwächen bei hoch standardisierten Gütern und Dienstleistungen, die hauptsächlich über den Preis verkauft werden. Sie ist stark, wenn es gilt, hoch komplexe Güter zu entwickeln, bei denen oft kleine Details über den Erfolg entscheiden. Gerade das Tüftlerland Baden-Württemberg scheint für diesen Wettbewerb besonders gut gerüstet.

Michael Hüther, in: Perspektiven für Baden-Württemberg, Wie sieht die Wirtschaft der Zukunft aus?, Köln 2007, S. IV

Aufgaben

1. Erläutere den Begriff Strukturwandel (M 5, M 6).
2. Beschreibe, wie sich die Wirtschaftsstruktur in Baden-Württemberg verändert hat (M 7).
3. Zeige, inwiefern sich der allgemeine Strukturwandel in Baden-Württemberg auch beim Automobilunternehmen Daimler zeigt (M 8).
4. Arbeite heraus, warum das Land trotz der starken Industrieprägung als zukunftsfähig gilt (M 9).

Wie verändert sich die Arbeitswelt?

M 10 Der letzte seines Standes? Die Arbeit eines Schriftsetzers

Ein Schriftsetzer bei der Arbeit – diesen Beruf gibt es nicht mehr.

Auf den Seiten des Bayerischen Rundfunks (*www.br-online.de/bayerisches-fernsehen/der-letzte-seines-standes/index.xml*) gibt es eine Serie zu Berufen, die im Aussterben begriffen sind.
Stelle einen dieser Berufe vor und erläutere, warum er in Zukunft nicht mehr gebraucht wird.

Oskar Bernhard ist einer der letzten Schriftsetzer in Deutschland. Er arbeitet in Nördlingen in einem rund 400 Jahre alten Haus direkt an der mittelalterlichen Stadtmauer. Noch heute hat er Aufträge, die von der Geburtsanzeige über die Speisekarte bis zum kleinen Buch reichen. Im Gegensatz zum normierten Großbetrieb macht er seinen Kunden Vorschläge, welche Schriftart, welche Größe oder Farbe die Schrift haben könnte. Aus in Blei gegossenen Buchstaben, die der Schriftgießer herstellt, setzt der Schriftsetzer einen Text zusammen, den ihm ein Autor vorgelegt hat. Die Buchstaben, die er verwendet, haben eine genau genormte Höhe. Das ist später wichtig für einen gleichmäßigen Druck in der Druckmaschine. Auch Bilder oder Schmuckbestandteile der Seite müssen diese Höhe einhalten. Dabei geht es manchmal um Hundertstel-Millimeter. Damit die Höhe stimmt, werden die Nicht-Text Bestandteile einzeln vermessen, bevor sie in die Seite eingebaut und gegebenenfalls unterlegt werden. […] Die gesamte Arbeit des Schriftsetzers erinnert sehr an einen Baukasten: Aus vorgenormten Teilen entsteht immer wieder etwas Neues. Allerdings hatte das Setzen in der „guten alten Zeit" wenig von der Beschaulichkeit, wie es heute den Anschein hat. Denn der Schriftsetzer wurde nach Zeit bezahlt. 1.000 bis 1.200 Buchstaben in der Stunde waren normal. Wer also schnell setzte, konnte mehr arbeiten und mehr verdienen.

Wolfgang Zehentmeier, www.br-online.de/bayerisches-fernsehen/der-letzte-seines-standes/handwerker-schriftsetzer-tradition-ID671192801539242189.xml (12.9.2010)

M 11 Mediengestalter – Alleskönner am PC?

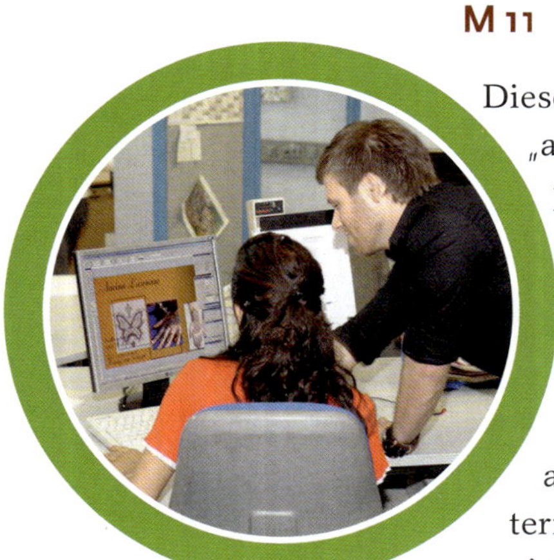

Mediengestalter am PC – Pixel haben das Blei abgelöst.

Dieser Ausbildungsberuf hat die „alten" Berufe Schriftsetzer, Reprohersteller, Medien- und Werbevorlagenhersteller und den Fotogravurzeichner abgelöst. Mediengestalter Digital und Print arbeiten bei Marketingkommunikationsagenturen, Designstudios, Unternehmen der Druck- und Medienwirtschaft, Mediendienstleistern, Verlagen sowie in Marketing- und Kommunikationsabteilungen von Unternehmen und öffentlichen Institutionen. Ihre Arbeitsaufgaben sind so unterschiedlich wie die Medien, die sie herstellen und bearbeiten. Ausgebildet wird dieser Beruf in den drei Fachrichtungen: Gestaltung und Technik, Beratung und Planung, Konzeption und Visualisierung.

M 12 Wie sich Arbeitsplätze verändern – auf der Datenautobahn zum Arbeitsplatz

Moderne Kommunikationsmittel machen es möglich: Arbeiten ist nicht mehr an ein Büro im Unternehmen gebunden. 1,8 Millionen Beschäftigte – darunter 42 Prozent Angestellte und 51 Prozent Selbständige – arbeiten laut Statistischem Bundesamt von zu Hause aus.

Um den Austausch mit Kollegen, Vorgesetzten, Kunden und Geschäftspartnern zu gewährleisten, ist eine gute technische Infrastruktur nötig. Telefon und Computer sind für die meisten „mobilen Beschäftigten" mittlerweile selbstverständlich – doch die Entwicklung geht weiter.

Vielen Unternehmen reichen die Standardkommunikationswege nicht mehr aus. Sie bieten ihren Mitarbeitern modernste Techniken, sodass diese immer und überall erreichbar sind. So zum Beispiel Hewlett Packard (HP), internationales IT-Unternehmen aus Böblingen: Über ein Intranetportal haben alle Mitarbeiter Zugriff auf das komplette System von HP – von der Reisekostenabrechnung über Gesprächsprotokolle bis zur Ticketbuchung für die nächste Dienstfahrt.

„Da ich mit Kollegen aus der ganzen Welt und damit aus verschiedenen Zeitzonen zusammenarbeite, ist es gut, dass ich stets erreichbar bin", so Jennifer Amanquah-Sauter, Managerin für Neue Medien bei HP und seit sechs Jahren im Home-Office in Herrenberg. „Reise- und Anfahrtszeiten fallen weg. Wenn ich meine Kinder ins Bett gebracht habe, kann ich noch mal schnell mit meinem Kollegen im kalifornischen Palo Alto telefonieren."

Für die schnelle Kommunikation zwischen den HP-Kollegen hat sich das Instant Messaging bewährt, ein System, das wie ein Chat in Echtzeit funktioniert. Darüber hinaus gibt es einen „virtuellen Klassenraum": Mitglieder eines Teams können auf ihren Computerbildschirmen gleichzeitig zum Beispiel Präsentationen anschauen und miteinander diskutieren.

Geplant sind für die Zukunft auch Videokonferenzen, zu denen sich Kollegen aus aller Welt zuschalten können – ein Gefühl, als würde man tatsächlich miteinander in einem Raum sitzen. Führungskräfte verbreiten zudem ihre Ansprachen via Webcasts, einer Art Fernsehsendung im Internet.

Sabine Olschner, Focus, 20.2.2007

M 13 Flexibilität ist gefragt

dpa-Grafik 17299; Quelle: Fehlzeiten Report 2012

M 14 Beschäftigungsverhältnisse: Normalarbeitsverhältnis und atypische Beschäftigung

Auch wenn das „Normalarbeitsverhältnis" in Deutschland immer noch die Regel ist und auch in Zukunft noch viele Menschen einer „geregelten" Tätigkeit zum Beispiel als Arzt, Lehrer, Richter usw. nachgehen, so haben sich in den letzten Jahrzehnten viele neue Formen der Beschäftigung entwickelt. Diese bezeichnet man als „atypische Beschäftigungen". Der Anteil der Frauen, die in atypischen Beschäftigungsverhältnissen arbeiten ist deutlich höher als der der Männer. Weiterhin sind junge Menschen und Menschen mit Migrationshintergrund am ehesten atypisch beschäftigt.

Normalarbeitsverhältnis
Dies ist ein unbefristetes Arbeitsverhältnis, das mit geregeltem Lohn oder Gehalt entlohnt wird und voll sozialversicherungspflichtig ist. Der „Normalarbeitnehmer" arbeitet in dem Betrieb des Arbeitgebers, mit dem er den Arbeitsvertrag abgeschlossen hat.

Teilzeitarbeit
Ein Teilzeitbeschäftigungsverhältnis liegt dann vor, wenn die Arbeitszeit, die ein Arbeitnehmer regelmäßig arbeitet, kürzer ist als die Arbeitszeit bei Vollzeitbeschäftigung. Die Arbeitszeit kann dabei innerhalb der Woche unterschiedlich verteilt sein. So kann täglich kürzer oder nur an bestimmten Tagen in der Woche gearbeitet werden.

Leih- oder Zeitarbeit
Bei der Leiharbeit „überlässt" der Arbeitgeber den Arbeitnehmer für einen gewissen Zeitraum einem anderen Arbeitgeber. Deshalb spricht man auch von „Arbeitnehmerüberlassung".

Projektarbeit auf Zeit
Der Arbeitnehmer wird nur für die Dauer eines bestimmten Projektes eingestellt oder er führt als Selbständiger für ein Unternehmen ein Projekt durch.

Befristete Beschäftigung
Arbeitnehmer und Arbeitgeber vereinbaren von Anbeginn eines Beschäftigungsverhältnisses, dieses zu einem bestimmten Datum oder mit einem bestimmten Ereignis ohne Kündigung zu beenden.

(Tele-)Heimarbeit
Als Telearbeit wird eine Tätigkeit bezeichnet, die sich auf die moderne Informations- und Kommunikationstechnik stützt und ausschließlich oder zumindest zeitweise an einem Arbeitsplatz erledigt wird, der außerhalb des Betriebes liegt. Telearbeiter können an beliebigen Orten tätig sein: Unterwegs im Zug, zu Hause oder beim Kunden. Über Laptop, PC, Internet und Handy sind sie mit dem Betrieb verbunden.

Mini-Jobs oder geringfügige Beschäftigung
Mini-Jobber haben einen sogenannten 400-Euro-Job. Da für diese Jobs weniger Steuern und Sozialversicherungsabgaben bezahlt werden, dürfen Beschäftigte maximal nur 400 Euro im Monat verdienen. Sie können diesen Betrag aber auch bei mehreren Arbeitgebern verdienen. Man bezeichnet diese Arbeitsverhältnisse auch als „geringfügige Beschäftigung".

M 15 Die Schattenseiten der neuen Arbeitswelt

Auch wenn der Freiraum zur individuellen Gestaltbarkeit der Arbeitsphasen im Verlauf des Tages zunächst als wohltuende Befreiung […] empfunden werden kann, birgt er auch die Gefahr der Selbstausbeutung und Überlastung in sich, da der klar vorgegebene Feierabend entfällt und die Kopplung von Wohnen und Arbeit die Überschneidung gegensätzlicher Interessen und Anforderungen mit sich bringt.

Einerseits müssen klare Grenzen zwischen Arbeitsphasen und familiären / häuslichen Tätigkeiten und Störfaktoren gezogen werden, andererseits erfordern betriebliche Abläufe eine generelle Erreichbarkeit über weitgehend technische Kommunikationswege. Belastbarkeit und die Fähigkeit zum Umgang mit Stress sind unabdingbar, da die psychischen Belastungen aufgrund der generellen Verfügbarkeit zunehmen.

Auch für Mitarbeiter an dezentralen Arbeitsplätzen mit einem hohen Technisierungsgrad entfällt die Motivation durch direkte Reaktionen von Vorgesetzten und Kollegen. Somit müssen solche Mitarbeiter in der Lage sein, sich durch konkrete Hinweise auf ihre Arbeit und durch „Nachfragen" Anerkennung abzuholen und ihre Arbeitsleistungen selbst zu beurteilen.

Karin Kühlwetter, IT-Medienberufe: Zukünftige Anforderungen an berufliche Qualifikationen und Kompetenzen, in: Neue Berufswege für Frauen in das 21. Jahrhundert, Bundesinstitut für Berufsbildung (Hg.), Berlin 1999, S. 27 f.

Moderne Kommunikationstechnologien ermöglichen es, an jedem Ort ein komplettes Büro zu betreiben.

Aufgaben

1. Beschreibe, über welche Fähigkeiten ein Schriftsetzer bzw. ein Mediengestalter verfügen muss. Erläutere an diesem Beispiel den Wandel der Berufswelt und benenne mögliche Ursachen für diese Entwicklung (M 10, M 11).
2. Mache eine kleine Zeitreise: Wie hätte das Beschäftigungsverhältnis von Jennifer Amanquah-Sauter im Jahr 1980 ausgesehen (M 12)?
3. Wählt eines der atypischen Beschäftigungsverhältnisse aus M 14 aus und erläutert, was aus Sicht der Arbeitnehmer und Arbeitgeber dafür bzw. dagegen spricht (M 14, M 15).

Werte die Grafik M 13 aus und nenne die auffälligsten Entwicklungstrends.

Was wir wissen

Bedeutung der Arbeit für den Menschen
M 2, M 3

Arbeit als Erwerbsarbeit ist die Grundlage für den Wohlstand unserer Gesellschaft, gleichzeitig ist sie aber viel mehr als nur Gelderwerb. Arbeit gibt unserem Leben eine Struktur, sie vermittelt uns den Kontakt zur Außenwelt, lässt uns unsere Fähigkeiten und Grenzen erfahren. Schließlich bestimmt sie über unsere Stellung innerhalb der Gesellschaft. So leiden Arbeitslose zum Beispiel darunter, vom „normalen“ Alltag ausgeschlossen zu sein und den gewohnten Tagesablauf zu verlieren. Viele Rentner müssen nach dem Ende ihrer Lebensarbeitszeit erst wieder „lernen“, wie der Alltag ohne die tägliche Arbeit gestaltet werden kann.

Wirtschaft im Wandel
M 5 – M 7

Die Arbeitswelt hat sich durch den Strukturwandel der Wirtschaft völlig verändert: Mehr als 70 % aller Beschäftigten arbeiten mittlerweile im Dienstleistungssektor, die Tendenz ist steigend. Ursache des Strukturwandels sind vor allem die rasante technologische Entwicklung und die Globalisierung. Für die Arbeitswelt bedeutet dies zum Beispiel, dass viele Produktionsberufe mittlerweile verschwunden sind oder sich vollkommen verändert haben. Wo früher viele Menschen tätig waren, haben mittlerweile Computer oder computergestützte Maschinen die Arbeit übernommen. Dies hat dazu geführt, dass im Zuge des Strukturwandels viele Menschen ihre Arbeit verloren haben, andererseits aber auch viele moderne Arbeitsplätze neu entstanden sind und dadurch die Arbeitsbedingungen verbessert werden konnten.

Neue Beschäftigungsverhältnisse
M 14

Mit der technischen und globalen Entwicklung geht auch ein Wandel in den Beschäftigungsverhältnissen einher. So kann heutzutage in vielen Branchen an jedem Ort der Welt gearbeitet werden. Auch wenn das Normalarbeitsverhältnis nach wie vor das am meisten verbreitete Beschäftigungsverhältnis ist, hat sich daneben eine Vielfalt neuer Beschäftigungsformen entwickelt. Neben den neuen Selbständigen, befristet Beschäftigten, Leiharbeitern oder Home-Office-Arbeitern, sind es vor allem die Beschäftigten in Teilzeit und mit flexiblen Arbeitszeitmodellen, die die Beschäftigungslandschaft in Deutschland zunehmend prägen. Für viele Arbeitnehmer bedeutet diese Entwicklung eine bessere Vereinbarkeit von Familie und Beruf. Doch wird dieser Trend von vielen Experten und Beteiligten auch mit großer Sorge betrachtet, denn die atypischen Beschäftigungsverhältnisse führen zu einer Belastung der Sozialversicherungssysteme und bieten den Beschäftigten oft keine ausreichende Vorsorge für ihre Rente. Viele dieser Beschäftigungsverhältnisse tragen nicht einmal zur Existenzsicherung bei, deshalb wünschen sich die meisten Menschen nach wie vor ein klassisches Normalarbeitsverhältnis mit geregeltem Einkommen und einer geregelten Arbeitszeit.

Karikatur

Plaßmann, Baaske Cartoons, Müllheim

Aufgabe

Die Karikatur zeigt einen Angestellten, der beim gemeinsamen Mittagessen im Betrieb einen Witz erzählen will. Interpretiere die Karikatur vor dem Hintergrund des Strukturwandels der Wirtschaft und beurteile, ob die Aussage des Angestellten in Baden-Württemberg für einen Witz geeignet wäre.

7.2 Arbeitsbeziehungen und Konflikte im Betrieb

Neue Beschäftigungsformen – Jobunsicherheit als Normalfall?

M 1 Die Entwicklung atypischer Erwerbsformen

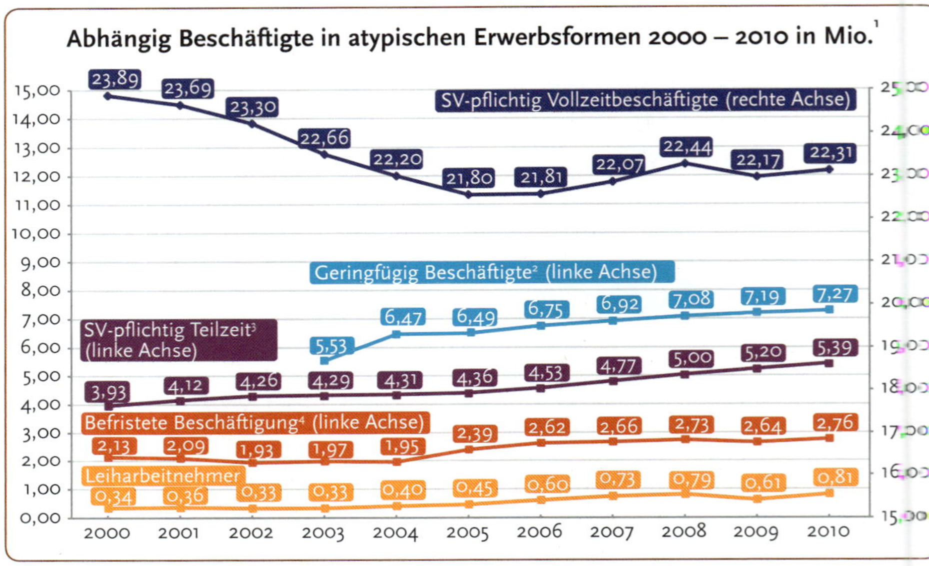

http://www.sozialpolitik-aktuell.de/tl_files/sozialpolitik-aktuell/_Politikfelder/Arbeitsmarkt/Datensammlung/PDF-Dateien/abbIV29.pdf (10.8. 2012)

1) jeweils Ende Juli und soweit nicht anders angegeben: Daten der BA
2) ausschließlich geringfügig Beschäftigte und im Nebengewerbe geringfügig Beschäftigte, ohne kurzfristig Beschäftigte;
3) Sozialversicherungspflichtig Teilzeitbeschäftigte mit weniger als 40 Stunden pro Woche;
4) Jahresangaben, Mikrozensus (Die Angaben beziehen sich auf „Kernerwerbstätige" im Alter von 15 bis unter 65 Jahren: nur Hauptbeschäftigte, ohne Auszubildende, Schüler und Studierende);

Bundesagentur für Arbeit (2011), Beschäftigtenstatistik, Statistisches Bundesamt (2011), Arbeitstabellen Mikrozensus

M 2 Normalarbeit auf dem Rückzug

Normale Arbeitsverhältnisse werden in Deutschland immer stärker von Teilzeit- und Leiharbeit zurückgedrängt. Dies geht aus einer Untersuchung des Statistischen Bundesamts hervor. „Diese Erwerbsformen haben sich unabhängig von der konjunkturellen Entwicklung etabliert", sagte Peter Weigl, stellvertretender Leiter des Bundesamtes. Der Anteil der Menschen, die in einer sozialversicherungspflichtigen Stelle mit unbefristetem Arbeitsvertrag arbeiten, sank zwischen 1998 und 2008 gemessen an allen Erwerbstätigen von 72,6 auf 66 Prozent. Im gleichen Zeitraum stieg der Anteil der so genannten „atypischen Beschäftigungsformen" von 16,2 auf 22,2 Prozent an. Als „atypisch" werden alle Arbeitsverhältnisse bezeichnet, die nicht unbefristet sind und nicht mindestens eine halbe Stelle umfassen. […] „Atypisch Beschäftigte verdienen durchschnittlich weniger pro Stunde als Normalbeschäftigte und bekommen deutlich häufiger einen Niedriglohn", sagt Weigl.

Martin Greive, Caroline Turzer, Die Welt, 19.8.2009

Prekäre Beschäftigung
In Anlehnung an die Definition der International Labour Organisation (ILO) kann prekäre Beschäftigung als Erwerbsform gekennzeichnet werden, die den Beschäftigten nur geringe Arbeitsplatzsicherheit gewährt, ihnen wenig Einfluss auf die Ausgestaltung der Arbeitssituation ermöglicht, sie nur begrenzt arbeitsrechtlich absichert und die deren materielle Existenzsicherung durch Arbeit daraus folgend erschwert.

M 3 Kontrovers diskutiert: Lieber prekär als gar kein Job?

a) Unsicherheit als Normalfall

Die Ausweitung des prekären Beschäftigungs- und des Niedriglohnsektors bedeutet einen tiefen Einschnitt in unsere Arbeitskultur. Die Unsicherheit droht zur gesellschaftlichen Norm zu werden. Arbeit aber ist keine Ramschware. Der Arbeitsmarkt ist kein Kartoffelmarkt. „Gute Arbeit" und das sozial gesicherte Beschäftigungsverhältnis sind das Fundament für das Solidarsystem der Arbeitsgesellschaft.

[...] Es geht nicht nur um ökonomische Rationalität. Es geht um Inhalt und Form der Arbeit, um den Status und die sozialen Rechte der Beschäftigten und in letzter Konsequenz auch um den Charakter der Gesellschaft, in der wir leben. Prekäre Arbeit ist keine wirtschaftliche Notwendigkeit – auch nicht in Deutschland. Das deutsche Erfolgsmodell – auch im internationalen Wettbewerb – beruht auf innovativen, technologisch hochwertigen und einzigartigen Produktivitätsketten. Das setzt gut ausgebildete Fachkräfte von der Entwicklung bis zur Produktion, von der Finanzierung bis hin zur Logistik voraus. Nur mit gesicherten Arbeitsverhältnissen bleibt das deutsche Erfolgsmodell stabil.

Berthold Huber, Erster Vorsitzender der IG Metall

b) Arbeit muss rentabel sein

Arbeitsplätze müssen rentabel sein, sonst werden sie nicht geschaffen. Die überwiegende Mehrheit der Deutschen arbeitet Vollzeit, unbefristet und auch zu guten Löhnen. Richtig ist aber auch, dass sich eine zunehmende Spaltung des Arbeitsmarktes bemerkbar macht: in jene Arbeitnehmer, die gut qualifiziert sind und jene, die über einen geringen Qualifikationsgrad verfügen bzw. seit langem arbeitslos sind. Hochqualifizierte Arbeitskräfte sind vor dem Hintergrund des Fachkräftemangels begehrt wie nie zuvor. Dementsprechend können sie sich aussuchen, bei wem sie zu welchen Bedingungen arbeiten möchten. [...] Da geht es schon lange nicht mehr nur um die Höhe des Lohns. Da spielen auch Angebote zur Vereinbarkeit von Familie und Beruf, ein Gesundheitsmanagement oder Karriereplanung im Unternehmen eine Rolle. Ganz anders sieht es dagegen bei Menschen mit geringerem Bildungsgrad oder Langzeitarbeitslosen aus. Diese sind auf Beschäftigungsverhältnisse angewiesen, die ihnen einen Weg in den Arbeitsmarkt eröffnen. Mit der jetzt diskutierten Abkehr von flexiblen Beschäftigungsformen und verstärkter staatlicher Regulierung auf dem Arbeitsmarkt werden wir die Beschäftigungschancen dieser Menschen kaum erhöhen, eher im Gegenteil.

Marie-Christine Ostermann, Bundesvorsitzende der Jungen Unternehmer

Berthold Huber (a), Marie-Christine Ostermann (b), in: CDU/CSU-Bundestagsfraktion. Der Arbeitsmarkt im Umschwung: Mehr Arbeitsplätze, schlechtere Jobs? Herausgeber: Peter Altmaier MdB, Stefan Müller MdB, Berlin 2012, S. 16

Aufgaben

1. Beschreibe die Entwicklung der Erwerbsformen seit dem Jahr 2000 (M 1, M 2) und nimm kritisch Stellung zur Art der Darstellung in M 1.
2. Vergleiche die beiden Positionen aus M 3. Welcher Position würdest du eher zustimmen? Begründe deine Entscheidung.

Konfliktfall Lohn – wie verlaufen Tarifverhandlungen?

M 4 Konfliktfall Lohn – das Tauziehen in der Tarifauseinandersetzung

Erste Verhandlungsrunde – keine Annäherung
Die erste Verhandlungsrunde für die 75.000 Stahlbeschäftigten in Nordrhein-Westfalen, Niedersachsen und Bremen am Freitag brachte keine Annäherung zwischen Arbeitgebern und IG Metall.

IG-Metall begründet Forderungen
„Wer mehr Wert schafft, hat auch mehr verdient." Unter diesem Motto starten die Tarifverhandlungen für die rund 75.000 Stahl-Beschäftigten in Nordwestdeutschland. Die IG Metall fordert sieben Prozent mehr Geld, die unbefristete Übernahme der Auszubildenden und eine bessere Altersteilzeit.

Die Arbeit in den Stahlbetrieben ruht
Die IG Metall-Tarifkommission hat entschieden: Am morgigen Mittwoch wird es die ersten Warnstreiks in der nordwestdeutschen Stahlbranche geben.

IG Metall entscheidet über Warnstreiks
Die Arbeitgeber legten auch in der zweiten Stahl-Tarifverhandlung in Gelsenkirchen kein Angebot vor.

Dritte Verhandlung bringt Ergebnis für Beschäftigte
3,8 Prozent höhere Einkommen und die unbefristete Übernahme der Ausgebildeten. Das haben IG Metall und Arbeitgeber heute in der dritten Tarifverhandlung in Düsseldorf für die 75.000 Stahlbeschäftigten in Nordrhein-Westfalen, Niedersachsen und Bremen vereinbart. Der Tarifvertrag zur Altersteilzeit wurde verlängert.

nach: http://www.igmetall.de/cps/rde/xchg/SID-94B13518-B5BDB64D/internet/style.xsl/eisen-und-stahl-2011-8842.htm (12.8.2012)

M 5 Die Gestaltung der Arbeitswelt durch Tarifverträge

Tarifverträge

Arbeitgeberverbände
einzelne Arbeitgeber

Gewerkschaften
(Arbeitnehmerverbände)

Tarifvertrag

regelt: Rechte und Pflichten der Tarifvertragsparteien, Inhalt, Abschluss und Beendigung von Arbeitsverhältnissen, betriebliche und betriebsverfassungsrechtliche Fragen

Manteltarifvertrag	Rahmentarifvertrag	Lohntarifvertrag
regelt: allgemeine Arbeitsbedingungen wie Arbeit, Urlaub, Kündigungsfristen, Akkord	**regelt:** Lohngruppeneinteilung nach Tätigkeitsmerkmalen	**regelt:** Löhne und Gehälter, Akkordlöhne, Zulagen und Zuschläge
Laufzeit: mehrere Jahre	**Laufzeit:** mehrere Jahre	**Laufzeit:** meist ein Jahr

nach: Bergmoser + Höller Verlag AG, Zahlenbilder 240 021

M 6 Die Tarifautonomie

Die Tarifautonomie überantwortet die Lohnfindung, aber auch die Gestaltung vieler Details der Arbeitswelt den Tarifvertragsparteien. Die Tarifautonomie ist in Art. 9 Abs. 3 Grundgesetz garantiert. Darin heißt es: „Das Recht, zur Wahrung und Förderung der Arbeits- und Wirtschaftsbedingungen Vereinigungen zu bilden, ist für jedermann und für alle Berufe gewährleistet. Abreden, die dieses Recht einschränken oder zu behindern suchen, sind nichtig, hierauf gerichtete Maßnahmen sind rechtswidrig." Tarifvertragsparteien sind Gewerkschaften, einzelne Arbeitgeber sowie Vereinigungen von Arbeitgebern. Der Staat schafft den rechtlichen Rahmen, darf sich aber in die konkreten Auseinandersetzungen der Tarifpartner nicht einmischen. Die Mitglieder der Tarifpartner sind zur Einhaltung der ausgehandelten Tarifverträge verpflichtet. Die Rechte und Pflichten der Tarifparteien werden im Tarifvertragsgesetz genauer geregelt.

M 7 Die Tarifpartner: Arbeitgeberverbände und Gewerkschaften

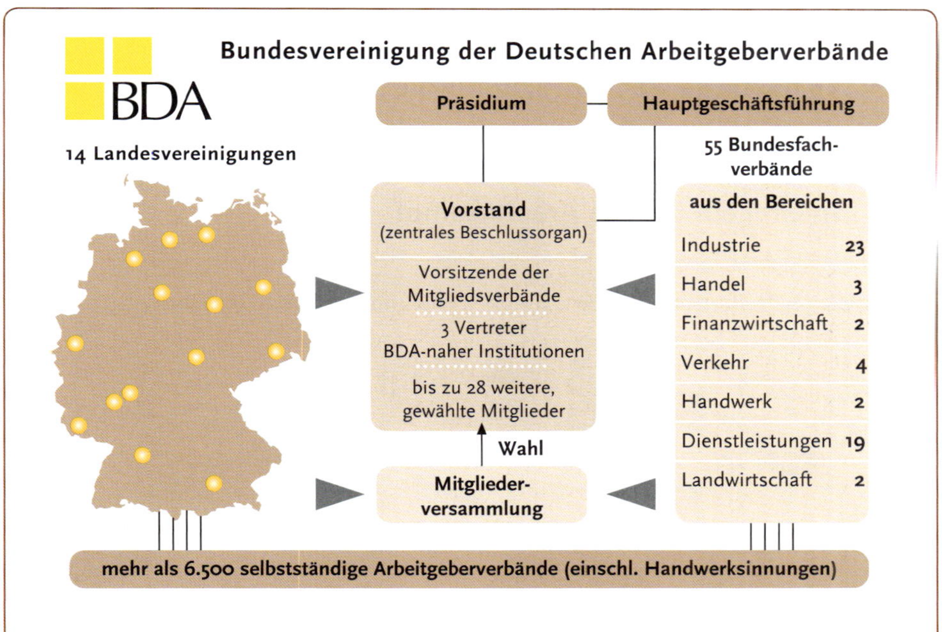

Bergmoser + Höller Verlag AG, Zahlenbilder 236 150 *Quelle: BDA Stand: 2010*

Die Arbeitgeber sind heute in einer Vielzahl von Verbänden und Vereinigungen organisiert. Einer der wichtigsten Dachverbände ist die Bundesvereinigung der Deutschen Arbeitgeberverbände. Als Tarifpartei gegenüber den Gewerkschaften treten einzelne Arbeitgeber oder die Fachverbände der Bundesvereinigung der Deutschen Arbeitgeberverbände auf.

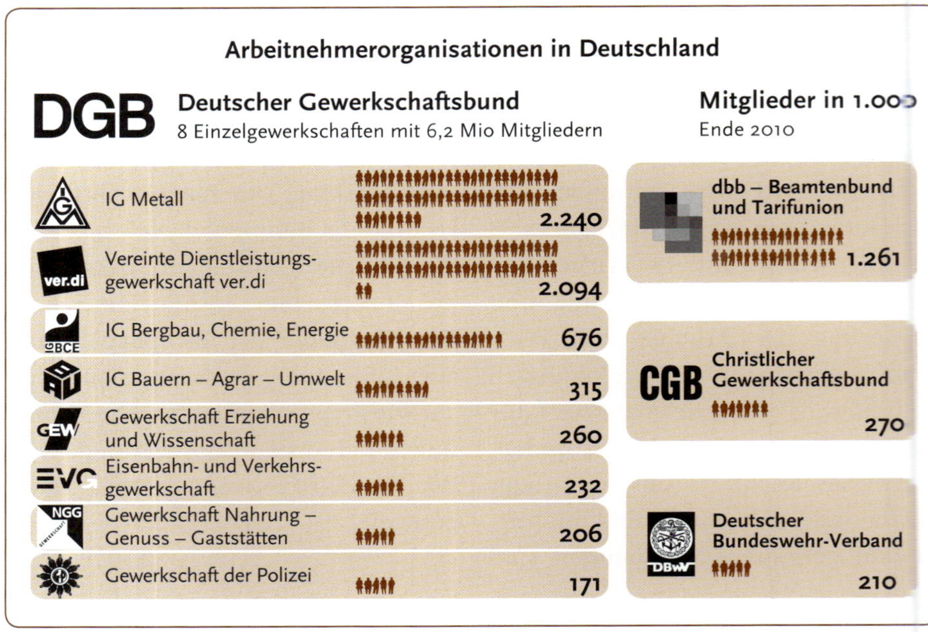

Bergmoser + Höller Verlag AG *Zahlenbilder 240 110*

Die Gewerkschaften vertreten die Ansprüche der Arbeitnehmer. Sie sehen ihre Aufgabe vor allem darin, in Tarifverträgen bessere Lohn- und Arbeitsbedingungen zu verankern und die Mitbestimmungsrechte der Arbeitnehmer zu sichern.

M 8 Spielregeln für den Arbeitskampf

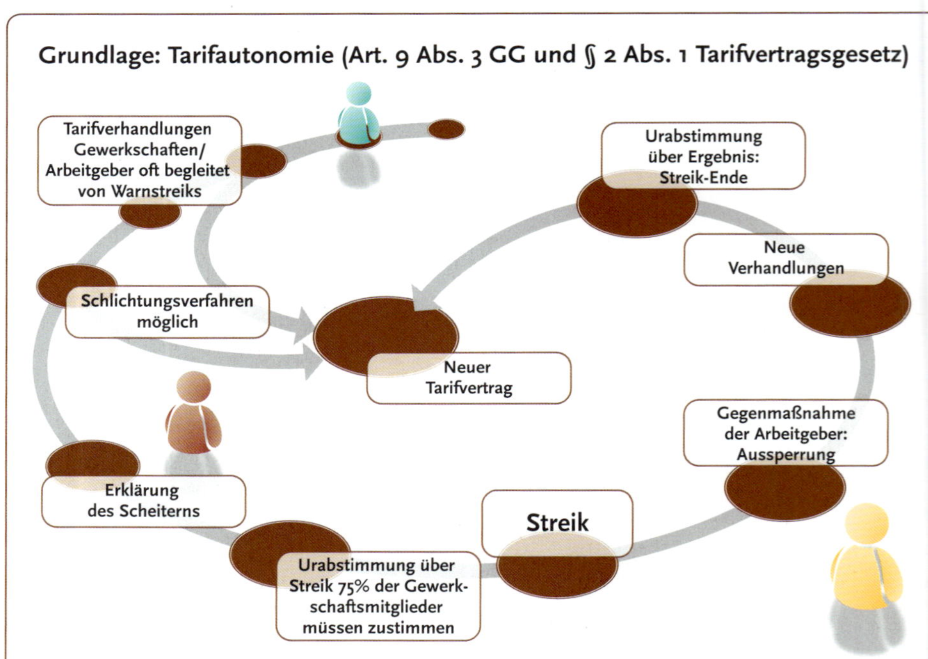

nach: dpa-Grafik 7291

M 9 Kontrovers diskutiert: Argumente in der Lohnpolitik

Die Forderungen in den Tarifverhandlungen gehen von faktischen „Nullrunden" bei den Löhnen bis zur Umverteilung, um den Anteil der Arbeitnehmer am Volkseinkommen zu erhöhen. Dabei lassen sich sowohl bei den Gewerkschaften wie bei den Arbeitgebern unterschiedliche Argumentationslinien feststellen.

Die gewerkschaftliche Position

Im Vordergrund der gewerkschaftlichen Position steht die Erhaltung bzw. Steigerung der Kaufkraft. Die Lohnerhöhungen in der Gesamtwirtschaft sollten mindestens so groß sein wie die Produktivitätsfortschritte plus der zu erwartenden Preissteigerungsrate. Eine noch weitergehende Forderung vertritt die Gewerkschaftslinie: durch Lohnerhöhungen, die über den Verteilungsspielraum hinausgehen („Umverteilungskomponente"), werden die Gewinne der Unternehmen geschmälert und der Anteil der Arbeitnehmer-Einkommen am Volkseinkommen wird verbessert.

Die Arbeitgeber-Position

Ziel der Arbeitgeber ist es, die Lohnerhöhung höchstens am Produktivitätszuwachs auszurichten, um die Lohnkosten zu „stabilisieren". Das heißt: Die Arbeitnehmer sollen nur soviel mehr bekommen, wie sie auch statistisch gesehen pro Stunde mehr leisten (steigende Wertschöpfung). [...] Da die Arbeitgeber auf für sie zu hohe Lohnkosten damit reagieren, dass sie die Preise auf die Kunden abwälzen (Lohn-Preis-Spirale) oder Arbeitnehmer entlassen, fordern die Arbeitgeber im Interesse der Gesamtwirtschaft von den Gewerkschaften „moderate" Lohnforderungen. Noch weiter geht die durch das Kieler Institut für Weltwirtschaft mittlerweile weit verbreitete These, dass eine produktivitätsorientierte Tarifpolitik lediglich in Vollbeschäftigungszeiten akzeptabel sei.

http://www.learn-line.nrw.de/angebote/tarifpolitik/ (20.7.2005)

Arbeitsproduktivität
Arbeitsproduktivität bedeutet, dass sich die Wertschöpfung in Bezug auf den Arbeitseinsatz erhöht hat bzw. das angestrebte Ergebnis mit einer geringeren Menge von Arbeitsstunden erreicht wurde. Einfluss auf die Arbeitsproduktivität haben vor allem technischer Fortschritt und Arbeitsintensität.

Produktivität = Arbeitsergebnis/Arbeitseinsatz

Aufgaben

1. Sortiere die Meldungen über die Tarifverhandlungen in der Metallbranche chronologisch. Ordne die Ereignisse, die genannt werden, anschließend in das Ablaufschema für Tarifkonflikte ein. Beurteile das Ergebnis der Verhandlungen (M 4, M 8).
2. Begründe, warum sich Arbeitgeber und Arbeitnehmer zu großen Interessenverbänden zusammenschließen (M 6 – M 8).
3. Spielt in einem Rollenspiel eine Tarifauseinandersetzung nach. Teilt die Klasse dazu in zwei Gruppen (Arbeitgeber und Gewerkschaften). In eurer Branche sind die Produktivität und die Preise um durchschnittlich 2,5 % gestiegen. Wählt zwei Verhandlungsführer aus, die die Lohnverhandlungen führen. Formuliert eure Ziele für die Verhandlungen und begründet eure Standpunkte. Einigt euch auf ein Ergebnis (M 4 – M 9).

Dokumentiert den Ablauf einer aktuellen Tarifauseinandersetzung.

Konfliktfall Kündigung – die Rolle des Betriebsrates im Unternehmen

M 10 Konfliktfall Kündigung

Für ein mittelständisches Unternehmen, das Werkzeugmaschinen herstellt, hat sich aufgrund der internationalen Situation in den letzten beiden Jahren die wirtschaftliche Lage drastisch verschlechtert.
Die daraus resultierenden Umsatzeinbußen und die nicht mehr ausgelasteten Kapazitäten veranlassen die Unternehmensleitung, bei den Personalkosten Einsparungen vorzunehmen.
Eine Maßnahme betrifft die Dreherei des Unternehmens. Von bisher vier beschäftigten Drehern soll ein Arbeitnehmer entlassen werden.
In der Dreherei sind folgende Arbeitnehmer beschäftigt:

Heiner Schmidt ist 54 Jahre alt und seit 18 Jahren im Betrieb. Er ist verheiratet und hat zwei Kinder, die 16 und 19 Jahre alt sind. Die Ehefrau ist nicht berufstätig. Die Familie hat große finanzielle Belastungen durch den Bau eines Eigenheims. Die Leistungen von Heiner Schmidt werden als zufriedenstellend beurteilt. Der für Heiner Schmidt zuständige Meister ist der Auffassung, dass er sich nicht in die Bedienung der neuen Maschine einarbeiten kann. Sein Bruttomonatslohn beträgt etwa 2.900,- €.

Silke Wortmann, 25 Jahre alt, ist nicht verheiratet und seit acht Jahren im Betrieb. Ihre Leistungen werden mit sehr gut beurteilt. Der Bruttomonatslohn beträgt etwa 2.500,- €.

Kurt Reiche, 30 Jahre, ist seit einem Jahr im Betrieb und hat Erfahrungen mit modernen Produktionsanlagen und -verfahren. Seine Leistungsbeurteilung ist gut. Sein Bruttomonatslohn beträgt etwa 2.700,- €.

Michael Hansen, seit zwölf Jahren im Betrieb, ist 38 Jahre alt und verheiratet. Er hat ein Kind (13 Jahre), die Ehefrau ist berufstätig. In seiner Beurteilung steht, dass Michael Hansen mit schwierigen Situationen fertig werden kann. Sein Bruttomonatslohn beträgt etwa 3.100,- €.

nach: Institut für ökonomische Bildung

M 11 Kündigungsgründe

Betriebsbedingte Gründe	Personenbedingte Gründe	Verhaltensbedingte Gründe
z. B.: Absatzschwierigkeiten, Rationalisierungsmaßnahmen, Änderung des Produktionsverfahrens, Betriebseinschränkungen ...	z. B.: Fehlende Eignung des Arbeitnehmers, mangelhafte oder abnehmende Leistungsfähigkeit, häufige oder lang andauernde Krankheit ...	Unterlassene oder unberechtigte Krankmeldung, unentschuldigtes Zu-Spät-Kommen, Beleidigung des Arbeitgebers ...

M 12 Die Mitbestimmungsrechte des Betriebsrates

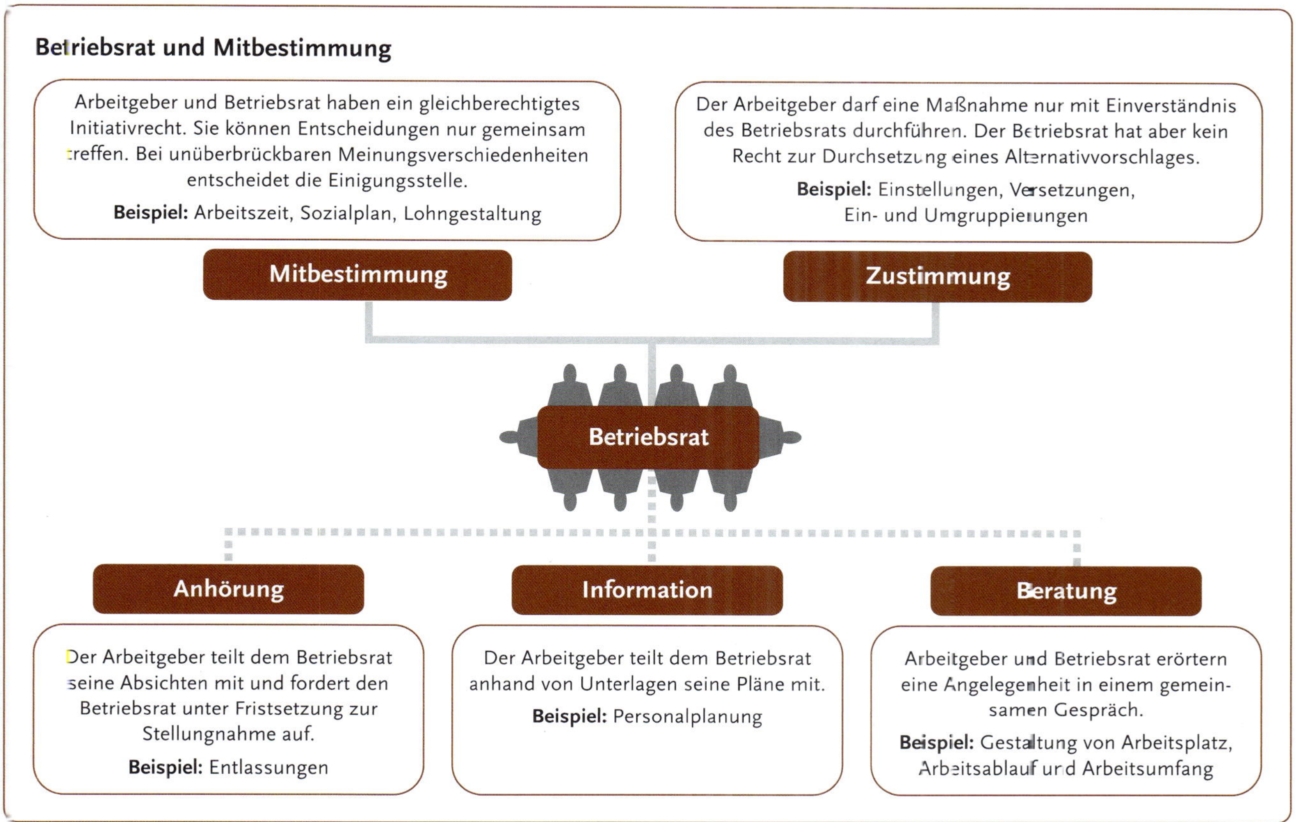

Horst-Udo Niedenhoff, Mitbestimmung in der Bundesrepublik Deutschland, 13. Auflage, Köln 2003, S. 87

Betriebe ab einer bestimmten Größe müssen nach dem Betriebsverfassungsgesetz die Gründung eines Betriebsrats zulassen. Dieser ist das gesetzliche Organ zur Vertretung der Arbeitnehmerinteressen und zur Wahrung der betrieblichen Mitbestimmung gegenüber dem Arbeitgeber in Betrieben des privaten Rechts. Der Betriebsrat hat die Aufgabe, die Beschäftigten bei Einstellungen in Lohn und Gehaltsfragen sowie bei Kündigungen und vielen weiteren Themenbereichen vor der Willkür des Arbeitgebers zu schützen. Arbeitsbedingungen sind mit dem Betriebsrat so zu gestalten, dass sie die Bedingungen aus Recht und Gesetz sowie nach den Tarifverträgen erfüllen. Bei den vielen unterschiedlichen Interessen zwischen Arbeitgebern und Beschäftigten können sich die einzelnen Arbeitnehmer nur schwer allein durchsetzen. Der Betriebsrat jedoch vertritt die Interessen aller Arbeitnehmer und Arbeitnehmerinnen im Betrieb.

Aufgaben

1. Im Fall von M 10 muss der Unternehmer eine Entscheidung treffen. Bildet Zweiergruppen. Dabei vertritt einer die Interessen des Unternehmens, der andere die des Betriebsrates. Ihr habt 10 Minuten Zeit, um euch zu entscheiden. Der Unternehmer teilt seine Entscheidung mit, der Betriebsrat muss dazu gehört werden. Stellt das Ergebnis der Klasse vor.
2. Stelle Vermutungen an, warum der Staat die gesetzliche Pflicht zur Einrichtung eines Betriebsrates geschaffen hat (M 10 – M 12).

Was wir wissen

Veränderungen der Arbeitswelt
M 2, M 3

Der permanente wirtschaftliche Strukturwandel hat auch Folgen für die Arbeitswelt. Durch den infolge der Globalisierung gestiegenen Druck auf die Unternehmen, kostengünstig zu produzieren, ist es für weniger gut qualifizierte Arbeitskräfte immer schwerer, in ein gut bezahltes Normalarbeitsverhältnis zu kommen. So steigt die Anzahl von Beschäftigten, die geringfügig, in Teilzeit, befristet oder als Leiharbeiter arbeiten müssen. Diese Beschäftigungsverhältnisse gehen in der Regel mit einer größeren Unsicherheit und einer schlechteren Bezahlung einher.

Tarifkonflikte
M 4 – M 9

In einem Unternehmen haben Arbeitgeber und Arbeitnehmer das gemeinsame Interesse am Erfolg des Unternehmens. Wenn es um die Verteilung des erwirtschafteten Gewinns, um die Arbeitsbedingungen, Arbeitszeiten oder um die Folgen wirtschaftlicher Misserfolge geht, unterscheiden sich die Interessen jedoch.

In der Öffentlichkeit werden besonders die Auseinandersetzungen um die Bezahlung von Arbeitskräften, die Tarifkonflikte, wahrgenommen. Gewerkschaften und Arbeitgebervereinigungen haben das Recht, ohne staatliche Einmischung Tarifverträge auszuhandeln (Tarifautonomie). Diese Tarifverhandlungen bestehen aus zahlreichen Schritten, in denen die Tarifparteien versuchen, ihre Interessen durchzusetzen. Endergebnis dieser Verhandlungen sind Tarifverträge, die für den Zeitraum eines oder mehrerer Jahre Löhne und Arbeitsbedingungen ganzer Wirtschaftszweige regeln.

Der Betriebsrat
M 12

Mitarbeiter und Unternehmens- oder Betriebsleitung haben oft auch unterschiedliche Interessen, wenn es um die Gestaltung von Arbeitsverhältnissen geht. Besonders konfliktträchtig sind dabei Personalfragen, insbesondere bei Kündigungen und Fragen der Arbeitszeitregelung. Die Interessenvertretung der Arbeitnehmer im Betrieb ist der von den Arbeitnehmern gewählte Betriebsrat. Ab einer bestimmten Betriebsgröße muss die Einrichtung zugelassen werden. Er hat abgestufte Rechte der Mitwirkung in wirtschaftlichen, personellen und sozialen Angelegenheiten. Die Mitbestimmung im engeren Sinn besteht im Zustimmungsrecht (zum Beispiel bei Einstellungen) und im Mitbestimmungsrecht (zum Beispiel bei der täglichen Arbeitszeit). Bei Kündigungen muss der Betriebsrat angehört werden. Die Kosten für den Betriebsrat trägt der Arbeitgeber.

Was wir können

Aufgabe

Bestimme jeweils die richtige(n) Antwort(en) auf die Fragen.

1. Welche Rolle spielt der Staat bei der Gestaltung der Arbeitsbeziehungen in Deutschland?

a) Der Staat regelt die Gestaltung der Arbeitsbeziehungen in Deutschland.

b) Der Staat hält sich bei der Gestaltung der Arbeitsbeziehungen in Deutschland zurück.

c) Der Staat verhält sich mal so, mal so.

2. Für das Zusammenwirken von Arbeitgebern und Arbeitnehmern gilt:

a) Die Bearbeitung der Konflikte zwischen beiden Seiten liegt allein in den Händen dieser beiden Gruppen.

b) Die Bearbeitung der Konflikte zwischen beiden Seiten liegt in der Hand des Staates.

c) Die Bearbeitung der Konflikte zwischen beiden Seiten liegt in den Händen der beiden Gruppen und des Staates.

3. Die Mitbestimmungsrechte des Betriebsrates gehen besonders weit ...

a) bei wirtschaftlichen Entscheidungen.

b) bei sozialen und personellen Angelegenheiten.

c) bei Fragen der Produktpreisgestaltung.

4. Warum sieht das Arbeitsrecht Schutzrechte für die Arbeitnehmer vor?

a) Weil der einzelne Arbeitnehmer in einer gegenüber dem Arbeitgeber schwächeren Position ist.

b) Weil es in Deutschland grundsätzlich Vertragsfreiheit gibt.

c) Damit es eine ausgewogene Machtbalance zwischen Arbeitgeber und Arbeitnehmer gibt.

5. Welchen Faktoren wird häufig ein Einfluss auf die Höhe der Tariflohnerhöhungen nachgesagt?

a) der Entwicklung der Produktivität

b) der Entwicklung der Börsenkurse

c) der Entwicklung des Preisniveaus

6. Wie verändert sich die Machtposition der Arbeitnehmerorganisationen bei hoher Arbeitslosigkeit?

a) Ihre Position verbessert sich, da nun mehr Arbeitskräfte zur Verfügung stehen.

b) Ihre Position verschlechtert sich, da sich Arbeitgeber durch einen zu starken Lohnanstieg veranlasst sehen, weitere Arbeitsplätze abzubauen.

c) Ob hohe oder niedrige Arbeitslosigkeit spielt für die Arbeitnehmerorganisationen bei Tarifverhandlungen keine Rolle.

7.3 Arbeitswelt und Berufsorientierung (BOGY)

Vom Traum zum Beruf?

M 1 „Entscheide dich doch!"

„Entscheide dich doch!" „Kind, mach' Abitur, dann steht dir die Welt offen!" Wie oft hatte Henrike Thoböll diesen Spruch schon gehört! Dann trat sie endlich vor die Tür der Ida-Ehre-Gemeinschaftsschule, ihr Einser-Zeugnis in der Hand – aber welchen Weg sollte sie gehen von den vielen, die ihr nun plötzlich offen standen? Talent ist eben immer ein Geschenk – und manchmal auch ein Fluch. Dann zum Beispiel, wenn man sich entscheiden muss, wie man es einsetzen möchte. Schließlich will keiner sein Talent verschwenden. Und die Entscheidung für einen Beruf ist gleichzeitig die Entscheidung gegen Hunderte andere. „Als kleines Mädchen wollte ich immer Ärztin werden", sagt Henrike. In der Praxis ihres Vaters hat sie früh mitbekommen, wie er seinen Patienten half. Heute weiß Henrike: Helfen will sie auch, aber auf ein Medizinstudium hat sie keine Lust. „Ich will etwas mit Menschen machen, aber ich möchte dafür nicht alle ihre Knochen auswendig lernen." Mit Kindern arbeiten, Benachteiligten helfen, das wäre was für sie. Aber wie genau? Die Zeiten, als Eltern ihren Kindern einen Beruf vorschrieben, sind zwar vorbei. Aber gut gemeinte Sätze à la: „Du findest schon deinen Weg' helfen auch nicht weiter. „Ich würde mich nicht wundern, wenn Rike mit einem Paukenschlag etwas ganz anderes machen würde", sagt ihre Mutter. Henrike hat sich jetzt erst einmal eine Auszeit genommen, um in Ruhe nachzudenken.

nach: Julian Hans, Die Zeit, 12.10.2006

Tipp
Zahlreiche Materialien zur Berufs- und Studienorientierung (BOGY) finden sich unter *http://www.schule-bw.de/schularten/gymnasium/bogy*.

M 2 Was ist mir wichtig?

Spaß an der Arbeit	viel Freizeit	mit anderen zusammen arbeiten	eigene Fähigkeiten/Neigungen
Umgang mit Menschen	gute Verdienstmöglichkeiten	Selbständigkeit	Ansehen des Berufs
Aufstiegschancen	sicherer Arbeitsplatz	Nähe des Arbeitsplatzes	kurze Ausbildungsdauer
eigene Erfahrungen (z.B. im Praktikum)	saubere Arbeit	Tradition (weil Vater oder Mutter den Beruf hatten)	Möglichkeit, im Ausland zu arbeiten

Das Berufsportal der Bundesagentur für Arbeit bietet unter: *http://www.planet-beruf.de/Vorbereitung-auf-die.11808.0.html* den Online-Check „Fit für die Arbeitswelt".

M 3 Was will ich? – Was kann ich?

a) Interessen herausfinden			
Welche Tätigkeiten interessieren mich?	1. anbauen/hegen ernten/züchten 2. bauen 3. herstellen/zubereiten/ Material bearbeiten	4. kaufen/verkaufen/ bedienen/beraten 5. behandeln/pflegen/ erziehen/unterrichten 6. gestalten/malen/ entwerfen/zeichnen	7. montieren/ installieren/reparieren 8. prüfen/untersuchen 9. schreiben/verwalten/ berichten 10. Maschinen steuern und bedienen
Wo möchte ich arbeiten?	1. Werkstatt/Halle 2. Verkaufsraum 3. im Freien/Natur	4. soziale/medizinische Bildungseinrichtung 5. Labor/Prüfstation 6. Hotel/Gaststätte	7. Fahrzeug/Transport- mittel 8. beim Kunden 9. Büro 10. Ausland/ferne Länder
Womit möchte ich arbeiten?	1. Baustoffe 2. chemische Stoffe 3. Elektronik 4. Fahrzeuge / Transportmittel 5. Glas/Keramik/ Edelstein 6. Holz/Papier	7. Lebensmittel 8. Mess- und Prüfgeräte 9. Menschen 10. Metalle 11. Pläne/Entwürfe 12. Regelungen/Gesetze/ Vorschriften 13. technische Anlagen	14. Textilien/Leder 15. Tiere/Pflanzen 16. Zeichen-/Schreibgeräte 17. Büromaschinen/ Büromaterial 18. Maschinen/ Werkzeuge 19. Informationen/ Medien/ Fremdsprachen
b) Über welche Fähigkeiten verfüge ich?			
Geistige Fähigkeiten?	1. Sprachbeherrschung/ sprachliche Gewandt- heit 2. logisches Denken 3. räumliches Vorstellungsvermögen	4. Beobachtungs- vermögen 5. rechnerisches Denken 6. Rechtschreibsicherheit 7. guter schrift- sprachlicher Ausdruck	8. Konzentrations- fähigkeit 9. Merkfähigkeit 10. Kreativität 11. Sinn für Formen und Farben 12. Lern- und Leistungs- bereitschaft
Soziale Fähigkeiten?	1. Kontaktfreudigkeit 2. sicheres Auftreten 3. Rücksichtnahme 4. Selbständigkeit 5. Belastbarkeit 6. gute Umgangsformen	7. Teamfähigkeit 8. zuhören können 9. andere überzeugen können 10. Verantwortungs- bereitschaft	11. Interesse für andere Menschen 12. Hilfsbereitschaft 13. Zuverlässigkeit 14. Höflichkeit 15. Toleranz
Körperliche Fähigkeiten?	1. körperliche Belast- barkeit (Stehen, Bücken, Sitzen)	2. gutes Hören 3. Farbsehen	4. robuste Gesundheit (Widerstandsfähigkeit) 5. handwerkliches Geschick

M 4 Die Arbeitswelt von morgen

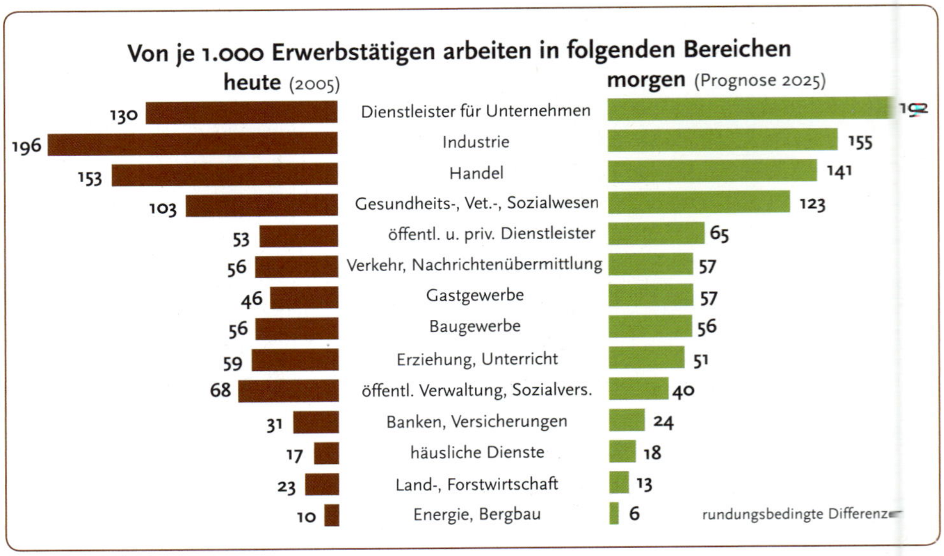

Quelle: IAB, Globus-Grafik 1854

M 5 Beispiele für mögliche Ausbildungswege

Ausbildung ... Fachrichtung	in Berufsschule und Betrieb	an Berufsfachschulen	an Fachhochschulen	an wissenschaftlichen Hochschulen
Wirtschaft	z. B. Bank-, Industrie-, Groß- und Außenhandelskaufmann / -frau	z. B. Kaufmann / -frau für Bürokommunikation	z. B. Betriebswirt / in	z. B. Dipl.-Kaufmann / -frau, Dipl.-Handelslehrer / in, Volkswirt / in
Kunst- und Gestaltung	z. B. Goldschmied / in, Fotograf / in, Bildhauer / in	z. B. Kameramann / -frau, Grafik-Designer / in, Werbeassistent / in	z. B. Restaurator / in	z. B. Regisseur / in, Kunsterzieher / in, Innenarchitekt / in
Kultur, Sprachen, Geisteswissenschaft	z. B. Buchhändler / in, Verlagskaufmann / -frau	z. B. Übersetzer / in, Dolmetscher / in	z. B. Dokumentar / in, Bibliothekar / in, Archivar / in	z. B. Theaterwissenschaftler / in, Historiker / in
Gesundheitswesen	z. B. Arzthelfer / in	z. B. medizinische / r Dokumentationsassistent / in	z. B. Medizintechniker / in	z. B. Arzt / Ärztin, Manager / in Gesundheitswesen

M 6 Mobilität ist gefragt

Die Anforderungen an die Jugendlichen sind hoch. Ausbildung verlangt Mobilität und Flexibilität. Unternehmen müssten auch an die eigene Zukunft denken. Denn die demografische Entwicklung macht deutlich, dass junge Arbeitnehmer künftig noch stärker gebraucht werden als bisher. [...] „Die Anforderungen an die Jugendlichen sind hoch", weiß der Arbeitsagenturchef, „sie müssen sich breit orientieren, inhaltlich flexibel und räumlich mobil reagieren können."

Dass man ein Leben lang ein und demselben Beruf an ein und demselben Ort nachgehen kann, werde immer seltener. Um einen Arbeitsplatz zu bekommen, sei es häufig nötig, seinen Wohn- und/oder Ausbildungsort zu verlassen.

Thomas Eisenkrätzer, Kieler Nachrichten, 28.8.2010

Früher war es durchaus üblich, dass Berufe „vererbt" wurden. Ob dies auch heute noch gilt, könnt ihr mit Hilfe eines „Berufsstammbaums" feststellen. Befragt dazu eure Verwandten (Eltern, Großeltern, Urgroßeltern, Onkel, Tanten, Cousinen, ...).

M 7 Interessen, Neigungen, Möglichkeiten

Menschen sind unterschiedlich veranlagt: Was den einen fasziniert, lässt die andere kalt, was die eine perfekt können möchte, reizt den anderen absolut nicht. Das gilt auch für berufliche Interessen und Neigungen. Ideal wäre es natürlich, wenn die spätere berufliche Tätigkeit sich decken würde mit den Bereichen, auf die man neugierig ist und die den eigenen Interessen und Fähigkeiten entsprechen. Beruf und Arbeit nehmen im Leben so viel Zeit in Anspruch, dass das berufliche Tun in Einklang stehen sollte mit dem, was man selbst interessant findet. Bei der Wahl eines Ausbildungswegs hängt die Entscheidung wesentlich vom eigenen Kenntnisstand ab: Was weiß ich über mich, was weiß ich über Ausbildungen und Studiengänge, die in Frage kommen? Nicht zu vergessen: Es gibt viele Wege zum Ziel, nicht immer muss dieser gradlinig sein. Und schließlich ist es auch wichtig, dass das gewählte Ausbildungs- oder Berufsfeld Zukunftsperspektiven bietet. Dazu gehört die Chance, in dem gewählten Beruf auch eine Beschäftigung zu finden sowie angemessene Verdienstmöglichkeiten.

Aufgaben

1. Beschreibe die Situation, in der sich Henrike befindet. Was erfährst du über ihre Stärken und Interessen? Was würdest du ihr raten? (M 1)
2. Bringe die Kriterien in M 2 in deine persönliche Reihenfolge. Vergleicht eure Ergebnisse.
3. Entscheide für jede Auswahl in M 3: trifft voll und ganz zu (+), trifft weniger zu (o), trifft überhaupt nicht zu (-). Erstelle anschließend ein Profil deiner persönlichen Interessen, Stärken und Schwächen und benenne Berufe, für die du dich eignen würdest.
4. Benenne anhand der Grafik die drei am meisten und am wenigsten zukunftsträchtigen Branchen (M 4).
5. Ermittle für die in Aufgabe 3 genannten Berufe, welche Ausbildungswege zu diesen Berufen führen (M 5).
6. Stelle in einer Grafik dar, welche Faktoren auf die Berufswahl einwirken (M 7).

Die moderne Arbeitswelt – was wird erwartet?

M 8 Was Betriebe sich wünschen

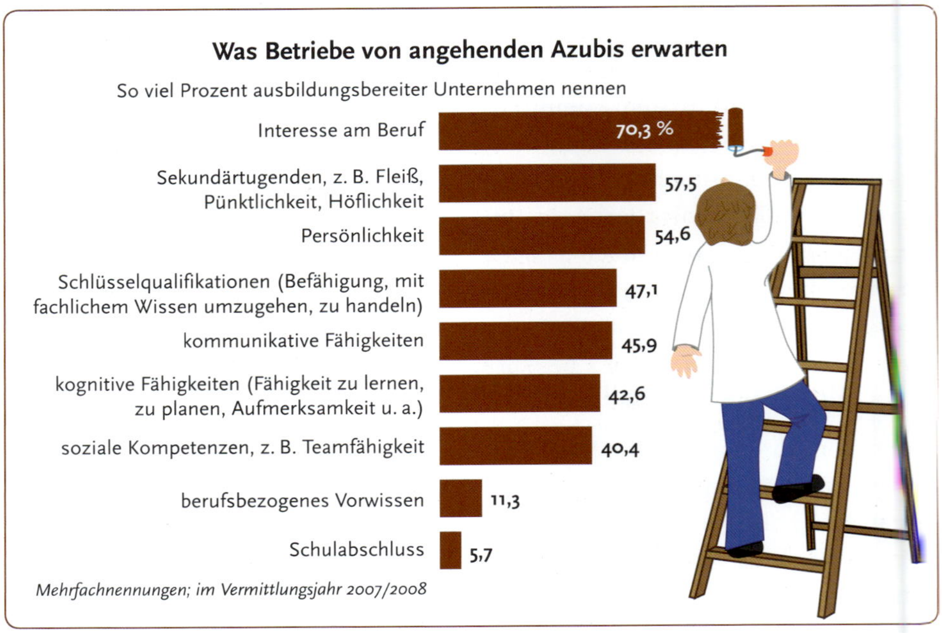

Quelle: BIBB 2009, Globus-Grafik 3089

M 9 Erfolgsfaktor Soft Skills

Einstellungschancen werden heutzutage nicht nur durch die Fachkenntnisse und gute Noten bestimmt. Personalchefs achten auch auf sogenannte Schlüsselqualifikationen, die im Englischen „Soft Skills" genannt werden und funktions- und berufsübergreifende Qualifikationen zur Bewältigung beruflicher Anforderungssituationen bezeichnen.

Soft Skills sind beispielsweise: Ausdauer/Belastbarkeit oder auch die Einstellung zur Arbeit. Sie gehören in den Bereich der persönlichen Kompetenz. Kontakt- und Kommunikationsfähigkeit, Teamfähigkeit oder auch Führungsverhalten sind Ausdruck der sozialen Kompetenz. Lernverhalten, logisches Denken und Problemlösungsverhalten können der Rubrik methodische Kompetenz zugewiesen werden.

Als „Hard Skills" wird die eigentliche Fachkompetenz bezeichnet. Sie ist die Grundlage jeglicher beruflichen Betätigung. Dieses Wissen wird durch eine Ausbildung, ein Studium oder später durch die Berufserfahrung erworben.

nach: Bundesanstalt für Arbeit (Hg.), abi. Berufswahlmagazin Heft 3/2003, S. 14

M 10 Lernen – ein Leben lang

Über die [...] fachlichen, technischen und persönlichen [...] Kenntnisse hinaus ist in der Internet-Wirtschaft noch eine weitere persönliche Qualifikation unabdingbar: die Bereitschaft zur ständigen Weiterbildung und Qualifikation. Dies betrifft einerseits technische Kompetenzen, die aufgrund neuartiger Techniken und sich ständig weiter entwickelnder Anwendungssysteme angepasst werden müssen, andererseits fachliche Kompetenzen. [...] Dies bedeutet aber auch, dass die Bedeutung klassischer Berufsverläufe – Ausbildung in einem bestimmten Beruf, Ausübung dieses Berufes – vor dem Hintergrund dieser neuartigen Arbeits- und Beschäftigungsstrukturen abnimmt. Vielmehr ist zu erwarten, dass zwar gewisse berufsbezogene Basisqualifikationen erlernt werden müssen, die dann jedoch in Abhängigkeit der jeweiligen Anforderungen und tatsächlichen Gegebenheiten anzupassen und weiterzuentwickeln sind.

Rahild Neuburger, Auswirkungen der New Economy auf die Arbeit, in: Gesellschaft – Wirtschaft – Politik, 4/2003, S. 461

M 11 Chinesisch zu lernen lohnt sich

Wir schreiben das Jahr 2020. China ist die stärkste Wirtschaftsmacht der Welt, selbst die USA sind abgeschlagen. Auch in Wissenschaft und Politik richten sich die Blicke gen Fernost, good old Europe als Vorreiter ist lange passé. Wer jetzt kein Chinesisch kann, kommt nicht weit.

Ob diese Zukunftsvision tatsächlich bereits im Jahr 2020 eintreffen wird, darüber streiten sich die Ökonomen noch. Dass China eines Tages die Nummer eins sein wird, ist allerdings unbestritten. Auf dem Arbeitsmarkt sind Chinesischkenntnisse daher schon heute begehrt.

In Deutschland wird Chinesisch an 44 Schulen (2011) als reguläres Unterrichtsfach angeboten, nur an einigen als Abiturfach – gemessen an der Bedeutung, die die Sprache erlangt, ist das noch eine sehr überschaubare Anzahl. [...] Besteht tatsächlich so ein starker Bedarf an Chinesischlehrern? Christiane von Schachtmeyer, Schulleiterin des Gymnasiums Marienthal in Hamburg, ist nicht nur überzeugt davon, dass es einen Bedarf an qualifizierten Chinesischlehrern gibt, sondern dass dieser weiter wachsen wird. „Das Fach kommt sehr gut bei Schülern und Eltern an. 15 Prozent unserer Schüler lernen Chinesisch, obwohl es sehr anspruchsvoll ist und vier zusätzliche Wochenstunden bedeutet", sagt von Schachtmeyer [...].

nach: Lisa Sirikow, Die Zeit, 7.4.2011

Aufgaben

1. Stelle die in M 8 – M 11 beschriebenen Anforderungen an die moderne Arbeitswelt zusammen. Unterscheide diese Anforderungen nach Hard Skills und Soft Skills (M 9).
2. Überprüfe, inwieweit du in der Schule oder im privaten Bereich bereits Schlüsselqualifikationen erworben hast.
3. Sollte man angesichts der zunehmenden Bedeutung Chinas in der Weltwirtschaft Chinesisch in deutschen Schulen als zweite Fremdsprache einführen? Führt eine Pro-Contra-Diskussion (M 11).

Gibt es noch Männer- und Frauenberufe?

M 12 Die Top Ten der Ausbildungsberufe

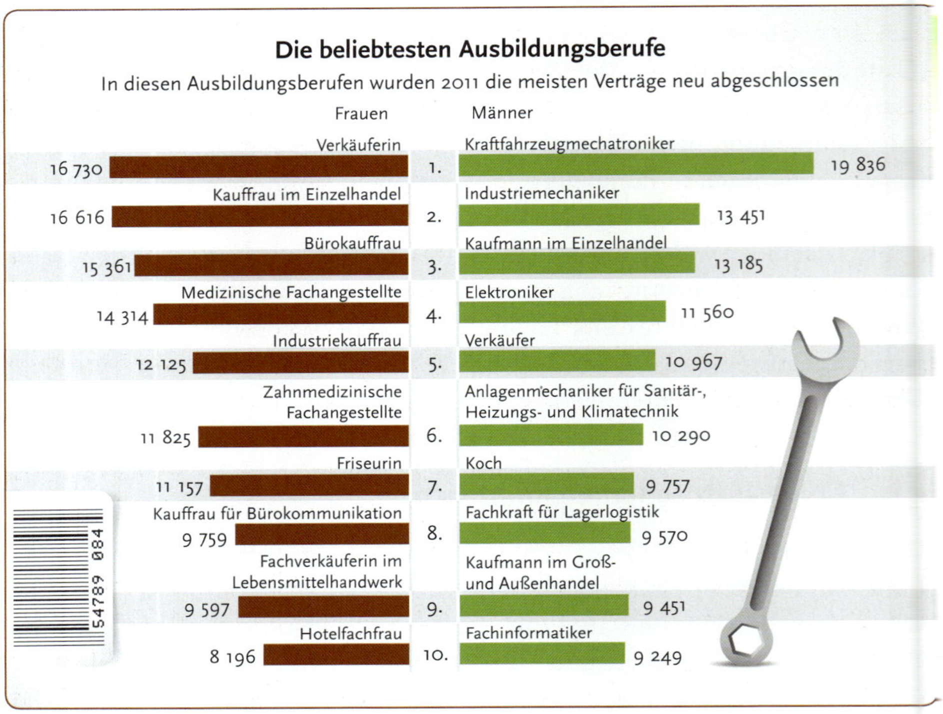

Quelle: Berufsbildungsbericht 2012; Globus-Grafik 5006

M 13 Warum wählen Frauen Frauenberufe?

Junge Frauen führen im Unterschied zu jungen Männern viel häufiger soziale Faktoren bei der Berufswahl an. Schade nur, dass eben diese helfenden, sozialen Berufe schlechter bezahlt werden – Frauenberufe eben. Dass Bereiche, in denen viele Frauen arbeiten, das niedrigere Lohnniveau haben, gilt nicht nur für Ausbildungsberufe. Auch bei AkademikerInnen lässt sich ein Gefälle an Ansehen und Verdienst von den Naturwissenschaften zu den von Frauen bevorzugten Gesellschaftswissenschaften feststellen.

Viele Mädchen und junge Frauen haben bei ihrer Entscheidung für einen bestimmten Beruf schon früh die doppelten Rollenerwartungen in ihren Entscheidungsprozess aufgenommen. Einerseits ist Erwerbstätigkeit und eigene Existenzsicherung selbstverständlich, andererseits haben die meisten die Gründung einer Familie und die damit verbundenen Rollenerwartungen als Mutter und Partnerin im Kopf. Die widersprüchlichen Verhaltensanforderungen, die das mit sich bringt, werden dann nicht selten unbewusst in der Wahl eines traditionellen Frauenberufes aufgelöst.

Marion Brüggemann, www.lizzynet.de (25.8.2010)

M 14 Frauen in Fernsehserien sind Vorbilder

Für die Berufswahl von jungen Frauen spielen Unterhaltungsserien im Fernsehen eine entscheidende Rolle. Das ist das Ergebnis einer Umfrage, die auf der internationalen Konferenz „MINT und Chancengleichheit in fiktionalen Formaten" in Berlin vorgestellt [wurde]. Für die vom Bundesministerium für Bildung und Forschung finanzierte Umfrage wurden 2.457 Jugendliche verschiedener Bildungszweige ein bis zwei Jahre vor dem Schulabschluss gefragt, welche Faktoren bei ihrer Berufswahl eine Rolle gespielt haben. Knapp zwei Drittel der Mädchen gaben an, gelegentlich bis sehr häufig Interessantes über Berufe durch Serien erfahren zu haben und mehr als die Hälfte durch Spielfilme. 23 Prozent der Befragten sind durch Filme und Serien sogar auf ihren späteren Wunschberuf aufmerksam geworden – deutlich mehr als durch Unterricht in der Schule (13 Prozent), die Berufsberatung (17 Prozent) oder durch Infosendungen (20 Prozent). Frauen sind in vielen fiktionalen Formaten zwar inzwischen selbstverständlich berufstätig. Sie werden aber nur selten über ihre Berufsrolle definiert: Bei 56 Prozent der männlichen, aber nur bei 40 Prozent der weiblichen Haupt- und Nebenrollen steht der Beruf im Zentrum des Handelns. Und: Nur 0,7 Prozent aller Protagonistinnen arbeiten in Forschung und Naturwissenschaft und sogar nur 0,5 Prozent in einem technischen Beruf. In amerikanischen Serienformaten dagegen werden Frauen in MINT – Mathematik, Informatik, Naturwissenschaften, Technik – Berufen in Szene gesetzt. Auch im wirklichen Leben sind Frauen in diesen Berufen in Deutschland nach wie vor unterrepräsentiert: Nur jeder fünfte Hochschulabschluss in Ingenieurwissenschaften wird von einer Frau erworben, bei Mathematik und Informatik ist es jeder dritte.

Bundesministerium Bildung und Forschung, Pressemitteilung 147/2010, 6.9.2010

Abigail „Abby" Sciuto (Pauley Perrette), Forensic Specialist in der amerikanischen Krimiserie Navy CIS. Sie ist eigenwillig, unkonventionell und eckt mit ihrem Gothic-Image oft an. Sie ist ein Genie in Computertechnik, Bildbearbeitung und Kriminaltechnik.

Aufgaben

1. Macht in der Klasse eine Umfrage zu den Berufswünschen und vergleicht das Ergebnis mit M 12.
2. Arbeite aus M 13 und M 14 die Gründe heraus, warum Frauen Frauenberufe wählen, und ergänze mögliche weitere Gründe.
3. In den letzten Jahren wurde in den Schulen viel unternommen, die geschlechtsspezifische Berufswahl aufzubrechen. Ihr selbst habt vielleicht schon an entsprechenden Veranstaltungen (z. B. „Girlsday") teilgenommen. Diskutiert den Nutzen dieser Einrichtungen.
4. Fernsehserien als Vorbilder bei der Berufswahl? – Macht dazu einen Praxistest und untersucht – am besten arbeitsteilig – einige deutsche und ausländische Serienproduktionen. Vergleicht die Frauenrollen im Hinblick auf die ausgeübten Berufe (M 14).

Methode

M 15 Das Betriebspraktikum zur Berufsorientierung

1. Vor dem Betriebspraktikum

Ein Betriebspraktikum ist kein Betriebsausflug. Es ist vielmehr der gezielte Versuch, Betriebs- und Arbeitswelt in Handwerks-, Industrie- oder Wirtschaftsunternehmen kennen zu lernen. Betriebspraktika sollten vorwiegend durchgeführt werden, um Einblicke in bestimmte Arbeitsbereiche und soziale Aspekte des Betriebs zu ermöglichen. Wenn das Betriebspraktikum gut vorbereitet wird, kann es besonders gewinnbringend sein. Besonders wichtig ist, dass vor dem Praktikum Interessenschwerpunkte und Erwartungen zu bestimmten Berufsfeldern bereits geklärt sind.

2. Auswahl eines geeigneten Betriebs

Zuerst solltet ihr z. B. mit Hilfe eines Selbsteinschätzungsbogens klären, welche Interessen ihr habt, was ihr besonders gerne macht und gut könnt. Klären solltet ihr aber auch, was ihr überhaupt nicht mögt. Eltern, Freunde und Bekannte und eure Lehrer können euch bestimmt wertvolle Hinweise geben.

Erstellt dann euer Persönlichkeitsprofil und überlegt, welcher Beruf bzw. welcher Betrieb für ein Praktikum in Frage kommen kann. Hilfreich dabei sind ein Besuch im Berufsinformationszentrum der örtlichen Arbeitsagentur oder einer Ausbildungsmesse, die „Gelben Seiten", Werbeanzeigen in der Tagespresse, Berichte von Freunden und Bekannten und ehemaligen Praktikanten. Allgemein über Berufe informiert man sich am besten auf der Homepage der Agentur für Arbeit unter: *http://www.berufenet.arbeitsagentur.de*.
Daneben gibt es auch online-Praktikumsbörsen: z. B. *www.meinpraktikum.de* und *www.praktikant24.de*.

In der Regel hat aber die Schule schon Kontakte zu Betrieben vor Ort geknüpft und weiß, welche überhaupt ein Praktikum anbieten.

Für die Auswahl des Betriebs sollten einige Verhaltensregeln beachtet werden:

a) Die erste Kontaktaufnahme – ob schriftlich, mündlich oder telefonisch – ist besonders wichtig. Denn der erste Eindruck bleibt haften.

b) Die schriftliche Anfrage oder Bewerbung um eine Praktikumsstelle enthält:
- ein Anschreiben
- einen tabellarischen Lebenslauf
- das Begleitschreiben der Schule

Befragt dazu euren Deutsch-Fachlehrer.

c) Habt ihr euch gleichzeitig bei mehreren Stellen beworben, teilt ihr nach Zusage einer Stelle den anderen Stellen mit, dass ihr eure Bewerbung zurückzieht.

d) Achtet auf ein entsprechendes äußeres Erscheinungsbild, vor allem dann, wenn die Berufserkundung mit Kundenkontakten verbunden ist.

e) Korrektes Verhalten im Betrieb wird von euch erwartet. Dazu gehören: Höflichkeit, Pünktlichkeit, Zuverlässigkeit, Rücksichtnahme, vertrauliche Behandlung von Interna, rechtzeitige Information der Berufserkundungsstelle bei Erkrankung, ein Dankeschön am Ende des Praktikums.

3. Während des Praktikums

Während des Praktikums informiert ihr euch möglichst umfassend über euer Arbeitsumfeld. Dazu solltet ihr allerdings Schwerpunkte setzen. Seid euch auch darüber im Klaren, dass ihr Praktikanten und keine richtigen Arbeitnehmer seid, weshalb euch wahrscheinlich bestimmte Bereiche des Tätigkeitsfeldes verschlossen bleiben. Umso wichtiger ist es deshalb, möglichst viele Einblicke zu gewinnen. Die Mitarbeiter (Auszubildende, Ausbilder, Facharbeiter, Meister, Angestellte) sind sicher bereit, eure Fragen zu beantworten. Dazu müsst ihr aber selbst aktiv werden. Dokumentiert eure Eindrücke und Erfahrungen durch stichwortartige Notizen oder das Führen eines Tagebuchs. Vielleicht könnt ihr auch Video- oder Fotodokumente anfertigen. Befragt dazu vorher euren Vorgesetzten.

Zur Analyse des Arbeitsplatzes während des Praktikums kann der folgende Fragebogen hilfreich sein:

Was wird gearbeitet?
(Arbeitsaufgabe)

Wo wird gearbeitet?
(Arbeitsort, Arbeitsumgebung, Funktionsbereiche)

Womit wird gearbeitet?
(Objekte und Arbeitsmittel)

Mit wem wird gearbeitet?
(Qualifikation/Status)

Wann wird gearbeitet?
(Arbeitszeit/Arbeitsform)

4. Auswertung des Praktikums (Praktikumsbericht)

Mit der Durchführung des Betriebspraktikums ist die Arbeit noch nicht abgeschlossen. Es schließen sich noch einige wichtige Schritte an:

- Betrieb danken und evtl. Kopien der Praktikumsergebnisse beifügen bzw. zur Ergebnispräsentation einladen
- Systematische Auswertung der Praktikumsunterlagen und Anfertigen eines Praktikumsberichts und ggf. einer Dokumentation des Praktikums. Der Bericht sollte ca. 6-8 Seiten umfassen und folgendermaßen aufgebaut sein:

Inhalte eines Praktikumsberichts

- Erwartungen an mein Praktikum
- Allgemeines zum Betrieb
  - Name, Anschrift, Größe (Mitarbeiter etc.)
  - Arbeitsbereich (Produktionsbereich, Dienstleistung, Versorgung etc.)
  - Zusammenarbeit mit anderen Betrieben
- Organisation und Weisungsordnung im Betrieb
  - Zusammensetzung der Mitarbeiter (männlich, weiblich, Arbeiter, Angestellte ...)
  - Auflistung sämtlicher im Betrieb vertretenen Berufe
  - Abteilungen des Betriebes
  - Weisungsordnung (evtl. nur Bereich, in dem mein Praktikum stattfindet: Bsp. Direktor – Betriebsleiter – Abteilungsleiter – Meister – Facharbeiter – angelernte Kräfte)
  - Möglichkeiten der Fort- und Weiterbildung
- Allgemeines zur Arbeit im Betrieb, soziale Leistungen, Mitbestimmung
  - Arbeitszeiten
  - Unfallschutzmaßnahmen
  - Betriebsrat
  - Besondere soziale Leistungen
- Mein Arbeitsplatz
  - Art des Arbeitsplatzes
  - Ausgeführte Tätigkeiten (selbständig ausgeführt; unter Anleitung ausgeführt)
  - Verlangter Bildungsabschluss; Dauer und Art der Ausbildung
  - Arbeitsplatzsituation
  - Möglichkeiten der weiteren Qualifizierung
- Tagesbericht
- Kritische Zusammenfassung der Erfahrungen
  - Erfüllung bzw. Nichterfüllung der Erwartungen
  - Beurteilung der Erfahrungen (sinnvoll oder nicht) mit Begründung

Was wir wissen

Berufswahl
M 1 – M 7

Den passenden Beruf zu finden, ist nicht einfach. Im Laufe unserer persönlichen Entwicklung ändern sich unsere Vorstellungen vom Wunsch- oder Traumberuf immer wieder. Der Weg zu Berufsfindung verläuft also nicht geradlinig. Ausgangspunkt für die Berufswahl sollten die persönlichen Stärken und Neigungen sein, denn sie garantieren die für die Ausübung des Berufs notwendige Motivation. Andererseits sollten auch die Zukunftsaussichten und Arbeitsmarktchancen des Berufs realistisch eingeschätzt werden. Und nicht zuletzt können auch die Verdienstmöglichkeiten bei der Auswahl des Berufs berücksichtigt werden.

Am Beginn der Berufsorientierung steht eine ehrliche Einschätzung der eigenen Fähigkeiten, Fertigkeiten, Interessen und Ziele z. B. mit Hilfe eines Selbsteinschätzungsbogens. Anschließend werden Informationen über Tätigkeitsfelder und Berufe gesammelt, die den eigenen Fähigkeiten und Zielen entsprechen. Auch ist es wichtig zu wissen, welche Ausbildungswege zum angestrebten Beruf führen. Dabei kommt es immer wieder vor, dass wir Berufswünsche verwerfen, da sich uns andere Möglichkeiten aufzeigen. Weil es eine nahezu unüberschaubare Anzahl an Ausbildungs- und Studienmöglichkeiten und ebenso viele Berufsfelder gibt, ist es notwendig, sich bei der Entscheidung Hilfe bei den Experten der Berufsberatung zu holen. Das Betriebspraktikum bietet eine gute Möglichkeit, erste Einblicke in Tätigkeitsfelder und Berufe zu erhalten.

Anforderungen
M 8 – M 11

Der beschleunigte Wandel der Arbeitswelt stellt in Zukunft besondere Anforderungen an Arbeitnehmerinnen und Arbeitnehmer. Der Wandel von der Industrie- zur Dienstleistungs- und Informationsgesellschaft erfordert überwiegend sehr gut ausgebildete Fachleute mit einer Vielfalt unterschiedlicher Kenntnisse und Fertigkeiten. Neben den Fachkompetenzen („Hard Skills"), die in der Berufsausbildung oder im Studium erworben werden, gewinnen heute und in Zukunft zunehmend auch so genannte „Soft Skills" an Bedeutung. Dazu gehören Teamfähigkeit, Kommunikationsfähigkeit und auch die Bereitschaft, sich dauerhaft fortzubilden (lebenslanges Lernen). Im Zuge der Globalisierung werden auch interkulturelle Kompetenzen und Fremdsprachenkenntnisse weiter an Bedeutung gewinnen.

Geschlechts-spezifische Berufswahl
M 12 – M 14

Obwohl Jungen und Mädchen gemeinsam aufwachsen und dieselben Schulen besuchen, ihnen dieselben Ausbildungs- und Studienmöglichkeiten offen stehen, wählen Jungen und Mädchen unterschiedliche Studienfächer und Ausbildungsberufe. Zumindest in den westlichen Bundesländern ist zu beobachten, dass immer noch wenige junge Frauen technische Berufe wählen. Durch gezielte Angebote wird versucht, die geschlechtsspezifische Berufswahl aufzubrechen.

Berufsberatung simulieren

1. **Berufsporträts erstellen:**
   Vielleicht habt ihr euren Traumberuf schon gefunden? Erstellt zu den in eurer Klasse genannten Berufswünschen jeweils Kurzporträts.

   Formuliert zunächst Leitfragen. Berücksichtigt z. B. folgende Aspekte:
   - Über welche Fähigkeiten sollte derjenige, der den Beruf ausüben möchte, verfügen?
   - Welche schulischen Voraussetzungen werden verlangt?
   - Wie lange dauert die Ausbildung?
   - Welche Tätigkeiten werden ausgeübt?
   - Wie sind die Verdienstmöglichkeiten?
   - Welche Aufstiegschancen hat man?
   - Hat man die Möglichkeit, diesen Beruf auch im Ausland auszuüben?
   - Wie ist die aktuelle Lage auf dem Arbeitsmarkt?
   - Ist der Beruf ein krisensicherer Beruf? Wie sind die Zukunftschancen?
   - Wird dieser Beruf in gleicher Weise von Männern und Frauen ausgeübt?

Analysiert in einem zweiten Schritt, z. B. durch die Auswertung entsprechender Stellenanzeigen, welche spezifischen Anforderungen an diesen Beruf gestellt werden.

Informationen findet ihr z. B. hier:
Seite der Bundesagentur für Arbeit für Jugendliche und Auszubildende:
www.planet-beruf.de

Erstellt mit diesen Informationen eine kleine Sammlung von Berufsbeschreibungen (Wandposter, Karteikarten, Dateien ...).

2. **Beratung simulieren**
   Jeweils zwei Schüler spielen nun Berufsberater. Legt diesen Schülern euer Interessen- / Fähigkeitenprofil vor. Die Berater prüfen nun, ob das Profil zum genannten Wunschberuf passt, und machen gegebenenfalls alternative Vorschläge.

EU-Führerschein

Ab 2013 soll ein einheitlicher EU-Führerschein mit integrierter Chipkarte eingeführt werden. Bis 2033 haben dann Fahrer aller Klassen Zeit, ihren alten Führerschein zu ersetzen. Eine erneute Fahrprüfung ist voraussichtlich nicht erforderlich. Ziel dieser Maßnahme ist die Angleichung der Führerscheine innerhalb der EU, wodurch auch eine direkte Speicherung von Verkehrsdelikten auf der Chipkarte möglich wird.

Feinstaub

Seit 2005 gilt die EU-Richtlinie zur Verringerung des Schadstoffausstoßes in Ballungsräumen. Zu diesem Zweck wurden von der EU Grenzwerte festgelegt. Seit dem Sommer 2008 bekommen wir diese Richtlinie durch die zunehmende Schaffung von städtischen Umweltzonen (momentan 33 in Deutschland) zu spüren. Diese dürfen nämlich nur mit entsprechender Plakette befahren werden.

EU-Biosiegel

Auch was öko ist, bestimmt die EU. Jedenfalls bestimmt sie es auch. Seit 1.7.2010 gibt es das neue EU-Bio-Logo. Lebensmittel, die damit gekennzeichnet sind, dürfen nicht gentechnisch verändert oder mit chemischen Pflanzenschutzmitteln behandelt worden sein. Tiere müssen artgerecht gehalten und mit ökologisch produziertem Futter gefüttert worden sein.

Lärm am Arbeitsplatz

Seit 2003 wird durch eine EU-Verordnung die maximale Lärmbelastung am Arbeitsplatz geregelt. Die darin enthaltenden Mindestvorschriften zum Schutz von Arbeitnehmern sind in Deutschland mittlerweile sogar im Bundesgesetz verankert. Das Ziel der EU ist, durch diese Verordnung den Arbeitnehmer vor übermäßig hohem Lärm bzw. Vibrationen zu schützen.

8

Europa – ein Erfolgsmodell?

Europäische Politik bestimmt unser Leben in Deutschland mehr, als wir denken. Im europäischen „Haus“ befinden sich nunmehr 27 Staaten und weitere Staaten wollen Mitglied der Europäischen Union werden.

Kompetenzen

Am Ende dieses Kapitels solltest du Folgendes können:

- Meilensteine in der Entwicklung der EU und Ziele der europäischen Integration kennen
- Beispiele für Einflussnahmen der EU auf das Leben in den Mitgliedstaaten nennen
- demokratische Mitwirkungsmöglichkeiten im europäischen Willensbildungs- und Entscheidungsprozess einschätzen und nutzen
- wichtige politische Organe der EU und den Entscheidungsprozess beschreiben
- Errungenschaften und Gefährdungen der europäischen Integration beurteilen

Was weißt du schon?

- Übertrage die Karte in dein Heft. Benenne die Staaten der Europäischen Union.
- Europa bedeutet für mich ... – Finde mit Hilfe der Beispiele möglichst viele Satzergänzungen, die zeigen, welche Bedeutung für dich die Europäische Union hat.

8.1 Das Europäische Haus – „in Vielfalt geeint“?

Warum gibt es die Europäische Union?

M 1 Das europäische Haus

Auf dem Soldatenfriedhof in Lommel liegen aus dem Zweiten Weltkrieg 38.560 und aus dem Ersten Weltkrieg 542 gefallene deutsche Soldaten begraben. Er ist der größte Soldatenfriedhof des Zweiten Weltkriegs in Westeuropa.

Die Europäische Union lässt sich anschaulich mit dem Bild eines großen Hauses vergleichen. Die ersten Bewohner des Hauses waren die sechs Gründerstaaten der EU (Deutschland, Frankreich, Italien, Belgien, Niederlande und Luxemburg) die 1952 bereit waren, ihre Entscheidungsgewalt (Souveränität) über die Kohle- und Stahlindustrie und damit über die Produktion von Waffen einer zentralen europäischen Behörde zu überlassen. Die sechs Staaten haben gleichsam den ersten Vertrag (Montanunion) für das Zusammenleben im gemeinsamen Haus geschlossen – die Hausordnung. Bis heute wurde diese Hausordnung, die die Prinzipien des Zusammenlebens beschreibt, durch zahlreiche Verträge erweitert. Immer mehr vormals nationale Entscheidungen und Regelungen wurden so in gemeinsames politisches Handeln überführt (Vergemeinschaftung).

Parallel dazu wurde das Haus weiter ausgebaut (Erweiterung der EU). Heute umfasst das Haus 28 Bewohner und weitere Staaten wollen beitreten. Um das Zusammenleben in der Hausgemeinschaft zu regeln und zu fördern, müssen gemeinsame politische Institutionen geschaffen werden – die politischen Organe der EU. Für die Weiterentwicklung der Hausordnung, den Entwurf und den Ausbau des Hauses sind die Architekten, die Staats- und Regierungschefs der EU-Staaten zuständig. Über die Einhaltung der Hausordnung wacht die Europäische Kommission und der Europäische Gerichtshof. Das Europäische Parlament und der Ministerrat beschließen Regeln auf der Grundlage der Verträge, welche die Politik der EU-Staaten bestimmen.

Warum war gerade nach 1945 die Zeit für die europäische Integration gekommen?

Angesichts des Leids und Elends zweier Weltkriege auf europäischem Boden wollten die Menschen in Europa endlich Frieden. Ein schneller Wiederaufbau des zerstörten Europas und die Steigerung des Wohlstands waren nur durch wirtschaftliche Kooperation und die Schaffung größerer Wirtschaftsräume zu bewerkstelligen. Ferner mussten die alten europäischen Großmächte angesichts einer neuen Weltordnung, die durch die Supermächte USA und Sowjetunion bestimmt wurde, befürchten, wirtschaftlich und politisch an den Rand gedrängt zu werden. Die Integration diente insofern der Selbstbehauptung Europas. Für Deutschland stellte die Aufnahme in die europäische Staatengemeinschaft einen entscheidenden Schritt zur Rehabilitation und zur Anerkennung dar.

Was hält die Staaten im europäischen Haus zusammen?

Die Europäer haben aus der durch Krieg und Feindschaft geprägten europäischen Geschichte gelernt, dass Frieden und Wohlstand auf Dauer nur durch ein Miteinander möglich sind. Auf der Grundlage der Menschenrechte und der Demokratie soll Europa in Vielfalt geeint das Wohlergehen der Menschen fördern. Einig sind sich die Staaten nämlich in ihren gemeinsamen Zielen. Erstens wollen sie erreichen, dass es allen EU-Ländern wirtschaftlich gut geht und die Menschen in Wohlstand leben können. Zweitens kümmern sie sich darum, dass in Europa und der Welt Frieden und Sicherheit herrschen. Drittens haben sie sich vorgenommen, allen in der EU lebenden Menschen die gleichen demokratischen Grundrechte und Grundfreiheiten zu garantieren, ein Leben ohne Diskriminierungen und mit Chancengleichheit für alle. Viertens sollen nach dem Motto „in Vielfalt geeint" die Kulturen und Traditionen der unterschiedlichen Staaten respektiert werden.

M 2 Das europäische Haus im Bau – Meilensteine

Im Jahr 1951 gründeten sechs Staaten die „Europäische Gemeinschaft für Kohle und Stahl" (EGKS), auch „Montanunion" genannt.

Mitten in Rom am 25. März 1957, 18 Uhr. Draußen, auf dem Kapitolsplatz, hat sich trotz strömenden Regens eine riesige Menschenmenge versammelt. Drinnen, im festlichen Saal des alten Konservatorenpalasts, herrschen Stolz, Freude und auch etwas Erleichterung: Noch bis zur allerletzten Minute hat man um die Einzelheiten gefeilscht. Jetzt sitzen die Vertreter Belgiens, Deutschlands, Frankreichs, Italiens, Luxemburgs und der Niederlande an einem langen Tisch und unterzeichnen die Verträge zur Gründung der Europäischen Wirtschaftsgemeinschaft (EWG). Zum Abschluss schenkt der Bürgermeister von Rom allen Teilnehmern eine goldene Medaille. In den Dokumenten, die „Römische Verträge" genannt werden, steht, dass die sechs Länder nicht nur bei Kohle und Stahl, sondern in der gesamten Wirtschaft zusammenarbeiten wollen.

Am gleichen Abend gründeten die sechs Länder übrigens auch die Europäische Atomgemeinschaft (EAG oder Euratom). Damit wollten sie erreichen, dass die Kernkraft in Europa friedlich genutzt würde, also zum Beispiel in Kernkraftwerken, und nicht etwa zur Herstellung gefährlicher Atomwaffen. In den folgenden Jahren traten immer mehr Länder den Europäischen Gemeinschaften (EG) bei, wie sich das Bündnis ab 1967 nannte. 1992 vereinbarten die mittlerweile zwölf Mit-

Die Europäische Union – ein unvollendetes Bauwerk.

Erweiterungen

- 1973 Dänemark, Großbritannien, Irland
- 1981 Griechenland
- 1986 Spanien und Portugal
- 1995 Finnland, Österreich, Schweden
- 2004 Estland, Lettland, Litauen, Malta, Polen, Slowakei, Slowenien, Tschechische Republik, Ungarn, Zypern
- 2007 Bulgarien, Rumänien
- 2013 Kroatien

gliedsländer in der niederländischen Stadt Maastricht, sich nicht nur wirtschaftlich, sondern auch politisch enger zusammenzuschließen. 1993 trat dieser „Vertrag von Maastricht" in Kraft und begründete die „Europäische Union". „Union" kommt vom lateinischen Wort „unio", „Vereinigung". Mit dieser Namensänderung wollten die Europäer zeigen, dass sie nun noch näher zusammengerückt waren. 2002 führte die EU eine gemeinsame Währung ein und machte damit einen weiteren großen Schritt: Heute klimpert in 17 EU-Ländern der Euro im Geldbeutel. Am Anfang, mit nur wenigen Mitgliedern, konnte die EU leicht und schnell Entscheidungen treffen. Als immer mehr Länder der EU beitraten, die alle eine eigene Meinung hatten, wurde das immer schwieriger. Doch wie sollte die EU handlungsfähig bleiben, wenn in Zukunft sogar noch mehr Länder beitreten würden? Der Versuch, in einer eigenen „Verfassung" neue Spielregeln für die EU festzulegen, klappte nicht. Die Wähler in Frankreich und in den Niederlanden waren dagegen. 2007 nahmen die 27 EU-Staaten einen neuen Anlauf und unterzeichneten in der portugiesischen Hauptstadt schließlich den „Vertrag von Lissabon". Mit 287 Seiten ist der ganz schön umfangreich. Im Vertrag stehen nicht nur neue Abstimmungsregeln. Der Vertrag stärkt auch die Rolle des Europäischen Parlamentes, in dem die direkt gewählten Abgeordneten sitzen. Er gibt auch den Auftrag die Grundrechte jedes einzelnen Bürgers zu schützen, beispielsweise das Recht auf Bildung oder Gesundheit. Außerdem kann jeder EU-Bürger ein neues Gesetz auf den Weg bringen – vorausgesetzt, er hat vorher eine Million Unterschriften gesammelt. Am 1. Dezember 2009 ist der Vertrag von Lissabon in Kraft getreten.

nach: Europa kinderleicht, Europäische Gemeinschaften 2009, S. 18 ff. (Die Verantwortung für die Anpassung der Daten liegt ausschließlich beim Verlag C.C.Buchner)

M 3 Werte und Ziele der Europäischen Union

Am 13.12.2007 unterzeichneten die Vertreter der Mitgliedstaaten der EU den Vertrag von Lissabon. Er trat am 1.12.2009 in Kraft.

Was hält Europa zusammen? Die Europäer haben aus der durch Krieg und Feindschaft geprägten europäischen Geschichte gelernt, dass Frieden und Wohlstand auf Dauer nur durch ein Miteinander möglich sind. Auf der Grundlage der Menschenrechte und der Demokratie soll Europa in Vielfalt geeint das Wohlergehen der Menschen fördern. Einig sind sich die Staaten nämlich in ihren gemeinsamen Zielen. Sie wollen erreichen, dass es allen EU-Ländern wirtschaftlich gut geht und die Menschen in Wohlstand leben können. Sie kümmern sich darum, dass in Europa und der Welt Frieden und Sicherheit herrschen. Sie haben sich vorgenommen, allen in der EU lebenden Menschen die gleichen demokratischen Grundrechte und Grundfreiheiten zu garantieren, ein Leben ohne Diskriminierungen und mit Chancengleichheit für alle. Nach dem Motto „in Vielfalt geeint" sollen die Kulturen und Traditionen der unterschiedlichen Staaten respektiert werden.

Im Vertrag von Lissabon sind die zentralen Werte der EU festgehalten: ‚Die Werte, auf die sich die Union gründet, sind die Achtung der Menschenwürde, Freiheit, Demokratie, Gleichheit, Rechtsstaatlichkeit und die Wahrung der Menschenrechte einschließlich der Rechte der Personen, die Minderheiten angehören. Diese Werte sind allen Mitgliedstaaten in einer Gesellschaft gemeinsam, die sich durch Pluralismus, Nichtdiskriminierung, Toleranz, Gerechtigkeit, Solidarität und die Gleichheit von Frauen und Männern auszeichnet." Als Ziele der Europäischen Union nennt der Vertrag unter anderen die Förderung des Friedens, die Schaffung eines Binnenmarkts mit freiem und unverfälschtem Wettbewerb, Wirtschaftswachstum, Preisstabilität, Soziale Marktwirtschaft, Umweltschutz, soziale Gerechtigkeit, kulturelle Vielfalt, weltweite Beseitigung der Armut und die Förderung des Völkerrechts.

M 4 Europäische Symbole

Die zwölf kreisförmig angeordneten Sterne der europäischen Flagge symbolisieren Vollkommenheit, Vollständigkeit und Einheit. Die Sterne auf der Flagge stehen daher für die Harmonie der europäischen Völker. Die Zahl der Sterne hat nichts mit der Anzahl der Mitgliedstaaten zu tun.
Seit 1972 ist der letzte Satz von Ludwig van Beethovens 9. Symphonie die Hymne des Europarats. Bei der Komposition ließ sich Beethoven von Schillers Gedicht „Ode an die Freude" inspirieren.
Offizielle Hymne der Europäischen Union ist die „Ode an die Freude" seit 1986. Die Hymne hat bisher keinen offiziellen Text und kann daher nicht gesungen, sondern nur instrumental gespielt werden.

Europatag
Am 9. Mai 1950 unterbreitete Robert Schuman, damaliger französischer Außenminister, seinen Vorschlag für ein Vereintes Europa als unerlässliche Voraussetzung für die Aufrechterhaltung friedlicher Beziehungen (Schuman-Erklärung). Dieser Tag gilt als Grundstein der heutigen Europäischen Union.

Motto der EU
„In Vielfalt geeint" – dies ist das offizielle Motto bzw. der offizielle Slogan der Europäischen Union.
Der Vertrag über eine Verfassung für Europa enthält erstmals einen offiziellen Leitspruch für die Europäische Union.

Aufgaben

1. Sammelt Merkmale, die Europa für euch als einheitlichen Raum definieren.
2. Die Europäische Union lässt sich anschaulich mit dem Bild eines Hauses vergleichen. Das Fundament bilden die gemeinsamen Werte und Ziele. Im Erdgeschoss wohnen die Gründerstaaten. In den oberen Geschossen wohnen die hinzugekommenen Mitglieder. An der Hausfassade stehen die Meilensteine, die das Leben im europäischen Haus prägen und prägten. Zeichnet in Gruppen das europäische Haus auf ein großes Plakat. Vergleicht eure Ergebnisse (M 1 – M 3).
3. Braucht die EU gemeinsame Symbole? Diskutiert diese Frage in Gruppen (M 4).

Europäische Entscheidungen betreffen uns

M 5 Europa im Alltag

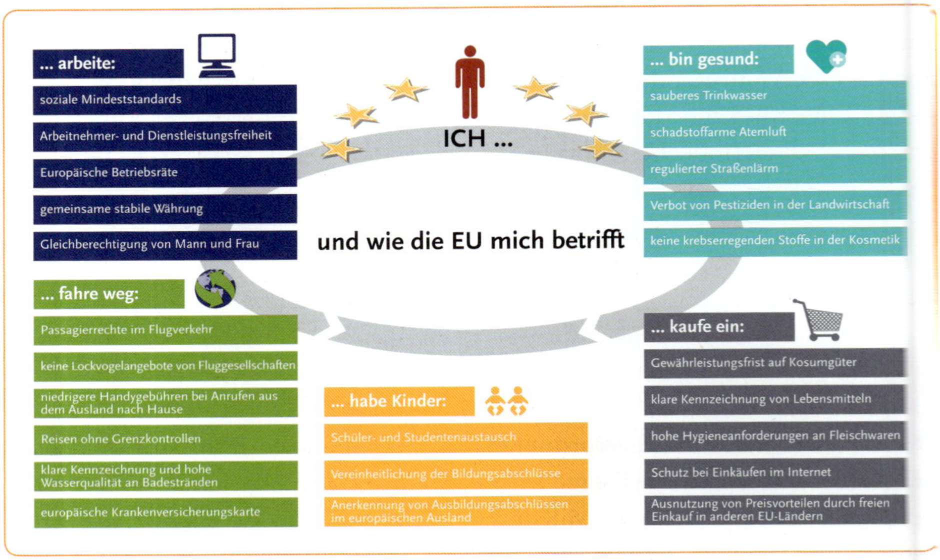

Bundeszentrale für politische Bildung, 2009, www.bpb.de

M 6 Der Europäische Binnenmarkt – ein Markt für 500 Millionen Bürger

Vier Freiheiten
Im Binnenmarkt gelten die vier Freiheiten: Freier Warenverkehr, Personenfreizügigkeit, Dienstleistungsfreiheit, freier Kapital- und Zahlungsverkehr.

Man kann sich die EU wie einen riesigen Marktplatz vorstellen. Da können sich Personen, Waren, Geld und Dienstleistungen frei bewegen. Diesen gemeinsamen Markt, den sogenannten „Binnenmarkt“, gibt es seit 1993. Er hat dazu geführt, dass die EU heute der größte Wirtschaftsraum der Welt ist. Auf keinem anderen Gebiet arbeitet die Europäische Union so eng zusammen wie in der Wirtschaft. Der Binnenmarkt hat viele Vorteile. So können EU-Bürger ohne Probleme in einem anderen Mitgliedsland wohnen, studieren, arbeiten, ein Unternehmen gründen oder ihre Rente genießen. EU-Bürger und -Unternehmen dürfen ein Bankkonto im europäischen Ausland eröffnen, ein Haus kaufen, Kredite aufnehmen oder Geld investieren. Ganz wichtig für den gemeinsamen Markt ist, dass die EU-Länder untereinander keine Zölle mehr verlangen. Stell dir als Beispiel einen Schuhhersteller vor: Dieser kann jetzt seine Schuhe nicht mehr nur den rund 80 Millionen Deutschen, sondern allen 480 Millionen EU-Bürgern zum gleichen Preis verkaufen. Um die größere Nachfrage zu befriedigen, muss er mehr Stiefel und Sandalen produzieren. Dafür stellt die Firma neue Mitarbeiter ein – so schafft der Binnenmarkt neue Arbeitsplätze. Gleichzeitig senkt das Schuhunternehmen die Preise. Sonst schnappen ihm nämlich die vielen neuen Konkurenten aus ganz Europa die Kunden weg. In der Wirklichkeit ist genau dies geschehen. So sind Flüge und Telefongespräche seit Einführung des Binnenmarkts erheblich billiger geworden. Spezielle Behörden überwachen den Wettbewerb, dass sich die Unternehmen nicht heimlich zusammensetzen und gemeinsam einen überhöhten Preis festlegen, zu dem dann alle Bürger die Waren kaufen müssen. Es ist auch verboten, dass ein einzelner Staat den freien Wettbewerb verfälscht, indem er etwa bestimmte Unternehmen finanziell unterstützt (subventioniert).

Europa kinderleicht, Europäische Gemeinschaften 2009, S. 42

M 7 Der Europäische Binnenmarkt – Erfolgsmodell mit Tücken?

Der Binnenmarkt der Europäischen Union ist sicherlich eine der großen Errungenschaften der europäischen Integration. [...] So einfach allerdings das Prinzip ist, so kompliziert und umstritten ist seine Umsetzung. [...] In jedem Land regelt eine Vielzahl von Gesetzen und Vorschriften den Warenverkehr, dabei handelt es sich um Sicherheitsstandards, um Umweltauflagen und um Vorschriften des Verbraucherschutzes. Wenn nun verschiedene Länder ihren Markt zusammenlegen, und das ist im Grunde genommen das, was durch den Binnenmarkt geschehen ist, muss man sich auf gemeinsame Standards einigen. Eine Wurst aus Polen darf anders schmecken als eine aus Deutschland, aber sie soll dieselben gesundheitlichen und hygienischen Normen erfüllen, um die Verbraucher zu schützen. Das Ergebnis ist eine neue Vielzahl von Regelungen auf EU-Ebene, die den Binnenmarkt charakterisieren. [...] Da ist zum Beispiel die Geschichte mit dem Apfelwein, die gut die Tücken des Binnenmarkts illustriert. Für Waren, also auch für Getränke, muss es klare Definitionen geben. Jeder Supermarktkunde weiß, wenn auf einem Obstsaft „Saft" steht, besteht er zu 100 Prozent aus Fruchtsaft, ohne den Zusatz von Wasser und Zucker. Ob der Saft aus Spanien oder aus Deutschland kommt, ist egal. In gleicher Weise hat man auch festgelegt, dass Wein aus Trauben hergestellt sein muss. Das ist der Apfelwein natürlich nicht, er ist also kein Wein. Jedem deutschen Verbraucher ist das selbstverständlich klar, aber was ist mit einem Kunden in Großbritannien, der die Flasche sieht und „...wein" liest? Deshalb wollte die Europäische Kommission im Interesse der Verbraucherinformation untersagen, den Apfelwein so zu nennen – ein Vorhaben, das nach Protesten aus Deutschland übrigens zu den Akten gelegt wurde.

Eckart D. Stratenschulte, Der Europäische Binnenmarkt – Erfolgsmodell mit sozialer Schieflage? http://www.bpb.de/themen/2W7V4D.html (12.8.2010)

Der Binnenmarkt ermöglicht den freien Warenaustausch in der EU.

Aufgaben

1. Entscheidet mit Hilfe des Ampelspiels, welche Regelungen der EU ihr für hilfreich (grün) oder überflüssig (rot) haltet, gelb steht für „weiß nicht, keine Meinung" (M 5).
2. Erkläre, was ein Binnenmarkt ist und wie er funktioniert (M 6, M 7).
3. Die EU wird bisweilen kritisiert, weil sie in ihren Regulierungen für den Binnenmarkt zu weit gehe. Erläutere am Beispiel des Apfelweins die grundlegenden Probleme des Binnenmarktes und nimm Stellung, ob du diese Regelung für notwendig oder übertrieben hältst (M 7).

Wer entscheidet in der EU? – Der lange Weg einer EU-Verordnung

M 8 Billig telefonieren im Ausland? Die EU macht's möglich

Das Problem: Hohe Roamingkosten im Ausland

Einst ein teurer Urlaubsspaß – telefonieren mit dem Handy

Die Entwicklung und anschließende Verbreitung des Handys in der Bevölkerung versprach jedem unbegrenzte Mobilität beim Telefonieren. Sobald man sich jedoch bis zum Jahr 2006 mit seinem Handy außer Landes bewegte, wurde es teuer. Der Grund hierfür lag in den sogenannten Roaminggebühren. Mit Roaming wird die Nutzung eines fremden Mobilfunknetzes bezeichnet.

Roamingkosten im Juli 2005

Gespräch von	nach	Kosten pro Minute
Österreich	Frankreich	1,- €
Italien	Lettland	0,51 €
Malta	Polen	5,00 €
Österreich	Deutschland	1,70 €
Deutschland	England	1,24 €

www.tariftip.de (Stand: Juli 2005)

Europäische Bürgerinitiative
Die Bürgerinitiative ermöglicht es, dass mindestens eine Million Staatsangehörige aus mindestens einem Viertel der EU-Mitgliedstaaten die Europäische Kommission zur Vorlage eines Vorschlags in einem in ihre Zuständigkeit fallenden Bereich auffordern kann. Die Kommission hat danach drei Monate Zeit für die Prüfung der Initiative und die Festlegung des weiteren Vorgehens.

Kommission legt Verordnungsvorschlag zum Auslandsroaming vor

Bereits 2007 erließ die EU eine erste Verordnung zur Senkung der Roaminggebühren. Im **September 2008** hat die EU-Kommission einen Bericht über die Durchführung der Roamingverordnung von 2007 sowie einen Vorschlag zur Änderung dieser Verordnung von 2007 im Ministerrat und im Parlament eingebracht. Dies ist nötig gewesen, da die Verordnung von 2007 vorgesehen hat, die Regelungen im Juni 2010 wieder außer Kraft zu setzen. Im Bericht stellt die Kommission fest, dass zu befürchten sei, dass mit Ablauf der Roamingverordnung Nr. 717/2007 die Preise wieder steigen werden. Die Kommission schlägt deshalb u.a. vor, die Roamingverordnung um weitere drei Jahre bis ins Jahr 2013 zu verlängern, wobei auch weiterhin die Obergrenzen für die Entgelte für das Auslandsroaming jedes Jahr weiter linear (um jeweils drei Cent) abgesenkt werden sollen. Darüber hinaus sieht die Kommission aber auch Handlungsbedarf im Bereich der Textnachrichten („Short Message Service", SMS), die bisher von der Verordnung nicht erfasst waren. Die Kommission schlägt daher vor, die Roamingverordnung Nr. 717/2007 auf SMS auszudehnen und zum 1. Juli 2009 Preisobergrenzen für das SMS-Roaming einzuführen. Die Vorschläge hat die Kommission bereits in einen ausformulierten **Verordnungsentwurf** gegossen.

Europäisches Parlament verabschiedet Roamingverordnung

Die Deckelung von Preisen für Mobilfunk-Textnachrichten (SMS) und Daten-Downloads im EU-Ausland (Roaming) ist unter Dach und Fach. Das Europäische Parlament hatte den entsprechenden Kommissionsvorschlägen nach einer politischen Einigung zwischen Parlament und Rat in seiner Plenartagung im **April 2009** mit überwältigender Mehrheit (646 Ja-Stimmen, 22 Nein-Stimmen und 9 Enthaltungen) zugestimmt.

Der Einfluss der Mitgliedstaaten – der Rat der Europäischen Union (Ministerrat)

Die Minister der 27 EU-Mitgliedstaaten verabschiedeten im **Juni 2009** einstimmig die neuen EU-Roaming-vorschriften. Die neuen EU-Roamingvorschriften werden für die Verbraucher zu weiteren Preissenkungen um bis zu 60 % führen – und zwar ab 1. Juli 2009. Dadurch werden die Verbraucher für den SMS-Versand im EU-Ausland garantiert nicht mehr als 0,11 € (ohne MwSt.) bezahlen müssen. Nach den neuen Vorschriften müssen die Mobilfunkbetreiber Roaminganrufe nach den ersten 30 Sekunden nun sekundengenau abrechnen, anstatt pro Minute, was die Mobilfunkrechnungen um bis zu 24 % senken dürfte. Mit der Annahme im Rat ist der letzte Schritt des Gesetzgebungsverfahrens abgeschlossen, sodass der Präsident des Europäischen Parlaments und der Vorsitzende des Rates die Verordnung am 18.6.2009 förmlich unterzeichnen konnten. Einige Tage später wurde sie dann im Amtsblatt der EU veröffentlicht. Da die neuen Bestimmungen in einer EU-Verordnung enthalten sind, galten sie ab 1. Juli 2009 unmittelbar in allen 27 EU-Mitgliedstaaten.

Der EuGH – letzte Instanz in der EU: Roamingverordnung rechtskräftig

Nach dem positiven Urteil im **Juni 2010** des Europäischen Gerichtshofs zur Roamingverordnung bekräftigt die EU ihr Vorhaben, Roaminggebühren abzuschaffen. Als Reaktion auf das Urteil des Europäischen Gerichtshofs, dass die EU-Roamingverordnung gültig und angemessen sei, hat die Kommission angekündigt, Roaminggebühren im EU-Raum bis 2015 auf Null drücken zu wollen. Die Handybetreiber T-Mobile, Vodafone, O_2 und Orange hatten in Großbritannien Klage gegen die Verordnung eingelegt. Als Begründung nannten sie den ungerechtfertigten Eingriff in den freien Markt. Der EuGH sah einen solchen nicht gegeben und merkte an, dass die Anbieter vor der Verordnung zum Teil das Fünffache der tatsächlichen Kosten für Roaming verlangt hatten.

Wann wird die EU tätig?
Die EU soll sich nur um Dinge kümmern, die sie besser regeln kann als die Mitgliedsländer. In Artikel 5 des EG-Vertrages heißt es: „In den Bereichen, die nicht in ihre ausschließliche Zuständigkeit fallen, wird die Gemeinschaft nach dem Subsidiaritätsprinzip nur tätig, sofern und soweit die Ziele der in Betracht gezogenen Maßnahmen auf der Ebene der Mitgliedstaaten nicht ausreichend erreicht werden können und daher wegen ihres Umfangs oder ihrer Wirkungen besser auf Gemeinschaftsebene erreicht werden können.“ Das Subsidiaritätsprinzip dient nicht nur der Erhaltung der Eigenständigkeit der EU-Staaten, es hilft auch, ein Stückchen „EU-Bürokratie“ abzubauen. Die Europäische Kommission muss bei jeder Gesetzesinitiative nachweisen, dass sie die jeweilige Aufgabe besser lösen kann als die Regionen oder die Mitgliedstaaten.

Das Subsidaritätsprinzip verhindert, dass die EU zu viel Macht erhält. Beurteile diese These.

M 9 Die EU-Organe im Überblick

Das EU-Parlament

Das EU-Parlament in Straßburg / Frankreich

Das Europäische Parlament wird von den Bürgern der Europäischen Union gewählt, um ihre Interessen zu vertreten. Seine Ursprünge gehen zurück bis in die 50er Jahre und zu den Gründungsverträgen. Seit 1979 werden die Europaabgeordneten von den Bürgern direkt gewählt.
Die Wahlen finden alle fünf Jahre statt. Jeder EU-Bürger, wo immer in der EU er lebt, hat das aktive und passive Wahlrecht. Das Parlament vertritt somit den demokratischen Willen der Bürger der Union (über 490 Mio. Menschen) und macht ihre Interessen gegenüber den anderen EU-Organen geltend. Dem Parlament gehören 750 Abgeordnete aus 28 Ländern und ein Parlamentspräsident an (seit 2014). Das Parlament hat drei wesentliche Aufgaben: Es teilt sich die gesetzgebende Gewalt mit dem Rat in vielen Politikbereichen. Durch die direkte Wahl des Parlaments wird die demokratische Legitimierung des europäischen Rechts gewährleistet. Es übt eine demokratische Kontrolle über alle Organe der EU und insbesondere über die Kommission aus. Es stimmt der Benennung der Kommissionsmitglieder zu oder lehnt sie ab und kann einen Misstrauensantrag gegen die gesamte Kommission einbringen. Es teilt sich die Haushaltsbefugnis mit dem Rat und kann daher Einfluss auf die Ausgaben der EU ausüben. In letzter Instanz nimmt es den Gesamthaushalt an oder lehnt ihn ab.

Der Ministerrat

Der Rat ist das wichtigste Entscheidungsgremium der EU. Er vertritt die Mitgliedstaaten, und an seinen Tagungen nehmen die Fachminister aus den nationalen Regierungen der EU-Staaten teil. Die Zusammensetzung der Ratstagungen hängt vom zu behandelnden Sachgebiet ab. Stehen zum Beispiel Wirtschaftsfragen auf der Tagesordnung, so kommen die Wirtschafts- und Finanzminister der einzelnen Länder im ECOFIN-Rat zusammen. Alle im Rat vertretenen Minister sind befugt, für ihre Regierungen verbindlich zu handeln. Außerdem sind die im Rat tagenden Minister ihrem nationalen Parlament sowie den von ihm vertretenen Bürgern gegenüber politisch verantwortlich. Dies gewährleistet die demokratische Legitimierung der Ratsbeschlüsse. Je nachdem, in welchen Politikbereich die Vorlagen fallen, über die der Rat entscheidet, sieht der Vertrag von Lissabon verschiedene Abstimmungsverfahren vor. Der Rat der EU entscheidet entweder einstimmig, mit einfacher oder qualifizierter Mehrheit. Grundsätzlich ab 1.11.2014 gilt, dass eine qualifizierte Mehrheit erreicht ist, wenn drei Bedingungen erfüllt sind: Zustimmen müssen mindestens 55 Prozent der Mitglieder im Rat, die mindestens 15 Staaten repräsentieren und gemeinsam mindestens 65 Prozent der EU-Bevölkerung abbilden. Vier Staaten können eine Sperrminorität bilden. Bis dahin gilt noch die alte Regelung aus dem Vertrag von Nizza (Stimmengewichtung).

Sitz des EU-Ministerrates: Justus-Lipsius-Gebäude in Brüssel

Die Europäische Kommission

Die Kommission ist von den nationalen Regierungen unabhängig. Sie vertritt und wahrt die Interessen der gesamten EU. Die Kommission erarbeitet Vorschläge für neue europäische Rechtsvorschriften, die sie dem Parlament und dem Rat vorlegt. Sie ist auch die Exekutive der EU, d.h. sie ist für die Umsetzung der Beschlüsse des Parlaments und des Rates verantwortlich. Dies bedeutet, dass sie das Tagesgeschäft der Europäischen Union führt: Umsetzung der politischen Maßnahmen, Durchführung der Programme und Verwaltung der Mittel. Die Kommission besteht aus 28 Männern und Frauen. Jeder EU-Mitgliedstaat stellt ein Kommissionsmitglied. Die Neubesetzung der Kommission erfolgt alle fünf Jahre innerhalb von sechs Monaten nach der Wahl des Europäischen Parlaments. Die Kommission ist dem Parlament gegenüber politisch rechenschaftspflichtig. Es kann der Kommission als Ganzes das Misstrauen aussprechen und sie so zum Rücktritt zwingen. Die Europäische Kommission hat im Wesentlichen vier Aufgaben: Sie macht dem Parlament und dem Rat Vorschläge für neue Rechtsvorschriften. Sie setzt die EU-Politik um und verwaltet den Haushalt. Sie sorgt (gemeinsam mit dem Gerichtshof) für die Einhaltung des europäischen Rechts. Sie vertritt die Europäische Union auf internationaler Ebene, zum Beispiel durch Aushandeln von Übereinkommen zwischen der EU und anderen Ländern.

Das Gebäude der EU-Kommission in Brüssel

Der Europäische Gerichtshof

Der EuGH ist das höchste europäische Gericht und hat u.a. die Aufgabe, auf Antrag zu prüfen, ob die Rechtsakte der EU rechtmäßig sind (Nichtigkeitsklagen) und die Mitgliedstaaten ihren Verpflichtungen aus den Verträgen nachkommen (Vertragsverletzungsverfahren). Jedes Mitgliedsland entsendet einen Richter auf sechs Jahre mit der Möglichkeit der Verlängerung der Amtszeit.

Die Haupttürme des Europäischen Gerichtshofes in Luxemburg

Der Europäische Rat

Die Tagungen des Europäischen Rates sind Gipfeltreffen der Staats- und Regierungschefs der EU-Länder, bei denen über allgemeine politische Zielvorstellungen und wichtige Initiativen entschieden wird. In der Regel finden jedes Jahr etwa vier Gipfeltreffen statt, die von einem ständigen Präsidenten geleitet werden. Der Europäische Rat setzt sich zusammen aus den Staats- und Regierungschefs der EU-Länder, dem Präsidenten der Kommission und dem Präsidenten des Europäischen Rates, der den Vorsitz der Tagungen innehat. Die Hohe Vertreterin der Union für Außen- und Sicherheitspolitik nimmt ebenfalls an den Sitzungen teil.

Der Europäische Rat trifft sich mindestens zweimal im Jahr in Brüssel.

M 10 So funktioniert die Europäische Union

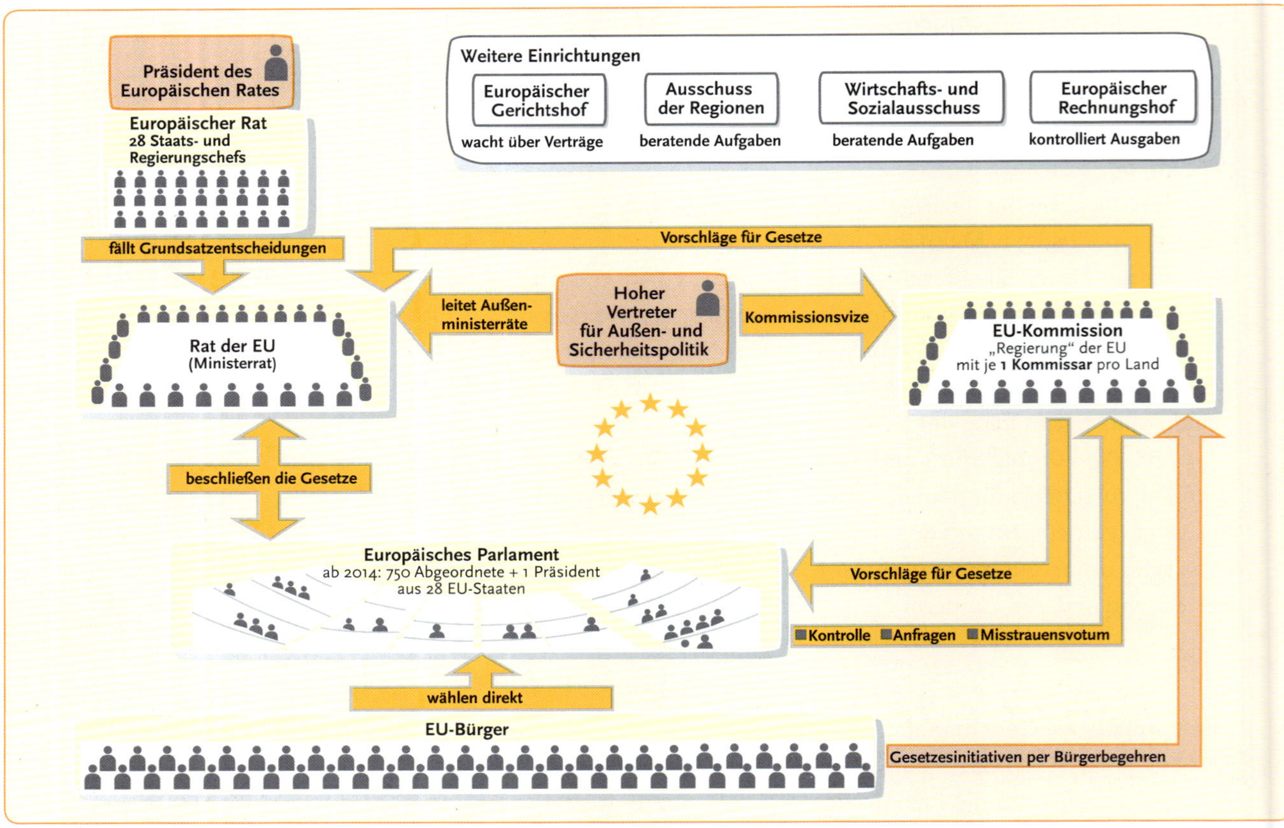

dpa-Grafik in: poliTICKER (Nr. 1/2010), S. 3 (aktualisiert)

M 11 Arten von gemeinschaftlichen Rechtsakten

Beispiele:

Verordnung

Neue Sicherheitszigaretten sollen Raucher vor dem Flammentod schützen. Die deutsche Tabakindustrie darf seit 17. November 2011 gemäß einer EU-Verordnung nur noch Zigaretten mit „verminderter Zündneigung" verkaufen.

- **Verordnungen** sind ab dem Zeitpunkt ihrer Verabschiedung auf Gemeinschaftsebene für jedermann verbindlich; sie gelten unmittelbar in jedem Mitgliedstaat und müssen nicht erst in nationales Recht umgesetzt werden.
- **Richtlinien** legen Ziele fest, wobei es Aufgabe der Mitgliedstaaten ist, diese auf nationaler Ebene anzuwenden; sie geben den Mitgliedstaaten Ergebnisse verbindlich vor, stellen ihnen jedoch frei, wie sie diese erreichen.
- **Beschlüsse** beziehen sich auf ganz bestimmte Themen; sie sind in allen ihren Teilen für diejenigen verbindlich, an die sie gerichtet sind. Eine Entscheidung kann an alle Mitgliedstaaten, einen Mitgliedstaat, ein Unternehmen oder eine Einzelperson gerichtet sein.
- **Empfehlungen** und **Stellungnahmen** sind nicht rechtsverbindlich; sie geben lediglich den Standpunkt der Organe zu einer bestimmten Frage wieder.

Europäische Union, 1995 – 2011, http://ec.europa.eu/publications/booklets/eu_glance/G8/de.pdf (12.1.2011)

M 12 Das Gesetzgebungsverfahren in der EU

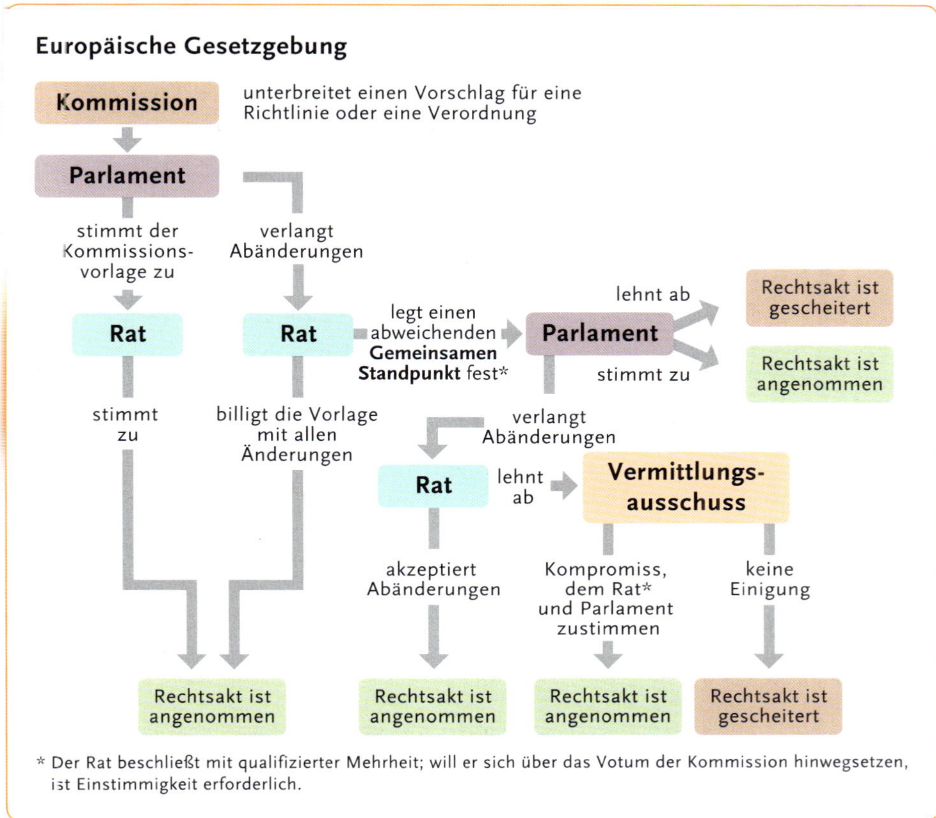

Bergmoser + Höller Verlag AG, Zahlenbilder 715420

Aufgaben

1. Beschreibe den Weg der Roamingverordnung von 2009 (M 8) anhand der Grafik M 12. Welche Institutionen sind wie an der Entscheidung beteiligt?
2. Ordne folgende Umschreibungen den europäischen Institutionen zu: europäischer Steuermann, Motor der EU, europäischer Schiedsrichter, Interessenvertretung der Staaten, Stimme der EU-Bürger (M 9 – M 12).
3. Vergleiche die Funktionen der EU-Organe (Legislative, Exekutive, Judikative) mit den entsprechenden Organen in Deutschland. Welche Gemeinsamkeiten, welche Unterschiede gibt es (M 9 – M 12)?

Richtlinie
Im Juli 1999 verabschiedete die EU eine Richtlinie, die die Hühnerhaltung in kleinen Legebatterien bis 1.1.2012 aus dem EU-Raum verbannen sollte. Während Deutschland die Umstellung bereits Anfang 2010 durch eine nationale Verordnung vollzogen hat, leben im EU-Ausland nach brancheninternen Schätzungen noch 100 Millionen Legehennen in verbotenen Käfigen.

Beschluss
Die EU-Außenminister in Brüssel beschlossen im Dezember 2011 Vermögenssperren und Einreiseverbote für weitere elf syrische Unternehmen und zwölf Personen, um die syrische Führung zu einem Ende der Gewalt gegen Oppositionelle zu zwingen.

Empfehlung
Um Schäden durch UV-Strahlung weitestgehend zu verhindern und Verbraucher besser zu schützen, wurden 2010 EU-Empfehlungen zum Sonnenschutz erlassen. Nach den aktuellen Empfehlungen zum UV-Schutz sollen Sonnenschutzpräparate in der EU eine UVA/UVB Schutzbalance von 1:3 erfüllen.

Was wir wissen

Vergemeinschaftung M 1 – M 3	Immer mehr Politikbereiche wurden im Lauf der Zeit in die Zuständigkeit der Europäischen Union übertragen, sodass heute viele politische Entscheidungen in „Brüssel" fallen und nicht mehr in Berlin oder Paris.
Vertiefung und Erweiterung	Charakteristisch für die Entwicklung des europäischen Hauses ist seit der Unterzeichnung der Römischen Verträge im Jahr 1957 ein Wechselspiel von Vertiefung und Erweiterung. Immer mehr Politikbereiche wurden in die Zuständigkeit der Europäischen Union übertragen (z. B. Verbraucherschutz, Umweltpolitik, Währungspolitik ...) und immer mehr Staaten wurden in die EU aufgenommen. Das Fundament der europäischen Einigung sind die gemeinsamen Werte: Wahrung der Menschenrechte, Frieden, Freiheit, Rechtsstaatlichkeit und Demokratie.
Institutionen der EU – Gesetzgebung M 8 – M 12	Grundsätzlich hat nur die Europäische Kommission das Recht, Gesetzesvorschläge einzubringen. Allerdings können das Europäische Parlament, der Ministerrat und der Europäische Rat die Kommission auffordern, tätig zu werden. Die Kommission sorgt als Verwaltungsbehörde für die Umsetzung des Gemeinschaftsrechts in den Mitgliedstaaten und überwacht die Einhaltung des europäischen Rechts.
EU-Kommission	Ein Gesetzesvorschlag der Kommission wird in einem mehrstufigen Verfahren von Rat und Europäischem Parlament beraten. Sofern es im regulären Verfahren nicht zu einer Einigung zwischen Rat und Europäischem Parlament kommt, tritt der Vermittlungsausschuss in Aktion.
Ministerrat	Der Rat der Europäischen Union setzt sich aus den Fachministern der Mitgliedstaaten zusammen, die die jeweiligen nationalen Interessen durchzusetzen versuchen, dabei aber einen Kompromiss mit der Europäischen Kommission und dem Europäischen Parlament finden müssen (institutionelles Dreieck). Der Ministerrat wird auch als Hauptgesetzgeber bezeichnet, weil ohne eine Einigung im Ministerrat keine Gesetze verabschiedet werden können und er in einigen Bereichen (noch) alleine entscheiden kann.
EU-Parlament	Das Europäische Parlament gilt als Sprachrohr der Bürger der EU, da die Abgeordneten von den EU-Bürgern direkt gewählt werden. Ihm kommen wichtige Aufgaben zu: Es entscheidet über den Haushalt der EU und kontrolliert die Arbeit von Kommission und Rat. Außerdem ist es am Gesetzgebungsverfahren beteiligt.
Europäischer Rat	Die Staats- und Regierungschefs der Mitgliedsländer bilden den Europäischen Rat. Er ist nicht am Gesetzgebungsprozess beteiligt, sondern legt zusammen mit dem Kommissionspräsidenten die Leitlinien und allgemeinen Ziele der Union fest.
Europäischer Gerichtshof	Wichtigstes rechtsprechendes Organ ist der Europäische Gerichtshof, der darüber entscheidet, ob die Handlungen der EU-Organe und der Mitgliedstaaten mit den EU-Verträgen übereinstimmen.

Planspiel „Roamingtarife 2013“

Bis 2013 wird die Übertragung von großen Datenmengen über das Handy, z. B. das Versenden von Urlaubsbildern oder Fernsehen immer stärker genutzt. Die Preise der Mobilfunkanbieter dafür sind noch immer sehr hoch und für jedes Land unterschiedlich. Die EU möchte eine 3. Roamingverordnung zur Vereinheitlichung und Verbilligung dieser Dienste für den Verbraucher durchsetzen.

Aufgabe

Bildet fünf Gruppen (Kommission, Rat, Parlament, Mobilfunkkonzerne, Moderatoren) und arbeitet eure Argumentation ausgehend von den Rollenkarten weiter aus. Simuliert dann den genauen Ablauf des Gesetzgebungsverfahrens. Überlegt für eure Institution Strategien der Verhandlungsführung für die einzelnen Phasen des Verfahrens. Bei Uneinigkeit bildet sich der Vermittlungsausschuss.

Rollenkarten

Mobilfunkanbieter

Wehren sich gegen erneute Eingriffe in ihre Tarife. Fürchten um ihre Konzerngewinne. Wenden sich mit ihren Protesten an alle beteiligten Institutionen in allen Phasen des Gesetzgebungsprozesses.

Europäisches Parlament

Will für die Verbraucher eine Verbilligung und Vereinheitlichung der Kosten für Datentransfers im Ausland, nicht aber im Inland durchsetzen.

Vermittlungsausschuss

Der Vermittlungsausschuss greift ein, wenn Rat und Parlament nach der zweiten Lesung eines Vorschlags nicht zu einer Einigung gelangen.
Der Ausschuss, der sich je zur Hälfte aus Mitgliedern des Rates oder ihren Stellvertretern und aus Vertretern des Parlaments zusammensetzt, steht unter dem gemeinsamen Vorsitz des Präsidenten des Parlaments und des Präsidenten des Rats. Ziel des Vermittlungsausschusses ist es, sich auf einen für beide Parteien annehmbaren Text zu einigen.
Die Kommission nimmt ebenfalls an den Verhandlungen des Vermittlungsausschusses teil.

Kommission

Will eine starke Verbilligung des Datentransfers im Inland und im Ausland für die Verbraucher erreichen. Vor allem eine Angleichung der Tarife im Inland und anderen Mitgliedstaaten.

Ministerrat

Eine deutliche Mehrheit der Mitgliedstaaten (vor allem Großbritannien) lehnt den Vorstoß der Kommission ab. Die weitere Senkung der Gebühren gefährde die Existenz und Investitionskraft der Mobilfunkanbieter. Im Übrigen seien die Tarife nicht überhöht.

Moderation

Zeigt den Ablauf des Gesetzgebungsverfahrens auf. Beruft Sitzungen ein. Protokolliert Ergebnisse. Setzt Zeitlimits. Am Schluss: Rückblick auf die Vorgehensweise.

8.2 Integration und Erweiterung im europäischen Haus

Wie groß soll das europäische Haus werden?

M 1 Der Stand der Erweiterungsdebatte

*Globus-Grafik 3216; ** Beitrittsverhandlungen laufen; *** Beitrittskandidaten noch ohne Verhandlungen*

Als weitere potenzielle Kandidatenländer gelten Albanien, Bosnien und Herzegowina, Serbien und Kosovo.

M 2 Erweiterung – wozu?

Im Verlaufe der vergangenen 50 Jahre hat die Europäische Union ihre innere Integration kontinuierlich vertieft und gleichzeitig neue Mitglieder aufgenommen. Meistens liefen diese beiden Prozesse parallel zueinander. Dadurch ist die heutige EU, die 28 Mitgliedstaaten und eine Bevölkerung von ca. 500 Millionen Menschen zählt, sicherer, wohlhabender und einflussreicher geworden als die ursprüngliche Europäische Wirtschaftsgemeinschaft mit ihren sechs Mitgliedern und einer Bevölkerung von weniger als 200 Millionen Menschen. Eine wachsende Mitgliedschaft war von Anfang an ein Wesenselement der europäischen Integration. Die Debatte über die Erweiterung ist so alt wie die EU selbst. Bei jeder Aufnahme eines neuen Mitglieds verändert sich die EU. Das Nachdenken darüber, was aus uns werden könnte, zwingt uns dazu, auch darüber nachzudenken, was wir heute sind und was wir morgen sein wollen. Die Aufnahme von Ländern Mittel- und Osteuropas und des Mittelmeerraums in den Jahren 2004 und 2007 hat sich für die EU als großer Erfolg erwiesen, auch wenn sie von manchen zum Sündenbock für allerlei soziale und wirtschaftliche Probleme in der EU gemacht wird. Die letzte Erweiterungsrunde hat den Raum des Friedens, der Stabilität und der Demokratie in Europa ausgedehnt und durch die Vergrößerung von Märkten, die Schaffung neuer Geschäftsmöglichkeiten und die Integration schnell wachsender Volkswirtschaften in den Binnenmarkt die europäische Wirtschaft gestärkt. Die EU ist heute die größte Wirtschaftszone der Welt. Der größere Binnenmarkt und die neuen wirtschaftlichen Chancen haben den Wohlstand und die Wettbewerbsfähigkeit der Europäer gesteigert.

Olli Rehn, in: Die Erweiterung verstehen, Europäische Gemeinschaften, 2007, S. 1 (aktualisiert)

M 3 Wer kann Mitglied werden?

Der Vertrag von Lissabon legt die Grundsätze für die Aufnahme neuer Mitgliedstaaten fest. In Art. 6 Abs. 1 heißt es: „Die Union beruht auf den Grundsätzen der Freiheit, der Demokratie, der Achtung der Menschenrechte und Grundfreiheiten sowie der Rechtsstaatlichkeit; diese Grundsätze sind allen Mitgliedstaaten gemeinsam." Jeder europäische Staat, der diese Grundsätze achtet, kann beantragen, Mitglied der Union zu werden. Im Jahr 1993 hat der Europäische Rat auf seiner Tagung in Kopenhagen außerdem Beitrittskriterien festgelegt, die 1995 vom Europäischen Rat in Madrid bestätigt wurden (Kopenhagener Kriterien):

- Politische Kriterien: stabile Institutionen, die die Rechtsstaatlichkeit, die Menschenrechte und die Achtung und den Schutz von Minderheiten garantieren.
- Wirtschaftliche Kriterien: eine funktionsfähige Marktwirtschaft und die Fähigkeit, dem Wettbewerb und den Marktkräften in der EU standzuhalten.

- Fähigkeit zur Erfüllung der Verpflichtungen aus der EU-Mitgliedschaft und zur Übernahme der Ziele der politischen Union sowie der Wirtschafts- und Währungsunion.
- Übernahme des gesamten europäischen Rechtsbestands und dessen wirksame Anwendung mittels geeigneter Verwaltungs- und Justizstrukturen.

M 4 Was denken die Bürger?

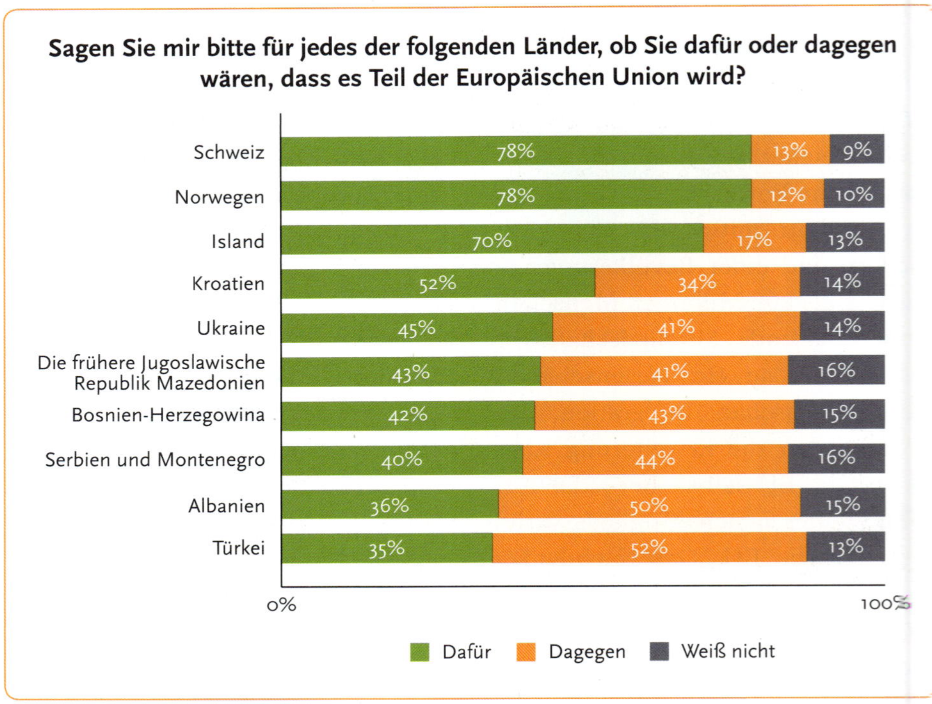

Eurobarometer 63, Juli 2005, S. 29

Aufgaben

1. Fasse die Begründungen für die stetige Erweiterung der EU zusammen (M 1, M 2).
2. Vergleicht die Einstellungen der Bürger zur Mitgliedschaft und diskutiert Erklärungen für die unterschiedlichen Einstellungen (M 4).
3. Diskutiert, wie groß das europäische Haus werden soll. Hat die EU bereits eine kritische Größe erreicht oder kann sie noch viele weitere Staaten aufnehmen (M 1 – M 4)?

M 5 Karikaturen interpretieren – wie groß soll das europäische Haus werden?

Mutter Europa und ihre Kinder

Gerhard Mester, Baaske Cartoons, Müllheim

Gerhard Mester, Baaske Cartoons, Müllheim

Thomas Plaßmann, Baaske Cartoons, Müllheim

Eine Karikatur stellt zeichnerisch ein aktuelles Thema aus Politik, Gesellschaft oder Wirtschaft dar. Der Karikaturist interpretiert in überspitzter Weise einen Sachverhalt, sodass versteckt seine Sicht des Problems deutlich wird.

Vorgehen bei der Karika-Tour

Hängt die Karikaturen an den Wandseiten eures Klassenzimmers aus.

In kleinen Gruppen betrachtet ihr nun die einzelnen Darstellungen.

Nach 2 – 3 Minuten wechseln die Gruppen auf ein Signal des Lehrers im Uhrzeigersinn zur nächsten Karikatur. Diese wird unter der gleichen Fragestellung betrachtet. Wenn der Rundgang mit der Kurzbesprechung der übrigen Karikaturen abgeschlossen ist, werden die Bilder abgehängt. Der Lehrer lässt nun jede Gruppe verdeckt eine Karikatur ziehen. Mithilfe eines Frage-Leitfadens bespricht nun jede Gruppe ausführlich „ihre“ Karikatur.

Leitfragen

1. Was stellt der Zeichner oder die Zeichnerin dar?
   → Aussage oder Thema der Karikatur
2. Wie und mit welchen Mitteln (Figuren, Objekte, Symbole) wird das Thema dargestellt?
   → Zeichnerische Elemente
3. Ist aus der Karikatur eine bestimmte Einstellung, Position oder Deutung des Zeichners oder der Zeichnerin erkennbar?
   → Tendenz der Karikatur
4. Wie beurteilt ihr die Aussage?
   → Eigene Position
5. Welche Fragen ergeben sich für euch aus der Karikatur?
   → Weitere Fragen
6. Einigt euch auf eine Kernaussage
   → Kernaussage

Der EU-Gipfel in Helsinki am 11. Dezember 1999 war ein Wendepunkt in den Beziehungen zwischen der Türkei und der Europäischen Union. Die Türkei wurde offiziell zum Beitrittskandidaten ernannt. Seit dem Start der Beitrittsverhandlungen 2005 hat die Türkei in einigen Bereichen deutliche Fortschritte erzielt. Die Regierung von Ministerpräsident Recep Tayyip Erdogan modernisierte das türkische Justizsystem, schaffte die Todesstrafe ab, beschnitt den traditionell starken Einfluss des Militärs auf die Politik und erlaubte Rundfunksendungen, Fernsehkanäle und Schulunterricht in kurdischer Sprache und unternahm Schritte zur Versöhnung mit den Armeniern. Diese Entwicklungen würdigte auch der EU-Fortschrittsbericht vom Oktober 2009. Zugleich forderte die EU den Beitrittskandidaten aber auf, das Reformtempo zu beschleunigen.

	D	EU-27	Türkei
Einwohner in Mio. (2010)	81,8	501,0	72,5
BIP in Mio. Euro (2010)	2.409	11.802	441
BIP pro Kopf in Euro (2010)	28.698	24.945	11.648
Wirtschaftswachstum in % (2005-2010)	0,6	1,8	4,6
Arbeitslosenquote in % (2005-2010)	8,6	8,3	11,7
Inflationsraten in % (2005-2010)	1,7	2,2	8,8
Bevölkerungswachstum in % (1990-2010)	+2,7	+20,8	+30,3

Soll die Türkei Mitglied der EU werden?

M 6 Zwölf Sterne und ein Halbmond?

Karikatur: Walter Hanel

M 7 EU – Deutschland – Türkei: Daten und Fakten

Globus-Grafik 9505

Türkei

Fläche: 780.580 qkm (doppelt so groß wie Deutschland)

Regierungsform: Republik

Währung: türkische Lira

Amtssprache: Türkisch

Religion: 99 % Muslime

Volksgruppen: 80 % Türken, 20 % Kurden

Export: Textilien, Nahrungsmittel, Metallwaren

Import: Maschinen, Chemikalien, Kraftstoffe

M 8 Kontrovers diskutiert: Soll die Türkei in die EU?

Die Türkei ist heute etwa so wohlhabend wie Portugal zum Zeitpunkt der EU-Aufnahme.

In zehn Jahren hat die Türkei 80 Millionen Einwohner und damit mindestens so viele wie Deutschland. Oder wie derzeit die zehn neuen EU-Staaten zusammen. Die Türkei ist zu groß. Sie wäre mittelfristig das bevölkerungsreichste EU-Land und hätte damit auch die meisten Stimmen.

Die Türkei gehört nicht zu Europa. Die Türkei ist ein muslimisches Land, ihre Aufnahme würde die europäische Identität gefährden. Europa endet am Bosporus. Mit einer EU-Mitgliedschaft der Türkei wären der Iran und der Irak unsere direkten Nachbarn.

Ein Beitritt der Türkei würde das politische System, die Demokratie und die wirtschaftlichen Reformen in der Türkei stabilisieren.

Die Türkei ist wirtschaftlich zu unterentwickelt. Ihre Mitgliedschaft können wir uns nicht leisten. Mit einem Sechstel der deutschen Wirtschaftskraft ist die Türkei so arm, dass nach Berechnungen der EU-Kommission jedes Jahr zwischen 16,5 und 27,5 Milliarden Euro in die Türkei fließen müssten.

Ein rascher Beitritt der Türkei würde eine Brücke zwischen dem christlich geprägten Europa und dem islamischen Nahen Osten schlagen. Eine demokratische und rechtsstaatliche Türkei wird auch als Modell für die islamische Welt eine große Anziehungskraft gewinnen.

Wir haben der Türkei den Beitritt seit 1963 versprochen und müssen glaubwürdig bleiben.

Mit der Türkei als Regionalmacht im Nahen und Mittleren Osten würde Europa zum „Global Player" und könnte den Vereinigten Staaten in der islamischen Welt eine eigene Sicherheitspolitik entgegensetzen.

Aufgaben

1. Gehört die Türkei in die EU? Stimmt zunächst in der Klasse darüber ab.
2. Diejenigen, die die gleiche Position teilen, bilden eine Gruppe. Diese setzt sich mit der gegenteiligen Auffassung auseinander (M 6 – M 8). Stellt die Argumente anschließend übersichtlich auf einem Plakat dar.
3. Stimmt abschließend erneut über die Ausgangsfrage ab. Hat sich das Meinungsbild verändert?

Die Wirtschafts- und Währungsunion – ein großer Integrationsfortschritt?

M 9 Die Euroländer

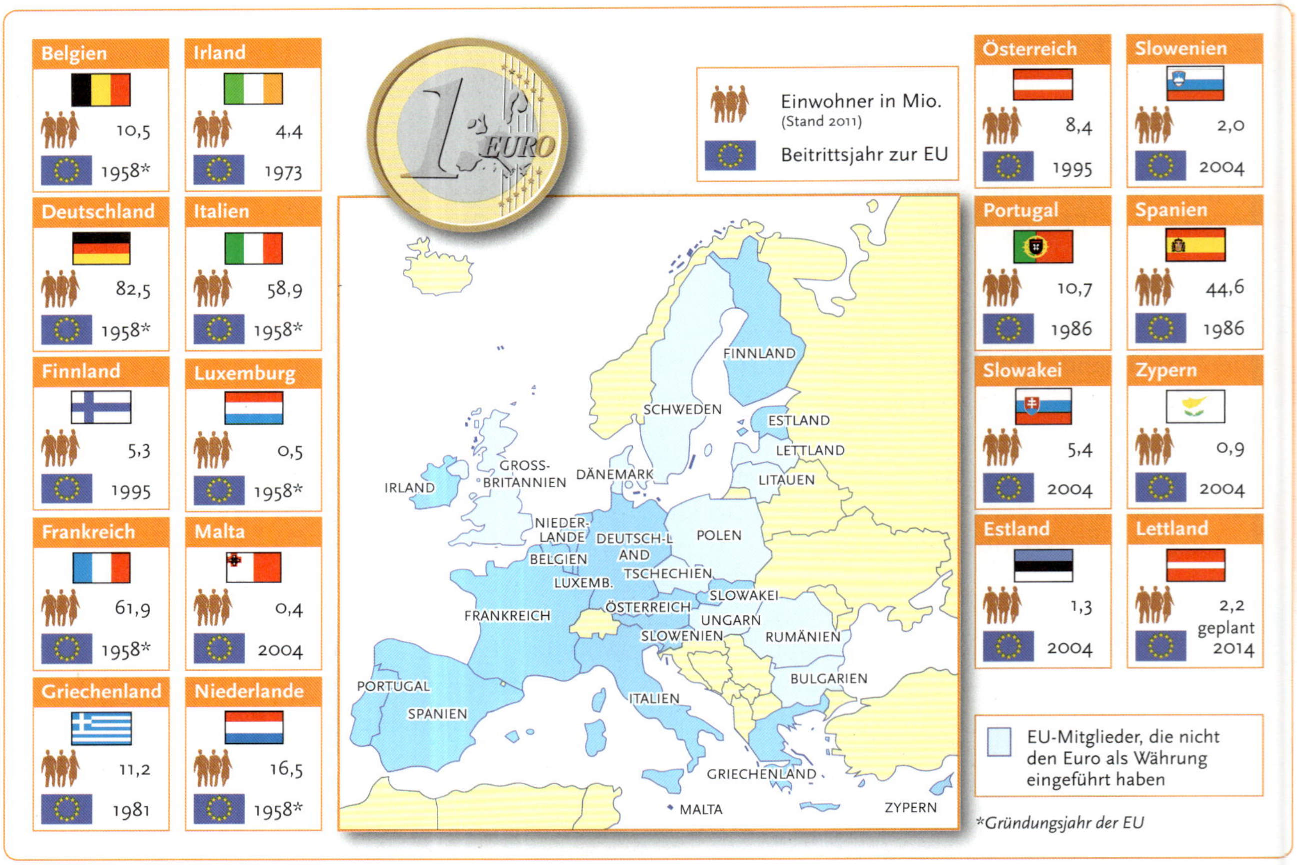

Globus-Grafik 3538

M 10 Der Euro – unsere gemeinsame Währung

Wer schon mal nach Polen oder Ungarn gefahren ist, hat sich vielleicht gewundert, dass die Reisenden dort erst einmal auf die Bank mussten, um ihr Geld in Zloty oder Forint umzutauschen. Schließlich sind wir es mittlerweile gewöhnt, in Urlaubsländern wie Spanien oder Frankreich mit der gemeinsamen europäischen Währung zu bezahlen: dem Euro. Der Euro ist eine der wichtigsten Währungen der Welt.

Unsere Gemeinschaftswährung hat einige Vorteile. Unternehmen haben es leichter, Waren im Ausland zu kaufen oder zu verkaufen. Und wenn man in Portugal im Supermarkt steht, weiß man sofort, ob das Eis am Stiel teurer ist als zu Hause oder nicht. Auch entfallen die Umtauschgebühren für andere Währungen.

Die Einführung der gemeinsamen Währung war für die Europäische Union ein gewaltiger Schritt, der Euro sollte zu einem Symbol der europäischen Integration werden und so ein gemeinsames europäisches Wir-Gefühl (Identität) stiften.

An der Währungsunion können nur Staaten teilnehmen, die einander in ihrer wirtschaftlichen Entwicklung ähnlich sind. Um dies zu gewährleisten, hat der Vertrag von Maastricht für die Aufnahme von Ländern in die EWWU feste Kriterien definiert, die sogenannten Konvergenzkriterien.

Konvergenz bezeichnet dabei die allmähliche Annäherung der Teilnehmerländer in wichtigen wirtschaftlichen Grunddaten (Staatsverschuldung, Inflation, Zinsen). Dies ist notwendig, da Spannungen zwischen Ländern entstehen können, wenn sie sich wirtschaftlich unterschiedlich entwickeln. Um dies zu verhindern, wurde außerdem der Stabilitäts- und Wachstumspakt (kurz: Euro-Stabilitätspakt) im Vertrag von Amsterdam 1997 verankert. Der Stabilitäts- und Wachstumspakt fordert von den Euroländern in wirtschaftlich normalen Zeiten einen annähernd ausgeglichenen Staatshaushalt, damit in wirtschaftlich ungünstigen Zeiten Spielraum besteht, durch eine Erhöhung der Staatsausgaben die Wirtschaft zu stabilisieren (Neuverschuldung maximal drei Prozent des Bruttoinlandsprodukts, Schuldenstand maximal 60 Prozent des Bruttoinlandsprodukts). Bei Verstößen gegen diese Regeln drohen dem Mitgliedsland Geldstrafen.

In der Folge der Finanzmarktkrise 2009/2010 wurde deutlich, dass einige Staaten, vor allem Griechenland, trotz der Vorgaben des Stabilitätspaktes sehr hohe Staatsverschuldungen entstehen ließen. Dies führte zu einem starken Wertverlust des Euro gegenüber anderen Währungen und brachte die gesamte Währungsunion ins Wanken.

Währungsunion
Eine Währungsunion ist ein Zusammenschluss von Staaten mit unterschiedlichen Währungen zu einem einheitlichen Währungsraum. Im Gegensatz zu einer Währungsreform bleibt bei der Währungsunion der Wert des Geldes erhalten. Die beteiligten Währungen werden lediglich nach einem bestimmten Austauschverhältnis in die neue Währung umgerechnet.

M 11 Die Entwicklung des Eurokurses

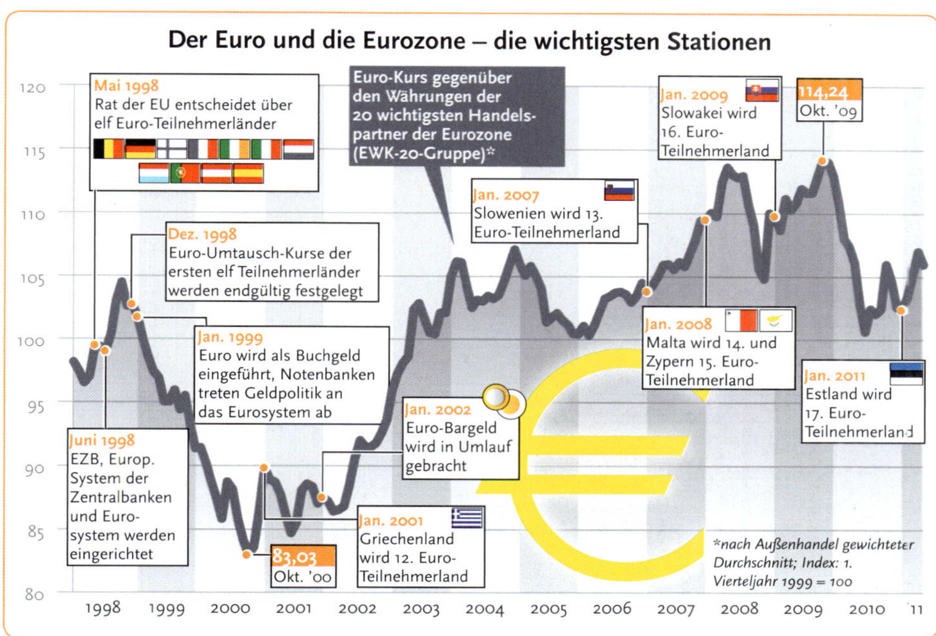

Globus-Grafik 4358; Quelle: Deutsche Bundesbank

M 12 Welche Auswirkungen haben schwankende Kurse?

Eine Währung ist, vereinfacht ausgedrückt, das Geld, welches in einem Währungsraum als Zahlungsmittel gilt. Es gibt heute über 160 Währungen auf der Welt. Wenn man von einer harten Währung spricht, meint man, dass diese Währung ihre Kaufkraft im Währungsgebiet erhält (Binnenwert der Währung), also über Jahre hinweg die Preise für die Güter nicht oder nur leicht steigen. Es herrscht dann eine geringe Inflation. Eine im Binnenwert harte Währung ist im Allgemeinen auch im Austauschverhältnis (Wechselkurs) zu anderen Währungen stark. Wechselkurse geben das Austauschverhältnis zweier Währungen an. Feste Wechselkurse werden von den Regierungen vereinbart und sollen mittelfristig Schwankungen der Kurse verhindern. Bei freien Wechselkursen bildet sich der Kurs jeden Tag neu aufgrund von Devisenangebot und Devisennachfrage auf den Devisenmärkten. Bekommt man z. B. für einen Euro 2 US-Dollar statt bisher 1,50 USD, dann ist der Euro stärker geworden, er ist aufgewertet worden. Dies führt z. B. dazu, dass Reisen in die USA für Deutsche billiger werden, die Reisen von US-Bürgern ins Euroland hingegen sich verteuern. Komplizierter sind die Auswirkungen auf den Handel. Ein starker Euro führt zu einer Verteuerung der deutschen Exporte in die USA. Warum ist das so? Der amerikanische Importeur bezahlt die deutschen Waren in USD. Der deutsche Exporteur möchte seine Gewinne aus dem Verkauf seines Exportgutes anschließend in Euro umtauschen. Bei einem starken Euro und schwachen USD bekommt er im Devisentausch weniger Euro. Das verringert seine Gewinne. Dies kann den Exporteur dazu bewegen, die Preise für seine Produkte zu erhöhen, was einen Rückgang des Absatzes zur Folge haben kann. Die positive Seite des starken Euro ist, dass die Einfuhren nach Deutschland aus dem Dollarraum sich verbilligen. Öl und Gas, für Deutschland wichtige Einfuhrgüter, werden in Dollar bezahlt. Bei einem starken Euro verringern sich die Kosten.

Aufgaben

1. Erläutere, warum Konvergenzkriterien als „Eintrittskarten" zur Währungsunion festgelegt worden sind (M 10).
2. Beschreibe die Entwicklung des Euro-Kurses (M 11). Kann man von einer Erfolgsgeschichte des Euro sprechen?
3. M 12 beschreibt eine „harte" Währung. Formuliere den Text neu für eine „weiche" Währung. Beginne ab Zeile 5: „Wenn man von einer weichen Währung spricht, ..."

Wohin steuert die Währungsunion?

M 13 Sorgenkinder der Eurozone

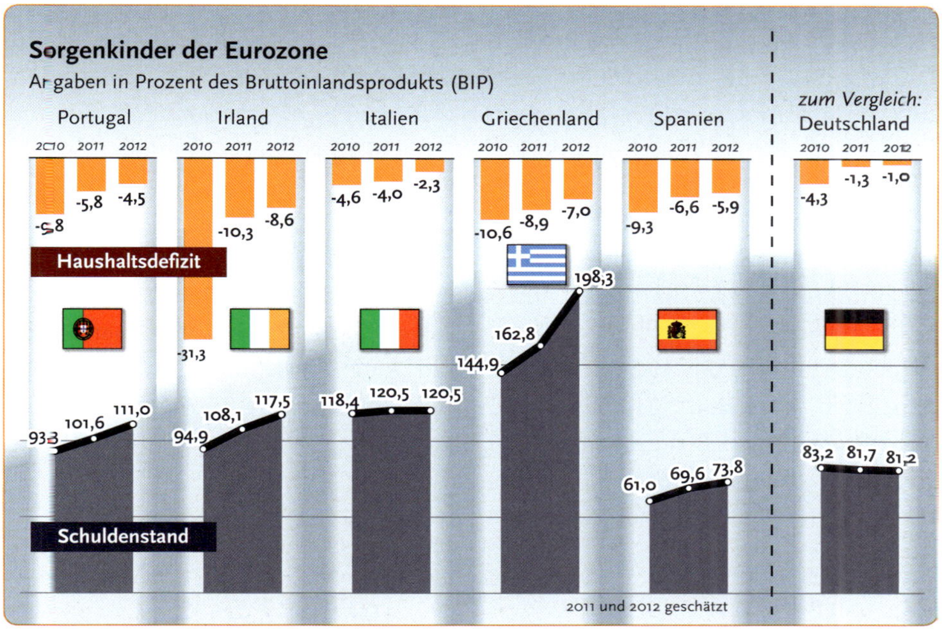

Globus-Grafik 4621; Quelle: Eurostat, EU-Kommission

Stabilitätspakt
Im Stabilitäts- und Wachstumspakt haben sich die Euro-Teilnehmer verpflichtet, ihr jährliches Haushaltsdefizits auf 3 % ihres Bruttoinlandsprodukts (BIP) und den Stand ihrer öffentlichen Verschuldung auf 60 % ihres BIPs zu begrenzen.

Haushaltsdefizit
Ein Haushaltsdefizit (auch Budgetdefizit) entsteht, wenn die Summe der Ausgaben in einem Haushaltsjahr die Summe der Einnahmen überschreitet. Die Differenz (Defizit) muss durch die Aufnahme von Schulden beglichen werden.

M 14 Was ist mit dem denn los? Die Zukunft des Euro

Welche Dynamiken in einer Wirtschafts- und Währungsunion stecken können, erkannte man zu spät. Vor allem die hohen Staatsverschuldungen von Griechenland oder Irland haben dazu beigetragen, dass innerhalb der internationalen Finanzkrise auch der Euro ins Straucheln geriet. Zwar legten die Euro-Gründer fest, unter welchen Bedingungen ein Land die Währung einführen darf und auf was geachtet werden muss […]. Verstöße blieben jedoch ungeahndet; auch Deutschland überschritt die Drei-Prozent-Grenze. De facto hat jedes Land weiterhin seine eigene Finanz- und Wirtschaftspolitik betrieben. Das sagt auch der Wirtschaftsjournalist Wolfgang Münchau […]: „Kein Land musste bei der Einführung des Euro seine politischen Strukturen anpassen, jeder hat weitergemacht wie vorher. Man hat sich damals auf eine lockere Vereinbarung mit allen EU-Ländern geeinigt, statt mit den Ländern […] verbindliche Abkommen zu schaffen."

Während die einen an den Euro glauben, prophezeien die anderen seinen Untergang. Wenn durch strauchelnde Banken und ausweglose Verschuldungen mehrere Staaten pleitegingen und die Hilfsmechanismen dies nicht abfedern könnten, würde die Euro-Zone auseinander brechen. Darin sind sich zumindest viele Wirt-

Höhere Strafen für Schuldenstaaten
Anfang 2012 beschlossen die Mitglieder der Eurozone Staaten, die die Defizitgrenze von drei Prozent reißen, automatisch mit Milliardenbußen zu bestrafen. Wer die Regeln bricht, muss zuerst ein Pfand von 0,2 Prozent der Wirtschaftsleistung hinterlegen. Das Pfand wird in eine Geldbuße umgewandelt, wenn die betroffene Regierung nicht entschieden genug spart. Für chronische Defizitsünder wird es noch teurer. Dann werden Bußen von bis zu 0,5 Prozent der Wirtschaftsleistung fällig.

Staatsanleihen
Der Zweck der Ausgabe von Staatsanleihen ist, dass der Staat von Bürgern (oder Banken), in dem Falle dann konkret von den Käufern der Anleihe, Kapital sammeln kann, um dieses zur Tilgung von Schulden oder auch für neue Investitionen nutzen zu können. Bislang gibt jeder Staat eigene Anleihen aus – und zahlt die auf dem Markt geforderten Zinsen. Bei kriselnden Euro-Ländern sind die sehr hoch. Gemeinsame Anleihen der Euro-Staaten mit einem einheitlichen Zinssatz könnten nach Ansicht der EU-Kommission die Schuldenkrise entschärfen und das Bankensystem stabilisieren.

schaftsexperten einig. Im schlimmsten Fall wäre der Euro dann am Ende und Staaten müssten zu ihren alten Währungen zurückkehren. Für Deutschland wäre das Zurück zur Ex, der D-Mark, eine Katastrophe: Die alte Währung dürfte im Gegensatz zum Euro deutlich aufgewertet werden. Heißt: Was deutsche Firmen ins Ausland verkaufen wollen, würde dauerhaft teurer. Gleichzeitig würde der europäische Binnenmarkt zusammenbrechen, die Arbeitslosigkeit steigen. […]
Und wie könnte ein Happy End für den Euro aussehen? Michael-Burkhard Piorkowsky, Professor für Konsumökonomik an der Universität Bonn, hofft „weiterhin auf den Euro" und sieht in ihm eine Voraussetzung für die Idee der Vereinigten Staaten von Europa. Dazu müssten die starken Länder die schwächeren kurzfristig stützen, Haushaltsdefizite müssten konsequent, aber sozialverträglich zurückgefahren werden. „Wir müssen uns vom Wachstumsfetischismus verabschieden, der Menschen eine realistische Lagebeurteilung bieten und die Idee vom Europäischen Haus ernsthaft als politisches Ziel mit hoher Priorität verfolgen", sagt Piorkowsky. Dann würden auch die Kinderkrankheiten des Euro mittelfristig überwunden.

Imke Emmerich, Wer ist eigentlich dieser Euro? Über die Geschichte und Zukunft des Euro, in: Futter, hrsg. v. Bundeszentrale für politische Bildung, 3.1.2012

M 15 Die Europäische Zentralbank – Hüterin des Euro

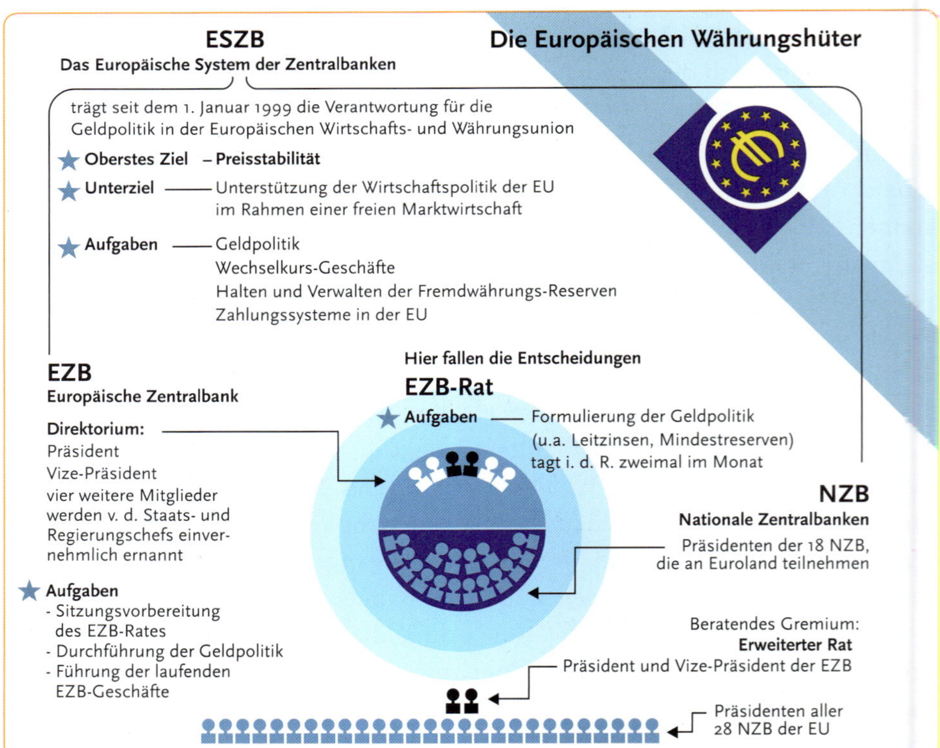

Globus-Grafik 3480

M 16 Welche Möglichkeiten hat die EZB?

Der Notenbank sind praktisch keine Grenzen gesetzt. Erstes Mittel zur Steuerung der Märkte sind im Fall der EZB die Zinsen. Monat für Monat bewerten die Währungshüter neu, wie billig oder teuer Geld im Euro-Raum sein soll. Gerade hat die EZB den Leitzins wieder von 1,5 auf 1,25 Prozent gesenkt, was die Konjunktur ankurbeln kann. Die EZB kann auch die Notenpresse anwerfen, um gezielt mehr Geld in den Markt zu pumpen. Das tat sie in der Bankenkrise der Jahre 2008/2009, damit das Finanzsystem nicht kollabierte. Seit Mai 2010 kauft die EZB Anleihen von Schuldenstaaten wie Griechenland und zuletzt auch Italien, damit diese für ihre Schulden keine utopischen Zinsen bezahlen müssen. Schon der Kauf der Staatsanleihen gilt als Tabubruch und ist heftig umstritten, weil die EZB damit faktisch die Schulden der Euro-Staaten in ihre Bücher nimmt – ungewiss, ob sie jemals getilgt werden. […] Wo sind die Risiken eines solchen Notfalleinsatzes? Über allem steht die Sorge vor mehr Inflation. Je weiter die EZB ihre Geldschleusen öffnet, umso größer ist die Gefahr der Geldentwertung.

Jörn Bender, Abendblatt, 11.11.2011

M 17 Kontrovers diskutiert: der Euro

Befürworter	Gegner
→ Der Euro fördert die Vertiefung der europäischen Integration durch die Vergemeinschaftung der Geldpolitik und den daraus erwachsenden weiteren Koordinierungsbedarf in anderen Politikfeldern. → Der Euro schafft ein Gegengewicht zur weltweiten Dominanz des US-Dollars. → Der Euro ist ein Symbol der europäischen Integration und fördert eine gemeinsame europäische Identität. Er ist ein entscheidender Schritt hin zu einer politischen Union. → Der Euro fördert den Wettbewerb. Dies führt zu sinkenden Preisen für die Verbraucher. → Durch die gemeinsame Währung entfallen Umtauschkosten und Währungsrisiken.	→ Eine gemeinsame Währungspolitik funktioniert nur mit einer gemeinsamen Wirtschaftspolitik. → Das wirtschaftliche Gefälle der Mitgliedstaaten führt dazu, dass die ärmeren Staaten durch die wohlhabenden gestützt werden müssen. → Es gibt keine nationale Kontrolle über die Geldpolitik mehr, obwohl dies angesichts unterschiedlicher wirtschaftlicher Entwicklungen in den Euro-Ländern notwendig wäre. → Durch den einheitlichen Zinssatz der EZB gelten z. B. auch in Staaten niedrige Zinssätze, die aufgrund ihrer wirtschaftlichen Entwicklung eigentlich hohe Zinssätze bräuchten. So werden falsche Anreize gesetzt und wirtschaftliche Risiken verstärkt.

Aufgaben

1. Nenne die Ursachen der Eurokrise (M 13, M 14).
2. Beschreibe die genannten Lösungsansätze und die Gefahren, die jeweils damit verbunden sind (M 14 – M 16).
3. Diskutiert, ob die EU am Euro festhalten sollte (M 13, M 14, M 17).

Was wir wissen

Die Erweiterung der EU
M 1 – M 3

Die Europäische Einigung strahlte von Beginn an eine große Anziehung auf die Staaten Europas aus, sodass ausgehend von den sechs Gründerstaaten heute schon 28 Staaten im europäischen Haus ihren Platz gefunden haben. Jeder Beitrittskandidat muss die grundlegenden Werte der EU teilen und die Kopenhagener Kriterien erfüllen. Seit über 40 Jahren hoffen die Türken auf einen Beitritt zur Europäischen Union. Im Oktober 2005 hat die EU offiziell damit begonnen, Beitrittsverhandlungen mit der Türkei zu führen. Ein Beitritt der Türkei zur EU wird allerdings kontrovers beurteilt. Die Gegner des Beitritts sehen eine Unvereinbarkeit von islamischer und christlicher Kultur, hohe Kosten für die wirtschaftliche Integration und sicherheitspolitische Risiken. Die Befürworter sehen die Chance, unterschiedliche Kulturen politisch zu integrieren, die Möglichkeit, wirtschaftliche Ungleichgewichte in Europa auszugleichen und die Ausdehnung des Friedensmodells der EU auf ein islamisch geprägtes Land.

Der Euro
M 14 – M 17

Die im Maastrichter Vertrag festgelegte Wirtschafts- und Währungsunion ist neben der Erweiterung der EU das wohl bisher ehrgeizigste Ziel europäischer Politik. Sie schmiedet die nationalen Volkswirtschaften noch enger zusammen. Die Befürworter und Verteidiger der gemeinsamen Währung sehen in ihr die „Krönung“ des europäischen Binnenmarkts und einen entscheidenden Schritt zur Vertiefung europäischer Integration hin zu einer politischen Union. Darüber hinaus dient die gemeinsame Währung dem Wohlstand und bildet ein Gegengewicht zur Dominanz des US-Dollars.
Die Kritiker halten die Einführung für verfrüht, weil weder die wirtschaftlich-soziale noch die politische Integration weit genug vorangeschritten ist. Voraussetzung für die Teilnahme an der Währungsunion ist die Erfüllung der Konvergenzkriterien. Um auf Dauer eine nachhaltige wirtschaftliche Konvergenz innerhalb der EU zu erreichen, wurde 1997 zudem der Stabilitätspakt beschlossen. Er fordert von den Mitgliedstaaten eine solide Wirtschafts- und Finanzpolitik. Auch hierfür wurden bestimmte Kriterien festgelegt, die sich an den Konvergenzkriterien orientieren.

Die EZB
M 15

Die für den Euro verantwortliche Notenbank ist die Europäische Zentralbank (EZB) mit Sitz in Frankfurt am Main. Ihr oberstes Entscheidungsgremium ist der EZB-Rat, dem die sechs Mitglieder des EZB-Direktoriums sowie die 18 Gouverneure der nationalen Notenbanken angehören. Die EZB ist unabhängig und keinen politischen Weisungen unterworfen. Sie ist für die Geldpolitik im Euroraum zuständig. Ziel der Geldpolitik der EZB ist die Sicherung der Geldwertstabilität nach innen (in der Praxis wird darunter verstanden, dass die jährliche Teuerungsrate der Verbraucherpreise mittelfristig 2 Prozent nicht übersteigen soll) und nach außen (angemessene Wechselkurse, vor allem gegenüber dem US-Dollar).

Auseinandersetzung mit Szenarien zur Zukunft Europas – Quo vadis Europa?

Erläuterungen zu den einzelnen Szenarien:

Titanic: Das Titanic-Szenario beschreibt eine wesentliche Gefährdung bis hin zur Auflösung der europäischen Integration. Die Europäische Union ist nach diesem Szenario nicht fähig, den inneren und äußeren Herausforderungen gerecht zu werden. Innerhalb der Union nehmen die Interessenunterschiede und die Leistungsunterschiede der Mitgliedstaaten insbesondere durch die Erweiterungen immer weiter zu. Die Verteilungskämpfe werden schärfer und die Wertvorstellungen der einzelnen Mitgliedstaaten scheinen unüberbrückbar. Die bestehenden Strukturen und Institutionen der EU erweisen sich als ungeeignet für die große Zahl von Mitgliedstaaten. Das Modell der EU ist gescheitert.

Offener Gravitationsraum: Wesentliches Merkmal dieses Szenarios ist eine Gruppe von Mitgliedstaaten, die sich dem Ziel einer kontinuierlichen Integrationsvertiefung verpflichtet hat. Die ganzheitlichen Reformbemühungen scheitern an den unterschiedlichen Interessen der Mitgliedstaaten. Dennoch hält eine Mehrheit der Mitgliedstaaten am grundsätzlichen Ziel der Fortentwicklung der EU in Richtung einer politischen Union fest. Sie wählt mit Duldung der anderen Mitgliedstaaten den Weg weiter vertiefter Kooperation, jedoch wird den andern Mitgliedstaaten die Möglichkeit der Teilnahme an der vertieften Zusammenarbeit zu einem späteren Zeitpunkt gegeben.

Kerneuropa: Dieses Szenario basiert auf der Annahme, dass die Mitgliedstaaten sich nicht mehr auf neue gemeinsame Ziele hinsichtlich der zukünftigen Entwicklung der Europäischen Union einigen können. Der Gedanke einer großen, föderativen politischen Union aller Mitgliedstaaten geht verloren. In einigen Staaten nehmen Nation und Region in ihrer identitätsstiftenden Bedeutung wieder zu. Diese blockieren aufgrund ihres Mitspracherechts in den europäischen Institutionen eine weitergehende Integration. Schließlich entschließt sich eine überzeugte Gruppe von Mitgliedstaaten zur Zusammenarbeit außerhalb der Strukturen der Europäischen Union.

Supermacht Europa: Die Staaten sind bereit, der EU immer weiterreichende Kompetenzen in zentralen Politikbereichen zu übertragen (Innen-, Außen-, Verteidigungs-, Wirtschafts- und Sozialpolitik), weil sie davon ausgehen, dass sich die Nationalstaaten nur über den Zusammenschluss in der EU im internationalen Wettbewerb behaupten können. Wirtschaftliche Leistungsfähigkeit, Rechtsstaatlichkeit, ein Wertesystem mit großer internationaler Ausstrahlungs- und Anziehungskraft und erweiterte militärische Fähigkeiten verschaffen der EU eine beachtliche Handlungsbasis. Auf der Grundlage eines sich immer stärker ausprägenden „Wir-Gefühls" entwickelt sich die EU in Richtung eines europäischen Bundesstaates mit eigener Staatsqualität.

Methode Monnet: Dieses Szenario schreibt das Muster des Einigungsprozesses der vergangenen Jahre fort. Nach dem Scheitern der Verfassung erweist sich die ständige Suche nach einem kleinsten gemeinsamen Nenner als das beherrschende Prinzip des Integrationsprozesses, der flickenhaft und unvollständig bleibt. Trotz ihrer institutionellen Schwächen und den unterschiedlichen Interessen der Mitgliedstaaten zerfällt die Union nicht. Die bisherigen Erfolge (Frieden, Binnenmarkt, Schengen-Region) halten die Union so zusammen, dass immer wieder Kompromisse und kleine Fortschritte möglich sind.

nach: Franco Algieri u.a., Centrum für angewandte Politikforschung, München

Aufgabe

Bildet Gruppen. Lest die Szenarien zur Zukunft der Europäischen Union aufmerksam. Einigt euch dann in der Gruppe auf

- ein Szenario, das ihr für wünschenswert für die zukünftige Entwicklung der EU haltet;
- ein Szenario, das ihr für wahrscheinlich für die zukünftige Entwicklung der EU haltet.

Begründet eure Entscheidungen ausführlich.

9

Internationale Politik: Menschenrechte und Friedenssicherung

Krieg, Folter, Vertreibung, Hunger – tagtäglich werden die Rechte von Menschen auf der Welt im Namen von Staaten und Regierungen auf fundamentale Weise verletzt. Wie und mit welchen Mitteln kann sichergestellt werden, dass die Menschenrechte auch eingehalten werden?

Kompetenzen

Am Ende dieses Kapitels solltest du Folgendes können:

- verschiedene Formen von Menschenrechtsverletzungen beschreiben
- die unterschiedlichen Generationen von Menschenrechten unterscheiden und ihren universalen Geltungsanspruch darstellen
- Möglichkeiten zur Verhinderung von Menschenrechtsverletzungen kennen
- die Frage beurteilen, ob Menschenrechte auch mit Gewalt durchgesetzt werden sollten

Was weißt du schon?

- Betrachtet die Bilder und nennt die Menschenrechte, die verletzt werden.
- Sammelt weitere Menschenrechte, die ihr kennt.
- Überlegt euch, was man tun könnte, um die Menschenrechte zu schützen.

9.1 Menschenrechte – diese Rechte hat jeder

Was sind Menschenrechte?

M 1 Auszug aus der Menschenrechtskonvention

Artikel 1: *Alle Menschen sind frei und gleich an Würde und Rechten geboren. […]*
Artikel 2: *Jeder hat Anspruch auf alle in dieser Erklärung verkündeten Rechte und Freiheiten, ohne irgendeinen Unterschied, etwa nach Rasse, Hautfarbe, Geschlecht, Sprache, Religion, politischer oder sonstiger Anschauung, nationaler oder sozialer Herkunft, Vermögen, Geburt oder sonstigem Stand. […]*
Artikel 3: *Jeder hat das Recht auf Leben, Freiheit und Sicherheit der Person.*
Artikel 4: *Niemand darf in Sklaverei oder Leibeigenschaft gehalten werden; […].*
Artikel 5: *Niemand darf der Folter oder grausamer, unmenschlicher oder erniedrigender Behandlung oder Strafe unterworfen werden.*
Artikel 7: *Alle Menschen sind vor dem Gesetz gleich und haben ohne Unterschied Anspruch auf gleichen Schutz durch das Gesetz. […]*
Artikel 9: *Niemand darf willkürlich festgenommen, in Haft gehalten oder des Landes verwiesen werden.*
Artikel 10: *Jeder hat […] Anspruch auf ein gerechtes und öffentliches Verfahren vor einem unabhängigen und unparteiischen Gericht. […]*
Artikel 13: *1. Jeder hat das Recht, sich innerhalb eines Staates frei zu bewegen und seinen Aufenthaltsort frei zu wählen. 2. Jeder hat das Recht, jedes Land, einschließlich seines eigenen, zu verlassen und in sein Land zurückzukehren.*
Artikel 14: *1. Jeder hat das Recht, in anderen Ländern vor Verfolgung Asyl zu suchen und zu genießen. […]*
Artikel 16: *[…] Eine Ehe darf nur bei freier und uneingeschränkter Willenseinigung der künftigen Ehegatten geschlossen werden. Die Familie ist die natürliche Grundeinheit der Gesellschaft und hat Anspruch auf Schutz durch Gesellschaft und Staat.*
Artikel 17: *1. Jeder hat das Recht, sowohl allein als auch in Gemeinschaft mit anderen Eigentum innezuhaben. […]*
Artikel 18: *Jeder hat das Recht auf Gedanken-, Gewissens- und Religionsfreiheit; […]*
Artikel 19: *Jeder hat das Recht auf Meinungsfreiheit und freie Meinungsäußerung; […]*
Artikel 20: *1. Alle Menschen haben das Recht, sich friedlich zu versammeln und zu Vereinigungen zusammenzuschließen. […]*
Artikel 21: *1. Jeder hat das Recht, an der Gestaltung der öffentlichen Angelegenheiten seines Landes unmittelbar oder durch frei gewählte Vertreter mitzuwirken. […]*
Artikel 22: *Jeder hat als Mitglied der Gesellschaft das Recht auf soziale Sicherheit […].*
Artikel 23: *1. Jeder hat das Recht auf Arbeit, auf freie Berufswahl, auf gerechte und befriedigende Arbeitsbedingungen sowie auf Schutz vor Arbeitslosigkeit. […]*
3. Jeder, der arbeitet, hat das Recht auf gerechte und befriedigende Entlohnung. […]
Artikel 26: *1. Jeder hat das Recht auf Bildung. […]*

Resolution 217 A (III) der Generalversammlung vom 10. Dezember 1948

M 2 Woher kommen die Menschenrechte?

Im Grunde ist die Geschichte der Menschenrechte eine Geschichte immer wiederkehrenden Zorns. Sie handelt von der Verzweiflung machtloser Menschen, von Niederlagen, aber auch von hart erkämpften Siegen und Revolutionen. Seit Jahrhunderten flammt die Idee universeller Rechte immer wieder dort auf, wo die Unterdrückung groß ist. Martin Luther King, der für die Gleichberechtigung von Afroamerikanern kämpfte, die chinesischen Demonstranten, die auf dem Platz des Himmlischen Friedens Demokratie forderten, aber auch Schüler und Studenten, die heute für bessere Bildung auf die Straßen gehen – sie alle entwickelten die Idee der Menschenrechte zu unterschiedlichen Zeiten und an unterschiedlichen Orten fort. Natürlich gibt es auch immer wieder Rückschläge und vor allem Opfer – beim Tian'anmen-Massaker gingen die chinesischen Machthaber 1989 mit Panzern gegen die Demonstranten vor, sie töteten viele Hundert Menschen und erstickten so die Demokratiebewegung. Den Menschen in der DDR jedoch gelang im selben Jahr ihre friedliche Revolution. Der Historiker Michael Geyer sagt deshalb, die Menschenrechte wüchsen nicht kontinuierlich, sondern ähnlich wie die Wirtschaft in zyklischen Bewegungen. Man könnte auch sagen, sie sind wie Lava, die immer wieder heftig und an verschiedenen Stellen ausbricht, dann voranströmt, die Erde verformt und irgendwann erkaltet. [...]

Es dauerte (lange) bis erstmals ein Vorläufer der Menschenrechte in einem modernen Verfassungsdokument auftauchte. Damals (im 13. Jahrhundert) wurde Europa von absolutistischen Herrschern regiert, die zwar einzelnen Ständen in der Gesellschaft Rechte zusprachen, aber niemals auf die Idee gekommen wären, jeden ihrer Untertanen gleich zu behandeln. Doch in England brodelte es um 1215 herum. Die Barone stritten mit dem König und erkämpften sich schließlich die Magna Charta, die erstmals festlegte, dass kein freier Mann ohne Gerichtsurteil eingesperrt werden durfte. Knapp 400 Jahre später wurden diese Rechte in der sogenannten Habeas Corpus Akte noch einmal verstärkt. Seitdem war jeder Untertan der englischen Krone vor willkürlicher Verfolgung geschützt.

Die bislang wohl wichtigste Epoche der Menschenrechte war jedoch das 18. Jahrhundert. Wenn man so will, gab es damals gleich mehrere heftige Eruptionen und Lavaströme. Innerhalb von nur wenigen Jahren entstanden zwei der wichtigsten Menschenrechtsdokumente der Neuzeit. Die Siedler in Amerika befreiten sich 1776 von ihrem Mutterland, da sie die Herrschaft der britischen Krone als willkürlich und anmaßend empfanden. Neben den unveräußerlichen Rechten wie Freiheit und „Streben nach Glück" [...] schrieben sie auch freie Wahlen in ihren ersten Verfassungsdokumenten nieder.

Nur wenig später, 1789, griffen auf der anderen Seite des Atlantischen Ozeans Bürgermilizen Waffenlager

Nelson Mandela kämpfte gegen das rassistische Apartheidregime in Südafrika. Mit 24 Jahren trat er dem African National Congress bei, einer Organisation, die für die Gleichberechtigung kämpfte. Er wurde wegen Widerstands verurteilt und 28 Jahre lang eingesperrt. Nach dem Ende der Apartheid wurde Nelson Mandela 1994 der erste schwarze Präsident Südafrikas.

Mahatma Gandhi war der Kopf der indischen Unabhängigkeitsbewegung. Er überzeugte seine Anhänger, die Brutalität der Polizei und Soldaten nicht mit Vergeltung zu beantworten und gewaltfreien Widerstand zu leisten. Die Unabhängigkeit von den britischen Kolonialherren erreichten die Inder 1947.

Daw Aung San Suu Kyi ist die Anführerin im gewaltlosen Kampf gegen das Militärregime in Myanmar. Die Politikerin setzt sich seit den späten 1980er-Jahren für Demokratie ein. Obwohl sie 1991 den Friedensnobelpreis erhielt, stand sie lange Zeit unter Hausarrest.

und Militärstellungen an, um sich gegen die Ausbeutung durch den französischen König zu wehren. In der französischen Nationalversammlung verabschiedeten die Revolutionäre eine „Erklärung der Menschen- und Bürgerrechte", die radikaler war, als alles bisher. Das Recht auf Freiheit, Sicherheit und Widerstand gegen Unterdrückung wurde nicht nur für Franzosen, sondern für alle Menschen aller Länder und Staatsformen niedergeschrieben. Doch die Jahre der Französischen Revolution entpuppten sich als Jahre des Mordens und der Gewalt. Als die Schriftstellerin Olympe de Gouges darauf hinwies, dass die Frauen noch immer keine Rechte hatten, wurde ihr von den Revolutionären der Kopf auf der Guillotine abgeschlagen.

Kaum hundert Jahre später tauchte ein neues Problem auf. Es war die Zeit der Industrialisierung – in immer größer werdenden Fabriken schufteten Menschen für Hungerlöhne, ohne rechtlich geschützt zu sein. Die Unterdrückung durch den Staat war auf einmal nicht mehr die alleinige Quelle der Unfreiheit, die Machtverhältnisse begannen zu zersplittern. Als Gegenpol zu Fabrikbesitzern und Industriellen entstand in Deutschland die Arbeiterbewegung, aus der die heutige SPD hervorging. Deren Kampf richtete sich nun verstärkt auf die wirtschaftlichen und sozialen Rechte wie angemessene Mindestlöhne, ausreichend Freizeit und Zugang zu Bildung.

Es ist bemerkenswert, dass die individuellen Freiheitsrechte nur wenig später in manchen Ländern in Vergessenheit gerieten. [...] In Nazi-Deutschland zählte der Einzelne nicht viel. [...] Was folgte, waren in kurzen Abständen die größte Katastrophe der menschlichen Geschichte und der größte Sieg der Menschenrechtsidee. Nachdem im Zweiten Weltkrieg, den Deutschland 1939 begonnen hatte, halb Europa zu Trümmern geschossen und 55 Millionen Menschen gestorben waren, war die Einsicht innerhalb der neu gegründeten UNO groß, dass nur ein Dokument wie die Allgemeine Erklärung der Menschenrechte ein klares Bekenntnis gegen einen mordenden und unterdrückenden Staat sein könnte.

Es war wie so oft in den vergangenen Jahrhunderten: Auf die politische Krise folgte ein neues menschenrechtliches Dokument, das sich wie flüssige Lava über die historischen Schichten legte. Doch anzunehmen, dass es einen automatischen Mechanismus von Aktion und Reaktion gäbe, wäre von Grund auf falsch. Egal ob in politischen Gremien, in Hörsälen, Fabriken oder auf der Straße – ohne den Widerstand und den Kampf Einzelner bewegte sich nie etwas voran.

Fabian Dietrich, in: fluter – Magazin der Bundeszentrale für politische Bildung, Ausgabe 29/2008, S. 7 f.

M 3 Drei Generationen von Menschenrechten

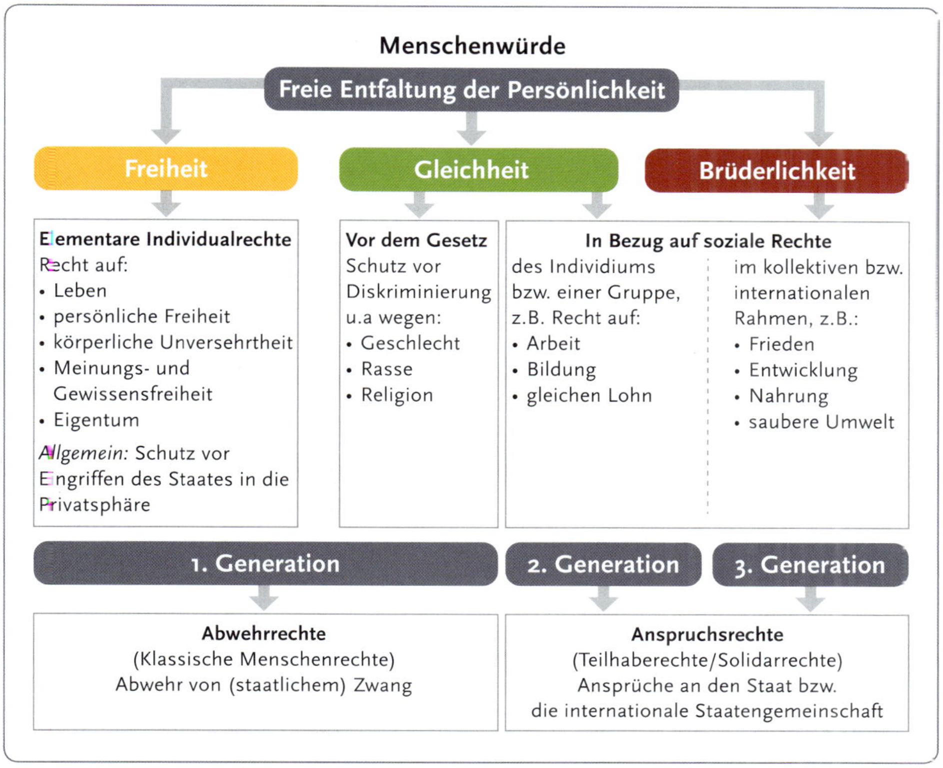

Axel Herrmann, Menschenwürde, Menschenrechte, Thema im Unterricht, Lehrerheft 11/1997, S. 7

Aufgaben

1. Ordne die Aussagen und Situationen in der Randspalte den einzelnen Menschenrechten (M 1) zu. Formuliere selbst Aussagen oder Situationen zu drei weiteren Menschenrechten.
2. Stellt die Geschichte der Menschenrechte in einem Zeitstrahl dar (M 2).
3. Die Menschenrechte werden in verschiedene Generationen eingeteilt (M 3). Ordne die einzelnen Menschenrechte (M 1)den verschiedenen Generationen von Menschenrechten zu und begründe deine Entscheidung.
4. Welches Menschenrecht ist dir persönlich am wichtigsten? Wähle eines aus und begründe vor der Klasse, warum es so wichtig ist.

Menschenrechte im Alltag

- Wenn du anderer Meinung bist, sage es!
- Wir schützen Fremde, versprochen!
- Studiere ein Semester in England.
- Sage, was dir wichtig ist!
- Du kannst lernen und werden, was du willst.
- Die Würde des Menschen ist unantastbar. (Art. 1 GG)
- Bestimme über dein eigenes Leben.
- Wahlbeteiligung bei der Landtagswahl hoch.

Politik betrifft uns 6/2011

Wodurch werden Menschenrechte bedroht?

M 4 Überall auf der Welt werden Menschenrechte verletzt

Journalisten ermordet
Im Januar 2009 werden die Journalistin Anastasia Baburowa und der Menschenrechts-Anwalt Stanislaw Markelow in Moskau auf offener Straße getötet. Gewalt und Repressionen sind für Oppositionelle und Menschenrechtler in Russland beinahe alltäglich.

Todesstrafe in den USA
Es half alles nichts: Unterschriftensammlungen, Mahnwachen, sogar der Papst hat sich für ihn eingesetzt. (...) Der Amerikaner Troy Davis wurde hingerichtet. Selten waren die Zweifel an einem Todesurteil und am US-Justizsystem so groß. Die Frage wird bleiben: Ging es auch um Davis' Hautfarbe?

Homosexuelle diskriminiert
Wer in Ägypten homosexuell ist, macht sich strafbar. Zehn Männer werden im Januar aus diesem Grund von der Sittenpolizei verhaftet. Sie müssen erniedrigende Untersuchungen und Gewalt über sich ergehen lassen, Menschenrechtler bezeichnen das als Folter.

Regimekritiker in China in Haft

Der Künstler und Regimekritiker Ai Weiwei ist von der chinesischen Regierung festgenommen worden und für mehrere Monate ins Gefängnis gesteckt worden. Weiwei wurde unter dem Vorwand der Wirtschaftskriminalität festgenommen. Beobachter behaupten jedoch, dass seine kritischen Äußerungen zur politischen Lage in China der eigentliche Grund für seine Verhaftung waren.

Autorentext

Verbrechen vom Staat am Bürger

Der Begriff der „Menschenrechtsverletzungen" ist nichts weiter als der beschönigende Ausdruck für schwerste Verbrechen, die vom Staat am Bürger verübt werden. Menschenrechtsverletzungen als Verbrechen, die im Auftrage, mit Billigung bzw. Duldung oder im Schutz von Regierungen begangen werden gefährden im allerhöchsten Maße den inneren wie den äußeren Frieden eines jeden Staatswesens.

Es hat sich gezeigt, dass zur Kontrolle des Gewaltmonopols des Staates durch die Teilung der Gewalten in Legislative, Exekutive und Judikative sowie durch periodisch zu wiederholende freie, allgemeine und geheime Wahlen ein geeignetes rechtsstaatliches Instrument geschaffen worden ist. Diktatorisch regierte Staaten kennen dieses Instrument nicht, sie verletzen deshalb geradezu notwendig die Menschenrechte und stellen generell eine Gefährdung des Weltfriedens dar.

Helmut Franz, Menschenrechte – Anspruch und Wirklichkeit, in: Gisela Klemt-Kozinowski u.a. (Hg.): Das Recht, ein Mensch zu sein, Baden-Baden 1988, S. 21

Oppositionelle inhaftiert

Nach den Unruhen im Zuge der iranischen Präsidentschaftswahlen 2009 werden bis zum Ende des Jahres 5000 Oppositionelle, darunter Studenten, Journalisten und Anwälte, inhaftiert. Im August beginnen Schauprozesse, die mit unabhängigen Verfahren wenig gemein haben. Die Angeklagten sind zuvor von der Außenwelt isoliert, haben keine Verteidiger. Misshandlungen und erzwungene Geständnisse sollen die Regel sein.

woje, hana, www.sueddeutsche.de/politik/amnesty-international-jahresbericht-pranger-des-schreckens-1.950492-4 (10.1.2012)

Aufgaben

1. Untersucht, welche Menschenrechte in den betroffenen Ländern verletzt werden (M 4). Bezieht euch dabei auch auf die Menschenrechtskonvention der Vereinten Nationen.
2. Recherchiert im Internet Hintergründe zu eurem Fallbeispiel und präsentiert eure Ergebnisse auf einer Wandzeitung.

Gelten Menschenrechte für alle?

M 5 Mit elf Jahren ganz normal verheiratet?

Die elfjährige Afghanin Ghulam Haider will eigentlich Lehrerin werden. Doch die Chancen dafür stehen schlecht, weil sie verheiratet werden soll. Das Bild der Fotografin Stephanie Sinclair zeigt Ghulam kurz vor der Hochzeit mit Mohammed Faiz. Ihr Ehemann ist 29 Jahre älter als sie. Das afghanische Frauenministerium schätzt, dass 57 Prozent der Frauen in Afghanistan vor dem 16. Lebensjahr verheiratet werden.

Heribert Prantl, Oliver Gehrs, fluter, Thema Menschenrechte, Ausgabe 29/2008, S. 28

M 6 Kann man Menschenrechte wirklich von allen einfordern?

Oder sollte man fremde Kulturen nicht doch lieber in Ruhe lassen? Ein Gespräch mit der in China lehrenden Politologin Anja Mihr.

Frau Mihr, haben Menschenrechte und Coca- Cola etwas gemeinsam?
Auf den ersten Blick natürlich nicht. Aber beides wird ähnlich wahrgenommen. Das erlebe ich häufig, wenn ich mit Studenten aus nicht europäischen Ländern spreche. Die Menschenrechte werden als westliches Produkt angesehen, das ähnlich wie CocaCola für einen westlichen Lebensstil steht und an alle Orte der Welt exportiert wird. Einen Satz höre ich immer wieder: Es ist schön, dass es die Menschenrechte gibt, aber bei uns würden sie nicht funktionieren.

Sind Menschenrechte demnach eine Erfindung des Westens?
Das ist ein Mythos. Die Geschichte der Menschenrechte fängt vor mehr als sechstausend Jahren in Mesopotamien und Indien an. Allerdings ist das gegenwärtige Menschenrechtssystem eindeutig westlich dominiert. Was wir heute unter Menschenrechten verstehen, ist seit 1945 und mit der Gründung der Vereinten Nationen unter Interpretationshoheit des Westens entstanden. Das schürt diesen Mythos.

Der palästinensische Intellektuelle Edward Said hat dem Westen vorgeworfen, den Orient permanent aus einem Überlegenheitsgefühl heraus zu beurteilen. Sehen wir Menschen aus fremden Kulturen wirklich in erster Linie als Opfer?

Das glaube ich nicht. Aber Westler werden umgekehrt oft als rechthaberisch wahrgenommen. Warum? Weil wir häufig zu unreflektiert mit der eigenen Vergangenheit umgehen. Mit den Nationalsozialisten hatten wir in Europa vor erst 65 Jahren eines der größten Unrechtsregimes in der Geschichte der Menschheit.

Gleichzeitig tun wir aber im Ausland häufig so, als hätten wir die Menschenrechte mit der Muttermilch aufgesogen. Klar sorgt das für Unverständnis und Misstrauen. [...]

Die Menschenrechte sind universell und unteilbar. Sie gelten also für jeden und lassen sich nicht gegeneinander aufwiegen. Warum tun sich Länder wie China so schwer mit diesem Anspruch?

Die Universalität der Menschenrechte ist seit 2004 in der chinesischen Verfassung verankert. Dennoch werden in China täglich Menschen und Freiheitsrechte verletzt. Die allgemeine Argumentation hier ist: Menschenrechte sind zwar wichtig, aber Sicherheit und Wohlergehen des Staates sind wichtiger und stehen an erster Stelle. Kurz gesagt: Das Individuum steht hinter dem Kollektiv zurück.

Kritiker weisen immer wieder auf kulturelle Besonderheiten hin. Ihre Argumentation lautet: Kulturen sind unvergleichlich. Sie entziehen sich Hierarchien und lassen sich nicht am Universellen messen. Muss der Westen auch bei den Menschenrechten mehr Rücksicht auf kulturelle Unterschiede nehmen?

Die Unveräußerlichkeit der Menschenrechte liegt genau darin begründet, dass sie vor allen kulturellen Eigenarten stehen. Die Annahme dahinter lautet: In allen Kulturen gibt es ein universelles und vorkulturelles Verständnis für Recht und Unrecht. Keine Kultur belohnt Diebstahl, Mord oder Lüge – alle verurteilen das. Wenn der Einzelne zum Wohle der Gesamtheit diskriminiert, misshandelt oder mundtot gemacht wird, widerspricht das der Universalität der Menschenrechte. Dieser Annahme haben inzwischen alle 192 UNMitgliedsstaaten zugestimmt.

Interview: Andreas Braun, fluter, Thema Menschenrechte, Ausgabe 29/2008, S. 44

Aufgaben

1. Überprüft mit Hilfe der Menschenrechtskonvention, ob im Fall von Ghulam Haider eine Menschenrechtsverletzung vorliegt (M 5).
2. International wird darüber diskutiert, ob es tatsächlich eine für alle Menschen gültige Menschenrechtskonvention geben kann. Stellt die unterschiedlichen Auffassungen in einem Schaubild dar (M 6).
3. Wendet die unterschiedlichen Perspektiven auf den Fall von Ghulam Haider an und nehmt anschließend persönlich Stellung zur Frage, ob die Menschenrechtskonvention für alle Menschen gleichermaßen gelten sollte oder ob aufgrund der unterschiedlichen Kulturen Ausnahmen erlaubt sein sollten.

Was wir wissen

Die Allgemeine Erklärung der Menschenrechte
M 1, M 2

Am 10. Dezember 1948 verabschiedete die Generalversammlung der Vereinten Nationen die „Allgemeine Erklärung der Menschenrechte“. Dieses Dokument ist die grundlegende Formulierung der Menschenrechte. Dazu gehören zum Beispiel der Schutz der Menschenwürde, das Recht auf Leben und Freiheit, die Gleichheit vor dem Gesetz, der Anspruch auf ein faires Gerichtsverfahren und ein geschütztes Privatleben, das Recht auf Gedanken- und Religionsfreiheit, auf Eigentum und freie Meinungsäußerung.
Die Idee der Menschenrechte hat ihre Wurzeln in der Antike, dem Christentum und der Aufklärung. Die beiden wesentlichen Vorläuferdokumente sind die amerikanische Unabhängigkeitserklärung und die Menschenrechtserklärung der Französischen Revolution.

Die Menschenrechte im Grundgesetz

In Art.1 des Grundgesetzes, der Verfassung der Bundesrepublik Deutschland, ist die Würde des Menschen als oberster Wert verankert. Das Bekenntnis zu unverletzlichen und unveräußerlichen Menschenrechten steht wie eine Überschrift über den Grundrechten des Grundgesetzes. Die Grundrechte sind garantiert – sie dürfen in ihrem wesentlichen Kern nicht verändert werden.

Generationen von Menschenrechten
M 3

Die Menschenrechte können in drei Generationen von Menschenrechten unterteilt werden. Die erste Generation bilden die klassischen Abwehrrechte, in denen die Freiheit des Menschen vor staatlichem Zwang geschützt wird (z. B. Recht auf Eigentum). Die zweite Generation sind soziale Ansprüche, wie etwa auf Arbeit oder Bildung, und die dritte Generation sind ebenfalls Anspruchsrechte, die jedoch in einem überstaatlichen Rahmen verwirklicht werden müssen, z. B. das Recht auf Frieden.

Universalität von Menschenrechten
M 5

Die Idee der Menschenrechte ist untrennbar mit der Vorstellung verbunden, dass die – angeborenen – Menschenrechte für alle Menschen in allen Staaten gelten, gleich welcher Religion oder Kultur sie angehören. Es gibt allerdings einzelne asiatische oder islamische Staaten (z. B. Indonesien, Iran), die dies ablehnen und die Menschenrechte als westlich-abendländisch geprägte Rechtsvorstellung einstufen, denen alternative Menschenbilder entgegengestellt werden können, in denen die Gemeinschaft als dem Individuum übergeordnet angesehen wird.

Was stimmt? (Es sind auch mehrere Antworten möglich)

Welches Dokument gilt als das erste zu den Menschenrechten?
- o Magna Charta
- o Habeas Corpus Akte
- o Amerikanische Unabhängigkeitserklärung

Welche Menschenrechte gehören zur ersten Generation?
- o Freiheitsrechte
- o Gleichheit vor dem Gesetz
- o Soziale Rechte

Wer waren wichtige Kämpfer für die Menschenrechte?
- o Mahatma Gandhi
- o Nelson Mandela
- o Wladimir Klitschko

Wer kann Menschenrechte innehaben?
- o Staaten
- o Gruppen
- o Der Einzelne

Welches Dokument ist das wichtigste zu den Menschenrechten?
- o UN-Menschenrechtskonvention
- o Grundgesetz
- o Französische Erklärung der Menschen- und Bürgerrechte

Wie entwickelten sich die Menschenrechte weltweit?
- o Die Menschenrechte galten schon immer
- o Die Menschenrechte setzen sich in Wellen bzw. Schüben durch
- o Die Menschenrechte gelten seit der Französischen Revolution

Auf der Flucht

Der sechsjährige Kalsoom und seine Familie müssen vor den Kämpfen zwischen Regierung und bewaffneten Gruppen aus ihrer Heimat, der pakistanischen Region Süd-Waziristan, fliehen. Wie eine halbe Million Pakistaner vor ihnen werden sie durch die tödlichen Konflikte zwischen Regierung und radikalislamischen Taliban aus ihrem Stammesgebiet vertrieben und gelten als IDPs, Internally Displaces Persons. Andere Pakistaner fliehen über die Landesgrenzen hinaus.
woja, hana, www.sueddeutsche.de (17.1.2013)

Aufgaben
1. Untersuche, welche Menschenrechte im Fall von Kalsoom verletzt wurden.
2. Stelle dar, wie sich die Flucht auf Kalsooms Leben auswirken könnte. Welche weiteren Menschenrechte von Kalsoom könnten beeinträchtigt werden?

9.2 Menschenrechte schützen – notfalls mit Gewalt?

Krieg gegen das eigene Volk? Der Konflikt in Libyen

M 1 Der arabische Frühling

© Bergmoser + Höller Verlag AG *Zahlenbilder 872 03*

M 2 Verzweiflung als Auslöser

Als sich im Dezember 2010 der tunesische Gemüsehändler Mohamed Bouazizi aus Verzweiflung über seine wirtschaftliche Lage selbst verbrannte, ahnte niemand, dass dies der Auftakt einer beispiellosen Revolutionswelle in der arabischen Welt sein würde. Ihren Anfang nahm die Entwicklung in Tunesien, wo sich Solidaritätskundgebungen für Bouazizi zu Massenprotesten ausweiteten, die sich gegen den seit 1987 herrschenden Präsidenten Ben Ali richteten. Der Erfolg der „Jasmin-Revolution" in Tunesien ermutigte die Völker anderer arabischer Länder. Auch im Nachbarland Libyen brachen Aufstände gegen die inzwischen 42-jährige Diktatur Muammar al-Gaddafis los. Anders als in Tunesien und Ägypten weiteten sich die Aufstände aber zu einem Bürgerkrieg aus. Gaddafi weigerte sich zurückzutreten und setzte in großem Stil bezahlte Söldnertruppen ein, die mit äußerster Brutalität gegen die Bevölkerung vorgingen.

M 3 Blick zurück: Gaddafi setzt auf Gewalt

Anfang des Jahres 2011: Diktator Gaddafi lässt den Aufstand im libyschen Bengasi niederschlagen – und die Stadt stürzt ins Chaos: Bewaffnete feuern wahllos auf Menschen, Einwohner sprechen von einem „Massaker" mit offenbar mehr als 200 Toten – und von schießwütigen ausländischen Söldnern. Anarchie und Gewalt herrschen in der libyschen Hafenstadt Bengasi: Bei Protesten von Gegnern des Diktators Muammar el Gaddafi sind erneut zahlreiche Menschen getötet worden.

Laut der Menschenrechtsorganisation Human Rights Watch sind in den vergangenen Tagen insgesamt mindestens 104 Menschen getötet worden. Der arabische Sender al-Dschasira geht sogar von mehr als 200 Toten aus, die Website Libya al-Youm berichtet von mindestens 208 Todesopfern. Eine unabhängige Bestätigung für die Angaben gibt es wegen der schwierigen Informationslage allerdings nicht. […]

Nach Informationen von al-Dschasira fahren Regierungskräfte in Autos durch die Stadt, von denen die Nummernschilder abmontiert wurden, und feuern auf Menschen. […] Wegen der Medienzensur ist das Ausmaß der Proteste nur schwer abzuschätzen. Ausländische Reporter dürfen nicht berichten, einheimischen Journalisten wird der Zugang nach Bengasi verwehrt. Die Regierung hat die Internetverbindungen im Land offenbar gekappt. Zudem waren die Mobilfunkverbindungen in die Stadt häufig unterbrochen.

Rebellen feiern die Eroberung von Tripolis im Oktober 2011.

sueddeutsche.de/Reuters/AFP/dpa/dapd/jab/gba/dmo, Süddeutsche Zeitung, 20.2.2011

Wie soll die Staatengemeinschaft reagieren? Meinungen

Mit Kriegen kann man Menschenrechte nicht schützen, weil Kriege immer auch die Zivilbevölkerung treffen und kein Mittel der Politik sein dürfen.

Es gibt Situationen, da muss man einen Krieg führen, um Menschen zu beschützen. Solch ein Krieg muss durch ein Mandat der Vereinten Nationen für rechtmäßig erklärt werden.

Unter Umständen muss ein Krieg geführt werden, um Menschenrechte zu schützen. Die Staatengemeinschaft kann sich dabei auch auf das Prinzip der Nothilfe berufen und auf ein Mandat der Vereinten Nationen verzichten.

Ich kann mich nicht entscheiden, ob ich es für gerechtfertigt halte, Gewalt einzusetzen, um Menschenrechte zu schützen.

Aufgaben

1. Fasst die Lage, wie sie im Februar 2011 in Bengasi herrschte, zusammen. Welche Menschenrechtsverletzungen wurden begangen (M 3)?
2. Versetzt euch in die Lage von Politikern, die entscheiden müssen, wie die Staatengemeinschaft auf die Gewalt in Libyen reagieren soll (Randspalte). Hängt die vier Aussagen als Plakate in eurem Klassenzimmer auf. Stellt euch dann zu dem Plakat, das eure Meinung am besten wiedergibt und begründet eure Entscheidung.

Menschenrechte schützen mit Waffengewalt?

M 4 UN-Sicherheitsrat macht ernst

Die Diskussion über eine angemessene Reaktion auf das brutale Vorgehen von Libyens Machthaber Muammar al Gaddafi dauerte Wochen – am 17.3.2011 billigte der UN-Sicherheitsrat Militäraktionen. Die Resolution fiel härter aus als erwartet und ging über ein Flugverbot für Gaddafis Luftwaffe hinaus.

Der Sicherheitsrat,
unter Verurteilung der groben und systematischen Verletzung von Menschenrechten, insbesondere willkürlicher Inhaftierungen, des Verschwindenlassens und summarischer Hinrichtungen, [...]
tätig werdend nach Kapitel VII der Charta der Vereinten Nationen,
verlangt, dass die libyschen Behörden ihren Verpflichtungen nach dem Völkerrecht, namentlich dem humanitären Völkerrecht, den internationalen Menschenrechtsnormen und dem Flüchtlingsvölkerrecht, nachkommen und alle Maßnahmen ergreifen, um Zivilpersonen zu schützen und ihre Grundbedürfnisse zu decken sowie den raschen und ungehinderten Durchlass humanitärer Hilfe zu gewährleisten;
ermächtigt die Mitgliedstaaten, [...] alle notwendigen Maßnahmen zu ergreifen, [...] um von Angriffen bedrohte Zivilpersonen und von der Zivilbevölkerung bewohnte Gebiete in der Libysch-Arabischen Dschamahirija, einschließlich Bengasis, zu schützen, unter Ausschluss ausländischer Besatzungstruppen jeder Art in irgendeinem Teil libyschen Hoheitsgebiets, und [...]
beschließt, ein Verbot aller Flüge im Luftraum [von Libyen] zu verhängen, um zum Schutz der Zivilpersonen beizutragen [...].

Resolution 1973, verabschiedet auf der 6498. Sitzung des Sicherheitsrats am 17. März 2011 (Auszüge)

Schutzverantwortung der Staaten
Unter der englischen Bezeichnung „Responsibility to Protect" hat die UNO in den vergangenen Jahren ein Konzept entwickelt, das darauf abzielt, schwerste Menschenrechtsverletzungen zu unterbinden. Der Grundgedanke besteht darin, dass jeder Staat verpflichtet ist, seine eigene Bevölkerung vor solchen Verletzungen zu schützen. Verstößt ein Staat gegen dieses Prinzip, so tritt die internationale Gemeinschaft in die Verantwortung. Ihr fällt die Aufgabe zu, die Staaten bei der Wahrnehmung ihrer Schutzfunktion zu unterstützen und gegebenenfalls kollektive Maßnahmen zu ergreifen, um Völkermord und vergleichbar schwere Verbrechen zu verhindern.

M 5 Der Sicherheitsrat der Vereinten Nationen

Die Charta der Vereinten Nationen verbietet allgemein die Anwendung von Gewalt in den zwischenstaatlichen Beziehungen (Kapitel I, Artikel 2). Es gelten nur zwei Ausnahmen: das Recht auf Selbstverteidigung im Fall eines bewaffneten Angriffs und die Anwendung von Waffengewalt, die durch eine Resolution des UN-Sicherheitsrats legitimiert wird. Die Charta der Vereinten Nationen überträgt dem Sicherheitsrat die Hauptverantwortung für die Aufrechterhaltung des Weltfriedens und der internationalen Sicherheit. Er ist damit das mächtigste Organ der Weltorganisation.

Die UN-Charta stellt dem Sicherheitsrat ein ganzes Spektrum von Verfahren und Methoden zur Ver-

Bergmoser + Höller Verlag AG, Zahlenbilder 615124

NATO
North Atlantic Treaty Organisation, Verteidigungsbündnis fast aller europäischer Staaten, der Türkei, der USA und Kanadas. Im Falle eines bewaffneten Angriffs auf das Bündnisgebiet leisten sich die Mitgliedsländer gegenseitig Beistand. Manchmal operiert die NATO jedoch im Auftrag der UNO als militärische Organisation außerhalb des Bündnisgebietes, wie z.B. in Libyen 2011 oder in Afghanistan seit 2001.

fügung, mit denen er einer Störung des Weltfriedens begegnen kann. So kann er sich als neutrales Forum zur Diskussion von Streitigkeiten oder für Verhandlungen ins Spiel bringen, die Streitparteien in ihren Friedensbemühungen unterstützen, die Hintergründe einer Auseinandersetzung offiziell untersuchen und eigene Lösungsvorschläge unterbreiten. Ist ein Waffenstillstand erreicht, kann der Sicherheitsrat leicht bewaffnete Friedenstruppen (UN-Blauhelme) entsenden, die die Lage beruhigen und sichern helfen, bis eine friedliche Lösung gefunden ist. Kapitel VII der Charta räumt dem Sicherheitsrat schließlich die Möglichkeit ein, im Falle einer Bedrohung, eines Friedensbruchs oder einer Angriffshandlung Zwangsmaßnahmen gegen den Aggressor zu verhängen (z. B. wirtschaftliche und diplomatische Sanktionen, ein Waffenembargo) und sogar militärische Gewalt zur Durchsetzung von Frieden und Sicherheit anzuwenden. Da die Vereinten Nationen über keine eigenen Truppen verfügen, werden einzelne Mitgliedstaaten, mehrere Staaten oder regionale Organisationen wie z. B. die NATO mit einem entsprechenden Mandat zur Durchführung der militärischen Operationen ausgestattet.

Aufgaben

Die Staatengemeinschaft hat sich im März 2011 dazu entschlossen, in den Bürgerkrieg in Libyen einzugreifen.

1. Analysiert die Resolution 1973 unter dem Aspekt der Schutzverantwortung der Staatengemeinschaft (M 4).
2. Erläutert, welche Maßnahmen der Sicherheitsrat generell ergreifen kann, um den Weltfrieden zu sichern (M 5).

Tom Koenigs ist Bundestagsabgeordneter und Mitglied der Grünen. Als Politiker war er u. a. in den Krisengebieten Afghanistan und dem Kosovo.

M 6 Können Menschenrechte mit Gewalt durchgesetzt werden?

SZ: Herr Koenigs, wieso haben Sie und die anderen Grünen früher gesagt, Deutschland dürfe keine Gewalt anwenden?

Koenigs: Es war ja die Zeit des Kalten Krieges, in dem zwei große Militärmächte sich gegenüberstanden: auf der einen Seite Russland und seine Verbündeten und auf der anderen Seite Amerika, Westdeutschland und ihre Verbündeten. Beide Seiten bedrohten sich mit Atomwaffen, deshalb durfte es niemals zu einem Kampf kommen. […]

SZ: Der Kalte Krieg endete ja dann vor über zwanzig Jahren.

Koenigs: Das hat die Situation verändert. Als wir dann an die Regierung kamen, haben wir entsetzt beobachtet, dass es an einigen Orten der Welt Massaker gab, dass viele tausend Menschen ermordet und einfach abgeschlachtet wurden. Da haben wir gesagt: Schluss, da müssen wir eingreifen, nie wieder Völkermord! Manchmal muss man leider Gewalt anwenden, um noch mehr Gewalt zu verhindern. […]

SZ: Wieso war die Entscheidung so schwer?

Koenigs: Es gibt bei uns einige, die sagen, dass man in keinem Fall Gewalt anwenden darf, auch wenn die andere Seite es tut und mir vielleicht sogar selbst Gewalt angetan wird. Diese Menschen hoffen darauf, dass ihre Gewaltlosigkeit so überzeugend wirkt, dass auch der Gewalttäter davon beeindruckt wird. Ich achte diese Meinung sehr, aber ich teile sie nicht.

SZ: Wieso nicht?

Koenigs: Ich bin davon überzeugt, dass wir nicht zusehen dürfen, wenn Menschen unterdrückt und ermordet werden. Schon gar nicht, wenn wir etwas dagegen tun könnten. Aber wir müssen jeden Fall ganz genau untersuchen, bevor wir entscheiden, dass alle Voraussetzungen gegeben sind für ein militärisches Eingreifen.

SZ: Welche Voraussetzungen sind das?

Koenigs: Ganz wichtig ist, dass Gewalt immer erst das allerletzte Mittel sein darf. Die Polizei darf ja auch erst schießen, wenn sie einen Mord anders nicht mehr verhindern kann. Vorher müssen wir versuchen, die Konflikte friedlich zu beenden. Am besten lassen wir es erst gar nicht dazu kommen, dass eine Regierung massenhaft Gewalt gegen Menschen einsetzt. Denn dafür gibt es meistens schon vorher Anzeichen: Dann werden Menschen einfach ins Gefängnis geworfen, oder die Presse wird verboten. Da können wir schon einschreiten, indem wir mit dieser Regierung sprechen und versuchen, die Probleme gemeinsam zu beheben. Wenn das nichts hilft, können wir wirtschaftlichen Druck auf das Land ausüben, ihm also keine Waren mehr abkaufen und ihm auch nichts mehr verkaufen. […] Außerdem sollte Deutschland nie alleine Gewalt anwenden, sondern immer mit befreundeten Ländern gemeinsam. Wenn ein Staat alleine eingreift, macht er sich immer verdächtig: Vielleicht will er nur ein Gebiet für sich gewinnen oder an Rohstoffe gelangen.

SZ: Eigentlich ist es ja ein Wider-

⊕ Recherchiert im Internet die aktuelle Situation in Libyen.

spruch, dass man mit Gewalt Frieden schaffen will.

Koenigs: Man kann mit Gewalt schlimme Situationen beenden, wenn jemand einen Massenmord begeht, zum Beispiel. Man kann aber mit Gewalt keinen Frieden schaffen. Denn auch wenn die Waffen schweigen, sind die Beteiligten an dem Konflikt ja noch da und müssen zusammen leben, Opfer und Täter. Es reicht also nicht, den Konflikt zu beenden, man muss dann auch Schulen und Häuser wieder aufbauen, Flüchtlinge versorgen und für Gerechtigkeit sorgen.

Interview: Malte Conradi, Süddeutsche Zeitung für Kinder, 14.11.2011

Methode

M 7 Ein politisches Urteil prüfen

Zu vielen kontroversen politischen Fragestellungen bildet man spontan ein Urteil. Dabei lässt man sich oft von Gefühlen leiten und urteilt „aus dem Bauch heraus". Ein fundiertes Urteil hat mehr Gewicht, setzt aber voraus, dass man intensiv über die politische Streitfrage nachdenkt. Um die Bedeutung des eigenen Urteils und das der anderen in der Diskussion bewerten zu können, muss man sich klarmachen, welche Kriterien einem Urteil zu Grunde liegen.

1. Ein spontanes Urteil fällen:
Wie lautet dein spontanes Urteil? War die Entscheidung richtig oder falsch?
Notiere die Beweggründe, die dich zu diesem Urteil geführt haben.

2. Ein begründetes Urteil entwickeln:
Problem:
Worin besteht das Problem? Wer ist betroffen?
Worin besteht das Ziel, das der Entscheidung zugrunde liegt?

Eigene Interessen:
Bist du betroffen? Entspricht die Entscheidung deinen Interessen?

„Effizienz":
Ist die Problemlösung / die Entscheidung geeignet, um das angestrebte Ziel zu erreichen?
In welchem Verhältnis stehen die Kosten zum angestrebten Nutzen der Entscheidung?

„Legitimität":
Ist die politische Entscheidung mit den Grund- und Menschenrechten bzw. dem Grundgesetz zu vereinbaren?
Entspricht die Entscheidung den Werten, die dir wichtig sind?
Ist die Entscheidung gerecht?
Sind die zu erwartenden Folgen zu verantworten?
Würdest du als Betroffener der Entscheidung zustimmen können?

3. Zu einem Gesamturteil kommen:
Betrachte nun deine Antworten und Anmerkungen zu den einzelnen Fragen und fasse sie zu einem Gesamturteil zusammen. Vergleiche das Urteil mit deiner ersten spontanen Reaktion.

Vgl. Gotthard Breit/Siegfried Frech: Politik durchschauen. Wie man sich erfolgreich den Durchblick verschafft. Schwalbach/Ts. 2010, S. 26 ff.

Aufgaben

1. Menschenrechte in Libyen schützen mit Gewalt – ist das richtig? Bilde zunächst ein spontanes Urteil zu dieser Frage.
2. Entwickle dann anhand der Arbeitsschritte in M 7 und der Argumente in M 1 – M 6 ein Gesamturteil zu der Eingangsfrage.

Helfen internationale Gerichte beim Schutz der Menschenrechte?

M 8 Rückblick: Der Zerfall Jugoslawiens

dpa-Grafik 11627

1992
Bosnien erklärt Unabhängigkeit
1992 bis 1995
Serben, Kroaten und muslimische Bosnier kämpfen um Vorherrschaft in Bosnien-Herzegowina
Serbenführer: Radovan Karadzic
Juli 1995
Massaker in Srebrenica: bosnisch-serbische Truppen töten bis zu 8000 muslimische Männer
Juli 1995
UN-Tribunal für das frühere Jugoslawien: Anklage gegen Karadzic wegen Kriegsverbrechen
Nov. 1995
Friedensvertrag von Dayton
Juli 1996
Karadzic taucht unter
Juli 2008
Karadzic wird verhaftet

Den Haag/Belgrad (dpa) – Früher war er ein bulliger General, nun wirkt er klapprig: Ratko Mladic, ehemaliger Militärchef der bosnischen Serben im Balkan-Krieg, fällt das Sprechen schwer, als er am 3. Juni 2011 das erste Mal vor dem Internationalen Strafgerichtshof für Ex-Jugoslawien im niederländischen Den Haag steht. „Ich bin schwer krank" sagt er. Ist das wahr oder vorgetäuscht, weil er auf ein mildes Urteil hofft? Der 69-Jährige wird unter anderem beschuldigt, eins der schlimmsten Kriegsverbrechen in Europa nach dem Zweiten Weltkrieg begangen zu haben.

Von Anfang der 1990er Jahre an zerfällt die Republik Jugoslawien. Bis dahin war sie ein Vielvölkerstaat, in dem Serben, bosnische Muslime, Kroaten und andere zusammen lebten. Nun streben die Völker teils nach Unabhängigkeit, sie wollen einen eigenen Staat. Zwischen 1991 und 1999 kommt es deshalb zu vier Kriegen. Der blutigste ist wohl der in der Teilrepublik Bosnien-Herzegowina, nachdem sie sich 1992 für unabhängig erklärt hatte. Es kommt zu massiven Konflikten zwischen den verschiedenen Gruppen, die in dem Gebiet leben: bosnische Muslime, Kroaten und bosnische Serben. Die Serben – rund ein Drittel der Bevölkerung – kämpfen für eine Loslösung von Bosnien-Herzegowina. Sie bekommen massive Unterstützung aus dem angrenzenden Serbien, dem sogenannten Rest-Jugoslawien. In dem Bürgerkrieg werden Tausende Menschen getötet. Die Opfer sind meist Muslime und Kroaten, aber auch Serben. Unzählige Menschen werden aus ihrer Heimat vertrieben. Bei den bosnischen Serben hat General Mladic das Militärkommando. Unter ihm kommt es zu „ethnischen Säuberungen" gegen Muslime und Kroaten. Der Begriff umschreibt, dass Volks- oder Glaubensgruppen aus Gebieten entfernt werden – durch Vertreibung, Umsiedlung oder Mord. Von 1994 an greift das westliche Militärbündnis NATO ein und bombardiert serbische Stellungen. Dennoch erobern im Juli 1995 bosnisch-serbische Truppen die von Muslimen bewohnte Stadt Srebrenica, obwohl sie Schutzzone der Vereinten Nationen (UN) ist. Kampflos überlassen niederländische UN-Soldaten den Angreifern unter General Mladic die Stadt. Bis zu 8000 muslimische Männer und Jungen werden abgeführt, die meisten erschossen und in Massengräbern verscharrt. Im Dezember 1995 endet der Krieg. Bosnien-Herzegowina bleibt als Staat erhalten, setzt sich aber seitdem aus einer serbischen und einer bosnisch-kroatischen Teilrepublik zusammen. Mladic taucht unter – für mehr als 15 Jahre. Ende Mai 2011 ist es plötzlich soweit: Der Ex-General wird auf einem Bauernhof in Serbien festgenommen und kurz darauf nach Den Haag ausgeliefert.

Nicola Kabel und Thomas Brey, dpa

Im Jahr 1995 erstürmten die Serben unter dem Kommando von General Mladic die UN-Schutzzone Srebrenica und verübten unvorstellbare Grausamkeiten.
Als der Richter in Den Haag die Anklage verliest, hört Mladic reglos zu. Der Staatsanwalt klagt Ratko Mladic an wegen „Völkermordes, Verbrechen gegen die Menschlichkeit und der Verletzung der Gesetze und Regeln der Kriegsführung. Sein Ziel war die dauerhafte Entfernung der bosnisch-muslimischen und der bosnisch-kroatischen Bevölkerung aus den von Serben beanspruchten Gebieten in Bosnien-Herzegowina", heißt es. Mladic sieht das ganz anders: „Ich habe mein Volk und mein Land verteidigt."

M 9 Stichwort: UN-Tribunal für das ehemalige Jugoslawien

Der Internationale Strafgerichtshof für das ehemalige Jugoslawien, oft UN-Tribunal genannt, ahndet Kriegsverbrechen, Völkermord und Verbrechen gegen die Menschlichkeit. Er ist zuständig für Verbrechen während der Kriege auf dem Gebiet des einstigen Jugoslawien zwischen 1991 und 1999. Die Höchststrafe, welche die Richter verhängen können, ist lebenslange Haft. Der Sicherheitsrat der Vereinten Nationen schuf das Sondertribunal 1993 durch die Resolution 827. Das Tribunal hat 16 ständige Richter und mehr als 1.100 Mitarbeiter. Grundlage für die Verfahren vorm ICTY (International Criminal Tribunal for the former Yugoslavia) sind internationale Rechtsquellen wie die Haager Kriegsrechtskonvention, die Völkermord-Konvention und Genfer Konvention zum Schutz von Kriegsopfern.

Bislang hat das Tribunal mehr als 160 mutmaßliche Täter wegen schwerer Verbrechen in den Balkan-Kriegen angeklagt. Darunter war der jugoslawische Ex-Präsident Slobodan Milosevic, der 2006 vor Ende seines Prozesses in Haft starb. Mehr als 60 Angeklagte wurden verurteilt, rund 40 Verfahren laufen noch. Das UN-Tribunal stieß öfter auf Kritik, besonders in Kroatien und Serbien. Einige hielten die Rechtsprechung für einseitig: Serbische Angeklagte würden benachteiligt, Verbrechen der NATO würde das Gericht kaum nachgehen, hieß es. Der Präsident der serbischen Teilrepublik in Bosnien, Milorad Dodik, meinte, das Tribunal ziele auf eine „Satanisierung der Serben". Auch aufgrund dieser Kritik und mangelnden Akzeptanz des Gerichts gab es immer wieder Schwierigkeiten, wenn Staaten wie Serbien mutmaßliche Kriegsverbrecher ausliefern sollten.

Nicola Kabel und Thomas Brey, dpa

Aufgaben

1. Verfasst auf der Grundlage der Menschenrechtskonvention (M 1) eine Anklageschrift gegen den ehemaligen Militärchef der bosnischen Serben Ratko Mladic.
2. Beurteile ausgehend vom Fall Mladic, was internationale Strafgerichtshöfe leisten können und welche Probleme sich bei der Verurteilung von Kriegsverbrechern ergeben (M 8 – M 9, Randspalte).

Internationale Organisationen – helfen Briefe gegen das Vergessen?

M 10 Der Fall Binayak Sen – ein Aufruf von Amnesty International

Der Arzt und Menschenrechtsverteidiger Binayak Sen befindet sich seit seiner Festnahme am 14. Mai 2007 im Gefängnis von Raipur, im Bundesstaat Chhattisgarh. Amnesty International geht davon aus, dass die Anklagen gegen ihn politisch motiviert sein könnten und darauf abzielen, Menschenrechtsverteidiger zum Schweigen zu bringen, die gegen die Miliz „Salwa Judum" eintreten. Die „Salwa Judum" geht gegen die verbotene maoistische Kommunistische Partei Indiens vor. Sen hatte das führende Mitglied der Partei, Narayan Sanyal, oft im Gefängnis von Raipur besucht. Sen könnte auch festgenommen worden sein, weil er Berichte über staatliche Morde im Zusammenhang mit „Salwa Judum"-Aktionen der Polizei im Bundesstaat Chhattisgarh untersuchte.

Schreiben Sie bitte höflich formulierte Briefe an den indischen Innenminister, in denen sie umgehend ein faires Gerichtsverfahren für Binayak Sen fordern, dass seine Anwälte alles für seine Verteidigung nötige Material erhalten und er die notwendige medizinische Versorgung erhält.

www.amnesty.de (11.12.2012)

M 11 „Briefe gegen das Vergessen"

Aufruf für ein faires Verfahren im Internet

Täglich werden Menschen weltweit festgenommen, bedroht, gefoltert, getötet. Weil sie ihre Meinung sagen, sich für die Menschenrechte in ihrem Land einsetzen oder mit friedlichen Mitteln ihre Regierung kritisieren. Gewaltlose politische Gefangene verschwinden oft für Jahre hinter Gittern – ohne faires Gerichtsverfahren und unter unterschiedlich schwierigen Haftbedingungen. Die Gefahr, dass sie vergessen werden, ist groß. Darum brauchen sie unseren Schutz, unsere Solidarität, unseren Einsatz!

Aus diesem Grund startet Amnesty International sogenannte „Briefe gegen das Vergessen". Sie geben den Gefangenen Hoffnung und zeigen den Verantwortlichen, dass die Gefangenen nicht in Vergessenheit geraten sind.

http://www.amnesty.de/briefe-gegen-das-vergessen (11.11.2012)

M 12 Amnesty International

Amnesty International (von englisch amnesty: Begnadigung, Straferlass, Amnestie) wurde 1961 in London von dem englischen Rechtsanwalt Peter Benenson gegründet. Die nichtstaatliche (NGO) und nicht kommerzielle Organisation setzt sich weltweit für Menschenrechte ein. Grundlage ihrer Arbeit sind die Allgemeine Erklärung der Menschenrechte und andere Menschenrechtsdokumente. Die Organisation recherchiert Menschenrechtsverletzungen, betreibt Öffentlichkeits- und Lobbyarbeit und organisiert u. a. Brief- und Unterschriftenaktionen in Fällen von Folter oder drohender Todesstrafe. Sie hat ca. 3 Mio. Mitglieder und wird durch Spenden finanziert.

M 13 Binayak Sen – der Erfolg währt nur kurz

Dr. Binayak Sen wurde im Mai 2009 gegen Kaution freigelassen! Er dankte Amnesty International für die Unterstützung und kündigte an, trotz der Gefahr für sein Leben durch staatliche und nichtstaatliche Akteure, weiter für die Menschenrechte einzutreten. Der indische Menschenrechtler saß zwei Jahre im Gefängnis, das Gerichtsverfahren gegen ihn war bei seiner Freilassung noch nicht abgeschlossen.

Der Prozess war offenbar aus politischen Gründen angestrengt worden und sollte seine Menschenrechtsarbeit im indischen Bundesstaat Chhattisgarh unterbinden. Im April 2009 erklärte Amnesty International ihn zu einem gewaltlosen politischen Gefangenen. Einen Monat danach ordnete der Oberste Gerichtshof seine Freilassung an.

Am 24.12.2010 verurteilte das Gericht Binayak jedoch zu lebenslanger Haft. Nach der Verurteilung wurde er sofort in Haft genommen. Ein erneuter Antrag auf Freilassung gegen Kaution wurde 2011 abgelehnt.

nach: www.amnesty.de (6.12.2012)

Aufgaben

1. Stelle dar, warum das Schreiben von Briefen ein wirksames Mittel gegen Menschenrechtsverletzungen sein kann (M 10 – M 13).
2. „Ein Einzelner kann doch nichts gegen Menschenrechtsverletzungen ausrichten." Nimm Stellung zu dieser Aussage.
3. Sammelt weitere Vorschläge, wie ihr selbst dazu beitragen könnt, dass die Menschenrechte geschützt werden.
4. Überall auf der Welt kümmern sich Menschenrechtsorganisationen um die Einhaltung fundamentaler Rechte. Teilt euch in Gruppen auf und stellt die Arbeit einer Menschenrechtsorganisation vor (Randspalte).

Food First

FIAN

www.fian.de

Terre des Femmes

TERRE DES FEMMES

www.terre-des-femmes.de

Amnesty International

AMNESTY INTERNATIONAL

www.amnesty.de

Reporter ohne Grenzen

REPORTER OHNE GRENZEN FÜR PRESSEFREIHEIT

www.reporter-ohne-grenzen.de

Human Rights Watch

HUMAN RIGHTS WATCH

www.hrw.org/de

Menschenrechte und Konsum – darf man alles kaufen?

M 14 Wo kommen die Klamotten her?

M 15 Protokoll einer hässlichen Kindheit

Jahaj ist 17 Jahre alt. Seit er zwölf ist, arbeitet er in Gerbereien im Hazaribagh-Viertel der bangladeschischen Hauptstadt Dhaka. Jahaj leidet heute unter Asthma, Hautausschlägen, Juckreiz und Verätzungen. Er klagt besonders über die Arbeit in den Gruben, in denen die Tierhäute aufbewahrt und mit verdünnten Chemikalien behandelt werden. „Das Wasser in den Gruben brennt, wenn ich es mit der bloßen Haut berühre", sagt er. Es ist das Protokoll einer hässlichen Kindheit.

Die Menschenrechtsorganisation Human Rights Watch hat Kinder, die in Gerbereien Bangladeschs arbeiten, interviewt, einige darunter im Alter von nur elf Jahren. [...] Die Kinder, so heißt es dort, mussten gefährliche Arbeiten verrichten. Sie mussten Tierhäute in Chemikalien einweichen, gegerbte Häute mit Rasierklingen zurechtschneiden oder Gerbereimaschinen bedienen. [...]

Die Lederwaren aus Bangladesch werden in etwa 70 Länder geliefert, hauptsächlich jedoch nach China, Südkorea, Japan, Italien, Deutschland, Spanien und in die USA. Bangladesch ist nach China der zweitgrößte Textilproduzent der Welt. Deutschland ist nach den USA für Bangladesch der zweitgrößte Exportmarkt. In dem südasiatischen Land arbeiten etwa drei Millionen Menschen. Nach Angaben der niederländischen Menschenrechtsorganisation Clean Clothes Campaign starben dort seit 2006 etwa 700 Menschen allein bei Bränden in Textilfabriken.

Kommt es zu großen Katastrophen, dann schreit die Welt auf. Wie [...] als bei dem Brand in der Fabrik der Firma Tazreen Fashion, die unter anderem für die Bekleidungskette C & A sowie für den US-Supermarktkonzern Walmart fertigt, mehr als 100 Menschen ums Leben kamen. Als schon wenige Tage später ein Feuer in der Fabrik Section Seven Limited in der Hafenstadt Chittagong ausbrach, bei dem mindestens 50 Menschen verletzt wurden, war das nur noch eine kleine Meldung unter vielen.

Sibylle Haas, Süddeutsche Zeitung, 2.12.2012

M 16 „Wir werden oft eingeschüchtert“

taz: Herr Islam, bei dem Feuer in der Textilfabrik Tazreen Fashions starben mehr als 100 Menschen. Wie konnte es zu der hohen Opferzahl kommen?

Amirul Islam: Das hat mehrere Gründe. Von Arbeitern haben wir gehört, dass die Aufseher den Feueralarm zunächst als falschen Alarm bezeichneten, im Treppenhaus fiel das Licht aus, und es gab keine Notbeleuchtung. Und die Zugänge zum Dach, wo etwa 800 Menschen Platz gefunden hätten, waren verschlossen. Viele der brennenden Stockwerke waren zwar mit Feuerlöschern ausgestattet – die Arbeiter waren aber nicht im Gebrauch geschult. [...].

Warum werden solche Standards nicht umgesetzt?

Die Politiker und Geschäftsleute finden, dass diese Industrie wichtig ist, denken aber nur an ihre Profite. Wir fordern, dass sie sich auch um die Menschen kümmern, die ihnen ihre Profite bescheren. Auch die ausländischen Käufer haben eine Verantwortung, der sie nur selten nachkommen. Seit 2011 gibt es ein Brandschutzabkommen, das Schulungen und unabhängige Kontrollen vorsieht. Nur zwei Firmen sind dem beigetreten: die US-Firma PVH und Tchibo.

Können Sie als Gewerkschaft da nicht eingreifen?

Unsere Arbeit unterliegt vielen Einschüchterungsversuchen. Das Arbeitsministerium muss die Papiere für eine Werksgewerkschaftsgründung der Fabrikleitung vorlegen, bevor es die Gewerkschaft genehmigt. Die Arbeiter, die sich organisieren, müssen damit rechnen, entlassen oder versetzt zu werden. Unsere Verbandsarbeiter berichten, dass Fabrikbesitzer Hooligans auf sie hetzen, wenn sie Kontakt zu Arbeitern suchen.

Interview: Lalon Sander, taz, 26.11.2012

Aufgaben

1. Erläutert, inwieweit Jahajs Menschenrechte verletzt werden (M 15).
2. Darf man alles kaufen? Diskutiert, welche Verantwortung Unternehmen und Konsumenten bei der Wahrung der Menschenrechte haben. Erstellt dann einen 10-Punkte-Plan, wie Kindern wie Jahaj und Näherinnen in Bangladesch geholfen werden kann (M 15, M 16).

Die Vereinten Nationen versuchen auch im Bereich der Unternehmen Menschenrechte durchzusetzen. Dieses Programm nennt sich „Global Compact“. Recherchiert im Internet, welche Ziele damit verfolgt werden und stellt eure Ergebnisse im Klassenplenum vor. Hier könnt ihr eure Arbeit beginnen: *www.unglobalcompact.org/languages/german/index.html*

Kann das Internet helfen, Menschenrechte zu schützen?

M 17 Wie Ägypten im Januar 2011 aus dem Internet verschwand

Protest der ägyptischen Zeitung „EGYPT INDEPENDENT" gegen Beschränkungen der Presse- und Meinungsfreiheit im Internet.

Ägypten ist offline. Auf einen Schlag, so scheint es, wurde fast das ganze Land von der Außenwelt abgeklemmt. Die Abschaltung erfolgte am 27.1.2011 um 23.34 Uhr deutscher Zeit, berichtet das Internet-Beratungsunternehmen Renesys. Damit sind fast 85 Millionen Menschen vom Informationsaustausch mit dem Rest der Welt ausgeschlossen worden. Schon in den Tagen davor gab es immer wieder Berichte über Abschaltungen von Mobilnetzen, eine Blockade von Twitter und später auch Facebook. Auch E-Mails und SMS-Textnachrichten waren zeitweise und meist regional begrenzt nicht zu versenden und zu empfangen.

Matthias Kremp, Der Spiegel, 28.1.2011

M 18 Der Sturz Mubaraks

In Ägypten, wo Präsident Mubarak seit 1981 per Notstandsgesetzgebung und mit Unterstützung des Militärs regierte, kam es [...] zu Massendemonstrationen, deren Teilnehmer offen den Rücktritt Mubaraks forderten. Nachdem bei Zusammenstößen mit der Polizei und vom Regime angeheuerten Schlägerbanden über 800 Demonstranten ums Leben gekommen waren, wuchs der Druck auf das Regime. Das bis dahin neutral gebliebene Militär drängte Mubarak zum Rücktritt und übernahm in Form eines Militärrates die Macht. Mubarak wurde vor Gericht gestellt, der Militärrat setzte eine Übergangsregierung ein und legte einen Fahrplan für den Demokratisierungsprozess vor. Die Notstandsgesetzgebung blieb jedoch in Kraft und für die künftige Verfassung erklärten die Generäle, dem Militär eine Veto-Funktion vorbehalten zu wollen. So wurde die Militärführung bald selbst Ziel von Protesten. In den Parlamentswahlen vom Winter 2011/12 erzielten die moderat-islamistischen Moslembrüder eine klare Mehrheit. Dem neuen Parlament stellte sich die Reform der Verfassung als vordringliche Aufgabe.

Bergmoser und Höller Verlag AG, Zahlenbilder 872 031

M 19 Blogs als wichtige Informationsquellen

Wann begannen Sie damit, über Folter in Ägypten zu berichten?
2006 wurde ich auf den Bericht einer lokalen NGO aufmerksam. Nachdem ich ihn gelesen hatte, war ich schockiert. Damals redeten nur wenige über Folter. Ein Ziel des Blogs war es deshalb, dieses Problem öffentlich zu machen. Außerdem wollten wir die Haltung der Menschen ändern und sie dafür sensibilisieren, dass auch „einfaches" Schlagen nicht zu akzeptieren ist. Aus der Idee ist über die Jahre ein ausführliches Archiv entstanden, das Folter der ägyptischen Polizei dokumentiert.

Welche Bedeutung hatten soziale Netzwerke für die Proteste?
Blogs sind zunächst einmal Medien wie andere auch und können die öffentliche Meinung beeinflussen. Vor allem aber waren sie ein wirkungsvolles Werkzeug, um die Menschen zu mobilisieren und zu motivieren. Während der Proteste wurde das Internet benutzt, um die Demonstrationen zu organisieren – sofern es nicht abgeschaltet war. Aber auch schon in den Jahren vor der Revolution ging es darum, Online-Medien für sich zu nutzen und Informationen über Folter oder Ähnliches zu verbreiten.

Ein sehr bekannter Fall ist Khaled Said, der im Juni 2010 von Polizisten zu Tode geprügelt wurde …
Ja, Khaled Said war in unserem Alter, er kam aus der Mitte der Gesellschaft, und man konnte sich leicht mit ihm identifizieren. Als dann das Bild seines Leichnams über Facebook verbreitet wurde, wurde vielen klar, dass ihnen das Gleiche hätte passieren können. In diesem Moment waren die Leute wütend genug, um etwas zu unternehmen. Ich würde sagen, Khaled Said war eine der Figuren hinter der Revolution.

Amnesty Journal, 06-07/2011

Online-Aktivisten und Blogger haben entscheidend zur ägyptischen Revolution beigetragen. Noha Atef ist eine von ihnen. Schon lange vor den Protesten hat sie sich für die Menschenrechte eingesetzt – mit einer Website über Folter in Ägypten. Sie hat für mehrere Zeitungen in der arabischen Welt gearbeitet. Ihr Blog „tortureinegypt.net" ist eine der wichtigsten Quellen für Informationen über Folter in Ägypten. Die 26-Jährige kommt ursprünglich aus Kairo und studiert derzeit in Birmingham.

Aufgaben

1. Viele Diktaturen versuchen das Internet und soziale Netzwerke zu kontrollieren und zu zensieren. Erläutert, weshalb diese Staaten das Internet und soziale Netzwerke als Bedrohung ansehen (M 17).
2. Recherchiert im Internet, wie der Demokratisierungsprozess in Ägypten bisher verlaufen ist (M 18).
3. Erläutert, wie das Internet und soziale Netzwerke in Ägypten zum Schutz von Menschenrechten eingesetzt wurden (M 19).

Was wir wissen

Souveränität und Intervention
M 4 – M 6

Staaten sind souverän und grundsätzlich darf sich kein Staat in die inneren Angelegenheiten eines anderen Staates einmischen. Zu Ende gedacht würde das allerdings bedeuten, dass die Weltgemeinschaft nichts dagegen unternehmen könnte, wenn eine Regierung die Menschenrechte ihrer Bevölkerung oder von Bevölkerungsgruppen missachtet. Massive systematische Menschenrechtsverletzungen, Vertreibung und Ermordung von Bevölkerungsgruppen werden heute jedoch als Bedrohung des Weltfriedens und der internationalen Sicherheit betrachtet und auf dieser Grundlage darf die UNO Maßnahmen gegen solche Staaten ergreifen.

Die Ziele der UNO

Die UNO wurde am 24.10.1945 von 51 Staaten als globale Friedensorganisation gegründet. Heute sind fast alle Länder der Welt Mitglied der UNO. Ihren Hauptsitz hat die UNO in New York. In der UN-Charta, dem Gründungsvertrag der UNO, sind die grundsätzlichen Ziele festgehalten:
- Wahrung des Weltfriedens und der internationalen Sicherheit
- Entwicklung freundschaftlicher Beziehungen zwischen den Nationen
- Herbeiführung einer internationalen Zusammenarbeit, um internationale Probleme zu lösen und die Achtung der Menschenrechte zu fördern

Aufbau der UNO
M 5

Der Sicherheitsrat ist das wichtigste Organ der UNO. Seine Resolutionen sind völkerrechtlich verbindlich, d.h., dass sich alle Staaten daran halten müssen. Er besteht aus fünf ständigen Mitgliedern (USA, Großbritannien, Frankreich, China und Russland) und zehn nichtständigen Mitgliedern. Jedes ständige Mitglied ist mit einem Vetorecht ausgestattet, kann also Entscheidungen des Sicherheitsrates blockieren. Die nichtständigen Mitglieder werden von der Generalversammlung alle zwei Jahre neu gewählt. Die Generalversammlung, in der alle Mitgliedsstaaten gleichberechtigt eine Stimme haben, kann nur Empfehlungen verabschieden, die völkerrechtlich nicht verbindlich sind.

Internationale Gerichte
M 9

Internationale Gerichte sind Organe der Rechtsprechung, dessen Träger mehrere Staaten und/oder internationale Organisationen sind. Die Richter haben verschiedene Staatsangehörigkeiten und werden von den Trägern des Gerichtes bzw. seinen Mitgliedern gewählt. So entscheiden z. B. die Gerichte für Menschenrechte (wie zum Beispiel der Europäische Gerichtshof für Menschenrechte) darüber, ob Menschenrechtsverletzungen vorliegen. Internationale Strafgerichtshöfe (wie etwa der Internationale Strafgerichtshof (IStGH) in Den Haag oder die UN-Sondertribunale) ahnden Kriegsverbrechen und schwerste Menschenrechtsverletzungen mit strafrechtlichen Sanktionen. Oft wird jedoch die Legitimität (Berechtigung) dieser Gerichte angezweifelt.

Was wir können

Neben dem Schutz der Menschenrechte durch überstaatliche Institutionen wie die Vereinten Nationen oder internationale Strafgerichte gibt es viele weitere Möglichkeiten, den Menschenrechten mehr Geltung zu verschaffen. Internationale Organisationen wie Amnesty International setzen sich durch privates Engagement und gezielte Öffentlichkeitsarbeit für den Schutz der Menschenrechte ein.
Als Konsument kann sich jeder Einzelne überlegen, ob seine Kaufentscheidung dazu beiträgt, die Menschenrechte global zu wahren.
Und schließlich spielt auch das Internet eine wichtige Rolle bei der Sicherung der Menschenrechte, denn es hilft, Informationen zu verbreiten und trägt zur Meinungsbildung insbesondere in den Staaten bei, in denen keine freie Presse existiert.

Schutz der Menschenrechte durch den Einzelnen
M 10 – M 19

Karikatur

Karikatur: Koufigiorgos

Während Deutschland im Jahr 1999 Waren im Wert von rund 7 Mrd. Euro nach China exportierte, waren es 2011 bereits ca. 65 Mrd. Euro.

Aufgaben

1. Interpretiere die Karikatur und erörtere anschließend die Frage, ob man mit Ländern Handel betreiben sollte, die Menschenrechte teilweise systematisch missachten.
2. Stelle dar, was du persönlich tun könntest, um den Menschenrechten zu mehr Geltung zu verhelfen.

aus: Bundeszentrale für politische Bildung, Informationen zur politischen Bildung Nr. 300, Lateinamerika, Bonn 3/2008

Fakten zu Brasilien

- 8.514.877 km² Landesfläche (Weltrang 5)
- 203,4 Mio. Einwohner (Weltrang 5), 23 Einwohner/km² (Stand 2011)
- Bevölkerungszusammensetzung/Ethnien: 53,7% Weiße (europäischer, insbesondere portugiesischer Abstammung), 38,5% Mestizen, 6,2% afrikanischer Abstammung, 1,6% Andere (vor allem Japaner, Araber, „Native Americans"); über 150 indigene Völker (Volkszählung 2000)
- Sprachen: Portugiesisch in brasilianischer Variante (offizielle Amtssprache und am meisten verbreitet); weniger verbreitet Spanisch (Grenzgebiete und Schule), Deutsch, Italienisch, Japanisch, Englisch, eine große Anzahl von verschiedenen amerikanischen indigenen Sprachen
- Hauptstadt: Brasilia (3,789 Mio. Einwohner)
- Größte Städte: São Paulo (19,96 Mio. EW); Rio de Janeiro (11,836 Mio. EW); Belo Horizonte (5,736 Mio. EW), Salvador da Bahia (2,9 Mio. EW), Fortaleza (2,4 Mio. EW)
- Religionen: 73,6% Katholiken, 15,4% Protestanten, 11% keine Religion oder andere Religionszugehörigkeit, darunter auch Naturreligionen der indigenen Bevölkerung

Marktinformation Brasilien 2012, hrsg. v. Deutscher Zentrale für Tourismus e. V.

10

Integratives Modul: Brasilien

Brasilien ist ein Land voller Widersprüche. Ein Land so groß wie ein Kontinent und so vielfältig wie die Herkunft seiner Einwohner. Schon längst denken wir bei Brasilien nicht mehr nur an Sandstrände, unberührten Regenwald und atemberaubenden Artenreichtum. Es ist ein Land an der Schwelle zur Industrienation mit rasantem Wirtschaftswachstum, gigantischen Bodenschätzen, aber auch massiven Umweltproblemen und riesigen Elendsvierteln.

Kompetenzen

Am Ende dieses Kapitels solltest du Folgendes können:

- einschätzen, wie die vier Dimensionen (Politik, Gesellschaft, Umwelt, Wirtschaft) sich in einem zukunftsfähigen Staat entwickeln sollten
- die Entwicklungsdimensionen am Beispiel Brasiliens analysieren und ein Zukunftsszenario für Brasilien beschreiben
- in einem Konferenzspiel unterschiedliche Entwicklungstendenzen diskutieren und eine Handlungsstrategie für eine nachhaltige Entwicklung gestalten

Was weißt du schon?
Entwerft in Gruppen ein Lernplakat zu Brasilien, auf dem die wichtigsten Fakten zu Umwelt, Wirtschaft, Politik und Gesellschaft genannt werden.

Gehört Brasilien die Zukunft?

M 1 Brasilien in Bildern

Umwandlung von Regenwald in Ackerland

Traditioneller Karneval

Produktion eines VW in einem brasilianischen Werk

Das Parlamentsgebäude in Brasília, der Hauptstadt Brasiliens

Good Governance
(engl. = gutes Regieren), so nennt man eine Staatsführung, die transparent, verlässlich und effektiv ist, die den Schutz von Minderheiten gewährleistet und rechtsstaatliche Prinzipien wie Menschenrechte oder die Gewaltenteilung beachtet.

M 2 Die vier Dimensionen der Entwicklung – Gruppenarbeit

J.-R. Schreiber, Stephan Schuler, Wege globalen Lernens unter dem Leitbild einer nachhaltigen Entwicklung, in: Praxis Geographie, 4/2005

Aufgaben

Bestimmt mit Hilfe der Placemat-Methode, wie sich ein Staat, dem „die Zukunft gehören soll", hinsichtlich der vier Dimensionen (Wirtschaft, Soziales, Politik und Umwelt) entwickeln sollte (M 1, M 2).
Teilt euch anschließend in Gruppen auf. Jede Gruppe wird Experte für eine der genannten Dimensionen.

Methode

M 3 Eine Fallstudie durchführen

Fallstudie **Arbeitsschritte**	Arbeitsanweisungen	Arbeitsformen und Materialien
1. Problemanalyse Eingrenzung des Themas, Vorstellungen von einem „zukunftsfähigen Staat“ entwickeln	Bestimmt, wie sich ein Staat („dem die Zukunft gehören soll“) hinsichtlich der **vier Dimensionen der Entwicklung (Wirtschaft, Soziales, Politik und Umwelt)** entwickeln sollte.	Placemat M 1, M 2
2. Istzustand, Einflussanalyse (Parameter der Entwicklung), positive und negative Einflussfaktoren herausarbeiten	Bildet vier Expertengruppen. Unterscheidet jeweils positive und negative Einflüsse aus der gegenwärtigen Analyse Brasiliens.	Arbeitsteilige Gruppenarbeit M 4 – M 15
3. Szenario Ein **positives Extremszenario**: Es bezeichnet die bestmögliche Zukunftsentwicklung (best-case-scenario) Ein **negatives Extremszenario**: Es bezeichnet den schlechtestmöglichen Entwicklungsverlauf (worst-case-szenario) Ein **Trend-Szenario**: Es beinhaltet die Fortschreibung der heutigen Situation in die Zukunft (Trend-Extrapolation)	Entwickelt in eurer Expertengruppe ein Szenario zur zukünftigen Entwicklung Brasiliens.	Arbeitsteilige Gruppenarbeit Szenariotrichter 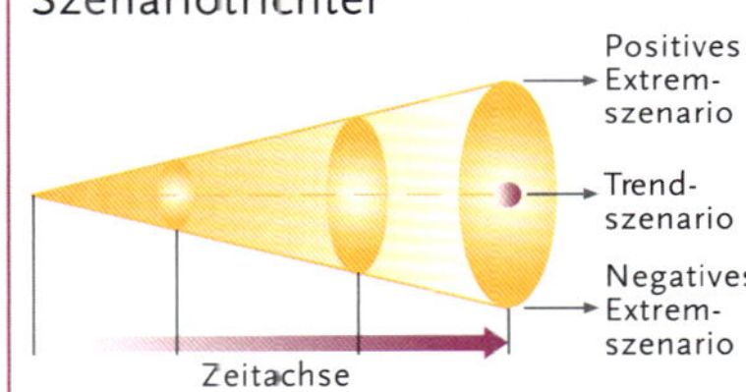 Ergebnisse in Thesenform
4. Konferenz **Handlungs- und Gestaltungsstrategien**	Vergleicht die Ergebnisse der Experten, diskutiert die Gesamtentwicklung und entwerft geeignete Handlungs- und Gestaltungsstrategien für eine nachhaltige Entwicklung (10-Punkte-Programm).	Konferenz aller Experten Ergebnisse: 10-Punkte Programm als Plakat
5. Metareflexion	Beurteilt die Vorgehensweise und die Ergebnisse.	Zielscheibe zur Bewertung von Gruppenarbeit, Moderation

Gesellschaft und Soziales – gibt es sozialen Fortschritt in Brasilien?

M 4 Eine Jugend unter der Glasglocke

Abgeschottet von der Außenwelt: die Schülerinnen Amanda (links) und Paula in ihrer bestens gesicherten Wohnanlage

Der Pförtner verlangt den Ausweis, gibt die Daten ein, richtet die Kamera auf den Besucher, greift zum Hörer, fragt um Erlaubnis an, und dann wird das Drehkreuz freigegeben: Willkommen in der Wohnanlage „Wonderful"! Sie besteht aus drei Türmen, die zusammen 67 Stockwerke zählen, jedes mit acht Wohnungen. Das gepflegte Gartengrün im Schatten der Blöcke ist in Asphalt und Beton gezwängt, die drei Hochhäuser stehen so eng aufeinander, dass viel mehr als der Pool nicht dazwischen passt. Unauffällige Kameras äugen in jeden toten Winkel, die stacheldrahtbewehrten Zäune rund um das „Wonderful"-Grundstück sind an die drei Meter hoch, nachts patrouillieren die Wachmänner. Und in der Nachbarschaft sieht es nicht anders aus: ebenso eng stehende, ebenso hohe, ebenso kompakte Betonmassen.

So zu wohnen – genau davon träumt die brasilianische Mittelklasse, und Amanda kann sich offenbar gar nicht vorstellen, dass man das womöglich gar nicht traumhaft findet. Kein Wunder: Amanda ist zwölf, sie kennt praktisch nichts anderes. Sie und ihre drei Jahre ältere Schwester Paula sind hier aufgewachsen. Sie fühlen sich wohl. „Nein, woanders würden wir nicht wohnen wollen", sagen sie wie aus einem Mund. Und auch für ihre Mutter, die 45-jährige Ärztin Claudia Barata, ist „Wonderful" die Erfüllung des Traums vom guten Leben. „Hier ist es ruhig, die Luft ist sauber, der Strand liegt vor der Haustür, die Nachbarn und Freunde sind vom selben sozialen Niveau, und vor allem es ist eine Insel der Sicherheit!"

Phobopolis, die Stadt der Angst – das Stichwort bezeichnet die radikalen Folgen von sozialer Zerrüttung und Kriminalität gerade in den Metropolen Südamerikas. Der öffentliche Raum wird als Gefahr wahrgenommen, das bürgerliche Leben vollzieht sich in privaten Enklaven. Aber für Kinder und Jugendliche wie Amanda und Paula wird die Welt immer mehr durch Gitter und Sperren beschränkt, die Realität wird deckungsgleich mit ihrer Abbildung auf Bildschirm und Display.

Die Werbebotschaften der Immobilienbranche beschwören das Bild der allgegenwärtigen Gefahr, meint der in Rio lehrende Soziologe Ricardo Ferreira, „und mit Hilfe der Medien wurde die aus der Angst geborene Art zu wohnen zu einem Lebensstil veredelt, der auch für andere Viertel zum Maßstab erhoben wird". Damit freilich kehre sich das Bürgertum von der Stadt ab, und so beschleunige sich nur, was Grund dieses Rückzugs ist: der Verlust des öffentlichen Raumes. Aber wie wird eine Generation, die heute, wie Amanda und Paula, hinter den Gittern der Angst aufwächst, später teilnehmen an der

Gesellschaft? Wird sie Bürgersinn entwickeln? Soziales Engagement zeigen? Sich für öffentliche Belange einsetzen?

Amanda und Paula führen durch ihre gegen die Außenwelt abgekapselte Innenwelt, die man in Brasilien „condomínio fechado", geschlossene Wohnanlage, nennt: der Pool, das Fitnesscenter, das Café, der Tennis-, der Volleyballplatz. Und die Tiefgarage, von deren Pförtnerloge aus man zu Fuß eine Gasse erreicht, die zwischen den Mauern anderer Condomínios direkt zum Strand führt. Das Service-Angebot ist riesig: Das Condomínio beschäftigt nicht nur Pförtner, Wachleute, Gärtner und Bademeister, sondern auch Handwerker, die private Reparaturen der Bewohner erledigen. Und wenn Paula zur Ballettstunde will, nimmt sie eines der Taxis, die nur für „Wonderful" fahren. Das ist sicherer. Das Hochsicherheitsparadies liegt in Barra da Tijuca, einer mondänen Vorstadt von Rio de Janeiro, die ihrerseits der Logik des „condomínio fechado" gehorcht. Denn in Barra „gibt es keine Favelas", sagen die beiden Mädchen bei der Ortsbegehung. [...]

Amanda und Paula gehören zu den Abertausenden von brasilianischen Mittelklassekindern, die ihr Leben praktisch immer jenseits des öffentlichen Raumes verbringen. Die Mutter fährt sie morgens in die Privatschule, nachmittags bringt der Schulbus sie zurück. Im Condomínio hat Amanda gerade einen Volleyballkurs gemacht, in ihrem Block und in den benachbarten Blocks wohnen die Freundinnen und Freunde, mit denen sie durch die Gasse an den Strand gehen. Der ist zwar öffentlich, aber am Ende wird er eben doch nur von denen benutzt, die hier wohnen. „Sie kennen nichts von draußen", sagt beim Rundgang Amandas und Paulas Kinderfrau, „sie sind noch nie mit dem öffentlichen Bus oder mit dem Zug gefahren."

Die 15-jährige Paula trifft sich mit ihrer Clique in Einkaufszentren. Dort gibt es neben Geschäften auch Cafés und Kneipen, Galerien und Theater, Nachtclubs und Restaurants, Fitnesscenter und Schönheitschirurgen – und sogar Schulen und eine Universität. [...]

Nur eines führt die Mädchen regelmäßig aus ihrem Inselleben heraus: ihr Vater, mittlerweile geschieden, wohnt in Copacabana. Was sie sonst kennen von der Welt? Den Nobelbadeort Búzios, wo die Familie ein Häuschen hat. Das argentinische Wintersportparadies Bariloche, wo sie zum Skifahren waren, außerdem New York und Disneyland. Und das Zentrum von Rio? „Ja", sagt Paula, „da waren wir einmal mit dem Schulbus". [...]

„Es ist mir völlig klar, dass die Mädchen nur einen Ausschnitt aus der Wirklichkeit mitkriegen", sagt ihre Mutter, die ihre Kindheit in einer Kleinstadt verbracht hat, wo sie auf Bäume klettern und auf der Straße Fahrrad fahren konnte. [...]

Dennoch ist die Ärztin überzeugt, dass sie keinesfalls zwei nur beschränkt lebenstüchtige Töchter aufzieht. Der „Realitätsschock", sagt sie, werde kommen, wenn sie auf die Universität gehen und mit Menschen ganz anderer Schichten und Kasten zusammentreffen.

Wolfgang Kunath, Stuttgarter Zeitung, 8.8.2012

M 5 Das größte Sozialprogramm Südamerikas

Für Rosalina da Luis Rodrigues ist heute Zahltag. Geduldig steht die junge Frau vor dem kleinen düsteren Tante-Emma-Laden in Acau, einer kleinen Stadt im Nordosten Brasiliens. Etwa zwei Dutzend andere Frauen warten auch noch in der Reihe, ihr Ziel ist der Geldautomat der staatlichen Bank Caixa Econômica am Eingang. Hier wird die „Bolsa Familia" ausgezahlt, was übersetzt so viel wie Familienstipendium heißt und der Name des größten Sozialprogramms in Südamerika ist. In Brasilien profitieren elf Millionen Familien davon, etwa ein Viertel der Gesamtbevölkerung. Vor allem dank Bolsa Familia, lobte kürzlich eine Studie der Stiftung Getulio Vargas, ist der Anteil der brasilianischen Bevölkerung in extremer Armut in den Jahren 2003 bis 2005 von gut 28 Prozent auf 22,7 Prozent gefallen. Und das, obwohl dieses Vorzeigeprogramm des Präsidenten Lula da Silva spektakulär billig erscheint: Die Kosten betragen nur etwas mehr als ein Prozent des nationalen Staatshaushalts und nur 0,4 Prozent des Bruttosozialprodukts.

[...] Rosalina und ihre Familie haben einen Hektar Land, ein paar Hühner, sie bauen Mais, Wassermelonen und Bohnen an. Durch den Verkauf der Eier und ab und zu etwas Mais verdient die Familie durchschnittlich 40 Real im Monat, „mal mehr und mal weniger, das hängt vom Regen ab", erklärt sie und lächelt schüchtern. Behutsam steckt Rosalina ihre Karte in den Geldautomaten, und das Einkommen ihrer Familie verdreifacht sich: 80 Real, umgerechnet 28 Euro, bekommt sie ausgezahlt. Bolsa Familia ist ein klassisches Programm zum Einkommenstransfer: Die Ärmsten im Lande bekommen Geld. Familien mit einem monatlichen Haushaltseinkommen von weniger als 120 Real (gut 40 Euro) pro Kopf erhalten je nach wirtschaftlicher Lage und Kinderzahl einen Zuschuss von 15 bis 95 Real. Was so einfach klingt, ist in einem riesigen Land wie Brasilien aber ein logistisches Mammutunternehmen. Eigens für das Programm wurde ein einheitliches landesweites Personenregister geschaffen.

Anne Grüttner, Die Zeit, 12.12.2006

M 6 Daten zur Gesellschaft

	Brasilien	Deutschland
Durchschnittsalter in J.	29,3	44,2
Bevölkerungswachstum*	1,134	-0,208
Lebenserwartung	72,53	80,07
Bevölkerungsanteil unter Armutsgrenze	21,4	15,5

* *Die Zeitspanne, in der sich die Bevölkerung eines Landes verdoppelt, nennt man Verdopplungszeit. Man kann sie näherungsweise berechnen als den Quotient aus der Zahl 70 und der Wachstumsrate des Landes (in Prozent angegeben).*

Quellen: CIA World Factbook, Stiftung Weltbevölkerung, Stand: 2011

M 7 Soziale Ungleichheit

a) Regionale Ungleichheit

Brasilien gehört zu den zehn Ländern mit der höchsten Einkommenskonzentration weltweit; außerdem sind Wirtschaftskraft und Einkommen regional höchst unterschiedlich verteilt. Amazonien macht etwa 50 Prozent der Fläche Brasiliens aus und hat knapp acht Prozent der Einwohner, trägt aber seit Jahrzehnten nur zu etwa fünf Prozent der Wirtschaftskraft bei. Der Nordosten stellt 27 Prozent der Bevölkerung und konnte erst in den vergangenen fünf Jahren seinen Beitrag auf etwa neun Prozent steigern. In beiden Regionen liegen die Indikatoren für die menschliche Entwicklung nach Zahlen von 2005 unter dem brasilianischen Durchschnitt, und die generell schlechter versorgte ländliche Bevölkerung ist in diesen Datensätzen häufig noch gar nicht erfasst.

Armenviertel in der Stadt São Paulo.

b) Gini-Koeffizient: Brasilien, China, Deutschland und USA (1998-2008)

Jahr / Land	Brasilien	China	Deutschland	USA
1998	0,600	0,403	–	0,453
1999	0,594	–	–	0,455
2000	–	0,390	0,246	0,457
2001	0,596	0,448	0,246	0,463
2002	0,589	0,454	0,290	0,462
2003	0,583	0,449	0,280	0,464
2004	0,572	0,469	0,280	0,464
2005	0,569	–	0,260	–
2006	0,563	–	0,270	–
2007	0,556	–	–	–
2008	0,548	–	–	–

http://www.lai.fu-berlin.de/e-learning/projekte/vwl_basiswissen/Umverteilung/Gini_Koeffizient/index.html (12.11.2012)

Der Gini-Koeffizient (oder Gini-Index) gibt den Grad der Ungleichheit der Einkommensverteilung, z. B. in einem Land oder einer Region, nach dem häuslichen Pro-Kopf-Einkommen an. Der Koeffizient kann Werte von 0 (Gleichverteilung) und 1 (vollkommene Ungleichverteilung) einnehmen.

Aufgaben

1. Stellt die Fakten zur sozialen Situation in Brasilien zusammen und einigt euch auf jeweils positive und negative Faktoren aus der gegenwärtigen Analyse (M 4 – M 7).
2. Überlegt, welche Rückschlüsse sich aus der gesellschaftlichen Situation auf Wirtschaft, Umwelt und Politik ziehen lassen.
3. Entwickelt in eurer Expertengruppe ein Szenario zur zukünftigen gesellschaftlichen Entwicklung Brasiliens. Haltet eure Ergebnisse in Thesenform fest.

Politik: Brasilien – eine Mischung aus Belgien und Indien?

M 8 Erfolge gibt es – Probleme bleiben

Nach dem Wahlsieg in Brasilien: Noch-Präsident Luiz Inácio Lula da Silva und seine designierte Nachfolgerin Dilma Rousseff nach deren Triumph in der Stichwahl um das Präsidentenamt vom 31. Oktober 2010.

Die Zukunft Brasiliens heißt Dilma Rousseff. Lula, ihr Vorgänger als Präsident, hinterlässt ihr eine sagenhafte Bilanz – einerseits. Andererseits auch sagenhafte Probleme. Brasiliens Weltstar Lula und seine Erbin Dilma Rousseff waren noch nicht geboren, als Stefan Zweig seine Ode auf den Giganten Südamerikas verfasste. Brasilien, ein Land der Zukunft, heißt das Buch des österreichischen Schriftstellers, es wird heutzutage gerne zitiert. [...] Das einst schlampige Riesenreich hat sich zu einer stabilen Demokratie entwickelt und zum Aufsteiger der sogenannten Bric-Staaten Brasilien, Russland, Indien, China. [...] Brasilien baut Flugzeuge und ist mit seinen Plantagen der bedeutendste Ernährer des Globus. São Paulo zählt mehr große und mittlere deutsche Firmen als jede Stadt Deutschlands, 1.200 an der Zahl. Brasilien veranstaltet 2014 die Fußball-WM und Rio 2016 Olympia. Die brasilianische Entwicklungsbank vergibt mehr Kredite als die Weltbank. 50 Jahre nach ihrer Gründung pilgern die Staatsgäste in die Hauptstadt Brasilia. [...] Lula hat Brasilien nicht neu erfunden und übergibt seiner Dilma auch alte Probleme. Der Aufstieg ruht auf der ersten stabilen Währung seit Jahrzehnten, dem Real kreiert von Lulas Vorgänger Fernando Henrique Cardoso. Inzwischen ist dieser Real so stark geworden, dass er Käufern allmählich zu teuer wird Die Sorge vor einem Rückfall bleibt bei aller Euphorie ein steter Begleiter [...] An grundlegende Reformen hat sich Lula nicht herangewagt. Ein Soziologe nannte Brasilien ehemals Belindia, eine Mischung aus Belgien und Indien, also Industriestaat und in großen Teilen Entwicklungsland. Das hat sich trotz aller Fortschritte nicht wirklich verändert. 30 Millionen Brasilianer leben in der Misere. [...] Rousseff sollte Lula nicht nur kopieren. Die Tochter eines bulgarischen Einwanderers wirkt spröde, aber sie verkörpert viel von dem, was die neue Politik der Region ausmacht. Sie ist eine weitere frühere Diktaturgegnerin, die es über die gemäßigte Linke in einen Präsidentschaftspalast geschafft hat Brasilien wird Lulas Charisma vermissen, könnte indes weibliche Umsicht gebrauchen.

Peter Burghardt, Süddeutsche Zeitung, 2.11.2010

M 9 Wahlrecht und Parteiensystem

In Brasilien gilt seit 1946 bei der Wahl von Abgeordneten und Gemeinderäten ein personalisiertes Verhältniswahlrecht. Dabei fungieren die Bundesstaaten bzw. der Bundesdistrikt Brasília als Wahlkreise. Die Parteien stellen pro Wahlkreis/Bundesland zwar eine Wahlliste auf, doch der Wähler kann entweder einen individuellen Kandidaten oder die Parteiliste insgesamt wählen. Bei der Auszählung der Stimmen wird zuerst ermittelt, welchen Prozentsatz eine Partei auf der Wahlkreisebene erreicht hat. Entsprechend diesen Anteils erhält sie eine bestimmte Zahl von Mandaten. Diese werden an die Kandidaten mit den höchsten individuellen Stimmen innerhalb der Parteiliste vergeben. Wer die meisten Stimmen erzielt, zieht ins Parlament ein – unabhängig von seinem Platz auf der Parteiliste. Weil somit die Liste für die Mandatsvergabe nicht bindend ist, stehen die Wahlkämpfe ganz im Zeichen der individuellen Kandidaten, die versuchen möglichst viele persönliche Stimmen zu erhalten, um ein Mandat zu gewinnen. Dadurch geraten die Parteien in den Hintergrund. Häufig informieren die Kandidaten nicht einmal über ihre Parteizugehörigkeit. Diese ist meist nur durch die Nummer zu erkennen, die jeder Kandidat führt und die in die Wahlmaschine eingegeben werden muss. Eine Partei hat somit über die Liste keinen Einfluss, wer ins Parlament zieht. Die einzelnen Kandidaten kämpfen nicht nur gegen ihre Konkurrenten aus den anderen Parteien, sondern insbesondere auch gegen die Kandidaten aus den eigenen Reihen. Das führt zu außergewöhnlich intensiven und kostenaufwendigen Wahlkämpfen, die sogar teurer als die Wahlkämpfe in den USA sind. Vielerorts muss ein Kandidat mindestens eine Million Euro für seinen persönlichen Wahlkampf aufbringen. Aus diesem Grund verschulden sich viele Kandidaten und verpflichten sich gegenüber ihren Geldgebern. Nach dem Wahlkampf müssen diese Kosten refinanziert und die Verpflichtungen eingelöst werden. Das ist häufig Anlass für Misswirtschaft und Korruption.

Stefanie Laschinski, Überblick über das brasilianische Wahl- und Parteiensystem im Wahljahr 2010, KAS-Landesbüro Brasilien, Rio de Janeiro, 2.7.2010

Politisches System
Gemäß der Verfassung von 1988 ist Brasilien eine präsidiale Bundesrepublik. Der Präsident wird vom Volk gewählt und ist als Regierungschef Inhaber der Exekutive (seit 2011 Dilma Vana Rousseff). Gesetzgebendes Organ ist der Nationalkongress, der aus dem Abgeordnetenhaus mit 513 Abgeordneten und dem Senat mit 81 Mitgliedern besteht. Jeweils drei Senatoren vertreten für eine Amtsperiode von acht Jahren einen Distrikt. Das Land besteht aus 26 Bundesstaaten und dem Bundesdistrikt (Brasília). Die Abgeordneten werden auf vier Jahre per Verhältniswahlrecht bestimmt. Bedeutsamste politische Parteien sind die Partei der Demokratischen Bewegung Brasiliens (PMDB), die Partei der Arbeiter (PT), die Partei der brasilianischen sozialen Demokratie (PSDB) und die Partei der liberalen Front (PFL). Für Staatsbürger zwischen 18 und 69 Jahren besteht Wahlpflicht, Jugendlichen zwischen 16 und 18 ist es freigestellt, zur Wahl zu gehen, ebenso älteren Bürgern über 70.

http://www.laender-lexikon.de/Brasilien#Politisches_System (11.10.2012)

M 10 Wie weit ist der Rechtsstaat entwickelt?

Regelmäßig befassen sich auch die Sozialwissenschaften mit den Folgen nicht bewältigter Diktaturvergangenheit. So wurde Ende 2009 in der brasilianischen Soziologie-Zeitschrift „Sociologia" in einer ausführlichen Studie konstatiert: „Die Praxis der Folter ist als Form institutioneller Gewalt im Alltag des Sicherheitsapparats weiter präsent und richtet sich besonders gegen die Armen." Frei Betto, Dominikanermönch und Brasiliens wichtigster Befreiungstheologe, der einst zur Stadtguerilla gehörte, als „Terror-Mönch" gesucht und vier Jahre eingekerkert wurde, analysiert: „Gegen Verdächtige aus der Unterschicht wird heute nicht ermittelt, sondern

Impunidade – Straflosigkeit
Impunidade liegt vor, wenn eine Person nicht bestraft wird, obwohl sie eine im rechtlichen Sinne strafwürdige Handlung begangen hat. Impunidade ist die Nicht-Verhängung einer Strafe und ebenso der Nicht-Vollzug einer verhängten Strafe. Impunidade bedeutet daher letztlich Straflosigkeit.
In Brasilien ist die Straflosigkeit ein bekanntes Phänomen, das unmittelbar durch das Justizsystem und die Politik gefördert wird. In der breiten Öffentlichkeit wird die Impunidade zwar als skandalös empfunden, [...] doch Politik und Justiz haben bislang noch keine Schritte unternommen, um die Impunidade wirksam zu verhindern.
Katharina Riehle, „Impunidade – das Problem der Straflosigkeit in Brasilien", in: Länderbericht Focus Brasilien der Konrad-Adenauer-Stiftung vom September 2007

funktionelle Analphabeten
= Personen, deren Lese- und Schreibkenntnisse geringer ausgeprägt sind als in der Gesellschaft als Mindeststandard erwartet wird.

man foltert sie, um Geständnisse zu erpressen. Viele bekennen sich daraufhin zu Verbrechen, die sie gar nicht begangen haben und kommen deshalb für viele Jahre hinter Gitter." Durch Folter, so die katholische Gefangenenseelsorge, entstünden zudem falsche Zeugenaussagen, würden Unschuldige schwer belastet. Menschenrechts-Staatssekretär Vannuchi prangerte die hemmungslosen Aktionen der Todesschwadronen und die „institutionalisierte Barbarei" an. Bei den Todeskommandos bestehe eine enge Allianz zwischen Vertretern des Staates (agentes publicos) und Personen außerhalb des Staatsapparats.
Angesichts der über 55.000 jährlich in Brasilien verübten Morde und einer Aufklärungsrate weit unter zehn Prozent wäre nach Vannuchis Einschätzungen ein öffentlicher Aufschrei durchaus verständlich gewesen. Dieser blieb indessen aus. Führende Intellektuelle sprechen von einer immensen Apathie und Passivität des Durchschnittsbrasilianers, was vor allem auf mangelnde Bildung zurückzuführen sei. Fast 60 Prozent der Brasilianer ab 15 Jahren sind gemäß den PISA-Kriterien funktionelle Analphabeten, schätzen Schulexperten. Das führt zu der beklemmenden Situation, dass gemäß seriösen Umfragen 82 Prozent der Landesbewohner über 16 Jahren noch nie etwas von den berüchtigten Ausnahmegesetzen („AI-5" Ato Institucional Número Cinco von 1968) der Militärdiktatur gehört haben. Auch unter den Historikern hat das Umfrageergebnis Enttäuschung und Entsetzen ausgelöst. Es weise auf Entpolitisierung, ein armseliges Schulwesen und fehlendes geschichtliches Erinnerungsvermögen in Brasilien. [...]
Die Diskussion um die Bestrafung von Diktaturverbrechern, gar über Menschenrechtsverletzungen von heute geht daher an den allermeisten der über 190 Millionen Brasilianer völlig vorbei. Der renommierte Autor und Kolumnist Gilberto Dimenstein aus São Paulo sieht darin einen grundlegenden Unterschied zur Situation im benachbarten Argentinien. „Unser funktioneller Analphabetismus ist das Schlimme. Die Leute verstehen nicht was sie im Radio hören, was in der Zeitung steht. Die meisten lesen ohnehin keine Zeitung. In Argentinien wird die Bevölkerung in Krisenzeiten gewöhnlich aktiv, weil das Bildungsniveau dort viel höher ist."
Klaus Hart, Vom Umgang mit der Diktaturvergangenheit, Aus Politik und Zeitgeschichte (APuZ 12/2010)

Aufgaben

1. Stellt die Fakten zur politischen Situation in Brasilien zusammen und einigt euch auf jeweils positive und negative Faktoren aus der gegenwärtigen Analyse (M 8 – M 10).
2. Überlegt, welche Rückschlüsse sich aus der politischen Situation auf Gesellschaft, Wirtschaft, und Umwelt ziehen lassen.
3. Entwickelt in eurer Expertengruppe ein Szenario zur zukünftigen politischen Entwicklung Brasiliens. Haltet eure Ergebnisse in Thesenform fest.

Wirtschaft: Wie stark ist Brasilien wirklich?

M 11 Aufstieg zu den führenden Wirtschaftsnationen

Seit den 1940er Jahren gilt Brasilien als das „Land der Zukunft" – Stefan Zweig hatte sein Exilland so bezeichnet, unter dem Eindruck seiner Größe, seiner Vielfalt und des weitgehend friedlichen Zusammenlebens von Einwanderern aus vielen verschiedenen Ländern und von ehemaligen afrikanischen Sklaven. In der Nachkriegszeit schien auch die wirtschaftliche Entwicklung diesem Bild zu entsprechen, denn eine rasche Industrialisierung, hohe Wachstumsraten und die Erschließung des Landesinneren für die Landwirtschaft und den Bergbau prägten die Zeit bis in die 1970er Jahre. Darauf folgten 20 Jahre der Instabilität und Stagnation, hoher Inflation, grassierender Korruption, wachsender Umweltverschmutzung und extremer Einkommensunterschiede. Besonders die Zerstörung Amazoniens, die Bedrohung der Lebensräume indigener Völker und die ausbleibende Verbesserung der Lebensbedingungen für die dort lebenden Menschen zogen in den 1980er Jahren internationale Aufmerksamkeit auf sich. Heute steht Brasilien in der öffentlichen Wahrnehmung anders da: Das Land gehört zu den führenden zehn Volkswirtschaften der Erde; „The Economist" bezeichnete seine wirtschaftliche Entwicklung im November 2009 als „Lateinamerikas große Erfolgsstory". Die jährlichen Wachstumsraten liegen zwar unter fünf Prozent und damit deutlich unter denen von China und Indien, aber Brasilien ist es in den vergangenen fünf Jahren gelungen, seine Schulden beim Internationalen Währungsfonds zu begleichen, hohe Währungsreserven zu bilden, die öffentliche Haushaltsführung zu konsolidieren, die Steuereinnahmen zu steigern und die Armut zu verringern. Kürzlich entdeckte Erdölvorkommen vor der südlichen Küste des Landes – 40 Prozent der weltweit ungenutzten Offshore-Vorkommen – versprechen hohe zukünftige Einnahmen. Diese ökonomische Erfolgsstory beruht auf dem Wachstum der Exporte und des Agrarsektors, einer Währungsreform Mitte der 1990er Jahre und einer Wirtschaftspolitik, die auf eine aktive Weltmarktintegration setzt, auf Privatisierung der großen Staatsunternehmen und auf Deregulierung des Arbeitsmarktes. Der Anteil der Landwirtschaft am Bruttoinlandsprodukt liegt bei 25 Prozent, wenn man vor- und nachgelagerte Bereiche dazuzählt. Der Sektor wächst schneller als die Wirtschaft insgesamt und stellt 36 Prozent der Exporte. Brasilien ist der weltweit größte Produzent von Zuckerrohr, Kaffee, tropischen Früchten und Orangensaftkonzentrat und gehört außerdem zu den größten Produzenten von Sojabohnen, Mais, Baumwolle, Kakao, Tabak und Holz. Zudem verfügt das Land über die größte Rinderherde der Welt (170 Millionen Rinder) und ist stark in der Produktion von Geflügel und Schweinefleisch. Die Stärke

Mercosur
Mercosur (seit 1991) ist die abgekürzte Bezeichnung für den Gemeinsamen Markt Südamerikas. Die spanische Bedeutung für die Abkürzung ist Mercado Común del Sur (Gemeinsamer Markt des Südens). Die Mercosur-Gruppe ist nach der EU und dem nordamerikanischen Nafta-Wirtschaftsraum die drittgrößte Wirtschaftszone der Welt, deren interne Zollgrenzen – mit Ausnahme von Zucker und Kraftfahrzeugen – inzwischen aufgehoben wurden. Mit dem Beitritt Venezuelas 2012 reicht der Wirtschaftsblock von der Karibik bis nach Feuerland. In den Mitgliedsländern leben 270 Millionen Menschen, 70 Prozent der Bevölkerung Südamerikas.

Anteil der Wirtschaftssektoren am BIP
Dienstleistung 68,5 %
Industrie 25,4 %
Landwirtschaft 6,1 %

Wichtigste Import- und Exportpartner
USA, Argentinien, China, Deutschland, Japan, Chile, Italien, Frankreich (Import), Niederlande (Export)

Marktinformation Brasilien 2912, hrsg. v. Deutsche Zentrale für Tourismus e. V.

im Agrarbereich geht auf die Ausdehnung der landwirtschaftlich genutzten Flächen seit den 1970er Jahren und wissenschaftliche Fortschritte zurück: Genetische Veränderungen des Saatgutes ermöglichten die Nutzung der Böden im mittleren Westen des Landes, die durch den Einsatz neuer Technologien nun für mehr als 40 Prozent der Getreideproduktion stehen. Etwa 60 Prozent der Produktivitätszuwächse des Sektors sind dem Landwirtschaftsministerium zufolge auf die Forschung zurückzuführen. Es wäre aber falsch, Brasilien nur als Agrarproduzenten zu sehen Auch der Industriesektor des Landes ist modernisiert worden, das Land exportiert unter anderem Flugzeuge dauerhafte Konsumgüter, Autos, Zellstoff und Papier.

Imme Scholz, Wandel durch Klimawandel? Wachstum und ökologische Grenzen in Brasilien, Aus Politik und Zeitgeschichte 12/2010

Reale Veränderung des BIP in % – Deutschland und Brasilien

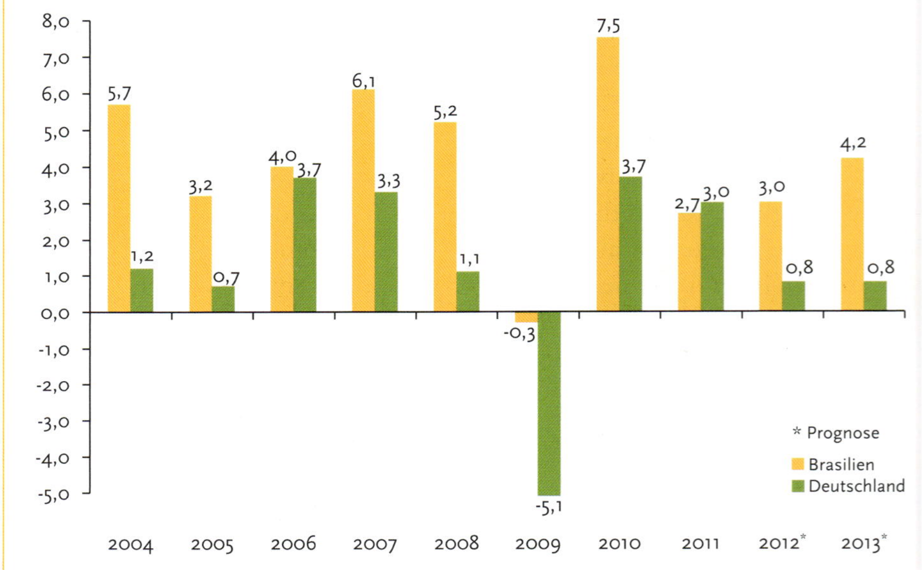

Germany Trade&Invest, Gesellschaft für Außenwirtschaft und Standortmarketing mbH, Wirtschaftsdaten kompakt: Brasilien, 2012, www.gtai.de, 2004-2010 Stat. Bundesamt, 2012 und 2013 Sachverständigenrat, Gutachten 12/13

M 12 Unsanfte Landung für Brasiliens Wirtschaft?

In den vergangenen Jahren erlebte Brasilien ein hohes Wirtschaftswachstum, das Millionen aus der Armut befreite. Nun ist das Wachstum ins Stocken geraten, nur wenige Unternehmen sind international wettbewerbsfähig. Der Stolz auf das Erreichte hindert das Land, die nötigen Reformen zu tätigen. [...] Mit seinem Boom trug Brasilien dazu bei die Weltwirtschaft aus der Krise zu ziehen. Im Hochgefühl dieses Bedeutungszuwachses bot Finanzminister Guido Mantega sogar an, den Europäern bei der Bewältigung der Schuldenkrise zu helfen. Nun scheint es

dass die zum Symbol des Erfolgs gewordene Statue auf ihren Sockel und damit wieder auf den Boden der Tatsachen zurückgekommen ist.
Schon 2011 brach die Wachstumsrate des brasilianischen Bruttoinlandsprodukts von 7,5 auf 2,7 Prozent ein. Für Industrieländer immer noch ein Traumwert, für Schwellenländer, die sich in einem Aufholprozess befinden, kommt dieses Tempo gefühlt einem Stillstand nahe. […] „Es ist fraglich, ob sich Brasilien überhaupt noch zum BRIC-Klub der führenden Schwellenländer zählen darf", sagt Jim O'Neill, Ökonom und Chef des Asset Managements von Goldman Sachs, der den BRIC-Begriff einst erfand. „Sie müssen zumindest unseren Erwartungen von mindestens 3,5 Prozent jährlichem Wachstum entsprechen." […] Das Leben in Brasilien, zumindest in den Ballungszentren ist so teuer geworden, dass sogar „Expats" mit guten Gehältern stöhnen, wenn sie selbst in Vorstädten São Paulos für ein einfaches Pasta-Gericht in einer schlichten Taverne bis zu 50 Real, umgerechnet 20 Euro, zahlen müssen. Wie geht es dann erst der brasilianischen Bevölkerung, die im Durchschnitt rund 10.000 Dollar im Jahr verdient? Auch Händler, Lehrer, Verkäufer beklagen den „Preis des Aufstiegs", den alle so herbeigesehnt hatten. […] In den vergangenen zehn Jahren stieg Brasilien zur landwirtschaftlichen Supermacht auf und bezahlte seine Schulden beim Internationalen Währungsfonds. Lange Zeit bettelte das Land um Investitionen, mittlerweile muss sich Brasilien gegen übermäßige Kapitalzuflüsse wehren. „Brasilien wurde damals zum beliebtesten BRIC-Staat bei Investoren", sagt Jim O'Neill von Goldman Sachs. Die OECD lobte die erfolgreiche Armutsreduzierung und den Aufstieg von gut 40 Millionen Menschen in die Mittelschicht, der nun fast 60 Prozent der knapp 200 Millionen Brasilianer angehören. In der Tat, spricht man mit Unternehmern, Politikern und Gewerkschaftern, platzen sie fast vor Stolz. Auch heute noch. Und das ist ein Problem: Die Regierung und Entscheidungsträger machen für die Schwierigkeiten in erster Line die Weltwirtschaft verantwortlich. […] „Die mangelnde Wettbewerbsfähigkeit der industriellen Unternehmen erklärt sich nur teilweise durch den starken Real", sagt Marcos Troyjo. Vielmehr leide der Sektor unter strukturellen Problemen wie einer rückständigen Infrastruktur, einem Mangel an qualifizierten Arbeitskräften und der hohen Steuerlast. Brasiliens Produktivität wächst unter dem globalen Durchschnitt. In der Liste der wettbewerbsfähigsten Länder der Welt liegt Brasilien auf Platz 53 von 144.

Maximilian Weingartner, Frankfurter Allgemeine Zeitung, 20.11.2012

Im Jahr 2009 sah man auf dem Titelbild des englischen Magazins „The Economist", wie die Christusstatue in Rio de Janeiro als Rakete vom Corcovado-Berg abhob.

Expats = Abk. für „Expatriots", im Land lebende Mitarbeiter ausländischer Konzerne und Institutionen.

Aufgaben

1. Stellt die Fakten zur wirtschaftlichen Situation in Brasilien zusammen und einigt euch auf jeweils positive und negative Faktoren aus der gegenwärtigen Analyse (M 11 – M 12).
2. Überlegt, welche Rückschlüsse sich aus der wirtschaftlichen Situation auf Gesellschaft, Umwelt und Politik ziehen lassen.
3. Entwickelt in eurer Expertengruppe ein Szenario zur zukünftigen wirtschaftlichen Entwicklung Brasiliens. Haltet eure Ergebnisse in Thesenform fest.

Umwelt: Kann Brasilien seine Naturgüter bewahren?

M 13 Der hohe Preis für wirtschaftliche Entwicklung

Die Ausbeutung der reichen Rohstoffvorkommen hat massive Zerstörungen der Umwelt zur Folge. Das Bild zeigt eine Goldmine in Pocone Mato Grosso.

Ein [...] negativer Faktor sind die Umweltbelastungen, die mit dem brasilianischen Wachstum verbunden sind: Das Land gehört mit sieben Prozent der globalen Treibhausgasemissionen zu den vier größten Emittenten. Etwa 55 Prozent der brasilianischen Treibhausgasemissionen sind zurückzuführen auf die Entwaldung, die durch die Ausdehnung der Viehwirtschaft vor allem in Amazonien vorangetrieben wird und dort auch zum Biodiversitätsverlust beiträgt. Auf die Landwirtschaft sind etwa 14 Prozent der Emissionen zurückzuführen, vor allem wegen des hohen Viehbestandes. Sind diese Schattenseiten nur Nebenwirkungen, die mit der Fortsetzung des Modernisierungsprozesses der brasilianischen Wirtschaft behoben werden können, oder handelt es sich hier um systemische Fehlentwicklungen? Im September 2009 wurde in der Zeitschrift „Nature" ein Aufsatz mit der These veröffentlicht, dass „heute, vor allem wegen einer schnell wachsenden Verbreitung fossiler Energieträger und industrieller Formen der Landwirtschaft, die menschliche Naturnutzung ein Niveau erreicht hat, das die Systeme schädigen kann, die die Erde für menschliches Leben attraktiv machen. Das Ergebnis kann ein unwiderruflicher [...] Umweltwandel sein, der die Erde in einen Zustand versetzt, der mit menschlicher Entwicklung schwer vereinbar ist". Diese systemischen Störungen umfassen den Klimawandel, den Biodiversitätsverlust, den Stickstoff- und Phosphorzyklus, das Ozonloch, die Versauerung der Meere, die globale Nutzung von Süßwasser, Veränderungen der Landnutzung, chemische Verschmutzung und die Luftverschmutzung. In all diesen Bereichen sind mögliche Grenzwerte für die Übernutzung entweder überschritten oder fast erreicht. Um diese Fehlentwicklungen aufzuhalten, fordern die Autoren des Artikels ein rasches und abgestimmtes Handeln der Staatengemeinschaft. Auf nationaler Ebene bedeutet dies, dass Gesetze und Anreize zur Begrenzung der Naturnutzung durch Produktion und Konsum dringend erforderlich sind. [...] Im Vorfeld der Kopenhagener Klimakonferenz 2009 wurden große Hoffnungen auf Brasilien gesetzt. Das Land war 1992 Erstunterzeichner der Klimarahmenkonvention, und es hatte sich in den Folgejahren stets als engagierter, wenn auch harter Verhandler mit hohem wissenschaftlichem und diplomatischem Niveau ausgezeichnet. [...] Wo liegen Chancen und wo Spannungsverhältnisse zwischen Klima- und Wirtschaftspolitik?